新・法律英語のカギ
―契約・文書―

長谷川俊明 著

レクシスネクシス・ジャパン株式会社

はしがき

　この本のベースとなったのは，『法律英語のカギ』（1985年初版，東京布井出版）と『法律英語のプロ』（1992年初版，同）の2冊である。いずれも「法律英語シリーズ」の中心書物として，実務界にいわばテキストのようにひろく受け入れられ愛読されたことに，著者としてこの上ない喜びを感じている。

　『法律英語のカギ』の場合，初版以来約20年，一度も版を改めることなくきた。そこで，『法律英語のプロ』および『続・法律英語のカギ』（1988年初版）などの，同書の続編的意味を持った部分を足し，内容，体裁も一新することにした。また，英文条項例などにはすべて和訳文をつけた。

　この間，電子商取引の急速な普及など国際取引を取り巻く環境は変化した。代表的国際取引である貿易取引をみても大きく内容を変えてきたことは確かであるが，国際契約・英文契約を扱うために必要な基礎知識の部分は変わっていない。本書においては，前著のそうした部分はなるべく残しつつ，一方で最新の法律問題や法改正をとり込むように努めた。

　この先は，新しい体系の下で内容を組み換え，新法律英語シリーズとしていきたい。

　新シリーズ第一冊目となる本書の出版にあたって，『法律英語のカギ』に寄せられた貴重な「序文」の再録を認めて下さった北川善太郎先生には，改めて心より感謝申し上げたい。また，企画の段階から，レクシスネクシス・ジャパン株式会社の石塚利美さんに大変お世話になった。

2005年6月

長谷川　俊明

序　文

　本書の著者長谷川俊明氏には，1982年秋，経済企画庁の委託研究のメンバーとしてヨーロッパ主要国における約款規制の現地調査に加わっていただき，その調査研究活動を他の研究者とともに共同で行っていたこともあって，爾来同氏とは親しく交流を重ねている。

　同氏は，金融，証券の分野にも深い見識をもち幅広く国際取引の分野での研鑽を努めておられ，本書も，同氏のそうした成果として高く評価することができる。

　私は，法をめぐる事象の解決には，マクシマム・ロー・アプローチとミニマム・ロー・アプローチという二様の対極的アプローチがあり，問題に応じてそのいずれかに比重をかけつつ使い分けることが必要でないかとかねてから指摘してきた。前者は，法をできるだけ前面に出し，法を最大限利用するというものであり，後者は法をできるだけ背後におしやって解決をはかろうとするものである。

　本書の取り扱う分野はまさに，マクシマム・ロー・アプローチの一つのノウハウであるといえる。本書は，契約・文書・述語といった法技術的な面を前に出しながら，折にふれその背景となる法文化の成りたちや契約社会と誓約社会の比較等を示して，その理解を助けようとしている。この点で，本書はミニマム・ロー・アプローチにも示唆を与えるものである。さらに，本書が契約書以外の文書を契約書と区別して検討しているのは注目される。そこでは，数年前に内外の新聞紙上を賑わした銀行の comfort letter 事件も扱われている。また，本書の最後に掲げられた英文契約作成のためのチェックリストや述語集も本書の特色の一つであり，読者にとっては，極めて便利なものであろう。

　彼我の文化や法のありようの違いをより正確に把握し国際取引を円滑に進めることは，ビジネスに関与するものの使命でもあり，またわが国のおかれ

た国際社会での複雑な立場を直視して行動するためにも，それは重要なことである。本書は，日頃からそうした視点に立つ著者の労作として，実務上大いに裨益するに違いないと確信し，あえて序文の労をとった次第である。

　1985年3月

北川　善太郎

目　次

はしがき　i　　　　序文　iii

第Ⅰ部：序論

1　国際法務と英文文書 …………………………………………………… 3
　1　英文文書の重要性　3
　2　国際取引に使われる文書にはなぜ英文文書が多いか　4
　3　英文文書＝国際契約の難しさ　5

2　英文契約を扱うための基礎知識 ……………………………………… 7
　1　背景としての契約意識の違い　7
　2　英文契約と英米契約法　9

3　英文契約のスタイル・構成 …………………………………………… 17
　1　letter agreement と標準的な契約書　17
　2　標準的な契約書の作成　17

4　英文契約書の用語法と一般条項 ……………………………………… 20
　1　法律英語の特色　20
　2　一般条項とそうでない条項との区別　27

5　有利な契約締結交渉のためのポイント ……………………………… 32
　1　"Battle of Forms"　32
　2　チェック・リストの作成と活用　33
　3　Law Dictionary，書式集の活用　34
　4　弁護士の利用　35

第Ⅱ部：契約

1　契約の頭書，前文 ……………………………………………………… 43
　1　表題（title）　43
　2　頭書（premises）　44
　3　前文　46

2　契約の始期と終期……………………………………………………… *50*
　1　契約の期間（duration, period or term）　*51*
　2　解除による契約の終了　*53*
　3　解除の効果　*54*

3　不可抗力条項………………………………………………………… *57*
　1　"Doctrine of Frustration"　*57*
　2　不可抗力条項　*60*
　3　不可抗力事由発生の効果　*61*

4　秘密保持条項………………………………………………………… *63*
　1　ノウハウと秘密保持　*64*
　2　秘密保持条項（Secrecy Provision）の内容　*65*

5　完全合意条項………………………………………………………… *69*
　1　背景としての契約意識の違い　*69*
　2　"Parol Evidence Rule"　*71*
　3　完全合意条項の内容　*72*

6　支払い及び税金に関する条項……………………………………… *75*
　1　支払いに関する条項の内容　*75*
　2　税金に関する条項　*78*
　3　日米租税条約の改定（日米親子会社間の配当に対する課税軽減・免除）　*80*

7　譲渡条項……………………………………………………………… *83*
　1　Assignment の概念　*83*
　2　イギリス法における assignment　*84*
　3　英文契約中の assignment 条項　*84*
　4　電子商取引時代の譲渡条項　*85*
　5　東京ヒルトン事件に学ぶ　*86*

8　準拠法条項…………………………………………………………… *90*
　1　当事者自治の原則　*90*
　2　準拠法条項の内容　*92*

9　裁判管轄条項………………………………………………………… *98*
　1　渉外事件における裁判管轄　*98*

　　2　管轄合意の効力と "forum non conveniens rule"　*99*
　　3　裁判管轄条項の内容　*100*
　　4　知的財産高等裁判所設置と国際契約　*103*
10　仲裁条項 ·· *106*
　　1　国際仲裁の利点　*106*
　　2　外国仲裁判断の承認・執行　*108*
　　3　仲裁条項の内容　*109*
11　通知, 送達代理人に関する条項 ······························ *113*
　　1　発信主義と到達主義　*113*
　　2　通知条項の内容　*114*
　　3　送達代理人に関する条項　*116*
12　Headigs と Severability ··· *119*
　　1　英文契約中の一般条項　*119*
　　2　Headings　*121*
　　3　Severability　*122*
13　契約の末尾文言と署名 ·· *124*
　　1　末尾文言　*124*
　　2　署名欄　*125*

第Ⅲ部：文書

1　保証状（Guarantee）〔1〕································· *131*
　　1　保証の種類—連帯保証と普通の保証　*131*
　　2　Guarantee, Surety および Indemnity　*133*
　　3　Guarantee の成立　*134*
2　保証状（Guarantee）〔2〕································· *136*
　　1　"Letter of Comfort" は気休めの手紙か　*136*
　　2　米国判例に認められた "保証文言"　*137*
3　委任状（Power of Attorney）································ *142*
　　1　Attorney　*142*
　　2　Power of Attorney の成立の解釈　*143*

3　P of A の具体的内容　*145*

4　予備的合意（Letter of Intent） ……… *149*
　　1　L/I の作成される場合とその形式　*149*
　　2　L/I の法的効力　*150*
　　3　具体例の検討　*152*

5　売買証書（Bill of Sale） ……… *155*
　　1　Bill　*155*
　　2　Bill of Sale　*156*
　　3　船舶の譲渡と Bill of Sale　*157*

6　標準取引約款（Standard Form Contract） ……… *161*
　　1　Standard Form Contract　*161*
　　2　消費者約款の規制　*161*
　　3　諸外国の約款規制法　*162*
　　4　Plain English Movement　*164*
　　5　約款と国際法務　*165*

7　公証人（Notary Public） ……… *169*
　　1　国際法務文書と公証　*169*
　　2　公証制度の比較　*170*
　　3　国際取引における文書の認証　*171*

8　Warrant と Warranty ……… *176*
　　1　Warrant と Warranty　*176*
　　2　Implied Warranty の法理　*176*
　　3　Bond with Warrants Attached　*178*

9　Instrument と Securities ……… *182*
　　1　英米における商業証券法の歴史　*182*
　　2　Instrument と Commercial Paper　*184*
　　3　Securities　*185*

10　Policy と Title ……… *191*
　　1　保険制度　*191*
　　2　Policy　*192*

3　Title　*193*

第Ⅳ部：国際契約類型ごとの英文契約のポイント

1　リスク管理の対象としての英文契約　……………………*199*
　　1　国際契約としての英文契約　*199*
　　2　英文法律文書の管理　*201*
2　英文契約を扱うための基本　……………………*203*
　　1　契約の本体部分——一般条項と固有の条項　*206*
3　国際調達と売買契約　……………………*209*
　　1　国際調達時代　*209*
　　2　国際売買契約　*210*
　　3　貿易条件—Trade Terms　*211*
　　4　国際調達契約のポイント　*214*
　　5　品質管理に関する規定　*214*
　　6　納入時期に関する規定　*216*
　　7　ウィーン国際売買条約の適用　*218*
4　海外販売・代理店契約
　　1　はじめに　*220*
　　2　販売店と代理店のちがい　*220*
　　3　販売店の地位　*222*
　　4　販売店契約と個々の売買契約の関係　*224*
　　5　最低購入量の保証（minimum purchase guarantee）　*226*
　　6　取引制限と独占禁止法　*228*
　　7　販売店契約とワランティ　*229*
　　8　販売店・代理店保護法　*231*
　　9　販売店・代理店保護法の内容　*232*
5　国際合弁・パートナーシップ契約　……………………*234*
　　1　国際合弁の意義　*234*
　　2　合弁契約の特徴　*235*
　　3　合弁契約と付随する諸契約　*237*

- 4 会社の設立に関する規定 *239*
- 5 新会社の運営に関する条項 *241*
- 6 合弁当事者の役割 *242*
- 7 パートナーシップとは何か *243*
- 8 パートナーシップ合弁の損失 *244*
- 9 パートナーシップ合弁契約のポイント *246*

6 M＆Aと契約 *249*
- 1 M＆Aの法的諸形態と契約 *249*
- 2 M＆A契約の流れ *251*
- 3 株式買取契約の意味 *253*
- 4 内容上のポイント *254*
- 5 契約によるリスクヘッジ *258*
- 6 「現状表明・保証」条項と他の条項との関係 *258*
- 7 現状表明・保証条項の内容 *260*

7 国際技術移転と契約 *266*
- 1 国際技術移転とは *266*
- 2 技術ライセンス契約の内容 *267*

8 コンピュータと契約 *286*
- 1 コンピュータと知的財産権 *286*
- 2 ソフトウェアのライセンス *287*
- 3 英文ソフトウェア・ライセンス契約のポイント *288*

9 秘密保持契約 *302*
- 1 トレード・シークレット（営業秘密）の保護 *302*
- 2 秘密保持契約の役割 *303*
- 3 秘密保持契約のポイント *304*
- 4 顧客情報流出を防ぐための委託契約上のポイント *311*

10 海外建設工事契約 *314*
- 1 海外建設工事契約の特質 *314*
- 2 Bid「入札」 *315*
- 3 海外建設工事契約のポイント *316*

11　国際ファイナンスと契約 ……… 323

    1　国際ファイナンス契約とグローバル化　323
    2　国際英文ローン契約の特徴　324
    3　英米法と国際ローン契約　326
    4　国際ローン契約の基本構造　327
    5　Covenants 条項の内容　329
    6　Default 条項　331
    7　Currency Judgment Clause　334

第Ⅴ部：契約文例　他

    Distributorship Agreement（販売店契約）　338
    Joint Venture Agreement（合弁契約）　356
    License Agreement（ライセンス契約）　368
    Secrecy Agreement（秘密保持契約）　380
    英文契約作成のためのチェックリスト　388

用語集（英―和）
事項索引

下欄コラム掲載頁

企業活動とリスク管理　3
U.C.C.（米国統一商事法典）　10
国際法務と契約　17
法律文書をやさしく　26
D.C. ロイヤー　37
契約と儀式　43
R&D ジョイント・ベンチャー　47
解除の解約の違い　56
SARS 発生は不可抗力事由になるか　60
契約と契約書　72

契約を破る自由　7
コモン・ロー　13
アミカス・キューリエ（amicus curiae）　20
アメリカにおける弁護過誤訴訟　32
ロビイスト（Lobbyist）　38
印紙と印紙税　45
販売店契約の終了にかかる損害賠償を認めた米国判例　50
わが国民法における履行不能の考え方　57
ソフトウェアの保護に関する米国の判例　63
タックス・ヘイブン　75

租税条約（Double Taxation Convention） 78
merit 84
国際法務と文書管理 90
海外からの訴状直送―対処方法に注意必要 105
紛争解決手段としての「仲裁」の限界 110
ＩＴの便利さと裏腹―高まる情報漏れリスク 117
yellow dog contract 120
ホワイトナイトは敵か？味方か？ 122
日本の典型的な監査役設置会社 126
保証制度の見直しと金融実務 131
連帯保証と身元保証 139
白紙委任状 147
意思表示 150
経営の透明性確保へ―役員報酬個別開示も 155
レピュテーショナルリスクのマネジメント 161
イギリスの弁護士：ソリシターとバリスター 170
SEC（Securities and Exchange Commission） 182
「会社法」の制定 188
日本人の法的リスク観 199
異文化ギャップ・本音と建前 209
国際契約と独占禁止法 220
世界の販売代理店関係法 228
パートナーシップ（Partnership） 243
敵対的Ｍ＆Ａの登場 249
グループ経営とインサイダー情報管理 264
日本とアメリカの特許思想の相違 266
不正競争防止法による営業秘密の刑事的保護 277
ＩＴガバナンス 299
ソフトの不正コピーに賠償命令 309
異質なものが競い合う自由な市場にこそ活力 320
わが国の有担保原則と国際ファイナンス 327
default［債務不履行，履行］という語の使い方あれこれ 335

デジタル情報時代―リスク認識必須に 81
外国弁護士による法律事務の取扱いに関する特別措置法 87
外国会社に対してわが国の裁判権を認めた判例 98
ニューヨーク条約の適用事例 106
エレクトロニック・バンキング 113
X, x 119
zero bracket amount 121
アメリカの会社機関 124
新会社法の制定 127
銀行支店長と支配人 136
信託業法の改正 142
予約 149
予備的合意における排他的交渉条項の効力 152
便宜置籍船 158
弁護士はなぜ悪文家か 164
フリップイン・ライツプラン 176
サーベインス・オクスレー・アクト 185
コード・オブ・コンダクト（Code of Conduct） 192
国際法務によるグローバルリスク管理 203
安全意識とＰＬ法 214
コンテンツ・ビジネス 226
国際合弁の心がけ 234
わが国のLLP（Limited Liability Partnership） 247
ベア・ハッグ 259
社外取締役の選任 264
営業秘密の管理 274
シュリンクラップ契約の効力 286
トレード・シークレット 302
わが国における規制緩和と競争政策 314
リスク管理（RM）の手法としての国際金融法務 323
Covenant（誓約）とその効用 331

第Ⅰ部
―― *prologue* ――
序　論

第上部

prologue

序　論

1 国際法務と英文文書

1　英文文書の重要性

　今や世の中あげての国際化，グローバリゼーションの時代である。企業の海外進出の機会が多くなり，日本における企業環境も急速に国際化の度合いを増している。そこで当然のことながら，わが国の企業が国際取引に参加することが多くなり，各種の英文文書を日常的に扱わなくてはならなくなる。そのような英文文書の代表的なものが英文契約書である。企業の国際取引が契約書を中心に行われ，そのほとんどが英文で書かれているからである。しかし，企業の国際法務においては，きちんとした形の"正式な英文契約書"だけでなく，ほかにもさまざまな種類の英文文書が扱われる。

　わが国の企業には，一般に文書課とよばれるセクションがあって，議事録や契約書などの文書の処理のみならず，法務一般も行っている例がめずらしくない。このような文書課の名称に象徴される企業法務は，企業活動の国際化とともに，今後ますます多くの種類と量の英文文書の洪水に見舞われることが予想される。というのは，国際取引は必然的に，遠く離れた言語・習慣・法文化などをそれぞれ異にする当事者間で行われるものである。将来の無用の誤解や意見のくい違いを避けるという意味で，あらかじめ取引の内容・条件をなるべく明確に「文書化」しておく必要性は，国内取引の場合よりもはるかに大きいものといわなければならないからである。

■ 企業活動とリスク管理

　企業活動にはリスクがつきものであるが，そうしたリスクは，ますます巨大化，多様化，複雑化，かつグローバル化している。2001年9月11日に米国で発生した同時多発テロにおいては，ワールドトレードセンタービルをはじめとする周辺ビルの崩壊があった。日本企業のなかにはこの事件によって，営業拠点をほぼ一瞬のうちに失うという大きな人的，物的被害を受けた金融機関があった。

　同事件は，これまで例をみなかった悪質なテロではあったが，企業としては営業拠点の喪失にどう対応すべきかの危機管理体制を問われることにもなった。テロはとも

2 国際取引に使われる文書にはなぜ英文文書が多いか

　国際取引においては圧倒的に英文の文書が多い。今ではごくあたりまえのようであるが，これには以下のような理由があげられる。
　第1に，沿革的な理由として，海運・貿易の分野においてイギリスが先駆的な役割を果たしてきたことを指摘することができる。国際貿易取引にもっとも重要な書類ともいうべき船荷証券（bill of lading）や海運の分野における傭船契約書（charter party）などの標準化の過程で，イギリスは大きな影響力を発揮してきた。
　第2に，海運・貿易と密接な関係をもって発達してきた保険，金融の分野においてもイギリスは重要な役割を果たしている。ロンドンを本拠地とする世界的な保険組合ロイズ（Lloyd's）の存在はきわめて有名であるし，英ポンドが国際基軸通貨の地位を失った現在も，ロンドンの国際金融街シティは，世界の金融センターとして君臨し続けている。
　第3に，言語のみならず法文化をイギリスから継受したアメリカ合衆国の国際社会に占める地位の大きさを見過ごすことはできない。ドルはポンドにとってかわって基軸通貨となり，国際政治・経済面における影響力の大きさはあらためて指摘するまでもない。
　第4に，日本の通商の相手国には，アメリカ合衆国をはじめとして，カナダ，オーストラリア，インドのように英語を母国語とする国が多い。香港，シンガポールといった貿易の拠点においても英語が公用語として使われている。
　以上のような諸要因があって，英語はとりわけ日本のビジネス社会においては完全に"国際語"となっている。したがって，イギリスやアメリカなど

かく工場や事業所を地震，火災などで失うリスクは，より多くの確率で起こりうるものである。日頃からバックアップ体制などの対応策を考えておかなくてはならない。ポイントはいつどのようなかたちで顕在化するかもしれないリスクや危機をどう予見し，予防し，軽減し，回避するための体制を構築できるかである。いずれにせよこうしたリスクや危機を管理し乗り越えていかなければ，企業として生き残ることは難しい。
　今日，こうしたリスクは，グローバルな規模で企業に襲いかかる。米国経済の中心部に起こったテロのショックは，あっという間に世界を駆けめぐり，世界同時株安の事態を招いた。企業の活動に伴って発生するリスクは多様で分類の仕方もさまざま

英語を母国語とする国の当事者と取引をする場合はもちろんのこと，そうでない国の相手方と取引をする場合にも英語の文書を用いることが多い。

たとえば，タイの会社と日本の会社が契約を締結する場合を考えてみよう。日本語，タイ語のいずれかの言語の契約書を使おうとすれば，その言語を使われなかった当事者において相当の抵抗が予想される。どの当事者も，あまりなじみのない言語で契約を結ぶことに不安を感じ，できることならば自国語で契約をと考える。しかし，それがままならぬとすれば，このような場合にも，お互いにとって第三国語である英語の契約書を交わすのが最も公平であるということになるのである。

3　英文契約＝国際契約の難しさ

国際取引において使われる文書(その最重要なものが各種の契約書である)のほとんどが英語で書かれているのは，上記のような事情によるが，実際，英文契約を実務で取り扱うとなると，いろいろな困難が待ち構えている。それは，何よりもまず日本人にとって英語が外国語であることから生ずる。英語を同じく母国語とするアメリカ人とイギリス人との間ですら，現在では一つひとつの語が完全に同じ意味をもつとはかぎらない。まして英語を母国語としていない日本人が英語で意思疎通をはかることには，かなりの困難が伴う。

国際契約の締結にあたっては，事前のビジネス面，法律面両面でのプランニングをしっかりし，ドラフティング(drafting)，チェックのための能力を十分に養っておかなくてはならない。英文契約は，日本の企業からすれば，すなわち国際契約であることがほとんどである。そのため，おのずから国内契約に比して条項数も多く，内容が複雑になりがちである。また，英米契約

あるが，これを人為的リスクと自然的リスクに分けることもある。前者は人間の作為・不作為または過失による事故などから生じるリスクで，後者はそれら以外のリスクである。現代は，人為的リスクのうちでも経済リスク，法的リスクの比重が大きくしかもグローバルに広がっていくところに特徴がある。

2001年12月2日，米国のエネルギー企業エンロンがチャプター・イレブン(米国連邦破産法第11章手続)の適用を申し立てた。負債総額は160億ドルで当時，同国の史上最大規模の倒産であった。破たんの直接の原因となったといわれているのは，600億ドル(約7兆円)近い巨額の借入れを可能にした「財テク」である。映画スター・

法の理解をも必要とする。そこで、これを扱うために最低限度必要とされる基本知識を次に検討してみたい（巻末の「英文契約作成のためのチェック・リスト」参照）。

ウオーズや幹部の家族名から命名した投資基金を約4年前からつくり，投機的なデリバティブ（derivatives，金融派生商品）やハイテク・通信株，光ファイバー資材などに幅広く投資した。運用益はエンロンが受け取る契約で，世界中にある多様の関連企業や組織を巻き込み，新規事業を急拡大する資金にした。

他方でエンロンは，自社株を担保にした簿外金融取引投資資金を捻出してきたが，同時多発テロ後の景気後退で一転して巨額の運用損を抱え込んだ。2001年10月中旬には，損失を穴埋めするために自己資本を12億ドル取り崩し，投資基金のからくりが明るみに出た。こうした巨額の簿外取引だけではなく将来のエネルギー取引で予想される利益まで計上したり，SEC（米連邦証券取引委員会）への報告で経営実態をごまかした法令違反の疑いがもたれている。このためSECでは，同社の監査を担当していた大手監査法人に対する調査も開始し，議会も公聴会を開いた。

エンロンの倒産は，わが国の投資社会にも直撃するリスクとなって及んだ。安全性が高い投資信託とされたMMF（マネー・マネージメント・ファンド）が相次いで元本割れを起こした直接のきっかけは，エンロンの円建て債を組み入れていたことにあった。

企業にとって最大のリスクは倒産につながるリスクであり，人間で言えば「死に至る病」である。為替リスクのように企業が日々直面するリスクであっても，リスクマネジメントを誤ればたちまちのうちに危機的状況に陥ってしまう。デリバティブの一種であるスワップ取引は，もともと為替リスク，金利リスクをヘッジするために生み出された。ところが，リスクをヘッジするための手段も使い方次第では，逆にハイリスクを生み出すことにもなる。米史上最大規模となったエンロンの倒産劇にも財テクにからむ法令違反があった。

テロや大地震によって，企業は直接的に大きな被害をこうむる。ただ，そうした直接的被害よりもはるかに大きなダメージをもたらしうるのが，その事後処理などにおける法令違反行為である。大和銀行が米国市場から撤退という大きな行政罰を受け，刑事罰として約350億円相当の罰金の支払いを司法取引の結果命じられたのは，現地採用の一行員の不正証券取引が直接の原因ではない。それが発覚した後の米監督当局への報告義務違反の法令違反が原因であった。グローバルに広がるこうしたリスクを管理する手法が国際法務である。エンロンのような"巨象をも倒した"犯人が法的，経済的リスクであったことに鑑みれば，国際法務を通じたコンプライアンスの実践がいかに大切なものかはすぐに分かるであろう。

2 英文契約を扱うための基本知識

1 背景としての契約意識のちがい

(1) 外国人を相手とすることの意味

国際契約としての英文契約を締結したり，これを扱う場合には，それなりの心構えが必要になる。

まず第一に，国際契約であるから，当然のこととして，外国人（会社）を相手方として契約を締結することになる点が重要な意味をもつ。たとえば欧米人を相手にする場合，日本人とはそもそも契約に対する心構え・考え方が異なっており，それを抜きにしては，英文契約の内容をよく理解できないのみならず，大きな失敗を招くことにもなりかねない。契約の相手が，自分たちとは異なった文化と言語をもった外国人（会社）であって，契約意識や権利意識に大きな違いのあることを忘れてはならない。

(2) 「契約社会」対 "Land without Lawyers"

欧米社会は契約社会である，とはよく聞く言葉である。これは，どのような意味をもっているのであろうか。

19世紀のイギリスの法史学者メインは，その主著『古代法』の中で，有名な「身分から契約へ」ということを述べた。これは，社会の推移を要約したもので，古代の社会において人間関係を規定していたのは，身分であったが，

■ **契約を破る自由**

契約は守らなくてはならない。このことは，他人の物を盗ってはならない，というのと同じように，どの社会においてもあたりまえのことのように思われる。とくに，「契約社会」である欧米においては，社会で最も基本的なことでなくてはならない。これに対して，しばしば法意識・権利意識が欧米人にくらべて低いとされる日本人の場合，契約の絶対・神聖という考え方にもあまりなじんでおらず，契約を守ろうという意識も薄いのではないかと問題にされがちである。ところが，法制度上は必ずしもそうではないらしい。アメリカ法では，「契約を破る自由」というのがあって，これ

社会の発展に伴い、個人の自由な意思に基づく契約がしだいに社会関係を規定する要素となるようになってきたというのである。このようにして近代市民社会が生まれ、それを契約自由の原則が支えてきたのである。

これに対し、日本の社会はどうであろうか。これを全体としてみたときは、単一民族から成るためか、「家族的構成」が多分に残っており、どちらかというと義理や人情が先行する社会という面がかなりある〔川島武宜『日本社会の家族的構成』（日本評論社）は、この点に関する貴重な文献である〕。

欧米人の目にも日本の社会が、やはり同様のものとして映っているらしい。米国の有力週刊誌タイムの日本特集号（1983年8月1日付）「法律」の部は、"Land without Lawyers"「弁護士のいない国」という表題のもとに次のように論じている（要約の上訳出）。

「アメリカの親は、子供にいつも『弁護士なしではやっていけない』ことを教え、アメリカには60万人（人口400人に1人）の弁護士がいる。一方、日本人の親はほとんど弁護士のことを意識しておらず、日本には1万2,500人（人口1万人に1人）の弁護士しかいない。ほとんどの日本人は、一生のうちに一度も弁護士の世話になることがない。……日本人は、個人の権利に対してかなり高度な認識をもってはいるが、日本の法律の基礎をなしているのは社会全体の調和である。訴訟は決して一般的なことではなく、現に最近の15年間、訴訟の数は減少している。……日本では裁判によって紛争を解決しようとする傾向が顕著ではなく、隣り近所のもめごとには交番のお巡りさんが積極的に解決に乗り出し、家事事件では調停が大きな役割を果たしている。

日本の企業では、海外での活動のために外国弁護士を雇い法務部が契約書

が重要な意味をもっているのである。

19世紀のイギリスの法史学者メインは、その著書『古代法』の中で、有名な「身分から契約へ」という言葉でもって、身分を中心にした封建的な社会から、契約によって構成された近代市民社会への変遷を表現した。この近代市民社会を支えたのが、19世紀のレッセ・フェール（*laissez-faire*）を背景とした契約自由の原則である。当事者の自由意思を根拠に、各人は契約をするかしないかの自由を有しているから、いったん契約関係に入った以上それが当事者を拘束するのは当然のこととされた。

ところで、契約の自由な締結のためには、あくまで契約の履行を強制するというよ

の審査を行うが，国内取引のための契約書作成のために弁護士を使うというアメリカ式のやり方にはまだ積極的ではない。日本最大のセメント会社のある役員は、『わが社は、どの供給者・顧客とも正式な契約書を締結したことがない。その必要はない』と言明する。紛争が起きたら話合いで解決する。訴訟は費用の面から効率的ではない、とされているのである。」

さらに同記事は，200名を超える数の日本人弁護士がフルタイムベースで国際契約に従事しており，そのような渉外弁護士の数がふえていることや，公害訴訟にみられるように日本人の権利意識が徐々に変化しつつあることを指摘する。しかし，他方では，名古屋近郊で起こった"隣人訴訟"騒ぎで原告が訴えを取り下げざるをえなくなったのは，日本においてまだ訴訟に対する古い考え方が残っていることのあらわれとみているようである。

このような契約意識・権利意識の違いを十分に認識した上で，欧米社会においてはおよそ文書に責任者が署名する以上，法的責任を伴わないものはないとするくらいの，きびしい心構えでのぞまないと大きな失敗を招く（この意味で，昭和56（1981）年に起こった東海銀行対チェース・マンハッタン銀行訴訟事件の先例としてもつ教訓は大きいが，これについては，136頁以下に詳細に検討する）。

2 英文契約と英米契約法

(1) 両者の関係

一口に英文契約といってもそのスタイル，内容は，当然，契約類型（売買契約，代理店契約，合弁契約，ローン契約，ライセンス契約など）ごとにそれぞれ異なっている。また，それらのすべてが英米法を準拠法としてこれに

りは，むしろ，契約を自由に破ることができるようにして，気楽に契約関係に入れるようにしておいた方がよいとするビジネスライクな考え方がアメリカ法にはあるらしい。そうなると，意外に契約意識の上でも，日本人の方が契約の神聖をより厳格に考えているのかもしれない。アメリカ企業と契約関係に入る日本企業は，この点よく考え直してみる必要がありそうである。

基づくわけではなく、たとえば、日本で一般に使われている契約書を単に英訳したにすぎないようなものまである。

　しかし、およそ英文契約であるかぎり、それは英語で書かれている。そもそも言語が特定の文化を背景に成り立っているように、そこに使われる法律用語の概念や解釈は英米法に由来し、これに基づいている。英米法と全く切り離してこれらを理解しようとするのは困難であって、また現実的ではない。このことは、イングランド法やアメリカ各州の法律を準拠法としない英文契約においても、英米法に特有の法律用語の解釈は、英米法によるべきとする補助準拠法の考え方によっても裏付けられている。

　この意味で、英文契約を扱うために最低限身につけておいてほしい基礎知識を次に述べてみよう。

(2) contract と agreement のちがい

　英米法のもとで契約を語るときにまず注意する必要があるのが、「契約」（contract）という概念についてである。

　わが国のように大陸法系の法体系のもとでは、単なる合意も、不法または公序良俗に反することを目的としないかぎり、契約として有効とされる。ところが、英米法においては、単なる合意と契約とは峻別される。つまり、英米法でいう契約（contract）とは、「二人以上の当事者間に締結された、法律上強制可能な合意（agreement）」であると一般に説明されている。米国統一商事法典（U.C.C.）§1-201(11)によれば、「契約とは、当事者間の合意から派生するこの法律および他の適用されるべき一切の法規範によって法的意味を付与された権利義務の総体」である。ここでいう「法的意味」が付与さ

■ U.C.C.（米国統一商事法典）

　米国統一商事法典（Uniform Commercial Code；U.C.C.）は、米国内各州の商取引に関する法を統一することを主要な目的として作られた。

　米国は、51の法域（jurisdiction）からなる国である。50の州と一つの連邦がそれぞれ独立の国家のごとく異なった法律をもっている。ところが、商取引において州（国）際取引がさかんに行われるようになると、このような各州間の法律の違いが大きな商業上の障壁として意識されるようになった。そこで、19世紀の終わり頃から統一法を作る動きが出て、その努力は統一流通証券法（1896）、統一倉庫証券法（1906）、

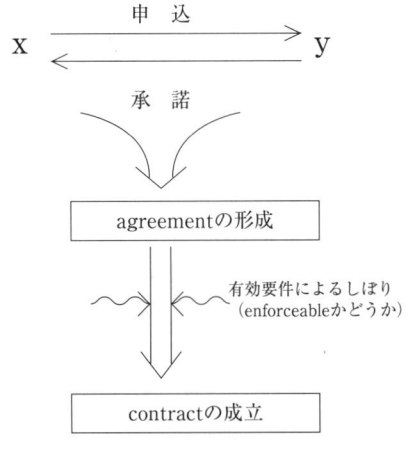

れるか否かは，法律上・裁判上強制可能か（enforceable by law）という観点と同じだと考えてよい。これを図に示すと左のようになるだろう。

まず，合意が成立するために申込と承諾が必要とされるのは，大陸法であろうと英米法であろうと同じことである。ただ，このようにして成立した合意（agreement）に，さらに絞りをかけてはじめて契約（contract）になる点が大きく異なる。

この有効要件の絞りとして重要なのが，約因理論，明確性の原則，および書面化の要求である。

(3) 約因理論と方式契約・非方式契約の区別

英米法上の契約（contract）は，原則として約因（consideration）がなくては成立しない。

約因というのは英米法に特有の理論であって，「契約上の債務の対価として供される作為，不作為，法律関係の設定，変更，消滅または約束」などと説明されている。これだけだと分かりにくいが，「対価」すなわち「見返り」と考えれば分かりやすい。要するに，贈与のように一方の当事者だけが義務を負い相手方は何らの義務を負わないような契約には，何らの「見返り」が

統一売買法（1906）などの七つの統一法となって結実した。これらをさらに一つの商事法典の形にまとめ上げる作業が1940年代に行われ，1951年に最初のU.C.C.が発表され，その後数次の改正を経て現在に至っている。

U.C.C.は，商事取引をひろくカバーしている。わが国民法・商法の商取引に関する部分と手形法，小切手法を加えたような内容になっている。ほとんどが判例法主義に支配されるこの分野で最も重要な"法典"になっており，アメリカ法を知る上で不可欠なものである。ただU.C.C.はいわゆる連邦法とは異なることに注意しなくてはならない。U.C.C.の制定作業中はこれを連邦法とするかどうかの議論がなされたが，

ないから約因がないとされる。売買のような有償契約においては約因が問題となる余地はほとんどないが，第三者のためにする契約，オプション契約，保証契約などにおいては，約因の有無がしばしば問題とされることがあったので注意を要する。

約因の要件は，現在かなり緩和されてきているが，それ以前に大きな例外が一つある。それは，捺印証書（deed）による場合である。これを一般に，方式契約（formal contract）とか捺印契約（contract by deed or contract under seal）とよんで，そうでない単純契約・非方式契約（simple contract or informal contract）と区別する。

このように，契約に方式契約と非方式契約があることによって，約因の存在しない贈与なども捺印証書によれば契約として有効なものとすることができる。半面，約因さえあれば捺印証書の面倒な要式によらずに，口頭によっても契約を有効になしうるという二つの重要な側面を生ずる。現在でも重要な国際契約の多くは捺印証書の方式をとっているが，売買契約のように約因の存在が明確なものについては，契約の形式はかなり簡略化されている。

捺印証書の要件は，(1)書面，(2)捺印，(3)交付である。このうち捺印については現在ではかなり簡略化されており，アメリカの州のなかにはこれを事実上廃止した州も多い（捺印および署名の点については，124頁以下に詳論する）。

(4) 合意の明確性の原則

わが民法の下でも，当事者の合意の内容が不明瞭で確定しようがないときには，契約としての効力が与えられないのは当然である。ところで，英米法の下では，「裁判上執行可能」（enforceable by law）かどうかという観点か

結局，"統一モデル法案" として各州がこれを採択するという方法をとることに落ち着いた（仏法系のルイジアナ州はU.C.C.のかなりの部分を採択していない）。

ら，この要件をより厳しく適用する。すなわち，合意が法的拘束力を有するためには，裁判所がその合意に対して実際的な法的意義を与えることができる程度に十分明確なものでなければならない。これを，合意の明確性の原則（doctrine of vagueness）とよんでいる（この原則の適用については，letter of intent の実務上のポイントに関連して149頁以下に再論する）。

なお，doctrine of vagueness を直訳すれば，合意の不明確性の原則である。これを逆に訳したものがそのまま定着した。

(5) 書面性の要求

英米契約法の下では，方式契約と非方式契約があることは上に述べたとおりだが，方式契約は deed という証書によって作られなくてはならない。一方，非方式契約は，必ずしも書面によらなくとも口頭で成立させうる。この点は，大陸法におけると同様である。ただし，英米法には詐欺（防止）法（Statute of Frauds）という法原則があって，一定の場合，必ず書面化することを要求している。

イギリスでは，1677年に制定されたこの法律がその後，保証契約と不動産譲渡などを対象とするように適用範囲がせばめられたとはいえ存続し，契約自由（freedom of contract）の原則に対し方式面から制約をしている。また，アメリカの多くの州では，「500ドル以上」を目的とする契約につき原則として書面化を要求する統一商事法典（U.C.C.）§2-201を採用しており，重要な契約の多くが書面によらなくては有効に締結できないといってよい。

このように，英米法では，後にいわゆる完全合意条項に関連して詳述する口頭証拠の法則（71頁参照）とあいまって，合意内容を「文書化」すること

■ コモン・ロー（**common law**）

英米法を語るときに必ず登場するのがこのコモン・ローという言葉である。本書の読者であれば聞いたこともないという人はまずいないはずである。ところが，その意味・内容を正確にとらえることは意外に難しい。

一般には，ローマ法ないしはこれを継受した大陸法と区別して英米法の法体系を広くコモン・ローとよぶことが多い。ただ，英米においては，立法府によって新たに制定された法体系に対して，判例法として形成されてきた慣習法大系をさす。さらに狭義には，大法官裁判所で発達してきたエクイティ（衡平法）の法理に対して，王座裁

に，より大きな意義を与える。いったん合意を文書化し契約として成立させた以上，厳格にこれを順守することを要求する契約社会の厳しさが，このあたりから導かれてくるのである。

　詐欺（防止）法は，名称からいっても現代の消費者保護法の"原型"ではないだろうか。わが国でも，2000年に消費者契約法が制定された。2004年には民法の保証制度が見直され「書面主義」がうたわれた（詳細は，131頁下欄参照）。

判所などの通常の裁判所が発展させてきた法理を意味することもある。このエクイティという概念がまたわかりにくい。法というものは一般的なものであってそのままに適用しても具体的に妥当とはかぎらない。そこで，具体的なケースにおいて，修正する原理（equity）を発展させ制度化したのが衡平法であるとされる。つまり，エクイティは，コモン・ローという一般法を補うものとして位置づけられる。古代ローマにおける法務官法（*jus praetorium*）も衡平の考えにもとづいた制度である。

　世界を三たび征服したといわれるローマ帝国の残したローマ法の影響を一応排し，別の発達をとげてきたコモン・ローに，今また新たな統一の波が押し寄せつつある。それはEC〔EU〕法の形成である。大陸法と英米法のそれぞれの伝統をどのように調和してEC〔EU〕に統一法秩序を作っていくのか，興味深いところである。

英米法をなぜコモン・ローというのか

　英米法は大陸法（continental law）と並ぶ世界の二大法体系の一つである。これらの法体系は，西洋における大きな民族の潮流とも一致し，大陸法の沿源は，古代ローマ法に求めることができる。

　イェーリンクが名著『ローマ法の精神』の冒頭に「ローマは三たび世界を征服した。最初は武力により，二度目は宗教により，最後は法律によって」と書いたように，ローマ法は，極端にいえばその後の世界各国の法律のすべてに影響を及ぼしたとすらいえる。

　大陸法がローマ法を源とするラテン民族系の法だとすると，英米法はゲルマン民族の法である。また，前者が制定法（statute）のシステムであるのに対し，後者は不文律・慣習法のシステムである。ゲルマン民族は，ローマ帝国が勢力を誇っていた間は帝国の北方に住んでいて，ローマ人からはほとんど蛮族扱いをされていたことが，歴史家タキトゥスの『ゲルマーニア』などの文献からわかる。

　やがてローマ帝国が衰亡しはじめると，北方のゲルマン民族が帝国内にも流れ込んできた。いわゆるゲルマン民族の大移動であるが，なかにはドーバー海峡を越えてイングランドに渡りそこに住みついたアングル族やサクソン族といった部族があった。

　これらの部族は，ゲルマン民族の慣習法のシステムをここに残すことができた。ローマ法の影響は極めて大きなものがあったが，ドーバー海峡は自然の障害となり，これがかえって幸いしたともみられる。

　common law は直訳すると「共通の法」である。いくつかの説があるが，ゲルマン諸部族に共通の慣習法システムの意味とする説が有力である。この場合，law は，議会が制定した具体的な法律ではなく，書かれざる自然法，「神の法」に近いものを意味する。

　それが事件解決のために裁判官が下した判決を通じて具現化されていき，判決の集積が判例法（case law）を形成する。コモン・ローは，判例法の法体系であるといわれ，制定法主義をとる大陸法と対置させられる。大陸法でいう「大陸」はイングランドからみたヨーロッパ大陸のことである。

コモン・ローは英米法体系を意味するだけでなく、狭義では衡平法（equity）と対比させられる法体系も意味する。この場合、コモン・ローは、原則的法ルールである。原則をただ適用するばかりでは具体的妥当性のある解決ができないおそれがあるので、原則に対する例外、修正原理としてequityが発達することになった。英米法は、狭義のコモン・ローとエクイティの二本立てに特徴がある。

英米法は、その名のとおり英国、米国や英連邦（Commonwealth）に属する国、地域で行われているが、国際私法でいう不統一法国が多くみられることも特徴である。英国でいえば、正式名称は United Kingdom of Great Britain and Northern Ireland「グレートブリテンおよび北アイルランド連合王国」である。

法律的には、イングランド、スコットランド、ウェールズ、北アイルランドは、異なる法域（jurisdiction）に属し、それぞれ独立した国の扱いを受ける。それは身近なところでは、サッカーやラグビーの国際大会にも別々のチームで登場してくることからわかる。

米国は United States of America というように、50州が束ねられて成り立っているが、州ごとに法律、裁判組織が異なる。ただ、そのすべてでコモン・ローの法体系が行われているかと思うとそうではなく、かつてフランスの植民地であったルイジアナ州では大陸法が行われるといった具合に複雑である。

『製造物責任の混乱』（The Product Liability Mess, 1988）という本の中で、著者（Richard Neely）は、各州で異なる米国をアンコモン・ローの国と皮肉っている。

3 英文契約のスタイル・構成

1　letter agreement と標準的な契約書

　英文契約書の内容・形式には実にさまざまなものがあるが，後に説明するように，おのずから一定の標準化された型がある。

　しかしながら，標準化されたもののみを念頭において英文契約を考えていると危険なことがある。それは，英米では，手紙形式の契約（letter agreement）がとり交わされることがかなり多いということである。手紙のやり取りで契約を取り交わすことはわが国でも可能だが，わが国にはそうした慣行がない。そのため慣れないこともあって，レター・アグリーメントを単なるビジネスレターと同じように軽く扱うと失敗することがある。

　レター・アグリーメントに関連して実務上問題が多いのは，letter of comfort と letter of intent である（それぞれ，別の箇所において詳論する。136頁以下および149頁以下参照）。レター形式の文書は，「正式な」契約書にくらべると，内容が簡単でシンプルであるとか，あるいは扱いなれていることなどが手伝って，手軽に扱われることも多いようである。だが，たった一枚の紹介状にサインした結果が，国際的訴訟事件にまで発展したケース（東海銀行事件，136頁以下参照）もあるので，十分注意をする必要がある。

2　標準的な契約書の構成

■ 国際法務と契約

　グローバル化の現代は，日本に居ながらにしての内なる国際化時代である。リスクマネジメントの観点から，これまで国際化や法務とは無縁と思われてきた企業まで，国内法務を飛び越して国際法務に取り組むようになった。中国に進出した中堅メーカーが，現地で生き残りをかけて知的財産権侵害対応に追われる姿に象徴される。

　法務はおよそ以下の3分野に分けることができよう。
　① 取引法務
　② 紛争処理・解決法務

標準的な英文契約書の構成には，アメリカ式か，イギリス式かで若干の違いがある。しかし，一般的には大略以下のような構成をとる。

1．表題部（title）
2．頭書（premises）
3．前文（whereas clauses, etc.）
4．本体（operative part）
5．最終部（signature, etc.）

これら各部の説明については，別の箇所に譲るが，このほかに，契約書の付属書類として，exhibit, annex, あるいは schedule が添付されることがある。契約の本文中においてこれらが引用されている場合には，契約書と一体をなすものとして扱わなければならない。

たとえば，ライセンス契約において，ライセンスの対象となる技術の内容が多岐・詳細にわたるときに，

"The technology is more specifically identified in Schedule A attached hereto."

「本技術は本契約書に添付の別表Aにおいてより具体的に特定される。」

と本文中（定義条項に書くことがふつうであろう）に書いてあるとする。この場合，本来は本文中に書くべきところ，そうするとその部分が長くなって体裁が悪いなどの理由で別紙に譲ったにすぎないのであるから，契約書の一部として扱われるのは当然ということになる。

また，ローン契約書中に，

"The Loan shall be evidenced by a promissory note in the form attached as Exhibit to this Agreement"

---

③　組織法務

それぞれの頭に「国際」をつければ国際法務の各分野になる。このうち，もっとも大きなウェイトを占めるのは①の取引分野である。それは企業は多かれ少なかれ日々取引を通じて営利を追求するからにほかならない。また国際取引を代表するのは貿易取引であるが，その歴史は古く，紀元前の地中海貿易以前にまで遡ることができる。取引もこれを法的にみればほとんどが契約であるから，契約実務は法務の主柱にならなくてはいけない。

国際取引法務は，国際契約実務とほとんどイコールである。国際契約は日本企業を

「本ローンは，添付書類として本契約に添付された書式における約束手形によって証明されるものとする。」

とある場合にも，Exhibit はやはり契約書の一部をなすものである。しかし，その意味は異なる。つまり，ここで Exhibit は，"書式見本" を意味しており，その書式どおりの約束手形を借り手が作成しなければならないことになる。これを怠るときは，ローン契約に基づく貸出し実行の先行条件（condition precedent）が欠け，貸出しがなされないという重大な効果を生ずるので，契約を締結する前に，こちらの内容も本文同様慎重に検討しておかなくてはならない。

中心に考えるとほとんどが英語でつくられる。そこで，国際契約を交渉し契約書を作成していけるだけの "使える英語" を身につけないとやっていけない。ビジネス英語とその一環をなす法律英語の力が，契約英語のかたちで求められる。

契約英語といっても，「言葉は文化」である。一つひとつの法律用語の背後には，法文化があることを忘れてはならない。英語の法律用語は，英米法文化の育んできた概念をもっているので contract の語を「契約」と訳してその先何も考えないようでは大陸法との概念の違いにまで配慮したことにはならない。

4 英文契約書の用語法と一般条項

1 法律英語の特色

　法律文書は，文章や語句が難解でわかりにくいというのがどこの国でも「常識」になっているようである。英文契約書の場合も例外ではない。そこには，法律英語の形成されてきた独特の歴史的背景もあって，ふつうの文書にはみられないような言い回しや語句が使われている。その特色をいくつかピックアップしてみよう。

(1) 法律英語の成り立ち

　現在使われている英語は，語系上ゲルマン語派のうちのドイツ語やオランダ語と同じ西ゲルマン語（West Germanic）に属する。その形成には，5世紀頃から行われたゲルマン征服民族の影響が強くあらわれている。Englishという語も，9世紀以後数的に最も優勢を誇ったゲルマン民族のアングル人の名をとったEngliscから派生したものである。
　ところで，法律英語の形成という観点から見た場合に重要な出来事は，1066年のノルマン人の征服である。10世紀の初めに北欧人がフランスに侵入してNormandyに公国を築き上げ，1066年にNormandy公ウィリアムが王位継承権を主張して英国に攻め入った。それ以来13世紀半ばまで，英国では公用語はノルマンフランス語（Norman French）となり，法廷で使われる用

■ アミカス・キューリエ（*amicus curiae*）
　ラテン語で文字通りの意味は法廷の友（a friend of the court）を意味する。法廷助言者とも訳されるように，裁判官に対しある事件について助言をしたり意見をのべたりする。資格は法律家に限らず，裁判所からの委嘱を受け，または自ら志願して裁判所の許可を得た当事者以外の者が就任する。
　この制度は人種差別問題のように社会的関心の大きな事件においてしばしば用いられ，社会・経済上の重大政策にかかわる事件を多く扱う米連邦最高裁判所においてその役割が顕著である。ときには連邦の司法長官（Attorney General）が法廷の友と

語や法律用語は，すべてこれによることとされた。本来の英語は，下層階級の通俗用語になってしまったのである。

　その後，英国人の間に母国語に対する自覚が生まれ，1362年には法廷用語は英語であるべきことを規定した議案が成立した。しかし，この間にフランス語の英語に与えた影響は非常に大きなものがあった。とくに，法律英語の分野においては，すべての学問の原点とされるラテン語とともにフランス語が多く取り入れられそのまま外来語として用いられることが多くなった。現在においてもこれらの語は，ひんぱんに契約書などの法律文書で使われる。

(2) **古い英語やラテン語が多く使われる**

　法律英語には，現在使われていないような古い単語や言い回しが出てくる。たとえば，契約書の前文の中に出てくる"whereas"や"witnesseth"という語は，現在では法律文書にしかほとんど使わないものである。また，委任状（power of attorney）などの文書の冒頭部にきまり文句として使われる"Know All Men By These Presents"「すべての人は，この書面によって知りなさい」とか，"To All To Whom These Presents Come, Greetings:"「この書面を見るすべての人に以下のあいさつをする。」といった表現は，古い英語がそのまま残ったものということができる。

　ラテン語がそのまま使われることが多いのも，法律英語の特色の一つである。契約書によく使われるものとしては次のようなものがある。

ab initio（当初から）
bona fide（善意の，真実の）

して訴訟に参加するための許可を求めることがあるし，私的グループもしばしば事件の社会的な重要性について発言する機会を与えられる。同最高裁は，一方に広く一般国民の声に耳を傾ける制度を配置しつつ，国政の根本にかかわる問題についても思い切った発言をなしてきたといえるのではないか。非法律家が裁判に参与する機会が極端に少ないわが国の司法制度に慣れ親しんだ者は，裁判そのものに対する考え方を見直してみる必要がある。さらにわが国企業が経済・貿易摩擦に関連して多分に"政治的"な訴訟事件に巻きこまれることの多くなった昨今，このような制度を業界，経済界レベルで活用するといったことも検討する必要が増してくるのではないだろうか。

damnum（損害）
ejusdem generis（同種類の）
et al.（その他）
ex parte（一方的な）
in invitum（承諾なくして）
in re（…に関する）
inter alia（とりわけ）
lex fori（法廷地の法）
lex loci contractus（契約締結地法）
mutatis mutandis（変えるべきところは変えてそのままということで「準用」するという表現に使う。）
pari passu（同等の）
prima facie（一応の）
pro rata（案分に，比例して）
proviso（規定）

(3) 同じ意味の語の重複使用

英文契約書を読んでいて，なんと長ったらしくくどい英語なのだろうと感じたことはないであろうか。そう感じるのも無理はない。最大の理由は，同じ意味の言葉を重ねて使うところにある。ただ，一見すると，無駄なようにみえる同義語重複にも，ちゃんと歴史的な理由がある。

ノルマン征服（1066年）以降，大量のロマンス系の言葉が，とくに法律英語の分野で持ち込まれた。ところが，被征服民族のアングル族やサクソン族

といったゲルマン民族の人々は，自分たちの English を頑固に使い続ける。だれでも知っているロビンフッドの物語は，サクソン貴族だった彼がノルマン貴族や金持ちを襲い，抵抗する話である。

この時代から，ノルマン人のフランス語と English（これはもともとアングル族の言葉という意味の語である）が，イングランドにおいて言葉の二重構造をもたらした。法律英語の特徴をなす同じ意味の言葉の重複使用の慣行もこの時代からはじまったとされる。

というのも，封建時代のことで，いかに法律が支配の道具であり，裁判が王国の名の下における権力作用であったとしても，被支配階級にも通じないのでは意味がない。

そこで，典型的にはゲルマン系の語とロマンス系の語を並記し，いずれの系統の言葉を話す人にもわかるようにしたのである。

それだけではなく，英語は混交語であるから，ほかにも似たような同義語がいくつもあって不思議はない。そのため，なるべく明確にまた細大漏らすところなく表現するためにも同義語重複が行われるようになった。

さらに，強調（emphasis）のためにもこれを行うことがある。そうこうするうちに，同義語重複は慣行となって法律英語に定着するようになった。これを habit of doubling words といったりする。

この慣行は，もともとは，以下のように語系の異なる言葉を並べるところからはじまった（OE は old English を，OF は old French をそれぞれあらわす）。

acknowledge and confess（OE：OF）
act and deed（F or Latin：OE）

fit and proper （OE：F）
goods and chattels （OE：OF）
keep and maintain （OE：F）
mind and memory （OE：OF）
new and novel （OE：OF）
pardon and forgive （F：OE）
right, title, and interest （OE：OE：F）

こうした書き方は，英文契約書によくみかける。ただ，「新しい権利」を new right といわず，new and novel right, title, and interest のように，くどくどと表現することにもなる。

ここで注意していただきたいのは，同義語重複にもまったく意味のない無駄なものとそうでないものとがあることである。「新しい権利」でいえば，new and novel は，語系の違う同じ意味の語を並べたものである。

これに対し right, title, and interest は，語系が違うだけでなく，それぞれ「権利」，「権原」および「利権」と訳し分けられるように，ニュアンスの異なる語である。混交語である英語には同じような意味の語が多くあるので，なるべく明瞭に漏れるところなくあらわそうとしたら，このような言い方が必要かもしれない。

同義語重複は，慣行あるいは"悪習"となって定着したので，語系の同じ語だけを並べることもある。以下は，old English だけを並べた例である。

each and all
each and every
from and after

have and hold
heed and care
hold and keep

以下は逆に，French 系の語を並べた例である。
aid and abet
aid and comfort
authorize and empower
null and void
remise, release, and quitclaim

　実際に英文契約をみると同義語重複の例がかなり目立つ。契約の冒頭部には，This Agreement was made and entered into this 4 th day of March, 2005 by and between X and Y.「本契約は，X と Y との間で2005年３月４日に締結された。」といった文章が書かれることが多いのであるが，下線部が重複であることはすぐわかる。
　アメリカでは，1970年代に Plain English Movement が起こり，法律文書をなるべくやさしく簡潔に書こうとする気運が高まった。それでも，いったん身についた"悪習"は容易に拭い去れないとみえ，アメリカやイギリスの弁護士の起案する契約書には依然として同義語重複が多く見られる。
　たとえば，あるレター・アグリーメントには We concur with the terms and conditions of the loan and grant our full approval and consent.「当社は，そのローンの条件に同意し全面的な承認を与える。」との一文があった。下

線部が重複している。term には，期間，用語といった意味もあるが，複数で用いたときは契約などの「条件」という意味になり，conditions とほとんど変わらない。

terms and conditions を，ひとまとめに並べて使うことがよくある。そのときは「(契約) 条件」とだけ訳せばよいであろう。general terms and conditions は「基本（契約・取引）条件」である。

approval と consent も，ほとんど同じ意味の語で，あえて「承認と承諾」のように訳し分ける必要はない。

同義語重複の多くは無駄な場合なので，英文契約をドラフト（起案）するときは，なるべくどれか一語だけを使うようにした方がよいであろう。

ただ，terms と conditions のように慣行的に結びつきが強く，ひとまとめに使った方がわかりやすいときはその方がよいであろう。

また，right, title, and interest のように，単に同義語を並べてあるので無駄とばかりはいえない例もある。この場合は，訳す際も一語ずつていねいに訳し分けた方がよいであろう。

重複使用のいずれのタイプかを見分けまた区分するには，なるべく多くの文例に接して感覚的に見分けられるようにするしかないようである。

(4) 英文契約書における慣用語句

法律英語には，古語や外来語が多く，法律のしろうとにはとかく分かりにくい。加えて，ごくふつうに使われる英語も，法律用語として使われるときは，特別の意味を付与されることがあるので注意を要する。契約書によく用いられる主なものを列挙してみよう。

■ 法律文書をやさしく

米国で契約書や法的文書をやさしく書こうとする動きは，1977年ニューヨークで Plain English Act として法制化（1978年6月1日発効）された。それ以前からシティバンクなどでは，ローンの申込書の内容を書き替え，短く分かりやすいものにしている。理解しやすい英語への運動は彼の地でもかなり進んでいるようである。古いスタイルを，分かりやすい簡単なスタイルに置きかえた一例を次に示す（⇒以下は簡単なスタイル）。

aggregate limit (⇒the total), commencement (⇒start), herein before (⇒

action （「行動」ではなく）訴訟
alien （「外国人」ではなく）譲渡する：transfer
avoid （「避ける」ではなく）無効にする
consideration （「考慮」ではなく）対価，約因
counterpart 契約書，証書などの正副2通中の1通，副本
covenant 捺印契約〔証書〕
demise （遺言・賃貸借による）不動産権の譲渡
execute 契約書〔証書〕を作成する
hand （「手」ではなく）署名
instrument （「道具，器具」ではなく）証書，文書
motion 申立て，申請
of course （「もちろん」ではなく）権利の問題として
party 当事者
presents （複数形で）本書類，本証書
provided ……の条件で，もし……ならば
purchase （相続以外の方法で）不動産を取得する
specialty 捺印証書
without prejudice （「偏見なしに」ではなく）権利や利益を損うことなく

2　一般条項とそうでない条項との区別

　英文契約の構成をみると，契約の種類を問わず必ずといってよい程含まれているいくつかの条項がある。これらは，通常，一般条項とよばれている。一般条項には以下のものがある。

---

above), in consideration of (⇨because), party of the first part (⇨I, we), party of the second part (⇨you), pursuant to (⇨under), seclusions (⇨losses, liability), semi-annually (⇨every six months), terminate (⇨end)
　上に述べたニューヨークのPlain English Actである一般債務法第5-702条には，「一般的な，日々使われている意味をもつ言葉を使用し，明瞭でしかも首尾一貫した方法で書き記すこと。」とある〔詳しくは，田中・上野『契約意識と文章表現』87頁以下参照〕。

イ　契約期間に関する条項（term）
ロ　契約の終了に関する条項（termination）
ハ　不可抗力条項（force majeure, acts of God）
ニ　秘密保持条項（secrecy, confidentiality）
ホ　完全合意条項（entire agreement, integration）
ヘ　支払いおよび税金に関する条項（payment, tax）
ト　譲渡に関する条項（assignment, transfer）
チ　準拠法条項（governing law, applicable law）
リ　裁判管轄条項（jurisdiction, venue）
ヌ　仲裁条項（arbitration）
ル　通知条項（notice）

　これらの一般条項もさらに内容を分析するならば，およそ契約である以上ごく一般的にその存在が予定されるもの（イ，ロ，ヘ，ト），英米法に基づく英文契約であるがためにその存在がとくに要求されるもの（ハ，ホ）国際契約に特有のもの（チ），そして国内契約にもみられるが国際契約に使われるときさらに内容が複雑・特殊になるもの（ヘ，リ，ヌ，ル）といった種別をすることができる。
　一般条項は，それぞれが英文契約における主柱のようなものである。これらのうちには，きまり文句と化しているものが少なくないが，その内容趣旨を正確に理解することは英文契約の骨格を理解することでもありきわめて重要である。この意味で，本書第II部においては主要一般条項のそれぞれの根本趣旨を英米法の基本原理との関連において解説している。

次に，契約の種類によっても"一般条項"があることに注意していただきたい。たとえば，英文ローン契約であれば，"Conditions Precedent"（先行条件条項），"Representations and Warranties"（表明，保証条項），"Events of Default"（不履行条項）などは，どの契約にも見られる。技術援助契約における"Most Favoured Provision"（最恵待遇条項），海外販売代理店契約における"Minimum Purchase Guarantee Clause"（最低購入保証条項）なども，この意味で契約種別ごとの一般条項ということができる。

さらに，国家または準国家機関を一当事者とする契約には，国家主権免責特権（state immunity, sovereign immunity）を放棄する条項が入れられる。同条項もこの種の契約においてごく一般的に見られる。

一般条項は英文契約の骨組みをなしているものであるから，これらのうちの"より一般的"なものから理解していくことは，英文契約を扱う場合の出発点となる。加えて，一般条項とそうでない条項を区別することは，問題となっている契約に具体的で固有の条件条項が何かを知ることでもある。つまり，より具体的で焦点を絞った契約締結交渉を進めるためには，何が"一般的"で何が固有の問題かを知ることが役立つのである。スタンダードな基本形を知ればその応用もたやすいであろう。

外国主権免責特権に関するわが国の判例が変更か

　主権免責特権は，国際法上の慣行となっているが，もともとは，「対等者は対等者に対して支配権を持たない」とする中世封建時代の原則から生まれた。

　主権免責特権は，課税その他の規制から免れることを内容とするが，もっとも大きいのは，「裁判からの免責」である。

　ある外国国家ないし政府機関を相手に取引をした民間企業があって，その国家・政府機関の契約上の義務違反を理由にして，日本の裁判所に訴えを提起したとする。

　この場合，契約違反をした国家・政府機関は，主権免責特権を盾に裁判に応じないことが考えられる。

　ただ，いざという裁判の場で主権免責特権をふりかざされたのでは，安心して国家や政府機関を相手にして取引（契約）をすることができない。

　そこで，主権免責特権について相対主義とよばれる立場が登場する。この相対主義（あるいは制限主義）は，国家の行為（契約も含まれる）を，公権的な立場から主権の行使として行われたものと私人と同様の立場で行われたものとに分け，後者については免責特権を主張させない。

　これに対し絶対主義は，いかなる関係においても，免責特権を主張できるとする。

　わが国では，戦前の古い判例（大審院昭和3（1928）年12月28日決定，民集7巻12号1128頁）があり，絶対主義によってきた。

　これを変更したのではないかとされる最高裁判所（二小）平成14（2002）年4月12日判決は，基地周辺の住民が，在日米軍機の横田基地での夜間における離発着による騒音によって被害を被っているとして人格権侵害の不法行為に基づき，被告（アメリカ合衆国）に対して，午後9時から翌朝7時までの間の離発着の差止めと損害賠償を請求した事案に関するものである。

同判決は争点につき次のように判示した。
　「外国国家に対する民事裁判権免除に関しては，いわゆる絶対免除主義が伝統的な国際慣習法であったが，国家の活動範囲の拡大等に伴い，国家の私法的ないし業務管理的な行為についてまで民事裁判権を免除するのは相当でないとの考えが台頭し，免除の範囲を制限しようとする諸外国の国家実行が積み重ねられてきている。しかし，このような状況下にある今日においても，外国国家の主権的行為については，民事裁判権が免除される旨の国際慣習法の存在を引き続き肯認することができると言うべきである。……本件差止請求及び損害賠償請求の対象である合衆国軍隊の航空機の横田基地における夜間離発着は，我が国に在留する合衆国の軍隊の公的活動そのものであり，その活動の目的ないし行為の性質上，主権的行為であることは明らかであって，国際慣習法上，民事裁判権が免除されるものであることに疑問の余地はない。したがって，我が国と合衆国との間でこれと異なる取決めがない限り，上告人らの差止請求及び損害賠償請求については被上告人に対して我が国の民事裁判権は及ばないところ，両国間にそのような取決めがあると認めることはできない。」
　問題は本判決が「外国国家の主権的行為については」と限定して免除を認めている点である。これを裏返せば非主権的行為については免除を認めないことになるが，判決は明言を避けている。
　相対主義に基づく主権免責法がイギリス，アメリカで制定されたのは1976年，78年であった。わが国でもそろそろ判例変更がなされるべき時期にさしかかっている。

5 有利な契約締結交渉のためのポイント

1 "Battle of Forms"

　欧米を中心とした外国人（会社）との契約締結交渉は、いろいろな面で国内契約の場合と異なっている。外国の当事者を相手に少しでも有利な英文契約を締結するには、どのような点に注意すればよいであろうか。

　国際契約の失敗例に多くあるのが、契約内容をよく検討しないで署名してしまったというケースである。これが最も避けるべき態度であることは、なにも国際契約にかぎられない。しかし、相手方から大部の英文ドラフトを提示されたりすると、つい細部まで目を通すことなく安易に"陥落"してしまうことが往々にして起こりがちである。そこで第1に、国際契約締結交渉は「闘い」であると認識することから出発してほしい。少しでも有利な条件・条項を相手から闘いとるとの考え方である。

　欧米人にとって契約締結交渉が一つの闘いであることをよく示すのが「書式合戦」"Battle of Forms"という現象である。

　契約は申込と承諾が一致してはじめて成立する。そこで、この一致をみるまでの過程で、申込、対案の申込（counter offer）、変更承諾がなされて交渉が進められていくのが通常である。そして、一回のやりとりで契約の成立に至るのはまれであるから、当事者間を何回も文書がゆき交うことになる。ここに Battle of Forms が生ずる。この「書式合戦」において勝利を収める

■ **アメリカにおける弁護過誤訴訟**

　医療行為における医師の過失を問題とする医療過誤訴訟は、日本においても毎年相当数ある。しかし、弁護士の professional responsibility を追及する"弁護過誤訴訟"の数はまだまだ少ない。

　ところが、米国では、弁護過誤訴訟がひんぱんに起こるだけでなく、その類型にもいろいろなものがある。「すべての弁護士が弁護過誤事件を処理するわけではないが、すべてがその仕事に関して弁護過誤訴訟で訴えられるリスクを負っている」といわれるのが現状である。その実例をいくつか紹介してみよう。

ためには，自社に有利な内容を盛り込んだ契約書フォームを相手方に素早く送りつけることができなくてはならない。欧米の会社の多くは自社に有利な契約書のさまざまなフォームを常備し，あるいはすぐに用意できるような体制を整えている（社内弁護士や法務部の充実）。これをすみやかに相手方に送りつけることによって，少しでも有利な土俵で交渉を進めようとするのである。他方，相手方となった当事者は，承諾書の形をとりつつ修正のうえで新たな条件を加えて，しかも他方当事者がさらに異議を述べなければ，その新たな内容の契約が成立する旨もつけ加えて送り返すなどの対抗手段をとったりする。このようにして，契約締結のための駆け引きがくり広げられる。

契約の交渉にあたって，先に契約書をドラフトした方が有利かどうかは，一概に決することのできない問題である。相手方の第一次ドラフトをあらゆる角度から適切にチェックしコメントするだけの能力を備えているのならば，相手方に第一次案を作らせ，それを土台に交渉を進める方がよい場合もある。しかし，そういった審査能力を有しないと，相手方の送りつけてきたフォーム（ときには作成者側はすでに署名済みのこともある）を十分に検討できずに，不利な内容のまま押し切られてしまうことになりかねない。欧米の会社との「書式合戦」で不覚をとることのないように，契約審査能力を十分に磨いておく必要がある。

2　チェック・リストの作成と活用

契約の審査能力を高めるための方策の一つとしてチェック・リストがある。これは，契約の類型ごとに作成するのでないとあまり役には立たない。たとえば，販売店契約の場合を考えてみよう。まず，契約の内容として，す

判例の多くは，弁護士が弁護過誤の責任を負うためには，依頼者との間で委任関係が成立していることが前提になるとする。しかし，実際には委任関係の成立以前にも，依頼者の期待を保護する観点から弁護士の依頼者への責任が認められる場合がある。

Togstad v. Vesely, Otto, Miller & Keefe 事件〔291 N.W.2d 686（Minn. 1980）〕では，X氏が医療過誤事件について意見を求めるためにY弁護士の事務所を訪れた。Y弁護士は事実の概要を聞いたあとで，訴えを提起しても勝訴の見込みがないとのアドバイスを与えた。そこで，X氏はいったんはあきらめて事務所を去ったが，その後しばらくしてX氏はY弁護士を訴えた。理由は，Y弁護士が医療過誤に基づく請求の

べての契約に共通するような一般条項と販売店契約に特有の条項とを区別することができる。次に後者の当該契約の種類に特有の条項について，内容作成上のポイントをリストアップしていく。そのような条項の一つとして販売権に関する諸規定があるが，その内容のポイントは列挙するならば，以下の諸点にある。

  イ　付与する販売権の内容は独占か非独占か
  ロ　販売地域はどこか
  ハ　販売地域外での販売禁止の有無
  ニ　競争品の取扱禁止の有無
  ホ　取扱製品の特定

このように当該契約の種別に特有の条項ごとにポイントをピックアップしていって一覧表のようにしてまとめておくと非常に便利で重要な点を見逃すということも妨げる。できれば会社ごとあるいは個人個人で自分に合った自家用チェック・リストを工夫し作成しておくのがよい（巻末の「英文契約作成のためのチェック・リスト」を参照）。

3　Law Dictionary, 書式集の活用

英文契約を扱うための小道具として，law dictionary（法律辞典）は重要である。

英文契約に使われている法律用語には，英米法の概念でしか説明できないようなものがある。しかもその意味内容は，英米法が判例法主義に基づいているため，判例の集積によって定まってきたものが多い。そこで，英文契約のなかに意味のよく分からない用語が出てきたら，まめに law dictionary を

時効期間を告げなかったために，X氏が他の弁護士から本件についてセカンド・オピニオンを求めるのが遅れ，時効期間内に訴訟を提起することができなかったというのであった。不幸なことに，セカンド・オピニオンの内容が，Y弁護士の意見とは正反対に，勝訴の見込みありというものであった。

このようなリスクを避けるため，どの弁護士もその事件を引き受けるにいたらなかった依頼（予定）者に対し，時効期間について警告し，そのためすみやかに他の弁護士の意見を求める必要があることをアドバイスするようにしているという。

時効に関して弁護士の責任が追及されることは多い。この点に関しては，イギリス

ひくことをおすすめする。英米法系の国には，それ一冊を見れば主要な法律内容がすべて分かる六法全書のような便利な本は存在しないので，いきおいこの law dictionary の比重が大きくならざるをえない。

アメリカにおける代表的でしかも手軽に入手できる law dictionary には以下のものがある。

(1) Black's Law Dictionary（West Group）
(2) Ballentine's Law Dictionary（The Lawyers Co-operative Publishing Company）
(3) Steven H. Gifis, Law Dictionary（Barron's Educational Series, Inc.）

書式集には，各種契約の標準フォームが載っていて，条項ごとのポイントも解説してあるので便利である。代表的なアメリカの書式集としては，法律百科全書として有名な American Jurisprudence（Second Edition, The Lawyers Co-operative Publishing Company）に付属した書式集（Legal Forms）〔全20巻〕がある。

イギリスの書式集で代表的なものとしては，

The Encyclopedia of Forms and Precedents〔Lexis Nexis Butterworth, 全75巻（加除式，CD-ROM）〕がある。

4 弁護士の利用

契約書の作成，締結交渉を行うといっても，複雑なものになるとどうしても法律専門家たる弁護士に依頼せざるをえない。とくに，準拠法として外国法が指定されるときには，その国の弁護士（これを local counsel という）の意見を徴した方がよい。そこで，外国弁護士を利用する場合の一般的な注

の古い判例が参考になる〔Fletcher & Sons v. Jubb, Booth & Helliwell（1920）1 KB 275, 122 L.R. 2588〕。この事件では，時効期間内に訴えを提起しなかったとして弁護士が訴えられた。弁護士側では，依頼者が事案についていかなる期間の時効が適用されるかを決めるに十分なだけの情報を提供しなかったのが原因であると反論した。しかし，裁判所は，依頼者から最初に相談を受けた際に，当該事件についていかなる時効が適用され，いつまでに訴えを提起すべきかを知るに十分なだけの情報を聞き出すのは弁護士の義務であるとして，この反論を退けた。実際，アメリカにおいても，時効期間の徒過に関して弁護士がなし得る唯一有効な抗弁は，時効期間内に訴え

意点を述べてみよう。

　外国弁護士といっても，法律が国によって違うように国ごとに考えなくてはならないことは，当然である。しかも，アメリカのような連邦制の国ではさらに州ごとに法律が異なるので注意を要する。同国の司法制度は，それぞれの州が法律と裁判組織をもち，その上に連邦の法律と裁判組織が位置する二重構造になっている。そのため，弁護士の資格も各州の行う司法試験（bar examination）に合格した後に州ごとに与えられる。二，三の州の弁護士資格を併せもっている弁護士も多いが，アメリカの弁護士を選ぶ場合，どの州の弁護士を必要とするのかはまず最初に決められなければならない問題である。

　次に，一般的に欧米の弁護士は日本よりも専門化の度合いが進んでいることにも注意が必要となる。アメリカの弁護士の場合，訴訟活動のうちでも陪審による審理のみを行う trial lawyer と称される専門弁護士がいる一方で，ニューヨークのウォール街あたりの弁護士の中には，独禁訴訟しかやらない者，あるいは金融関係の契約文書類の作成しか行わず弁護士になってから一度も法廷に立ったことがない者もいる。したがって，特別の法分野におけるアドバイスを受ける場合には，その法律事務所（law firm）が当該分野の法律を得意としているかどうか，スペシャリストはそろっているかどうかといった基準で選ばなくてはならない。ニューヨークには，数百人もの弁護士が企業買収のスペシャリスト集団と化しているような巨大ロー・ファームも存在するほどである。組織化・専門化の点で日本の法律事務所よりはるかに進んでいる。

　イギリスのように弁護士資格にソリシターとバリスターの2種類をもつ二

───────────────────────────────────

を提起したとしても勝訴できなかったであろうことを証明することだけだといわれている。

　時効期間についての警告と同じように，弁護士は，依頼者に対し報告・通知を怠ってはならない。依頼者が他のソースから通知の内容を知り得る場合にも，弁護士は依頼者の権利に影響を与えるような情報をすべて伝達しなければならない。このことは，弁護士と依頼者との間の信認関係（fiduciary relationship）から導かれる。つまり，依頼者は弁護士が重要な情報をすべて伝達してくれるものと期待しているから，そのアドバイスがあるまで行動を起こさず，しばしばとりかえしのつかない結果を招来す

元的弁護士制度の国もある。ソリシターが事務弁護士，バリスターが法廷弁護士と訳されることがあるように，両者の役割分担は異なっている。通常，契約書の作成をするのはソリシターであり，専門化した巨大ロー・ファームを組織することがある。一方，バリスターはパートナーシップを組むことが許されず，ソリシターを介する以外，直接依頼者と接触することは許されない。

　このように各国における弁護士制度，実態の違いをみるとき，外国において適切な弁護士を見つけ出して依頼をするということは，かなり困難なことといわざるをえない。一番間違いのないのは，日本のいわゆる渉外弁護士事務所を通じて選任・依頼をすることである。このような法律事務所は専門分野に応じて主要国の法律事務所と提携するなり，あるいは提携していなくとも接触できるようになっており，適切な法律事務所や弁護士を紹介してくれるであろう。また，外国（ほとんどの場合アメリカであるが）に留学してきた日本人弁護士に，外国法に関してあらかじめ問題点を整理してもらえば，効率よく外国弁護士の意見を徴することができ，経費の節減にもなるであろう。

ることに基づいている。
　このほかにも，弁護士が遺言を作成する際に遺言者の予定した受益者の名前を記入しそこなったとか，要式不備で書類が登録できなかったとかのように，正式文書を作成する際の不注意の責任を追及された事件は数多く存在する。

■ D.C.ロイヤー

　「ウォール街の弁護士」といえば，スマイゲルの著作"The Wall Street Lawyer"に見るようなアメリカ経済の浮き沈みの一翼を担ってきた第一線の金融・証券・会社法関係の弁護士像を思い浮かべる。しかし最近は，「D.C.ロイヤー」の活躍が何かと話題にのぼる機会が多くなった。D.C.とは，アメリカの首都ワシントンのことであり，District of Columbia（コロンビア特別区）の略である（アメリカでは，ワシントン州と区別するために首都をワシントンD.C.または単にD.C.という）。このD.C.は，ホワイトハウスや連邦の政府機関のみならず，各国の大使館が軒を連ねる"世界政治の要"である。

　D.C.ロイヤーは，各政府機関に勤務するgovernment lawyerと巨大ロー・ファームの弁護士達の2種に色分けすることができる。とくに後者は"super lawyers"と

よばれ，弁護士のうちでも特異な存在である。彼らの仕事は三つに大別できる。第1に，D.C.にしかない知的財産権紛争を専門で扱う連邦控訴裁判所のような特殊裁判所での仕事，第2に，ロビイング活動，そして第3に，依頼者のために政府の各機関・各委員会との折衝にあたることである。第2のロビイストとしての彼らの活動については，次に少し詳しくふれる。第3の活動は，FTC（連邦取引委員会）やSEC（連邦証券取引委員会）などの担当官の名前とその職務権限を知りつくし，電話一本で直接彼らと交渉ができるようでないとつとまらない。このため，D.C.のロー・ファームは，分野ごとに高度に専門化しているのが特徴である。

　企業に対する連邦の規制が複雑・高度化すればするほど"スーパー・ロイヤー"の出番が多くなる。当分この傾向は続くであろう。

■ロビイスト（Lobbyist）

　故ケネディ大統領は，ロビイスト抜きで米国の政治は成り立たないと明言したといわれる。米国においてロビイングは，合衆国憲法で保障された請願権を市民が行使する一形態と考えられており，これを依頼者に代わって行うロビイストもれっきとした職業である。1946年連邦ロビイング規制法（Federal Regulation of Lobbying Act）によれば，ロビイングとは，合衆国によるすべての法案の成立，不成立を目的とし，またはその成立，不成立に直接間接に影響を及ぼすことを目的とする活動をいうと定義されており，これを職業的に行うロビイストは，同法の下で議会への登録を義務づけられている。さらに，外国政府・企業のためにロビイングを行おうとすれば，外国代理人登録法（Foreign Agent Registration Act）によって，司法省への登録，報告をしなくてはならない。

　ロビイストの世界には，元閣僚や大統領補佐官から弁護士その他，実にさまざまな種類の人間がいる。それぞれの"顔"を利用して，主として委員会審議の段階で委員に働きかけ，法案を廃案にもちこんだりするわけである。ある法案が，特定の企業グループ・業界にとって致命的な打撃を与えるような内容のものであるとすれば，その業界がいかに巨額の報酬を支払ってもよいからこれを廃案にしたいと考えるのは自然である。最近，ワシントンにはロビイングを本格的に行う大法律事務所もあって弁護士の業務の一つとしても重要性を増してきているのが注目される。現在，首都ワシントンだけで数万人のロビイストが活動しているといわれている。米国では，いかにロビイストをうまく使いこなすかが，企業のみならず一国家の浮沈をも左右することすらあるといっても過言ではない。

ロースクール（法科大学院）とソクラテスメソッド（産婆術）

　「日本版ロースクール構想」が2004年4月スタートし，実現した。2004年に開校したのは68校で，2005年からの開校は6校であった。law schoolの名称からわかるとおり，モデルの一つは米国の法科大学院にある。

　米国のlaw schoolは，通常の4年制の大学を修了した人を対象にした実務家養成をねらいとする大学院レベルの学校である。米国には，undergraduateレベルで，日本の法学部のように専門的に法律を教える学部は存在しない。law schoolの修了年限は3年間で法律学の基礎から実務で必要とされる知識まで身につける。

　law school（以下，「ロースクール」という）における授業風景は映画などでも知ることができる。筆者の経験をもとにいうと，日本の法学部とは教え方に大きな違いがある。

　日本の法学部ではまず民法・総則の講義を受ける。ふつう大教室でマイクを使い一方的に教授が，「人」とは「物」とは，といった定義を説明する。民法は刑法と異なり，胎児は生まれたものとみなして権利主体の「人」として扱うことがあるといった具合に講義は進む。

　これに対して，アメリカのロースクールでは，最初から大部の判例集を渡し判例を学生に一つずつ割り当て，要約させコメントを発表させる。その際，多くの教授がソクラテスメソッド（いわゆる産婆術）によるのが日本と大きく異なる。

　教授がさまざまな質問を発し，学生との対話，問答を行いながら具体的な事例を通した問題解決を学ばせようとする。半年あるいは1年後には，まじめに取組んだ学生にとっては，たとえば「不法行為」の要件，概念は何かがわかるようになる。

　ソクラテスメソッドは，古代ギリシアの哲人ソクラテスが用いたところからきている。これは問答法と同じで，わが国でいえば禅問答に似ている。対話を通じて相手の不確実な知識から真正な概念が生まれるのを助けることを，彼は母の職業である産婆の仕事にたとえたことから「産婆術」ともよばれる。

日米におけるこうした教授法の違いは，大陸法と英米法の根本的な考え方の差からくるとも考えられる。

　わが国の民法や商法は，主にフランス，ドイツなどで行われている大陸法をベースにしている。概念法学という語があるように，まず意義，要件を学びこれを具体的ケースに当てはめていこうとする。

　英米法は逆で，具体的な事件に法的ルールを当てはめた結果（裁判例）を学んでいくことを通じて，その意義，要件が後から自然とわかるようにする。

　この違いは，演繹法と帰納法の違いといってもよいだろう。ラテン民族とゲルマン民族の発想の違いが，ローマ法大全にルーツを求めることのできる大陸法の制定法主義大系と英米法の判例法主義，慣習法大系との差を生み出したのである。

　法律の実務は，いずれにせよ，日々起こる事象（大前提）に対し，法的ルール（小前提）を当てはめていく作業である。これまでわが国の大学・法学部における教育は実務に直接必要な知識を効果的に身につけさせてくれる場であったとはいえない。

　法律家養成にとって，半世紀に一度の大改革が必要となったことにはそれなりの理由がある。

　わが国では，私法とくに会社法の分野では米国法の影響が強くなっている。「日本版ロースクール」発足を機にケースメソッドによる帰納法的な教授法も大幅に導入していくのがよいかもしれない。

第Ⅱ部
contracts

契　約

1 契約の頭書，前文

　英文契約書の構成は，一般に，(1)表題，(2)頭書，(3)前文，(4)本文，および(5)最終部となっている。このうち，表題から前文までには，契約の本体を成す条項が含まれているわけではない。しかし，本文に気をとられていてこれを軽視すると思わぬ失敗を招くことにもなりかねないような問題点がいくつか含まれている。

1　表題（title）

　表題は，契約内容を一見してわかるようにするためのものであって，これ自体には特別の法的効果はない。表示の仕方によって契約内容が影響を受けるものでもない。よく使われるのは"＿＿Agreement"という形の表題である。これを"＿＿Contract"としても，もちろんさしつかえない。第Ⅰ部でも述べたように，agreement は当事者間の合意のことであり，このうち法的強制力（enforceability）のあるものを contract という。しかし，いくら表題に contract と明記しても合意の内容が不明確であるとか，他の理由によって法的拘束力なしと解釈されることがあるのはもちろんであって，合意が法的拘束力をもつかどうかは，表題とは無関係である。

　また，agreement とか contract とかの語が全く表題に出てこない正式契約もある。たとえば "Trust Deed（信託証書）" や "Indenture" と題する文書

■ 契約と儀式

　日本人は相手に対してイエス・ノーをはっきりいわずに婉曲ないいまわしを好む。好むというよりもそうした生活感覚を身につけた人が極めて多いといった方が適当だろう。それは，西欧文化の基礎が「古代ローマの法律」と「聖書の『はじめにことばありき』」ということにあるのに対し，日本では，ことばというのは，「ことの端」ともいわれるように，中心は別にあるといった考え方が根本にあるからである。日本人は「はじめにことばありき」といった取引は好まず，ことばにとらわれずに人間関係を第一に尊重し，自由な解釈の余地や余韻を残しながらことをすすめたいと考える。

がそれである。第Ⅰ部で述べたようにdeedは捺印証書を意味し、方式契約（formal contract）を表す語であるから、より正式な契約書を示すときに使われると考えてよい。

indentureも歯型捺印証書〔その昔一枚の紙（もっと昔は羊皮）に同一の契約内容を記載し、これをジグザグに切り分け当事者がそれぞれを保管したことに由来する〕とよばれる正副2通に作成された正式な契約書を意味するものということができる。

2　頭書（premises）

(1) 契約締結地（place of execution）

国際契約の場合には、《文例-1》（48頁）のように締結地の記載がなされることはむしろ少ない。というのは、遠く離れている当事者が一堂に会して調印式を行うのは大きな契約の場合にかぎられ、通常は各当事者が自国で調印してこれを交換し合う方法がとられるからである。しかし、国際契約にあっては**契約締結地**が以下の各点で法律的な意味をもつ。

まず第1に、どこの国の法律を契約に適用するかの**準拠法の決定**にあたり決定要素の一つとされることがあること（これについては、**8**「準拠法条項」に詳しく説明する）であり、第2に、**裁判管轄**に関して管轄の合意が不明確な場合はもちろんのこと、合意がなされていてもその有効、無効を判断する材料とされることがあることである（これについても、**9**「裁判管轄条項」に詳説する）。また、契約締結地がいずれであるかは**印紙税**に影響する点も見逃せない。契約が外国で締結されたときには、たとえその契約内容の実現や契約書の保管が日本国内でなされたとしても、わが国の印紙税は課されない。

つまり黙約を大事にしようとし、黙約のなかに相手を尊重する誠意をにじませようとする。

したがって、日本には、ニュースの写真などでみられるような両国の旗を立てたり社旗を飾ったりした荘重な雰囲気のなかで双方の首脳立ち合いのもとに調印式を行うというような習慣は本来なかった。こうした儀式のなかには、目の前にある署名文書に対する重みを通して相手を尊重しようとすることば（文書）尊重の精神が脈々と流れている。

(2) 契約の日付（date）

前文部分に書かれた日付は、契約締結日のことであるから、別段の定めをしていないかぎり、この日から契約の効力が発生することになる。契約の有効期間を定めた場合は、その期間の起算点となる。ただし、よくある例として別に関係官庁の認可を得た日から契約が効力を発すると定めてあれば、その日が効力発生日になる。上に述べたように、国際契約において各当事者がそれぞれの自国において異なる日に調印したような場合は、**後に調印した日をもって締結日とするのが通常である**。

(3) 契約当事者（parties）

契約当事者の表示として、法人の場合は法人名だけでなく、主たる事務所の所在地、および設立準拠法をも記載する。日本では、会社の主たる営業所が本店として登記されているので、この本店所在地を記載すればよい。ただし、アメリカのような連邦制の国では、設立された州とは別の州に主たる営業場所（principal place of business）がある場合が往々にしてある。そのため設立準拠法とともに主たる営業場所をここに書く実益がある。

実際、《文例-1》（48頁）のようにアメリカの大会社にはデラウェア州法に基づいて設立され、営業活動はほとんど他州で行われている会社が多い（これは、デラウェア州会社法が他州の法律にくらべて会社経営上より大きな自由を与えてくれるからであり、ニューヨーク証券取引所上場会社のおよそ4割が同州で設立されている）。主たる営業所の所在地は、裁判管轄地、税金支払い地の判断要素とされることがある。

なお、契約当事者名をフルネームで契約書の中で何度も繰り返すのは煩雑

■ 印紙と印紙税

現在、世界の多くの国で印紙税が課せられている。印紙は国家の徴税手段が、ほぼ出つくした末に考えられた税の一つであって、証書などの重要性に応じて一定金額の税金を課し、歳入の増加を図るために用いられている。また同時に、手数料や税を収める際の現金代りとしても印紙は幅広く用いられている。わが国に収入印紙の前身である証券印紙の制度が導入されたのは明治6（1873）年のことである。近代国家としての租税制度を確立し財源確保の一環として「受取諸証文印紙貼用心得方規則」を制定した。この規則では、「印紙を貼っていない文書は、後日いかなる故障難題が起き

であるので《文例-1》(48頁)のように略称を使うのが通常である。

3 前文

(1) **"whereas clause"**

英文契約書の前文は，多くの場合，いくつかの whereas（……なので）ではじまる条項からなる。これは"whereas clause"（説明条項）とよばれ，当事者が契約を締結するに至った理由，経緯，契約の目的を説明するためのものである。日本文の契約書にはみられず，英文契約書に特有かつ慣例的な条項である。

whereas clause はこれを欠いても契約の効力に影響しない。だが，これを単なる飾りのようなものであって全く法的効力を有しないと考えるのは誤りである。なぜなら，契約本文の各条項の意味するところを解釈するにあたって，契約当事者の**真意**がよくわからないときなどに，これを探る手がかりをここに求めることがあるからである。

また，いわゆる**禁反言**（**estoppel**）の**法理**（過去の行動と矛盾する主張を禁ずる英米法における重要な原則の一つ）の下では，他人に対しある事実の表示を行い相手方がこの表示を信頼して行動したときは，表示者は相手方との間では自分のなした表示と矛盾する主張をすることが禁じられる。そこで，ここに契約の基礎となるような重要な事実について事実でないことを表示すると，あとで相手方から損害賠償や契約の解除を請求されることにもなりかねない。

たとえば，技術援助契約には，

"Whereas, Licensor has the right to grant to Licensee the right and license

---

ても一切取り上げない」として裁判でも証拠とすることはできないなどと課税の厳しさを説いている。現在，わが国では収入印紙が貼ってなくても文書の効力や証拠能力には関係がない。しかし，外国の印紙税規則などでは特例もあるので注意した方がよい。世界ではじめて印紙税を設けたのはオランダ（1624年）で，その後スペイン（1636年），フランス（1673年），イギリス（1674年）と導入され，今ではほとんどの国が採用している。

to manufacture, sell……"
「しかるに，実施許諾者は，被許諾者に～を製造，売却する権利を与え許諾する。」
のように技術実施許諾者が実施権（または再実施権）を許諾する権限を有することを宣言するのが一般的であるが，許諾者がこのような宣言をしたにもかかわらず実施権（または再実施権）を欠いていたような場合には，実施権者はこれによって被った損害の賠償を請求できる場合がある。

結局，whereas clause のもつ上記のような法的意味を十分に知ったうえで，記載するときは簡潔かつ正確にこれを表現するのがよい。とくに自分の側に関する記載についてはあまり余計なことは書かないように注意すべきである。なお，文例の whereas clauses は簡略な例であるが，なかには数ページにもわたって書きつづられる契約書もある。

(2) "in consideration of"

whereas clause のあとの一文中に "in consideration of"（～を約因として）という表現がある（《文例-1》48頁参照）。これは，英文契約書にはよくみられるもので，英米契約法に固有の約因理論に由来する。すなわち，前にも述べたように，英文法のもとでは，契約は捺印証書（deed）によらないかぎり，約因がなければ効力がないものとされる。ただし，実際には約因理論自体の重要性も薄れてきているし，契約内容から明らかに約因の存在がわかるような場合（単純な売買のような）には不要な文言である。半面，約因がどこからみてもないとされるような契約が，この文言一つで約因が付与され有効になるわけでもない。ただ慣行的に，一種の決まり文句として書かれてあ

■ **R&D ジョイント・ベンチャー**

ジョイント・ベンチャー（J.V.）の起源は古い。紀元前のエジプト，シリア，フェニキア，バビロニアにおいて，大規模な貿易が J.V. の形態で行われたという。また，1930年のフーバーダム建設工事請負にあたって結成された J.V. が米国における近代的 J.V. のはじめとされる。わが国では，米国の J.V. にあたるものを一般に合弁と称する。合弁は，共同で事業を営む企業形態をさし，これが会社形態をとるとき合弁会社が設立される。

このように古くからポピュラーな J.V. であるが，最近ある型のものが脚光を集め

ると思えばよいであろう。次にごく一般的な合弁契約の一例を掲げることにする。

《文例-1》

> **JOINT VENTURE AGREEMENT**
>
> This Agreement, made and entered into in Tokyo, Japan, this day of _____, 2005 by and between ABC Co., Ltd.（hereinafter called "ABC"）, a corporation duly organized and existing under the laws of Japan with its principal place of business at _____, Tokyo, Japan and XYZ Inc.（hereinafter called "XYZ"）, a corporation duly organized and existing under the laws of the State of Delaware with its principal place of business at _____, N.Y.10004, U.S.A.
>
> WITNESSETH:
>
> WHEREAS, "ABC" is engaged in the business of manufacture, and sale of _____;
>
> WHEREAS, "XYZ" is engaged in the business of manufacture, assembly and sale of _____;
>
> WHEREAS, "ABC" and "XYZ" desire to organize a new company in New York State to manufacture and sell _____ and such other products as they may agree upon from time to time;
>
> NOW, THEREFORE, in consideration of the mutual covenants hereinafter set forth, the parties hereto agree as follows:

ている。いわゆる研究開発（Research and Development）J.V. である。もともと J.V. を結成する目的の一つとしてリスクの分散がある。とくにこの技術革新の時代にあって、新しい先端技術の研究・開発には多大の費用とリスクが伴う。R＆Dジョイト・ベンチャーが威力を発揮するゆえんである。

J.V. は企業間の共同事業であるため、カルテル行為などを規制する独占禁止法の適用が常に問題とされる。しかし、一般に製造業・販売業の J.V. に対するよりも独禁法の適用は弾力的になされる。米国の司法省は、1980年にガイドライン「反トラストと研究ジョイント・ベンチャー」を発表し、この種の J.V. に対する独禁法の適用

1 契約の頭書，前文

合弁契約

　本契約は，2005年＿＿＿＿の本日，日本国東京において，日本国東京都＿＿＿＿に主たる営業の場所をもち日本法の下で適法に設立され存続するABC株式会社（以下「ABC」と称する。）とアメリカ合衆国ニューヨーク州＿＿＿＿に主たる営業の場所を有しデラウェア州の法律の下で適法に設立され存続するXYZインク（以下「XYZ」と称する。）との間に締結され，

　以下のことを証する。

　「ABC」は，＿＿＿＿の製造および販売の業務に従事しており，

　「XYZ」は，＿＿＿＿の製造，組立，および販売の業務に従事しており，「ABC」と「XYZ」は，＿＿＿＿および両者が随時合意する他の製品を製造および販売するためにニューヨーク州に新会社を設立することを望んでいることから，

　そこでしたがって，以下において規定された相互の誓約事項を約因として，本契約の当事者は以下のとおり合意をする。

基準を明らかにした。
　わが国では，公正取引委員会が1993年に「共同研究開発ガイドライン」を出している。

2 契約の始期と終期

ものごとすべてに始まりと終わりがあるように、契約にも**始期**と**終期**がある。

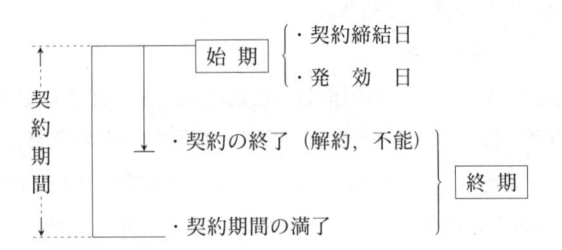

```
          ┌ 始 期 ┤・契約締結日
契約       │      └・発 効 日
約         │
期         │
間         │・契約の終了（解約，不能）┐
          │                          ├ 終 期
          └・契約期間の満了          ┘
```

上の図は契約期間の定めのある場合の契約の終期に2通りあることを示している。すなわち、契約期間が無事満了（expiration）した場合と、解約その他の事由の発生によって期間の途中で終了（termination）する場合とである。

しかし、契約のなかには、契約期間を明定することなく一方の当事者から解約の申入れがあるまで存続すると定めるもの、あるいはライセンス契約などによくみられるように、当該ライセンスが存続するかぎりとするものもある。これらの場合には、契約期間の満了ということが考えられない。また、合弁契約においても、合弁会社の永続を望む当事者の意向を反映して、とく

■ **販売店契約の終了にかかる損害賠償を認めた米国判例**

販売店契約の打切りにはいろいろな法律問題が伴う。かつてニューヨーク州南部地区連邦地方裁判所によって下された一つの判決は、アメリカにおいて販売店契約を締結して事業活動を展開する日本企業にとって、きわめて重要なものである（Copy-Data Systems, Inc. v. Toshiba America, Inc., S.D.N.Y. March 23, 1984）。

判決によると事実関係は以下のようなものであった。1970年当時、Toshiba America, Inc.（"Toshiba"）は、ゼロックスとIBMにほとんど独占されていた米国市場で事務用複写機を製造していた。その頃Copy-Data社は、Toshibaから米国

に契約期間を設けないことが多い。

1　契約の期間（duration, period or term）

　契約に存続期間を設ける場合，前文に記載された契約締結の日から何年間といった定め方をするのが通常である（《文例-2》55頁参照）。II部の **1**（43頁）でもふれたように，契約の始期として別の日，たとえば政府の承認・許可を得た日を発効日（date of validation）として指定する例もあり，特許やノウハウのライセンス契約によくみられる。ただし，契約の終期を具体的な日をもって指定する次のような例はまれである。

　"This Agreement shall come to an end on 31st December 20__."
　「本契約は20__年12月31日に終了するものとする。」

　契約期間を具体的に何年とするかは，契約の種類，状況に応じて個々的に定められる。ディストリビューター契約（distributorship agreement）を例にとれば，ディストリビューター側としてはなるべく長い契約を望み，長期的な計画・展望のもとに安定した販売活動を行いたいと願うのが当然である。逆にメーカーにとっては，販売実績の全く上がらないディストリビューターを，10年とかそれ以上の長期間かかえこまされるのは好ましくない。そこで，3年から5年の契約期間を一応定めておいて，期間満了時に販売実績などを考慮して更新できるようにしておくというのが一般的である。

　このような契約更新のための条項には2種類ある。一つは，契約を継続するかどうかは期間満了時における当事者間の協議によるとするものであり，もう一つは，期間満了前の一定期間に解約の申入れがないかぎり，契約は自動的に更新されるというものである。《文例-2》（55頁）の後段は，後者の

北東部における独占的販売権およびニューイングランド州における非独占的販売権を獲得した。同社は，かなりの費用と労力を費やしてこれらの地方に販売ルートを確立していった。その後，中部大西洋岸地域における独占的販売店にも指定されToshibaの複写機をディーラーの間に浸透させ，さらにシカゴにおいても市場を確立しはじめた。

　ところが，このような販売活動拡大の矢先にToshibaは，Copy-Dataに対しシカゴ地区で直接販売を行う意思を通告し，同地区におけるディーラーに関するあらゆる情報を渡すように求めた。Copy-Dataは，Toshibaとのビジネスの継続を望んだ

自動更新条項の例である。前者の場合であれば，その部分は，

"At least three (3) months prior to the expiration of the term, the both parties shall consult with each other for renewal of this Agreement for further three (3) years."

「契約期間満了の少なくとも3ヵ月前までに，両当事者は本契約をさらに3年間更新することにつき互いに協議するものとする。」

のようになる。自動更新条項がある《文例-2》(55頁)のような場合に，契約を解消しようと思ったら所定の事前通知を確実にしなくてはならない。うっかり忘れると，契約は自動的に更新されて，さらに3年待たなければ解約できなくなる。

契約期間に関連して，期間の定めのないときは一方当事者においていつでも契約を解約できるかという問題がある。実務上も，とりわけ総代理店契約，ディストリビューター契約において，しばしば問題となる。これらの契約は信頼関係に基づいた継続的なものである。代理店やディストリビューターは，その国に新たな市場を開拓し販売網を整備するために，長期的見通しに立って多額の投資を余儀なくされるということがまれではない。

契約初期におけるこのような市場開拓のための投資の段階，または長期的投資が実を結びまさに収穫期に入ろうとする時期に，メーカー側から一方的に契約関係を切られたのでは，代理店・ディストリビューターとしては大変な痛手である。そこで，わが国の判例においては，ディストリビューター側に著しい不信行為，販売成績の不良など取引関係を継続し難い重大な事由がない限り，相当の予告期間を設けるか相当の損失補償をすることなしに，メーカー側で一方的に解約することはできないとされている（名古屋高裁昭和46

ためにこれに従った。1973年に入って，ToshibaはCopy-Dataにそのすべてのディーラーのリストを提出するように要求した。このリストは，ToshibaがCopy-Dataの顧客に新製品や価格変更の通知を直接なすためにのみ利用するということで，Copy-DataはしぶしぶToshibaにこれを交付した。同年後半，Toshibaは中部大西洋岸地域において直接販売をなすことを通告し，Copy-Dataにこの市場からの撤退を求めた。つづいて1974年初め，Toshibaは北東部においても直接販売を行うことにしたため，Copy-Dataは，この地域でもはやToshibaの独占的販売店としての地位を保てなくなった。そして，同地域ではニュージャージ州だけに

(1971) 年3月29日判決，判時634号50頁参照)。

アメリカにおいても，同様の考え方に基づいて，ディストリビューターが販売のために相当の投資をしている場合には，相当の期間（reasonable period. 事案によって1〜3年）が経過したのちでなければ一方的に解約することはできないとする裁判例がいくつかみられる。

2 解除による契約の終了

契約が解除事由の発生によって解除される場合である。**解除事由**には2種類ある。一つは，契約当事者が合意によって定めるところの解除事由であり，もう一つは，当事者の合意の有無にかかわらず英米契約法上発生するところの解除事由である。

後者の事由は，わが民法の法定解除事由に当たるものである。これには，①当事者の一方による明示または黙示の履行拒絶があった場合，および②重大なる契約違反（material breach）があった場合が含まれる。

契約当事者の一方に契約違反（債務不履行）があった場合，相手方当事者は損害賠償の請求をなすことができるが，その契約違反が重大なものであるときには，契約解除権を発生させることにしたのである。

ここで何をもって重大な違反とするかが問題となる。契約中の合意を**条件**（condition）とこれに**付随的な保証**（warranty）とに分け，前者に違反した場合に重大な違反があると説明されている。しかし，なお両者の区別の基準が，判例上も今一つ明らかにされているとはいい難い。そこで，契約中の条項に解除事由を約定する場合は，グレイエリアを取り込むような形の包括的な解除事由の定め方がよくなされる。約定解除事由の内容は契約の種類に

主に販売地域を限定するように要求された。この結果，Copy-Data 社の販売成績は悪化しはじめ，Toshiba が Copy-Data からの欠陥商品の返品を拒否するようになると間もなく破産状態に陥った。

このような事実のもとで，同裁判所のオーウェン判事は，不正競争行為による不法行為と契約違反の両面から，Toshiba の損害賠償責任（44万ドル）を肯定した。

同判事は，Toshiba が Copy-Data に当初多大の費用をもって複写機のディーラー網を作り上げるようにしむけ，その結果でき上がったものを不法に横どりしたとして，不正競争による不法行為の成立を認めた。

よって異なるが、一般的には次のように分類できる。
① 当事者が支払不能，破産などの信用状態の悪化
② 当事者の重大な組織変更（吸収合併，営業譲渡など。個人の場合であれば死亡・退任など）。
③ 契約違反

最後の契約違反は，当事者において治癒が可能であるため，一定の猶予期間を設け，これを経過してもなお改善されない場合にはじめて解約が可能となるとする例が多い（《文例-3》55頁参照）。

3 解除の効果

解除権の行使によって契約が解除されると，契約は解除の時点から将来に向かって消滅する（56頁下段参照）。したがって，イギリス契約法の下では，わが民法545条1項の規定するような原状回復義務といったことは問題にならず，損害賠償によって処理される〔ただし，アメリカにおいては，重大な違反による解除の場合にかぎり，原状回復（restitution）が認められている〕。そこで，イギリス法を準拠法とする契約において，当事者が原状回復を望むのであれば，必ずその旨を明記しておかなければならない。

なお，解除による場合にかぎらず，一般に契約が終了した後にも当事者に特定の義務が残存することがある。ライセンス契約において，契約終了後もライセンシーに数年間の秘密保持義務やノウハウ使用禁止義務を負わせたりするのがこの例である。これらの義務は，ライセンス契約の特殊性に基づくものであるため，当事者の意思を合理的に解釈して，明文の規定がなくても存在を認められることもありうることに注意する必要がある。

一方，契約違反の点については，次のように判示した。すなわち，Copy-Data の販売店契約は自由に終了させることのできるものであったが，ニューヨーク州法によれば「相当な期間」（reasonable period）を経過したのちでなければならない。本件の場合，その「相当な期間」は，ほとんど Copy-Data の力によって市場において Toshiba 複写機を浸透させたことを考えれば，Copy-Data が Toshiba 製複写機の販売ネットワークを発展させるために投下した資本を回収する機会を与えるに十分なだけの長さがなくてはならない。この機会を与えることなく契約を打切ったのであるから，Toshiba には契約違反があるとした。加えて，Toshiba は Copy-Data に対

2 契約の始期と終期

《文例-2》

This Agreement shall come into force on the date first above written and, unless earlier terminated, remain in force for a period of three (3) years, and shall be automatically renewed for subsequent periods of three (3) years unless either party gives to the other party a written notice not to renew this Agreement at least three (3) months before the expiration of a term of this Agreement.

本契約は、冒頭に書かれた日に効力を生じ中途解約されないかぎり、3年間効力を有するものとし、いずれかの当事者が他方当事者に期間満了の少なくとも3ヵ月前までに本契約を更新しない旨の書面による通知をしないかぎり、その後の3年間ずつ自動的に更新されるものとする。

《文例-3》

Either party may forthwith terminate this Agreement without payment of any compensation by giving a written notice of termination to the other party,
 ⅰ) if the other party shall be dissolved, liquidated or declared insolvent or bankrupt; or
 ⅱ) if the other party shall breach any term or condition of this Agreement and shall fail to remedy any such breach within two (2) months after a written notice is given requesting to remedy the breach.

する契約上黙示に認められる信認義務(implied duty of good faith and fair dealing)にも違反していると判示した。

　この判決は、ニューヨーク州法のもとで下された判断であり、事実関係はやや特殊である。しかしアメリカにおいて販売店契約を締結する製造者は、独禁法だけでなく各州の不正競争に関する法律や契約法の適用まで考えておく必要があることを示唆している。つまり、製造者が販売店の市場開拓の努力に報いることなく、**正当な理由なく契約を打ち切るならば不正競争法、契約法の下で損害賠償責任を課されうることを覚悟しなければならない**。

いずれの当事者も，以下の事由が起こった場合には，他方当事者に書面による解約通知をすることによって何らかの補償金を支払うことなく，ただちに本契約を終了させることができる。
(i) 他方当事者が，解散，清算となり，または債務超過もしくは破産の宣告を受けた場合，または
(ii) 他方当事者が本契約のいかなる条件にも違反し，その違反の是正を求める書面の通知を受けてのち，2ヵ月以内にこれを是正しない場合。

■ 解除と解約の違い
　わが国では，契約を終了させる場合を一般に「解除」と称することが多いが，法律用語として「解除」は，契約の効力を過去にさかのぼって消滅させることをいう。賃貸借，雇用，委任等の継続的契約を一方当事者の意思によって終了させ，その効力を将来に向かって消滅させるのは「解約」または「告知」である。ただ，民法自体，遡及効のない「解約」の場合にも解除といっている（620，626，630，651，652条など）ので，遡及効があってもなくてもすべて解除と称しても必ずしも誤まりとはいえないが，正確に両者を区別して使い分けるのがよい。

3 不可抗力条項

　契約が締結されたのちに，当事者の力ではどうすることもできない事態が発生し，債務の履行が不可能になることがある。このような場合について，当事者の権利義務を定めておくのが不可抗力条項といわれるものである。不可抗力のことを英語では Act of God というが，一般にはフランス語の Force Majeure を用いて契約条項の見出しとしている。

1 "Doctrine of Frustration"

　不可抗力条項の真に意味するところを理解するためには，英米契約法におけるフラストレーション（frustration）の理論を知らなくてはならない。

　契約締結後の当事者の責めに帰すことのできない出来事の発生による履行不能について，英米法とフランス，ドイツなどの大陸法とでは根本的な考え方を異にしている。すなわち，わが国を含めて大陸法系の諸国においては，この場合，不能となった債務は消滅し，債務者は免責され損害賠償の責任も負わないとされる。

　これに対し，英米法では，いったん契約によって負担することとなった義務は，その後いかなる事由が発生しようと免除・軽減されないのが原則である。このようなコモン・ローの契約義務の絶対性は次のような考え方に基づいている。つまり，当事者は，予想しえないような事態が発生した場合には

■ わが国民法における履行不能の考え方

　わが民法は，415条で債務不履行による損害賠償を規定している。債務不履行についてゲルマン法は，最初債務者に絶対的責任を負わせていたが，後には外部的な事故（äusserer Zufall）についての責任はないものとしていた。これに対し，ローマ法では故意または過失がある場合にのみ責任を負わせた。この両者を調和するために，最軽過失（Culpa levissima）の理論が構成されて，この影響で各国の民法では債務者の「責に帰すべき事由」（Verschulden）を必要とするようになったとされる。（我妻榮・『新訂債権総論』100頁）。すなわち，このようにわが国の民法の下では，

免責されるという条項を契約中に入れることができたはずである。にもかかわらずこれをしなかったのは、みずから絶対的な責任を課したものと解釈するのである。契約義務を絶対・神聖なものとして扱う契約社会の厳しさがここにあらわれている。

しかし、このような契約義務の絶対性をあくまで貫くならば、当事者間に公正を欠いたり不都合なケースが出てくる。また、契約中に免責条項が明記されていなくとも、契約の性質ないしは諸般の事情に照らし、衡平の観点から債務者を免責させるほうが妥当な場合もある。

そのための理論として、**黙示の条項の原則**（doctrine of implied term）が唱えられるようになった。両当事者が、履行を不能とするような特定の事態が発生することを予想しており、これが発生したときは当然免責がなされるべきであると考えて解釈される場合には、あたかも免責条項があるのと同様の効果に服せしめるというのである。このような理論を基礎として判例は、契約の後発的不能のうちのある場合につき、契約を消滅させ債務者を免責させるという法原則（doctrine of frustration）を発展させた。このような効果をもたらす後発的不能をフラストレーションと称するのである。

フラストレーションが成立するかどうかは、契約そのものの解釈の問題でもあり、成立するための要件を具体的に示すことは難しい。

ただ、一般的にいってこの法理が適用されるためには、当該後発的事由が起こることが予想されたならば当事者が契約を締結しないか、または、締結したとしても何らかの免責約款を挿入したであろうと認められるような場合であることを要する。

これまでフラストレーションの成立が認められた判例をみると、契約の履

履行不能が不可抗力を含む「債務者の責に帰すべからざる事由」に基づくものであることを立証すれば履行責任を免れることになる。

したがって、わが民法における履行不能とは、債権について不能を生ずることであり、「不能」であるかどうかは、社会の取引通念によって決められる。物理的不能にかぎられず、債権の目的物の取引が法律上禁止されたときも不能とされる。

そこで「履行不能」を分かりやすく要約すると次のようになる。

債務者の責に帰すべき事由によって履行を不可能ならしめる状態を起こすこと。債務不履行の一つの場合である。履行不能の場合、債権者は履行に代るべき損害賠償を

行に必要不可欠な目的物が滅失した場合，将来ある事実が発生することを予定してこれを基礎に契約をしたところその事実が発生しなかった場合（今世紀初め，エドワード 7 世の戴冠式行列が行われる予定日に合わせて行列の通過する道路に面した部屋の賃貸借契約が締結されたが，戴冠式が直前になって延期されたため，フラストレーションの成立が認められた"戴冠式事件"が有名である），契約の遂行に欠くことのできない重要な人物の死亡・病気などの場合がある。

　フラストレーションの理論は，古くから傭船契約（charter party）などの商事契約にも適用されている。ここでは当事者の黙示の意思とは一応無関係に，衡平の観点に基づいてフラストレーションの成立を認める判例理論が形成されてきた。1956年のエジプトによるスエズ運河の閉鎖が，同運河の使用を予定していた運送契約をフラストレートさせるかどうかが問題とされた一連のスエズ事件は先例として重要である。

　また，イラク戦争（2002年〜2003年）のような政情の急変が国際取引に法律上与える影響いかんが実務上大きな問題となっている〔1973年のチリ政変が，同国の政情の安定を基礎とする国際商取引契約をフラストレートさせるとした英国の判例（1980年）がある〕。

　1980年9月に勃発したイラン・イラク戦争においては，日本企業所有の船舶を含む70余隻の船舶がシャト・アル・アブ川流域にとじ込められた。このため，交戦の開始によって，それらの船の傭船契約に関し，どの時点でフラストレーションが成立したか（この点は，交戦開始後に急騰した船体に対する戦争保険料の数十日間分などの費用をいずれの当事者が負担すべきかを決定する）をめぐって，いくつかの注目すべき仲裁判断がロンドンで出されている。

請求し（民415後段），または直ちに契約を解除することもできる（民543）。ただ履行の一部が不能になったときは，原則としてその部分だけについて不能の効果を生じ，残部を履行することによっては契約の目的を達しない場合にだけ全部不能と同一に取扱い，みだりに契約の全部の解除は認めるべきでない。債務者の過失によらない履行不能（債務者の責に帰することのできない事由による履行不能）の場合は，危険負担の問題として処理される。

2 不可抗力条項

　コモン・ローのフラストレーション理論によっても、フラストレーションが具体的にどのような状況の下でいつ成立するかという点になると、その微妙な判断は、結局、裁判または仲裁に委ねるほかはない。そこで、確実な見通しに基づいて円滑な取引を行うことを望む商取引の世界では、不測の事態が起こった場合の契約の運命と当事者の責任について、あらかじめ契約中に定めておくことが慣行となった。これが不可効力条項である。

　その内容は、将来の予見可能性を高めるという意味で、あらゆる天災地変や不測の事態を列記したと思われるほど詳細なものになりがちである。そうすることによって、いやしくも免責条項を設けたからには、そこに書かれていない事柄については、むしろ英米法の原則どおり履行義務をあくまで存続させるのが当事者の意思であると解釈されないようにする趣旨も含まれている。このため、不可抗力条項においては、具体的事由の列挙のあとに、「その他当事者の支配することのできない一切の事由」のような包括文言を付加することがよく行われる（《文例-4・5》61, 62頁参照）。

　ただ、このような文言によっても、その文言通り無制限に一切の事由が含まれるようになるわけではない。英米法の「同種文言の原則」(rule of *ejusdem generis*) と呼ばれる解釈上の原則によれば、このような包括的付加文言は、具体的列挙事由と同種類の事由でそこに漏れたもののみを意味するとされるからである。

■ SARS 発生は不可抗力事由になるか

　2003年、SARS（重症急性呼吸器症候群）が中国や台湾を中心として猛威をふるった。

　当時、日本企業のなかには、予定していた進出計画を中止した企業、あるいは、現地工場の従業員に感染者が出たために操業を一時ストップした企業があった。

　英米法の下でも、契約中の Force Majeure clause 中に epidemics「伝染病」のような事由を書いてあれば、不可抗力免責を受けられる可能性が高まる。ただ、SARS を、きわめて感染力の高いコレラやペストのような伝染病と同列に扱ってよ

3　不可抗力事由発生の効果

　フラストレーションの一般法理が適用される場合には，不履行当事者は完全に免責される。ところが，契約によっては履行期をある程度延期して当事者に猶予を与えても，なるべく契約義務を消滅させたくないこともある。この場合には，不可抗力条項に不可抗力となる事由を列挙するだけでなく，その発生とともに履行期間が延長され，その後遅滞・違反の原因が除去された時点で直ちに履行に着手しない場合にはじめて免責がなされる，といった内容の規定を設けておく必要がある。

　逆にいえば，不可抗力事由発生の場合に一律に完全免責がなされるのを避け，その法的効果を当事者が自由に合意できるようにする点に不可抗力条項を設けるもう一つの重要な理由がある。そのため，不可抗力事由の発生後，一定の猶予期間を置きその後に当事者が解除できる旨を規定したり，あるいは，事由発生後もなお契約履行のために最善の努力をすべきこと，事態の発生をすみやかに相手方に通知すべきことなどを規定する例がよくみられる（《文例-5》62頁参照）。

《文例-4》事由のみを列挙するもっとも単純な例

> Neither party shall be liable for any delay or failure of performance hereunder when such delay or failure is due to fire, flood, strikes, labour troubles, riots, invasion, war, or any other causes beyond the control of the parties.
>
> 　いずれの当事者も，本契約の下での履行遅滞，不履行が，火災，

いかとなると議論の余地がありそうだ。SARSは，最近のことなので，これをズバリ不可抗力事由として書いた英文契約書があったとは思えない。

　それでも，不可抗力事由としてgovernmental regulation「政府の規制」が書かれていれば，これが免責事由になりえる。SARSを理由として，たとえば，外国税関の輸入検疫業務に大幅な遅れが発生し，それが契約当事者の履行遅滞の原因になるとしたら，これにあたると解釈上みとめられることはあるだろう。

洪水，ストライキ，労働争議，暴動，侵略，戦争，または両当事者のコントロールを超えた他のあらゆる事由による場合には，その遅滞，不履行につき責任を負うものではない。

《文例-5》無条件の免責を避ける内容の条項例

　　Neither party shall be responsible for delays in delivery or performance because of intervention of a Force Majeure, which term shall include strikes, lockouts, riots, epidemics, war, governmental regulations, fire, explosion, acts of God, or any other cause beyond the control of the party affected. In no event shall lack of finances be considered as a cause beyond the control of a party. The party affected by the Force Majeure shall give prompt notice thereof, and upon cessation of the Force Majeure, take all reasonable steps to resume compliance with its obligations.

　いずれの当事者も不可抗力の介在を理由とする提供もしくは履行の遅れにつき責任を負うものではなく，不可抗力の語は，ストライキ，ロックアウト，暴動，伝染病，戦争，政府の規則，火事，爆発，神の所為，その他，影響を受ける当事者のコントロールを超えた他のあらゆる事由を意味する。いかなる場合にも資金不足は当事者のコントロールを超えた事由と考えられてはならない。不可抗力の影響を受けた当事者はこれを速やかに通知しなくてはならず，不可抗力事由が終了したら，その義務の遵守をとり戻すためのあらゆる合理的な措置をとらなくてはならない。

4 秘密保持条項

　秘密保持条項は，一般条項としてどんな種類の英文契約にも必ず登場するほどポピュラーなものではない。この条項が重要な意味をもつのは，後述するように，技術援助契約とくにノウハウを対象とする契約においてである。
　しかし，最近は情報化社会が高度化していくなかで，情報の生産・管理体制の整備が各企業にとって最重要な課題となりつつある。たとえば，コンピュータ・ソフトウェアの"盗用"といった事件が新聞紙上をにぎわせているが，ソフトウェアの所有者は，この盗用にどのように対処したらよいであろうか。ソフトウェアのように，きわめて付加価値の高いものも含んでいる"情報"をどのように管理していくべきかは，まさに現代の企業戦略上の要をなす問題であるといってよいであろう。
　一般にソフトウェアのように，法的保護がいまだ十分なされていない情報を管理する当面の手段の一つとして，契約による保護が考えられなくてはならない。すなわち，法律による保護が万全ではないことから，たとえばソフトウェアを使用許諾するような場合には，契約内容を十分整備して自衛手段を講じ，完全ではないにしても損害の発生を最小限にくい止める努力をしておかなくてはならないのである。
　そのための契約条項の一つが秘密保持条項である。今後，情報を有効に管理する手段の一つとして，このような条項がノウハウのライセンス契約以外

■ソフトウェアの保護に関する米国の判例
　米国では，1976年，80年の著作権法改正でこの問題に対応してきたが，わが国の「プログラム権法」について，米政府は，権利保護期間が短いなど問題があり，米国におけるように著作権法で保護するのが望ましいとの意見を表明している。その米国が，かねてから注目を集めていた裁判の判決が1983年8月末に下された。Apple Computer Inc. v. Franklin Computer Corp.（3rd Cir., Aug. 30, 1983）がそれである。
　この事件で問題となったのは，Appleの開発した14件のプログラムの著作権によ

にも使われる機会が多くなっていくことが予想される。2005年4月1日からは，わが国で個人情報保護に関する法律が全面施行になったが，その22条は，海外も含めた委託先の監督義務を規定する。委託先との秘密保持契約を締結することも，そうした義務の内容をなすと考えられる。これにそなえて秘密保持条項のポイントをおさえ，よく使いこなせるようにしておくことが要求される。これは情報化時代を生き残るための"処世術"でもある。

1 ノウハウと秘密保持

ライセンス契約の目的となるのは，特許・ノウハウなどの技術情報が主である。これらと商標権などのライセンスを複合的に組み合わせ，契約の目的とすることが，実際上よく行われている。たとえば，ある品物を製造するための特許およびこれに付随するノウハウの実施を認め，あわせて製造された品物をライセンサーの商標を用いて特定地域で販売することを許諾するといった契約がよくみられる。

ここでノウハウとは，いまだ特許になっていない発明，製造方法，販売方法，その他営業上の秘密とされるような情報を広く指すものと考えてよい。ノウハウは，特許と比較した場合，その権利の内容（対象・範囲）が明確でなく，法的な保護が不十分であり，そのため秘密を保持しなければ財産的価値を保てないという特徴をもっている。

そこで，ノウハウを契約の目的とするときは，このような特質を十分に理解したうえで契約書作成に気を配る必要がある。とくにノウハウは，公開されてしまえばほとんど価値のないものになってしまうことから，ライセンサー（許諾者）としては，ライセンシー（被許諾者）に対してノウハウの公

る保護である。とりわけ，コンピュータ機器の"言語"として使われるオブジェクト・コード（object code. これは，source language で書かれたプログラムを compiler で翻訳した目的言語 object language 形態のプログラム。目的プログラムは，通常電算機に直接理解できる machine language で書かれ，そのまま実行可能になっている。『コンピューター用語辞典』講談社）に著作権の保護が及ぶかが問題となった。この点につき，いくつかの判例は肯定的に解したが，一つだけ，本事件の第一審判決（545 F.Supp. 812, E.D.Pa. 1982）のみがこれに反対の立場を示していた。つまり，第一審のペンシルバニア州東部地区連邦裁判所は，オブジェクト・コードは

開を禁じ，秘密を保持することを義務づけておかなければ安心できないことになる。したがって，ノウハウのライセンス契約にあって，秘密保持条項は必要不可欠のものであるといわなければならない。そこで，秘密保持条項の使用の典型例としてノウハウを目的とする契約の場合をとりあげ，その内容をみてみよう。

2　秘密保持条項（Secrecy Provision）の内容

　秘密保持条項を理解し，作成するうえでのポイントは，大略，次の諸点にある。①秘密保持の対象となる技術情報をどの範囲のものとするか，②秘密保持義務を負う人的範囲，③秘密保持義務の有効期間，および，④秘密保持義務の管理体制である。

　第一の対象・範囲の問題というのは，ライセンサーから供与される一切の技術情報を含むとするか，それとも一定の場合を例外として除外するかどうかということである。通常，次の各場合が除外される。ライセンサーによってすでに公開された場合，販売上顧客への説明のために開示する必要のある場合，法律や政府の命令によって開示を要求される場合などである。ノウハウがすでに公開されたときに，もはや秘密保持の必要性がなくなるのは，当然のことといってよい。販売上の理由による開示も契約の目的遂行のために必要なことである。

　またかつては，とくに高度先端技術に関する情報の移転・供与について，共産圏への流出を防ぐ目的で特別の国家的規制がなされることがあった（いわゆるココム条約によってであるが，同条約は終了し，ワッセナー条約に引き継がれている）。このような規制を想定して，

人間が読むことができないものであるから著作権の対象とはなり得ないと判断したのである。同裁判所のこのような判断は，書面に記すような昔ながらの方法で記録されたものでなければ「著作物」とはいわないとの考え方に基づいている。

　第三巡回区控訴裁判所は，第一審の判断を覆した。判決は著作権法の立法趣旨・改正の経緯に照らし「著作物」になるかどうかの基準は，コンピュータに関しては，緩やかに解釈し，日進月歩のコンピュータ技術に適応できるようにすべきであるとした。判示が，ひろくあらゆる種類のコンピュータ・プログラムの著作権を認め，応用プログラム（application program）であろうとオペレーティング・システム・プログラ

"Disclosure by laws, regulations or governmental orders shall not be deemed to constitute a violation hereof."
「法律，規則または政府の命令による開示は，この条項の違反にならないものとする。」
のような一文を秘密保持義務を認めた本文の但書として入れておくことがよく行われる。

次に，守秘義務を負う者の範囲としてライセンシーの従業員，退職した従業員などにまでこれを及ぼすべきかという問題がある。これらの者は，契約の当事者ではないので直接契約の効力に服するわけではない。ただ，ここまで守秘義務を負わせるのでなければ契約の実効性を確保できないと判断されることもあろう。そこで関係従業員については，別途ライセンシーと秘密保持契約を締結しなくてはならない旨を，

"Licensee's employees and those persons employed in connection with～ shall be required to enter into secrecy agreements with Licensee."
「被許諾者の従業員および…に関連して雇われた者は，被許諾者と秘密保持契約を締結することを要求されなくてはならない。」
のように規定しておくか，あるいは就業規則に秘密保持義務を明記させるようにするなどがなされる。しかし，退職従業員について雇用契約終了後もひき続き秘密保持義務を負わせる規定（hold-over clause）は，場合によっては同業他社への"転職の自由"を不当に制限するものとされうる。

秘密保持規定の効力は，契約の期間中だけでなく契約終了後も2，3年間あるいは永久に保持されなくてはならないとされることが多い。上に述べたように，ノウハウはいったん公開されてしまえば財産的価値を失うものであ

ムであろうと，等しく著作権の保護が及ぶとした点は実務上重要な意味をもっている。本件で問題とされたAppleの14件のプログラムは，応用プログラムの実行を監視するためのオペレーティング・システム・プログラムであった。そこでFranklinは，この種のプログラムは，米国著作権法102条(b)にいわゆる「操作のプロセス，システム，あるいは方法」（同条は，"any idea, proceduce, process, system, method of operation, concept, principle, or discovery"には著作権が及ばないとしている）にすぎないと主張した。控訴審は，これに対し，応用プログラムもオペレーティング・システム・プログラムいずれもコンピュータに何かをすることを指示するものであっ

4　秘密保持条項

るから，その秘密性は契約終了後といえども維持されるべきという点に合理性が見い出せる。しかし，技術革新が日進月歩でなされている今日，10年以上または永久の秘密保持義務というのは現実的でない。加えてライセンシーには，その間に当該ノウハウが公知のものとなった場合にも，これを用いて競争市場に参加することができなくなるという不利益が予想される。少なくとも，公知になった時点で秘密保持義務自体消滅する旨を明記しておくのがよい。

さらに，このような契約終了後の秘密保持に関して特約がなかった場合は，原則としてライセンシーは契約終了後自由にノウハウ等を使用できると考えてよい。

ただ，この点については第II部の**2**（54頁）にも簡単にふれたように，契約終了と同時に技術資料（図面・書類その複製物）一切をライセンサーに返還することになっているなど，契約全体の趣旨から解釈して，特約がなくとも秘密保持義務の存続が認められる場合があることに注意する必要がある。

秘密保持を管理する体制としては，技術資料の管理場所を特定する，秘密資料である一定表示を義務づける，一定の複製を禁ずる，ライセンサーの立入検査権・書類閲覧権を認める，などの内容を具体的に定めた条項が設けられる。

《文例-6》

> The disclosure of all technical information given by Licensor to Licensee hereunder shall be kept in strict confidence by Licensee and shall not be disclosed to any third party without prior written

て差異は見い出せないとしている。そして，アイデアそのものとアイデアの表現を次のように区別する。あるオペレーティング・プログラムが果たすと同じ役割を果たすプログラムを書き表わし，または創り出すことができる場合にはそのプログラムはアイデアの表現であり，したがって，著作権の対象になる。ただし，そのオペレーティング・プログラムが，アイデアを表現する手段にすぎないときは著作権の対象にはならない。この意味で，本件のAppleのプログラムは，アイデア表現の手段にすぎないとはいえないとして著作権による保護が認められたものである。また，本件プログラムが単に機械の部品（machine parts）にすぎないので著作権の対象となり得ない

> consent of Licensor.
> 　本契約の下で許諾者から被許諾者に与えられるすべての技術情報は，被許諾者によってきびしく秘密に守られなくてはならず，かつ許諾者の事前の書面による承諾なくいかなる第三者にも開示されてはならないものとする。

とのFranklinの主張も退けられた。
　本判決は，コンピューター・ソフトウェア産業にとって，大きな意味をもっている。しかし，ソフトウェア保護の問題がすべて解決したわけではない。既存のソフトウェアに手を加えて（modify），一見，別のソフトウェアを作り，著作権の侵害を免れるといったケースをどう防ぐかという問題も残された。

5 完全合意条項

　英文契約の中には，きまり文句のように使われる語句や条項がいくつかある。そのなかには，ほとんど現実に機能していないものもある。だが，よく調べてみると意外に奥深い背景をもっていたり，単にきまり文句として見逃しえない実際上の重要な意義を有しているものも含まれている。**完全合意条項**（entire agreement clause *or* integration clause，最終性条項とも訳される）もその一つに数えることができよう。

　このような条項がなぜ設けられているのかを考えることは，実は，英米契約法の根幹にせまることであって，**欧米人の契約意識を知る手がかりをも与えてくれる。**

1　背景としての契約意識の違い

　完全合意条項のポイントは，要するに，いったん契約書面を作成したらこれが当事者の合意を証明する唯一最終のものとして尊重されなければならず，のちになって，実はこれに反する口頭の約束があったとか主張することが許されなくなるという点にある。このような内容の条項は，わが国において通常用いられている契約書には見ることができない。

　わが国においては，むしろ，これと好対照をなす『別途協議条項』とか『円満解決条項』とよばれる条項が使われている。これによると，「本契約

に定めのない事項またはこの契約の解釈に疑義を生じたときは，別途誠意をもって協議するものとする。」あるいは「将来，この契約より生ずる権利義務につき当事者間に紛争が生じたときは，協議によって円満に解決する。」とされるのが一般である。

　この種の規定は，日本人の契約意識をよく反映したものであるとの指摘がなされている。たしかに，われわれ日本人は，相手方と契約関係に入ることをお互いの信頼関係を築き上げていくための第一歩（出発点）にすぎないと考える傾向がある。欧米人のように，契約は，当事者のあいまいだった関係を交渉を通じて具体化したもの（到達点）であり，契約がいったんとり交わされたら，以後はそれが双方の権利義務を厳しく拘束するルールとなり，これに厳密に従うことが要求される，というほど厳格には考えていない。とりあえず契約書をとり交わしておいて，何か起こったらお互いの信頼関係に基づいて腹を割って話合いで解決すればよい，ぐらいに甘くみている。

　一方，欧米人の目には，このような規定は有害無益なものにしか映らないのではないだろうか。なぜならば，将来，権利義務について疑義の生じないようにするために契約書を作成するのであって，その契約書に書かれてあるところから生ずる権利義務に関してすら別途（その契約書から一応離れて）協議するというのでは，何のために契約書を作るのかわからなくなる。このような規定は，かえって，その契約書の効力を減ずるものということにならざるをえないからである。また，紛争が起こりそうになったら双方「円満解決」をはかるように努める，というのならば当然すぎることをいっているにすぎない。まさに円満解決をはかれそうもない事態にそなえて契約書を作るのだ，ということになるであろう。

「日本人の契約意識とその背景」のチャート
キリスト教の思想が浸透していない⇒約束ごとと神とは本質的に結びつかない
近代法の継受は明治以降（近代法というヨロイを着た固有の法意識が支配）⇒法律よりも恥とか世評の方がより強い拘束力をもつことが多い
「ハレ」（祭）と「ケ」（日常）とに分ける習性⇒ホンネとタテマエの使い分けに通じる⇒契約は「ケ」の感覚でいこうとする傾向（「聖」と「俗」に分けた場合，「聖」領域に入らない）
国民性は「感情的」「情緒的」⇒契約関係は相互の同化を意味する⇒「契り」の感覚とでもいうべき独特の関係に委ねる傾向⇒定量化・明確化に消極的
単一民族・農耕民族⇒地域形成⇒円満解決優先⇒個の主張の退化

完全合意条項は，以上のような背景をよく認識して，日本的な契約意識を欧米流に切りかえて臨まなければ，本当に理解することは困難である。

2　"Parol Evidence Rule"

完全合意条項を法理論との関連でもう少し掘り下げて検討してみよう。

英米契約法のもとで契約が有効に成立するためには，**捺印証書**（deed）という書面によるか，さもなければ，**約因**（consideration）の存在が必要であることは前にも述べた。このことは，約因のある有償契約は，書面を作成しなくても有効に成立させうることを意味する。

しかし，このような種類の契約でも，英米法の詐欺防止法（Statute of Frauds）が適用される場合には，書面によらなければ裁判によって強行できないとされていることから（U.C.C.§2-201参照），実際上，重要な契約の大半は，書面によることが要求されているものと考えてよい。

そして，捺印証書による場合であれ，それ以外の場合であれ，当事者が，書面によって契約をし，その中に定められたことが，当事者間の契約上の権利義務についての完全かつ最終的な合意を示すものとすることを意図した場合には，この契約書の内容と異なるところの当事者間の交渉，了解，合意など（口頭，書面を問わず）が，この契約作成以前に存在していたとしても，それらを証拠として持ち出すことは許されなくなる。これを Parol Evidence Rule（口頭証拠の法則）という。この関係で，当該契約書を最終的なものとしようとする当事者の意図を明確に示すための条項が，完全合意条項にほかならない。

口頭証拠の法則は，上の説明からもわかるように当該契約書以外の一切の

「欧米人の契約意識とその背景」のチャート
神との契約という思想（人と人との契約を守るのは，神との契約を守るため）
ローマ法以来の固有の法観念が支配する⇒ルール尊重の思想⇒契約は守られるべし
「はじめに言葉ありき」に象徴される聖書の思想⇒言葉（logos）は神そのもの⇒約束文言に対する神聖視
民族性・国民性は「論理的」⇒契約関係は個と個の対立として論理的に捉える⇒契約条件の定量化・明確化⇒文書化の習慣（権利・義務の範囲を明らかにする）
契約をするということと契約書を作成するということとは一直線上にある
［民族混合社会／狩猟民族］⇒防衛本能⇒情報分析能力にたける⇒積極的主張⇒個の発現

外的証拠（extrinsic *or* extraneous evidence，必ずしも，口頭証拠のみに限られない点で，口頭証拠の法則という名称は不正確なものである）の証拠能力を排除するものである。そうすることによって，契約内容の証明手段としては当該契約書以外は使えないことになって，書面契約の確定性・最終性を確保し，その拘束力を強めることを期待できる。

口頭証拠の法則を厳格に貫くときは，裁判の結果に衡平を欠くことも起こりうる。そのため，種々の適用上の例外が設けられている。それらは，複雑かつ多岐にわたっており，到底ここで詳論しつくせるものではない。ただ，上述の米国統一商事法典（U.C.C.§2-202）が，売買に関し，(a)商談の経過，取引慣行，または履行の過程，および(b)最終契約書面と矛盾しない追加条項（これについてはさらに例外がある）の2種のものを口頭証拠の法則が適用される書面契約の説明・補充の目的で持ち出すことは妨げないとしているのが参考になろう。

3　完全合意条項の内容

完全合意条項は，上述したように，口頭証拠の法則と密接不可分の関係にある。

この条項を入れることは，当該契約書のみが当事者の合意の唯一最終の証拠とする旨を了解したことを意味する。契約書の証拠力は，いやでも絶対的なものとならざるをえない。契約当事者としては，よくよく慎重に契約の内容を検討して必要なことはすべて契約書中に盛り込むようにしなければならない。

口頭証拠の法則は，自己に有利な条件をもれなく契約書中に入れることに

■ **契約と契約書**

一回かぎりの売買契約ならともかく，企業間の継続的な契約となれば，たがいに信頼しなければ契約は結ばれない。この点は，世界中で共通している。国際合弁契約を例にとると，進出先の現地企業と力を合わせ合弁で共同事業をしようというのであるから信頼関係のベースがなければとてもできない。

だが，契約の交渉を経ていざ契約書をつくる段になると大きな差があらわれる。日本人（企業）は，前提となる信頼関係の延長線上に契約書を位置づけ「信頼の証し」のような契約書案をつくる。これに対し，欧米人（企業）の手にかかると「不信の象

成功した当事者にとっては実に有利に働き，反面，不備なまま契約書に署名をした当事者にとっては，とり返しのつかない結果を招きうる両刃の剣であることを忘れてはならない。

完全合意条項の典型例が《文例-7》に示したものである。ここに，契約の改訂・修正（amendment）の方法もあわせて規定する例が多い。その場合は，完全合意を示す文章につづけて，

"Future amendments and additions to this Agreement must be in writing and signed by the parties hereto in order to be binding."

「本契約に対する将来の改訂および追加は書面でなされなくてはならず，かつ有効になるためには，本契約の当事者によって署名されなくてはならない。」

のようにする。さらに，書面性の尊重の趣旨も入れて，

"Any oral attempt to modify and/or add to this Agreement not reduced to writing and signed by the parties hereto shall be totally without effect and will not be binding upon the parties hereto."

「本契約書を改訂し，かつ／または，追加しようとするあらゆる口頭の試みで，書面になってなく，かつ本契約の当事者によって署名されていないものは，完全に効力がなくまた当事者を拘束しないものとする。」

とする例もある。

《文例-7》

> This Agreement contains the entire and only agreement between the parties relating to the subject matter hereof and supersedes and

徴」のような契約書ができ上がる。

　この差はどこからくるのか。信頼するからこそする契約でも契約書にするときは悪いときにそなえた内容にすることに徹するところからである。契約書はいうまでもなく合意内容を書面化した文書のことだが，いってみればリスクマネジメントの一環としてこれを作成するのである。契約にとって最大のリスクは，相手方が信頼を裏切る場合に生じる。そこで，相手方が信頼を裏切って契約義務を履行しなかったときにはどのように対応するかなどさまざまにシュミレーションしてみる。それだけでなく合弁事業でいえば，相手方と合弁会社について経営方針の食いちがいが表面化してデッ

> replaces any and all prior or contemporaneous agreements or understandings, written or oral, express or implied, between the parties relating to the subject matter hereof.
>
> 本契約書は，その主題に関連する当事者間の完全で唯一の合意を含んでおり，書面もしくは口頭を問わず，明示もしくは黙示を問わずに行った，本契約締結前もしくは現在における，同主題に関連した当事者間のすべての合意または了解事項に取って代わるものとする。

ドロック状態になってしまった場合の対応策は欠かせない。

　現代企業社会における契約リスクは多様化している。急に契約の相手方が敵対的M＆Aで他の企業グループの一員とされてしまった場合のことも考えておかなくてはならない。買収して傘下に収めた企業グループは合弁の相手方として好ましいと限らないので，合弁契約の解約事由に入れておいたほうがよいであろう。このような思考プロセスでなくべく多様なリスクを洗い出し，これにそなえた条項を契約中に盛り込もうとするのである。

　ある米国の弁護士が，よい契約をつくろうと思ったら相手方当事者を信頼していてはだめで，なるべく悪いほうに想像力をはたらかせなくてはだめだと言っていたのを思い出す。その契約観は，いわば性悪説にもとづくもので，比べれば日本人（企業）の契約観は性善説そのものという気がしたものである。

6 支払いおよび税金に関する条項

　本書で扱う英文契約は，企業が国際取引に用いるところの国際契約を念頭においている。ビジネスの世界の問題である以上，この種の国際契約のほとんどは，何らかの形での**資金の移動**を予定しているものとみてよい。ビジネス上の観点からしても一般条項の一つとしての支払いおよびそれに密接にかかわる**税金**に関する各条項は重要な意味をもつ。

1　支払いに関する条項の内容

　まず，通常の売買契約における代金の支払いの場合をみてみよう。国際契約において売買は，海を隔てた当事者間の輸出入を意味することがほとんどであって，支払時期，支払方法についても国内取引とは異なった配慮がなされなくてはならない。

　支払時期に関していえば，特約のない限り物品の引渡しと引換えになる（同時履行）のが原則である。しかし，遠く離れた当事者間でこの原則に従うことは現実的ではない。となると，売主（輸出者）の側では商品を発送する以前に代金を確実に入手しておきたいと考え，他方，買主（輸入者）は，商品を無事入手し，しかもできればそれを売りさばいたのちになって代金を支払いたいと望むのはごくあたりまえのことである。

　そこで，両当事者の利益を調和する形で，売主においては船積前に金融を

■ タックス・ヘイブン
　バミューダ，バハマ，英領ヴァージン諸島，香港，マカオ……。これらは，世界の主要なタックス・ヘイブンである。
　haven（heavenではない）は，港とか避難所を意味する。したがって，tax havenは，税金からの避難場所ということになる。たとえば，バハマ連邦には，所得税，法人税が存在しない。租税としてあるのは，関税，印紙税，不動産税，販売税ぐらいである。そこで，多くの企業が，税金から逃がれるためにtax haven corporationを子会社として，これらの地に設立している。オランダ領アンティールのよ

受けることができ，一方，買主は船積書類を受領してから代金を決済することを可能にするところの荷為替信用状（documentary letter of credit）による決済方法が広く利用されている。

　信用状（Letter of Credit, L/C）というのは，輸入業者（X）の取引銀行（A）が，Xのために信用を供与して，一定の条件の下に輸出業者（Y）がX宛に振り出した手形の引受け，支払いを自ら保証し，あるいは自己（A）宛に手形を振り出させ，その手形の引受け，支払いを約する証書のことである。このL/Cの条件として，手形の引受け，支払いにさいして船積書類の提供を要求するものが，荷為替信用状ということができる。その当事者関係は，簡単に示せば次の図のようになる。

　L/Cによる決済は，代金回収と商取引の安全をはかるうえでもっともす

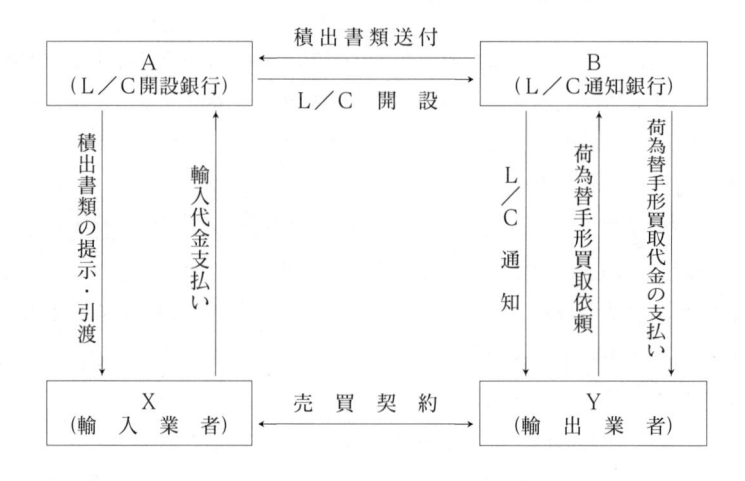

```
            積出書類送付
   A    ←──────────→    B
(L/C開設銀行)  L/C 開設   (L/C通知銀行)

 積│ 輸             L│荷│荷
 出│ 入             /│為│為
 書│ 代             C│替│替
 類│ 金             通│手│手
 の│ 支             知│形│形
 提│ 払              │買│買
 示│ い              │取│取
 ・│                 │依│代
 引│                 │頼│金
 渡│                 │  │の
   │                 │  │支
   │                 │  │払
   │                 │  │い

   X    ←──────────→    Y
(輸入業者)    売買契約    (輸出業者)
```

うに，日本の企業も金融子会社を有するなど，世界の重要な金融・貿易の中心地となっているところもある。

　企業がなるべく税金を安く上げ所得を留保しようと考えるのは当然としても，これが行き過ぎると，本来税を徴収すべき国が税収の機会を失う結果になる。場合によっては，特定国の税の逋脱（tax evasion）・脱税といった単なる租税回避以上の効果を生ずる。このような海外子会社への所得の不当留保に対処するため，各国ともいくつかの対策をなしている。一つは，アメリカ，ドイツなどの合算課税方式であり，また，イギリスのように，外国に本店を有する法人であっても，その法人の管理支配の

ぐれているといわれている。《文例−8》(79頁)はこれを規定した一般的な条項の例である。この中で売主(Seller)は，買主に一流銀行の**取消不能信用状**を要求しているが，このことは代金回収の安全のために重要である。とくに，取消可能な信用状(irrevocable と断わってなければ取消可能として扱われる)ではほとんど信用状のメリットが失われてしまうので注意を要する。また，L/C の開設期限の定めも重要である。これが明確にされていないと，契約上の船積日の直前になるまで L/C が開設されなかったような場合に，輸出業者は船積日に船積みを間に合わすことができないことにもなりかねず，クレームのもとになる。

次に，すべての国際契約の場合に共通することとして，支払いをいずれの**国の通貨**でもって行うかを明記しておかなければならない。異なる通貨の間で交換がなされるときは，交換比率(conversion rate)を定めておく必要がある。さらに，一般的にいって**支払場所**をどこにするかは重要な問題であるが，国際契約でよく行われるのは，

"X will pay such price by telegraphic transfer to an account to be opened with ABC Bank, Ltd., London Branch by Y."
「Xは，YによってABC銀行ロンドン支店に開設される口座に電信送金でその代金額を支払うものとする。」

のように支払いを受ける側(Y)で特定の銀行口座を指定しそこに払い込ませるという方法である。これによるときは，冒頭に述べたような最近のエレクトロニック・バンキングの発達と相まって，遠隔地間でも確実で迅速な支払いが期待できる。

場所が自国にあれば，その法人を税制上は国内法人と同様に扱うという法制もある。また，OECD は，タックス・ヘイブン対策の多国間条約の締結を呼びかけており，OECD 多国間税務執行共助条約の批准をみた。

多国籍企業にとって最も重要なのは，tax evasion にならない範囲で適正な節税をなすための，国際タックス・プランニングである。

2　税金に関する条項

　金銭の支払いには常に税金の問題がつきまとう。本来課税権は，国の統治権の一部をなすものとして各国それぞれの国内法によって発動されるものである。したがって，ある国際取引に関連して，どこの国のどのような種類・内容の課税がなされるかを予見することは必ずしも容易なことではない。タックス・プランニングが，国際取引においてとくに重要な意味をもってくるのはこのような事情による。当然，同一所得につき二つ以上の国から課税されるいわゆる二重課税も起こりうるわけで，国際取引の大きな阻害要因となってきた。そこで，このような国際的二重課税を防止するために二国間で課税権を調整するルールとして租税条約が結ばれる。現在，日本は50ヵ国近くとこの租税条約を締結している。

　このように租税条約によって二重課税防止の努力がなされてはいるものの，いぜんとして税の問題が国際取引の不安定要素となっていることは否定できない。国際契約においてはいずれの当事者がどの範囲で税金を負担するかを明確にすることが最も大切になってくる。よくあるのは，

　"All payments provided for under this Agreement shall be net payments."
　「この契約の下で行われるすべての支払いは，純支払額でなされなくてはならない。」

のようにして，被支払者のもとには，必ず純支払額で入らなくてはならないとする例である。しかし，いかなる国のものであれすべての税金・負担を一方の当事者が支払うようにするのであれば，《文例-9》(79頁)のようにするか，あるいは，いかなる国の税金・負担もない net の状態でという点を

■ **租税条約**（Double Taxation Convention）
　政府は中国と租税条約締結のための交渉を進めてきたが，1983年9月ようやくその締結にこぎつけることができた。この租税条約というのは，国際的二重課税防止のために二国間で課税権を調整するために設けられるルールのことである。わが国は50ヵ国近くとこれを締結している。中国は，それまでどの国とも締結してかったので，わが国との条約が同国にとっての第1号となった。租税条約は，二重課税という国際取引を阻害する大きな要因の一つを除去することを目的としている。二国間条約の形をとるが，現在世界で締結されている租税条約のほとんどが，多かれ少なかれOECD

6 支払いおよび税金に関する条項

より強調して,

"All payments shall be free and clear of any exchange or collection charges and of any taxes imposed under the laws of any country."

「すべての支払いは,為替・取立手数料およびいかなる国の法律の下で課されるいかなる税も引かれないものでなくてはならない。」

としておく方が周到である。ただ,このような規定の下でも,支払者の所在地で支払者に課せられる**源泉徴収税**(withholding tax)だけは例外として扱うのが通常である。

《文例-8》

> Payments for the Products shall be in the form of an irrevocable and confirmed letter of credit of a prime commercial bank in U.S. dollars in favor of Seller which shall be opened at least ____ days prior to the requested shipment.
>
> 本件製品に対する支払いは,米ドル建てで売主のために要求された積荷の少なくとも____日前までに開設されなくてはならないところの取消不能かつ確認済の信用状の形態でなされなくてはならない。

《文例-9》

> All taxes and any other charges levied against this Agreement or with respect to any and all payments made hereunder shall be borne by X.

の租税条約草案(1963)および模範租税条約(1977)の影響を受けている。日本とアメリカとの間の租税条約も正式名称は,「所得に対する租税に関する二重課税の回避と脱税の防止のための日本国とアメリカ合衆国との間の条約」という長いものである。両国間で「二重課税」が問題となりうるときには,まず,この租税条約の適用とこれによる問題の処理が考えられなくてはならない。1983年2月に,米国国税当局が,わが国の自動車,家電メーカーに対し,対米輸出価格を意図的に高くして子会社の利益を圧縮,税金逃れを計ったとして移転価格課税の適用を推し進めようとしたことから,いわゆる"税金摩擦"問題が発生した。これに対し,わが国の企業側では,本件は租

> 本契約に対してあるいは本契約の下でなされるあらゆる支払いに関して課されるすべての税およびその他の手数料は、Xによって負担されるものとする。

3　日米租税条約の改定（日米親子会社間の配当に対する課税軽減・免除）

　日米租税条約の改定は、およそ30年ぶりのことであり、新条約案は2003年10月末に閣議決定され、2003年11月6日には米国と署名が交わされた。

　改定のポイントは、①源泉地課税の免除、②移転価格税制、および③租税回避の防止にある。①には、日米の親子会社間の配当だけではなく、日米をまたぎ金融機関などが受け取る利子、および商標などの使用料についての内容も含まれる。

　親子会社間の配当支払いに対する課税の軽減・免除措置は、企業活動のグローバル化を後押しすることをねらっている。日米間での子会社から親会社への配当支払いには、改定前の条約によれば、子会社の所在する国で10パーセントの課税がなされることになっていた。

　改定後は、子会社からの配当につき、源泉地での課税が免除される。たとえば、日本企業Aが51パーセント出資する米現地法人Aから親会社Aに向けて支払われる配当に米税務当局は課税しない。

　ただ、この場合の子会社は、50パーセントを超えて出資がなされなくてはならないので、よくある equal partner 型で、50パーセントちょうどあるいは49パーセント出資比率をもった合弁会社の場合は引き続き課税対象になる。

　米国現地法人への源泉課税が免除されても、受取り配当分については日本で法人税を支払わなければならないために、結局のところ納税額は変わらな

税条約の適用の問題であるから、両国政府間の協議で解決されるべきであると主張した。

いことになる。ただ，米国でいったん納めた税金を法人税から控除してもらうための手続が省略できるし，日本で控除を受けるまでの資金繰りが楽になるメリットがある。

　上記子会社にはあたらないような資本関係の薄い現地法人などからの配当に対する源泉地課税の軽減も盛り込まれる予定で，現在15％の税率が10％程度に下げられる見通しである。また，日米間で主として金融機関などが受け取る利子も源泉地課税が免除される。

　これが日本企業のグローバルなビジネス展開にどのような影響を与えるかだが，現在，日米間における配当や利子の受け払いは，日本側の大幅な受け取り超過になっている。

　そこで，今回の改定による配当や利子への源泉地課税減免は，わが国の法人税収プラス要因になるのではないかとみられる。米国に現地法人をもつ日本企業は，米国での納税額が減り，税務にかかる負担を軽減することができる。

　親子会社間などにおける取引価格を操作して，税負担の軽い国での所得をふやそうとする動きを封じる「移転価格税制」についての改定にも注意が必要である。

　新租税条約は，税務当局の調査，課税権限に一定の制限を設けようとしている。すなわち，改正前は，米税務当局は無限定に過去にさかのぼって調査，課税でき，かつ，取引価格が適正だったことの立証責任は企業側にあった。この点，改定して調査，課税の対象期間に一定の制限を設けた。

　半面，日米間における源泉地課税の免除を悪用した第三国経由の課税逃れを防止する手立てを盛り込み，両国でこれを防止しようとする。悪質な税の

■ デジタル情報時代―リスク認識必須に

　人は起こしたことよりも，その後の対応で大きな非難を浴びるという。養鶏場の鶏がインフルエンザにかかるのは，降ってわいた出来事で，同情されてもよい。しかし，これを隠ぺいしようとすれば，明らかな法令違反となり，経営者は逮捕され会社は危機にひんする。

　コンプライアンス（法令遵守）は危機管理の観点から考えたほうがわかりやすい。会社でなくとも法令を守ることは当然であり，これを経営課題として掲げるのは，ほめられるべきことともいえないからだ。しかし，法令違反が，会社を危機的状況に陥

がれに対しては,これまで以上に厳しく対処する体制がとられることだろう。

新租税条約は,源泉税に関する部分が2004年7月から,その他が2005年1月から適用されている。

れることだけは確かだ。米国の巨大企業エンロンやワールドコムは,企業会計上の違反がもとで,音楽のネット配信企業ナップスターは,著作権侵害に問われ,それぞれ倒産した。

法令違反をなくすのは簡単なようで難しい。対象となる法令の内容と運用が,時代とともに変わるからだ。意識しないまま重罪を犯してしまうことだってありうる。情報分野では,デジタル化した情報の流出に対する新たな刑罰も生まれている。

2004年2月には,不正アクセス禁止法の下で,大学の個人情報に不正アクセスした疑いで研究者が逮捕された。同年3月には,ファイル交換ソフト,ウィニーを開発,繰り返し改良し,違法コピーを助長したとして,大学院の助手が著作権侵害のほう助容疑で逮捕された。いずれも良識の府の人間だが,違法意識は薄いまま,いつの間にか罪を犯していたのかもしれない。

デジタル情報時代は,企業に新たなリスクをもたらす。リスクを認識しないことが最大のリスクだ。コンプライアンスは役職員に法令を知らしめ,違法性の意識の喚起からはじまる。

7 譲渡条項

1 Assignment の概念

アメリカのロー・スクールに在学していたころ assignment の語は，一定の重苦しいイメージをともなっていた。教授が分厚い判例集のなかから学生に割り当てる宿題のことを意味するからである。当初，語学力がまだ十分でなかった筆者は，それこそ休日返上で assignment に取り組んだことを思い出す。

assignment は，このように「割当」や「指示」，「任命」などのほか，法律用語としては，「譲渡」を意味する。譲渡の対象は，あらゆる種類の財産権（property）であるが，通常は財産そのものというよりは財産に対する権利の譲渡をあらわす。Black's Law Dictionary は，これを "The transfer by a party of all of its rights to some kind of property, usually intangible property such as rights in a lease, mortgage, agreement of sale or a partnership."「一当事者による，リース，売渡抵当，売却もしくはパートナーシップの契約における権利のような，通常無体の財産権で，ある種の権利のすべての移転」と表現している。

したがって，財産そのものの譲渡には，transfer を使い，財産に対する権利や債権といった目に見えないものの譲渡という場合には assignment を用いると覚えておけばよいであろう。

2　イギリス法における assignment

かつてローマ法においては，債権は債権者と債務者とを結びつける法鎖（*juris vinculum*）であっていずれが代わっても債権はその同一性を失うものとされたので，債権譲渡は認められなかった。

同様にコモン・ローの下においても，契約関係はその当事者に固有のものであり，原則として譲渡・移転（assign）できないものとされてきた。ただ，コモン・ローの修正原理のような役割を果たす衡平法（equity）は，17世紀初頭から契約上の権利の譲渡を認めていた。

イギリスでは，その後，Judicature Act, 1873 によってコモン・ロー裁判所と衡平法裁判所が統合されたのちは，コモン・ロー上の権利であるか衡平法上の権利であるかを問わず，すべてこれを移転することが許されるようになった。同法25条(6)とのちにこれにとってかわった Law of Property Act, 1925 の136条によって認められた assignment の方法は，制定法による譲渡（statutory assignment）とよばれている。

3　英文契約中の assignment 条項

契約は，特定の相手方となされるのが通常である。したがって，ある契約で，相手方がAのはずだったのがいつの間にかBにすりかわっていたということは，本来あってはならないことといってよい。

そこで，通常の英文契約には，いわゆる一般条項（どのようなタイプの契約にも必ずといってよいほど一般的に用いられる条項のこと）として，契約上の地位を他へ譲渡することを原則的に禁止する規定を設ける。

■ merit

メリット，デメリットといえば，何かの長所，短所をあらわす語として一般によく使われるが，法律用語としても重要な意味をもっている。

法律用語には，契約用語などとならんで裁判用語とよばれる technical terms の一群がある。merits（通常複数形で使う）は，裁判用語として使われることが多い。

ある英和辞典によると，merits の項には，法律用語として，「理非，曲直」とある。また，例文として "on the merits of the case"，「事件の理非曲直によって」を掲げる。「理非曲直」とはむずかしい言い方をしたものであるが，「道理に合うことと合わ

典型的なのは，

"Neither party may assign or transfer any part of this Agreement to any third party without prior written consent of the other party."
「いずれの当事者も他方当事者の書面による事前の承諾なくして本契約のいかなる部分も第三者に譲渡・移転することはできない」
のような内容をもった条項である。

全面的に譲渡・移転を禁止するのは実際上不都合が多いであろうから，相手方当事者の書面による同意があればこれを認めるとの例外を設けることには合理性がある。

したがって，上記の典型例を標準的なものとすれば，これを基準にしてバラエティーを考えていけばよい。ただ，原則はあくまで「譲渡・移転を許さない」という点にある。そこで，これに対する例外を検討するところにこの条項をドラフトあるいはチェックする場合のポイントがある。

88頁の《文例-10》を見ていただきたい。これは，assignment条項の内容がもとで長期的紛争をひき起こした東京ヒルトン事件における契約中の同条項である。100パーセント子会社などへの譲渡を許す「例外」が前面に出ているイレギュラーなものであることにすぐ気づくであろう。

4 電子商取引時代の譲渡条項

電子商取引のなかでもとりわけインターネット取引に対するイントラネット取引においては，グループ企業間で原材料の調達を行う。

純粋持株会社によるグループ経営も増えてきた。譲渡条項に必ずといってよいほど登場する「第三者」の範囲を確定するのは意外に難しい。

ないこと，正と邪」のことである。ただ，日本語の意味はどうにかわかったものの，具体的に何をいわんとしているのか，いっこうにピンとこない。これだから法律用語はきらいだという人も出てきそうである。

法律的に正確な説明をするならば，meritsは，訴訟上の請求や抗弁の原因・根拠をなす部分，いいかえれば，当事者による主張の実体（substance）のことである。judgment (decision) on the meritsは，「（訴訟の）実体についての判決・判断」となる。わが国民事訴訟の用語の本案判決に近い。本案判決に対する概念は訴訟判決であり，実体について判断することなく訴えを不適法として却下する場合に用いる。

企業社会はいま，連結会計とグループ経営の時代を迎えている。吸収合併や会社分割といったM＆A（企業買収・結合）による事業再構築・組織再編もさかんに行われるようになった。

会社が丸ごと他の会社に"乗っ取られ"てしまう敵対的買収もめずらしくない。ある事業が子会社に移され分社化されることもある。

こうした新しい時代における契約上の地位の移転・譲渡を対象に考えなくてはならないのが電子商取引時代の譲渡条項である。英文契約における譲渡条項を考えるうえで古典的な先例が次に掲げた「東京ヒルトン事件」である。

5　東京ヒルトン事件に学ぶ

いわゆる東京ヒルトン事件は，英文契約のテキストなどではおなじみの"古典的先例"である。まず事件の概要を紹介しよう。

昭和33（1958）年12月デラウェア州法人であるヒルトン・インターナショナル社（HI）は，東急電鉄との間で，東京ヒルトンホテルの業務委託契約（Operating Agreement）を締結した。契約は，ホテルへの融資，その建設・設備については東急側が負担し，さらにあらゆるホテル業務について東急が責任を負うが，実際の業務の遂行はHIに委託するなどを主な内容としていた。契約の準拠法は，日本法とされていた。昭和38（1963）年，東急の100パーセント出資で設立された東京ヒルトンホテルの営業が開始された。

ところが，その翌年，HIはその名称をヒルトン・インターナショナル・カンパニーと変更し，昭和42年には，全株所有の子会社ヒルトン・インターナショナル・コーポレーション（HIC）を設立，これに東急側の同意をえることなく上記業務委託契約を譲渡したのち，航空会社TWAと合併した。

つまり，事件の「理非曲直」を見極めるまでもなく裁判を終結に導く。

なお，meritは，ラテン語の報酬という意味の語から出たといわれている。事件の理非曲直について判断してもらうまでもなく訴却下にでもなれば，原告側弁護士はmeritをもらえないことになるかもしれない。

7 譲渡条項

TWAは、東急と関係の深い日本航空と競争関係にあるため、問題が生じた。東急側は、契約の地位の譲渡は、譲渡制限を定めた契約条項（88頁《文例-10》の内容もの）に違反するとして契約の解除を主張したのである。

ヒルトン側の行為は、形式的に見るかぎり同条に違反していないようである。ただ、実質的には、HIはTWAの傘下に入り、HICはHIの100パーセント子会社であって、契約当事者の一方がヒルトンからTWAに変わってしまったとみることもできる。

紛争は、いわば、assignment条項の解釈をめぐる形式論対実質論の争いというかたちで、まず東急は、契約解除につづいてHIから来ていたホテルの総支配人を解雇し、東京地方裁判所に同支配人のホテル立入りを禁止する仮処分の申請をした。これに対しHIは、同地裁に業務妨害禁止仮処分申請をした（通常、東京ヒルトン事件といえば、これら2つの仮処分申請事件をさす）。

東京地裁は、HI側の主張を正当と認め、HIの合併の相手方は航空会社であるので、合併によって当事者の同一性は失われず実質的にも上記業務委託契約26条違反はないとしてHIC側の業務受託者としての仮の地位を認める判断を下した。その後、HI側は、この地位の永続を求める本訴を起こし、昭和58年11月になってようやく和解に達して結着がついた。

東急側で問題にしたヒルトンとTWAとの提携関係は、東急と契約関係に入る以前からあったものである。東急側は、契約締結交渉に際して、このような背景を十分に調査・把握したうえで行動する必要があった。そのうえで、東急自身の経営戦略が日本航空との提携強化にあることを認識したならば、上記のような契約条項ではなく、「相手方当事者の書面による事前の承諾ないかぎり、この契約を譲渡できない」のように重大な例外を含まない規

■「外国弁護士による法律事務の取扱いに関する特別措置法」

最近、わが国企業の法務に携わっていて「外国法事務弁護士……」と日本語のレターヘッドの入っているレターペーパーに書かれた意見書などを、目にすることが多くなった。

1987年4月1日から施行されている「外国弁護士による法律事務の取扱いに関する特別措置法」に基づくものであることはすでにご承知であろう。1987年秋などは、欧米の有力法律事務所の"Tokyo Branch"開設記念パーティーが毎週のように都内のホテルで開催された。

定にすることを主張すべきであった。

この事件は,わが国経済が高度成長期を迎え,企業の国際取引も飛躍的に増加しようとしていた時期に起こり,契約の文言を形式的に検討するのみでは足らず,ビジネス戦略をにらんだ実質的予防法学が重要であることを強く各企業に印象づけた。

しかし,こうしたことは「言うは易く行うは難し」の観もある。実際に当事者として渦中に巻き込まれてのこととなるとなおさらである。

ただ,一般条項のひとつであるassignment条項としての問題の条項をよくみるならば,いかにイレギュラーなものであるかはよくわかる。一般条項の基本パターンを頭に入れておいてそれとの比較で問題点を発見していくようにつとめる。このあたりにチェックのカギがありそうである。

《文例-10》

> (a) The parties shall respectively have the right to assign this Agreement and the interest derived therefrom to any subsidiary, fully owned and fully managed by the party or by its affiliated companies, without any consent of the other party, provided, however, that the name of "Hilton" shall be a part of the assignee's firm name, in case of assignment to HHI's affiliate.
>
> (b) Except as provided in (a) of this Article, the parties shall not assign or transfer the interest derived therefrom, without the prior written consent of the other party. It is understood and agreed that any consent by the other party to any such assignment shall not be

いわゆる外弁受入問題については,さまざまな議論が出された末,現在のようなかたちに落ち着いたのであるが,最後まで難航したのは「弁護士」名称使用問題であった。日弁連内では,①外国法相談士または外国法律士,②外国弁護士有資格者,③日弁連外国特別会員,および④外国法事務弁護士という4つのグループの考え方があったといわれている。

弁護士制度は,一国の司法制度の一部をなすものであり,また,一方に資格制度がある以上,「弁護士」の名称使用が最後まで議論の対象になったこと自体,何ら驚くに値しない。国ごとに法律制度・司法制度がちがうように,「弁護士」制度の内容も

deemed a waiver of the covenant herein contained against assignment in any subsequent case.

(a) 当事者は，それぞれ本契約およびそこから派生する権利を，当事者もしくはその関連会社によって完全に所有され完全に経営されているところの子会社に対し，他方当事者の同意なくして譲渡する権利をもつものとする。ただし，「ヒルトン」の名称は，HHI の関連会社への譲渡の場合は，譲受人の会社名の一部になっていなくてはならない。

(b) 本条(a)項に規定された場合を除き，当事者は，他方当事者の書面による事前の同意なくして，本契約から派生する権利を譲渡してはならない。

そうした譲渡に対する他方当事者の同意は，その後の場面における譲渡に対し，本契約に含まれた契約事項の放棄と解釈されてはならないことが了解され合意されている。

また国によってすべてちがうと考えなくてはならないからである。

外弁問題は，日米通商摩擦の一環としてきびしい交渉が行われてきた面があるが，交渉の過程で米国通商代表部（USTR）からは，ロー・ファームの名称をそのまま使用させるようにとの強い要望があった。だが，この点は，日本における（外国法事務弁護士の）事務所の表示がある場合に自己の氏名に付記するものとしてのみ認めるということで結着がつけられた。一度，レターヘッドをとくとご覧になってみればお気づきになるであろう。

8 準拠法条項

　国際契約に準拠法条項はつきものである。国際契約においては契約当事者の国籍，住所地，履行地その他さまざまな要素が多国間にまたがっていることが多い。そのため，当該契約がどの国の法律によって解釈されるかを，当事者の間ではっきり決めておく必要があるからである。しかし，当事者が合意によって準拠法を指定したからといって，あらゆる関係でその指定が有効となると考えるのは間違いのもとである。そもそも，準拠法とは何であり，どのように定められるのかといった，国際私法の根本から考えてみる必要がある。

1　当事者自治の原則

　冒頭に述べたような法律関係が2か国以上にまたがっている状況の下で，関係国の法律（私法）は互いに内容を異にしている場合がほとんどである。ここに私法の国際的な抵触（conflict of laws）が生ずる。そこで，このように抵触し合っている関係諸国の私法のうち，当該法律関係を規律すべき最も適切な国の法律を決定してやらなくてはならない。国際私法がその役割を担っている。いずれの国においても，その国内法の一つとして（その名称はまぎらわしいが，国際私法は国内法の一つである）法の抵触を回避するルールである国際私法が定められている。

■ **国際法務と文書管理**
　1　日本企業と文書管理
　10年以上前，ある日本企業が東南アジアのある国に合弁で進出する件を担当したことがある。合弁契約書の内容検討などが主な仕事であったが，最近，その会社が，同じ国で別の合弁事業を立ち上げることになったため，再度依頼を受けて合弁契約を検討することになった。会社から，前の合弁契約について会社側で作成した討議用資料が私の手許にのこっていないかと聞かれた。
　事務所では，顧問先企業のケースファイルは原則としてずっと保管してあるので，

わが国においては、**法例**という全体でわずか34か条の法律があって、その3条以下が国際私法を規定している。法例という用語はあまり一般的ではないが、法律の適用関係（時間的、空間的適用範囲を含めて）を定める諸規定をおく場合の表題としても用いられる（商法第1編第1章、などがその例）。法例1条は、法律の施行期日に関して規定し、2条が慣習法の効力を定め、そして3条以下では、外国法との抵触があったときの適用関係の調整を事項ごとに図っているわけである。

　その法例7条1項は「法律行為の成立及び効力に付ては当事者の意思に従ひ其何れの国の法律に依るべきかを定む」としている。これは、国際私法上のいわゆる**当事者自治の原則**を定めたものであって、"準拠法条項"にとってきわめて重要な意味をもつ。すなわち、この原則が認められていればこそ、法律行為（その代表的なものが契約）を一定の法秩序に服させるについて、当事者の合意による明示または黙示の指定が許されるからである。しかし、世界中のすべての国においてこのような当事者自治の原則（**意思主義**）が採用されているわけではない。締結地法主義、履行地法主義、債務者の本国法主義など**客観主義**をとる国々では、当事者の意思とは関係なく準拠法が決定される。そこで、これらの国々の裁判所に事件がもちこまれた場合には、必ずしも合意どおりの契約準拠法が認められるとは限らないということになる。さらに極端な例としては、中南米のコロンビアのように、同国に対する融資契約はコロンビア法を準拠法としなければ同国の憲法違反となるとする国もあり（同趣旨の最高裁判決も出ているそうである）、この場合は準拠法を選択する余地がなくなる。

　このように、準拠法の合意が生かされるかどうかは、将来紛争が起こった

以前の合弁契約検討記録もすぐに見つかった。本人はすでに廃棄済みの作成資料を、代理人が保有しているのもおかしなはなしであるが、こうした問い合わせは年に1回くらいはある。

　日本や米国において、いわゆる戦後賠償を求める裁判で被告とされる日本企業がある。対象事実は、いずれも第二次大戦中に行われたと主張される、外国人に対する強制労働などであるから、約60年前のことになる。なぜ10年程前から戦後補償裁判の提起が目立つようになったかといえば、被害者の高齢化が理由のひとつにある。たとえば、20歳前後で経験したことについて、80歳前後になったいま訴えを提起するのでな

場合に想定される法廷地がどこで，その国際私法がどのような内容のものであるかにかかっているのである。したがって準拠法の合意は，裁判管轄条項ともあわせて考えなければ意味のないものとなる。ただし，商事仲裁による紛争解決方法をとる場合には，国際仲裁機関設定の規則のうちには，当事者の合意した準拠法があるときはそれによることを明記しているものがあり〔たとえば国際商業会議所（I.C.C.）の規則。UNCITRAL 仲裁規則にも同様の規定がある〕，当事者は自由に準拠法を選ぶことができる。

法例7条1項の定めるような当事者自治の原則の下で，当事者による明示の準拠法の指定がある場合には，裁判所はその準拠法を適用して契約の成立および効力を判断することになる。明示の準拠法指定がないときはどうなるであろうか。

法例7条2項は「当事者の意思か分明ならさるときは行為地法に依る」としている。わが国の判例の多くは，従来，明示の指定がないときはただちに本規定によって行為地法を適用してきた。しかし，学説の多くは，契約の種類，内容，性質，当事者の国籍・住所，契約目的物，裁判管轄・仲裁の合意などあらゆる主観的・客観的事情を総合的に考慮して，合理的に当事者の黙示の意思を探究することにつとめ，黙示的意思も不明のときにはじめて7条2項によって行為地法を適用すべきとしている。この趣旨にそった判例もいくつか出されている（甲府地判大正8年3月3日法律新聞1557-19など参照）。

2 準拠法条項の内容

準拠法条項（governing law or applicable law clause）を作成する場合には，上述のような準拠法指定の意味と限界を考えたうえで的確な指定をする

ければ，余命を考えると，"間にあわなくなる"おそれがある。

筆者は，過去，米国で提起されたこの種の訴訟に関与したことがあるし，現在日本で進行中の保険会社に対する訴訟を担当している。いずれのケースにおいても，被告となった日本企業には，証拠がほとんど残っていないことが問題になる。なにしろ半世紀以上も前のことだから，当時の担当者はとっくに辞めているか亡くなっている。それだけでなく，文書記録がほとんど残っていない。社史にも"悪い事"は，ふれられていないことが多い。

これに対し，原告にとっては，半世紀以上も前のこととはいえ，もの心がついての

必要がある。

《文例-11》(94頁)は，典型的な条項例である。これを，
"This Agreement shall be governed by Japanese laws."
「この契約は日本法によって支配されるものとする。」
と簡単に書くこともあるが，これだけだと，指定した法律が，どの範囲で適用されるのか必ずしも明らかではない。そのため，**契約の成立のみに適用**する趣旨であると解釈されてしまうおそれがある。このような事態を避けるためには，
"The validity, performance and construction of this Agreemant shall be governed by the laws of 〜."
「この契約の有効性，履行および解釈は……法によって支配されるものとする。」
のようにできるだけ適用範囲を明確にしておくのがよい。

準拠法をどこの国の法律にするかを具体的に決めるについて，各当事者は，なるべく自国法を準拠法にしたいと願う。しかしながら，あまりに自国法にこだわるのは得策とはいえない。準拠法をいずれにするかは，上述のように，どのような紛争解決方法を予定しているか，とくに裁判地をどこにするかの点と切り離して考えることはできない。これも十分考慮したうえで，当該契約にとって最も適切で合理的な関係を有する国の法律を指定するという観点が重要である。

この合理的な関係（reasonable relation）という概念は，準拠法の指定について非常に大きな意味をもっている。たとえば，米国統一商事法典（U.C.C.§1-105）のように，州（国）際取引の場合には，当該州以外の，

ち，みずから体験したことである。証言ひとつとっても，伝聞ではない「被害者本人」の供述であるから，重みがまったく違う。

2 文書管理とリスクマネジメント

どの企業でも，文書管理規程をつくり，文書を分類し，その作成保管，廃棄などの基準をつくっている。文書によっては「3年」，「5年」で機械的に廃棄されたりする。

保存期間の基準策定には，まずコンプライアンス（法令等遵守）の観点が欠かせない。たとえば，株式会社は，取締役会の議事について議事録を作り，これを「10年間

その取引に合理的関係を有する州（国）の法律に限って，当事者は準拠法として指定できるとする立場（制限的当事者自治原則）もあるからである。

準拠法を指定しても，すべての関係でその法律が適用されるわけではないことにも注意を要する。指定された法律が適用されるのは，契約の成立・履行などの実体法の面だけである。訴訟手続，強制執行手続などの手続法については，いずれの国においても，法廷地法が適用されることになっている。

《文例-12》のように準拠法の指定とあわせて契約書に使用する言葉の指定をも規定することがある。これは，言葉と準拠法とが密接な関係を有するからにほかならない。のぞましいのは，契約準拠法国の言葉を契約書に使用することである。異なる国の言葉を使用する場合（《文例-12》）には，とくに，契約書に使う国語の法律用語と準拠法の法律用語の概念のちがいに注意しなければならない。

《文例-11》

> This Agreement shall be governed by and construed in accordance with English law.
>
> この契約はイングランド法によって支配されこれに従って解釈されるものとする。

《文例-12》

> This Agreement has been executed and delivered in a text using the English language, which text, despite any translations into the Japanese language, shall be controlling. This Agreement, however,

---

本店に備え置くことを要す」（商法260条の4，1項・5項）。これに違反すれば，罰則が科される（同法498条1項20号）。

次に基準となるのは，消滅時効である。民事債権は10年，商事債権は5年で消滅時効にかかる（民法167条，商法522条）。こうした原則的規定に対し，短期消滅時効が規定されている。弁護士業務についていえば，報酬債権は「原因たる事件終了の時より2年間」行わないと消滅する（民法172条）。

関連して，民法171条は，「弁護士又は弁護士法人は事件終了の時から……3年を経過したときはその職務に関して受け取った書類について，その責任を免れる」と規定

shall be construed and interpreted in accordance with the laws of Japan.

この契約は英語を正本として締結され，英語の正本が，日本語へのいかなる翻訳にもかかわらず，優先するものとする。しかしながら，本契約は日本法に従って解釈されるものとする。

し，文書保存の基準を示している。ということは，冒頭の海外合弁契約の関連書類について，弁護士としては，3年を超えたら廃棄しても，法律上は問題なかったことになる。

　法律事務所であれば，消滅時効についての，上記のような民法の規定などを参考にしながら，文書の保管，廃棄のためのルールをつくっていくことになろう。ただ，企業の場合は，グローバルなリスクマネジメントの観点から，わが国の私法における消滅時効の規定などを超えた文書管理を心がける必要がある。

　戦後補償を求める訴訟事件においては，被告の側で時効を援用できないのがふつうである。また，実際にいくつもの訴訟が，米国で日本企業およびその現地法人を被告として提起されており，時効の点を含めて，日本の私法が適用されるとはかぎらない。

　戦争中に連行され労働を強いられた中国人被害者に対する日本企業の損害賠償責任を認めた裁判事例で，福岡地方裁判所平成14（2002）年4月26日判決（判夕1098号267頁）は，以下のように述べている。

　「本件に除斥時期の適用を認めた場合，本件損害賠償請求権の消滅という効果を導くものであることからも明らかなとおり，本件における除斥期間の制度の適用が，直接，いったん発生したと訴訟上認定できる権利の消滅という効果に結びつくのであり，取引安全の要請が存しない本件においては，加害者である被告会社に本件損害賠償責任を免れさせ，ひいては，正義に反した法律関係を早期に安定させるのみの結果に帰着しかねない点を考慮すると，その適用に当たっては，正義，衡平の理念を念頭において判断する必要があるというべきである。

　以上のことを前提に，前記本件強制連行及び強制労働の事情を考慮すると，被告会社に対し，民法724条後段を適用してその責任を免れさせることは，正義，衡平の理念に著しく反するといわざるを得ず，その適用を制限するのが相当である。」

　「また，民法724条前段の適用についても，……原告らが，本件損害賠償請求権の行使を怠っていたとはいえず，時効制度の趣旨の一つである『権利の上に眠る者を保護しない』ことは，原告らには当てはまらないこと，また，本件訴訟提起の重要な資料である外務省報告書及びその基礎資料は被告らの関与により隠匿されており，証拠資料の散逸及び採証上の困難を趣旨の一つとする時効制度によって，本件

損害賠償請求権が消滅する不利益を原告らに負わせる結果は相当ではないこと等の事情を考慮すると，被告会社が原告らの本件損害賠償請求権の行使に対し，民法724条前段の消滅時効を主張することは，信義則に反し，失当であるといわざるを得ない。」

戦後補償にかかわる裁判は，特殊とはいえ，企業にグローバルなリスクをもたらす例である。というのも，現在中国や韓国，フィリピンなどに居住する人々が，原告となって，米国で日本企業を訴えたケースが何十件と起こっているからである。なぜ米国で訴えを起こすかといえば，賠償責任追及に有利と考えるからであるが，そうだとすると訴えを受けて立つ日本企業も，覚悟を決めて相応の対応をしなくてはならない。

オランダ人による日本国に対する戦後補償請求権が条約により実体的に消滅したかが争われた事例で，東京高裁平成13（2001）年10月11日判決（判タ1072号88頁）は，請求を棄却したが，そのなかで，以下のように述べている。

「いみじくも，アメリカ合衆国カリフォルニア州北部地区連邦地方裁判所は，2000年（平成12年）9月21日，第二次世界大戦中に日本軍の捕虜となった米国兵士が強制労働の被害につき日本企業を相手取って提起した訴訟において，サンフランシスコ平和条約14条（b）に関し，『日本との平和条約は，本件訴訟において原告が主張している請求のような将来の請求を無効にする限りにおいて，原告の完全な補償を将来の平和と引き換えたのである。歴史はこの取引が賢明であったことを証明している。純粋に経済的な意味における原告の苦難に対する完全な補償は，元捕虜及び他の無数の戦争生存者に対して拒否されたが，自由な社会及びより平和な世界における彼ら自身とその子孫の計り知れない生命の恵みと繁栄は，賠償という債務に対する利払いとなっているのである。』旨判示している。至言というべきである。」

3　企業アーカイブのすすめ

最近，企業アーカイブ（archive）あるいはアーキビストの必要性が説かれることが多くなった。アーカイブは，公的・歴史的な文書の保管所（庫）あるいはそこに保管された文書をあらわす。アーキビストは，文書館員または文書係である。

企業アーカイブは，企業がみずからの歴史をしっかり記録化してのこしていくことである。長い期間でみると，こうした記録は，「50年史」「100年史」といった社史につくられることが多いものと思われる。問題は，この社史のつくり方，つくる姿勢である。往々にして自社に都合の悪い出来事，不祥事については，書かれてもごく簡単にふれられる程度ということが多い。

また，不祥事などに関する企業資料，記録は，保存してあっても公開されないのが

ふつうである。これでは，いざ戦後補償のような，通常の時効期間をはるかに超えた昔の出来事について裁判が起こされた場合に困ってしまう。企業の法的リスクマネジメントの観点からは，社史には都合の悪いことが書かれず，バックデータも残されていないのでは，裁判は闘えないことになりかねない。

　アーキビストは，従来からある文書課の課員というのは違う，記録史料を扱う専門職でなくてはならない。そのためには，特定分野の仕事をするかたわらではなく，会社の業務そのものからやや離れたところから，客観的に記録史料を分析できる専門の能力が求められる。

　実際のところ，すべての企業がこうしたアーキビストを養成し，かかえておくことはむずかしいので，いきおい他の仕事をしながら，アーカイブスに取り組むことにならざるをえない。その場合，兼任にもっとも向いているのが法務セクションの人間である。

　企業にかぎらず法務の仕事は，もともと資料整理学的要素をもっている。民事訴訟における「証拠集め」はその代表例であるし，これ次第で裁判の行方は大きく左右される。とくに，民事訴訟においては，「文書」が最良の証拠とされるため，これをどのように管理しているか（してきたか）が問われることになる。

4　文書管理とグローバルリスク

　文書管理には，法的リスクマネジメントの観点が欠かせない。この法的リスクには，大きく分けて2通りのものがある。第一は，文書や情報の管理が悪いために，たとえば顧客情報が大量に流出し，巨額の賠償責任リスクだけでなく，IT社会におけるレピュテーショナルリスクをも招く場合である。第二は，証拠となるべき文書の管理が悪く，民事訴訟で敗訴する場合の訴訟リスクである。いずれのリスクについても，いまは，デジタル文書を対象に入れておかなくてはならない。

　米国で訴えが起こされ被告になったときは，広汎なディスカバリー（証拠開示）要求が，日本企業が日本に保有している文書に及ぶ。このことを念頭においた文書管理も欠かせない。

9　裁判管轄条項

　契約には，**紛争解決の方法**が定められるのが通常である。国際契約においては，当事者が仲裁条項を設けないかぎり，紛争はいずれかの国の裁判によって解決されることになる。ところが，各国の法制度・裁判制度の違いから，いずれの国で裁判が行われるかによって，裁判の勝敗が大きな影響を受けることもまれではない。紛争解決の予見を高めるために，準拠法の合意とならんで裁判管轄の合意が当事者の重大関心事となるのは当然のことであって，少しでも自己に有利な裁判地を合意しようと「裁判地漁り」"*forum shopping*"がなされることになる。

1　渉外事件における裁判管轄

　国内事件で裁判管轄といえば，日本の裁判所がその事件を審理・裁判することができる（すなわち裁判権を有する）ことを前提としたうえで，国内のどの裁判所が審査・裁判すべきかの問題である。しかし，これが渉外事件となると話が別である。このような国内的裁判管轄権とは異なるレベルの問題として，ある事件について，いかなる国の裁判所が裁判することができるかという国際的裁判管轄権を問題としなくてはならないからである。国内の裁判管轄権は，このような国際裁判管轄権があることを前提としてはじめて生ずる問題である。

■外国会社に対してわが国の裁判権を認めた判例

　外国の会社との取引の機会が多くなってくると，その外国会社の行為によって損害を受けたりする危険も当然のことながら増大する。このような場合に，はたして被害を受けた者（日本人または法人）は，外国法人を日本の裁判所に訴えることができるであろうか。

　一般に，このような渉外的要素をもつ民事事件につきわが国裁判所が裁判権を行使できるかという国際裁判管轄の問題について，国内法は何らの規定も置いていない。また，条約その他一般に承認された国際法上の原則も確立していない。わが民事訴訟

9 裁判管轄条項

わが国の国内法には，国際裁判管轄権についての規定は存在しない。そこで一般に，条理によってわが国の裁判所が当該事件について裁判権を有するかどうか判断すべきものとされている。しかし，条理といってもその内容はきわめてあいまいであることから，国内の裁判管轄に関する規定をなるべく準用ないし類推適用すべきではないかが問題となる。この点，昭和52年12月のマレーシア航空機墜落事故で死亡した日本人の遺族が提起した損害賠償請求事件について，最高裁判所が「外国航空会社は日本に営業所を有するのでたとえ外国に本店を有する外国法人であっても，わが国の裁判権に服させるのが相当である」旨判示して（最判二小昭和56（1981）年10月16日，判時1020号9頁），民訴法の国内土地管轄に関する規定の準用の道を開いたことは重要である（前頁からの下欄参照）。

2　管轄の合意の効力と "forum non conveniens rule"

当事者が管轄裁判所を適法に合意によって定めたときは，国内事件では，合意管轄として有効とされる（民訴法11条参照）。ところが，渉外事件の場合は，これを国際裁判管轄の問題として考えなくてはならないので，国内事件のようにすんなりと合意が有効になるわけではない。

とくにアメリカにおいては，管轄の合意がかつては無効とされ，現在でも，管轄の合意が"合理的"でなければ有効とならないとされている。問題は，わが国における"条理"と同じく，何が"合理性"の中味をなすかということになってくるが，判例上は，(i)合意管轄地で証人の出頭が容易に得られるか，(ii)指定された外国裁判所が公正な裁判をなしうる能力をそなえているかどうか，などの諸点を考慮して当事者の便宜，公平の見地から決すべきもの

学者の多くは，内国土地管轄規定からわが国の裁判権の限界を推知するほかないとし，わが国に内国土地管轄規定による裁判籍が認められる場合には裁判権を及ぼすべきであるとしている。

判例もこのような学説と同様の立場に立っているように思われる。マレーシア航空機事故についての最高裁判決（最判二小昭和56（1981）年10月16日，判時1020号9頁）は，国際裁判管轄について，「当事者間の公平，裁判の適正・迅速を期するという理念により条理によって決するのが相当」であるとしたうえで，わが民訴法が国内の土地管轄に関して規定する裁判籍のいずれかが日本国内にあるときは，わが国の裁判権

としている。
　この点に関連して、アメリカにおける裁判管轄上特有の法原則 **"forum non conveniens rule"**（不便宜法廷地ルール）にもふれておく必要がある。この法理は、訴訟が提起された裁判所以外の裁判所で事件がより適切に審理されると考えられるときは、受訴裁判所は裁量によってその本来有する管轄権の行使をさしひかえることができるというものである。各州のロングアーム法（long arm statute）などにより、当事者が「不便な法廷地」（inconvenient forum）に呼び出されることが多くなったことから、そのような当事者の不利を救済するため被告側の抗弁として発達してきた法理である。この法理は、後述するような合意管轄に対する抗弁としてもしばしば使われる。そこで、このような抗弁を封ずるために、

　"X waives to the fullest extent permitted by law any objection that any such suit, action or proceeding has been brought in an inconvenient forum."

　「Xは、法によって許される範囲で、そうしたいかなる訴訟、訴え、または手続も不便な法廷地に提起されたとする抗弁を放棄する。」

のように放棄させてしまう契約例もある。

3　裁判管轄条項の内容

　当事者は管轄裁判所をいずれの国のどの裁判所に指定しようとも自由である。しかし、上述したところからわかるように、提訴を受けた裁判所はその国の法律に照らして裁判管轄の有無を判断するため、必ずしも当事者の指定した裁判管轄がそのまま認められるとは限らない。そこで、管轄裁判所を合

に被告を服させるのが条理に適う旨判示した。同事件では、被告となった航空会社が東京に営業所を有していたため、旧民訴法4条（現民訴法4条4項）の場合に相当するとされたのである。
　ところで、この最高裁判決については、どの程度の射程範囲を有するかなど、残された問題も多いとされてきた。その点、ここに紹介する判例（東京地裁昭和59（1984）年3月27日中間判決）は、最高裁判決の立場を踏襲しつつもより具体的な判断基準を示したものとして注目される。
　事件は、昭和39（1964）年航空自衛隊所属のヘリコプターが福岡県内で飛行中に墜

意するときは，指定訴訟地の法律が国際的管轄の合意の有効性についてどのような立場をとっているのかを調査したうえで行うのがよい（アメリカの州によっては外国人の出訴権を制限したり，ニューヨーク事業会社法1314条のように，原告が同州の居住者でないかぎり，外国会社を被告とする同州と関連を有しない事件については，同州の裁判所の管轄権を認めない立法例もある）。《文例-14》（102頁）は，指定訴訟地の国内法をも考慮に入れた規定例である。

　裁判管轄の合意には，専属的（exclusive）なものと非専属的（non-exclusive, 追加的ともいう）なものとがある。前者は，もっぱら指定された裁判所だけを管轄裁判所にするというもので，法定管轄をそのまま認めながら追加的に管轄裁判所を指定する後者と区別される。そこで，専属的裁判管轄合意がなされたにもかかわらず，当事者の一方が他の裁判所に訴えを提起した場合，相手方当事者からする専属的合意管轄を理由とする妨訴抗弁が認められるかどうかという問題が生ずる。多くの国は，原則的に当事者の専属管轄の合意を尊重し，したがって，この種の妨訴抗弁を認めている。

　わが国では，国際契約における専属的合意管轄を原則として有効とし，それを理由とする妨訴抗弁を認めるのが古くからの判例であった（大判大正5年10月8日，民録22巻1916頁）。最高裁判決（昭和50年11月28日，判時799号13頁）においてもこれが踏襲され，同判決は，わが国の裁判権を排除して外国（オランダ）の裁判所の専属管轄を認める合意は，(イ)当該事件がわが国の裁判権に専属的に服するものではなく，(ロ)指定された外国裁判所が，その外国法上当該事件につき管轄権を有すること，の二つの要件をみたすかぎり原則として有効であるとしている。

　アメリカにおいても，M/S Bremen v. Zapata Off-Shore Co. 事件の連邦

落し搭乗員らが死傷した事故に基づいている。事故の遺族らが，米国法人であるヘリコプター製造会社を相手どり，不法行為（製造物責任）損害賠償請求訴訟を提起した。これに対し，被告会社は，日本国内に営業所その他の施設を有しない外国会社であることなどを理由にわが国の裁判権が及ばないと主張した。

　判決は，わが国裁判権の有無は結局のところ条理によって判断されるべきとしたうえで「わが国民事訴訟法の土地管轄に関する規定に定められている裁判籍のいずれかが日本国内にあるときは，特段の事情のない限り，日本国裁判所に管轄権を認めるのが，右条理に適う」とする。そして，本件事件が不法行為に関する訴訟であって，加

最高裁判決〔407 U.S. 1 (1972)〕以来このような専属的合意が，合理的なものであるかぎりという条件付きではあるが，尊重されるとの原則が確立したといってよい。

　裁判管轄条項の内容については，裁判所で得た判決の執行の問題まで考えておく必要がある。というのは，仮に原告が自分の国の裁判所で勝訴判決を得ても，その国内に被告の財産がなければこれを執行することができず，結局，被告の国の裁判所に外国判決の承認・執行を求める訴えを提起しなくてはならないからである（わが国の民訴法118条，民事執行法22条，同24条参照）。しかし，仲裁判断についてのジュネーブ条約やニューヨーク条約のような，国家間で相互に外国判決の執行を認める条約はいまだ締結されていないので，実際上の困難は大きいといわざるをえない。

《文例-13》

> The parties hereby submit for all purposes of or in connection with this Agreement to the non-exclusive jurisdiction of the State Courts in New York.
>
> 　当事者は，ここに本契約のすべての目的のためにまたは本契約に関連して，ニューヨークにある州裁判所の非専属的裁判管轄権に服するものとする。

《文例-14》

> Any dispute which might arise between the parties hereto shall fall within the jurisdiction of the Ordinary Courts of Justice of the

害行為地のみならず損害発生地も旧民訴法15条1項（現民訴法5条9号）のいう不法行為地に含まれるとして，まず同条による裁判籍が日本国内に存することを認めた。（その際に管轄の原因となる不法行為の存在につき一応の証拠調べをなしたが，これに対して，管轄原因については，原告が請求を理由づけるために主張した事実が存在するものと仮定して管轄の有無を判断すればよいとする判例，学説もある。）

　そのうえで判決は，「民事訴訟法の規定による裁判籍が日本国内に存する場合であっても，当該事件をわが国の裁判所で審理した場合に，当事者の公平，裁判の適正，迅速を期するという民事訴訟の基本理念に著しく反する結果をもたらすであろう特別

Court of Berne, the place of jurisdiction being Berne, and the parties having the right of appeal to the Swiss Federal Court of Justice in Lausanne where the law permits. For that purpose both parties elect legal and special domicile at ABC Bank, Berne.

　本契約の当事者間で生じるかもしれないあらゆる紛争は，ベルン市の普通司法裁判所の管轄権に，管轄地をベルンとして，おさまるものとし，法律が許すときは当事者はローザンヌのスイス連邦裁判所への控訴権をもつものとする。そうした目的のために両当事者は法的および特別の住所をベルン市のABC銀行におく。

4　知的財産高等裁判所設置と国際契約

　2004年の通常国会で6月11日に可決成立したのは，「知的財産高等裁判所設置法案」で，2005年4月1日から施行されている。

　この問題は，わが国の司法制度改革の一環として扱われてきた。また，知的財産戦略を早急に樹立し，その推進を図るために開催された知的財産戦略会議の決定した，「知的財産戦略大綱」（2002年7月3日）では，知的財産に関する裁判について，知的財産の保護の強化の一環として，「実質的な『特許裁判所』機能の創出」を挙げ，「管轄の集中化」，「専門家参加の拡大などの裁判所の人的基盤拡充」，「証拠収集手続の拡充」を掲げた。

　この大綱を受けて，2003年の民事訴訟法改正で，特許権等に関する訴訟事件の管轄集中（第一審につき東京地方裁判所および大阪地方裁判所への専属管轄化，控訴審につき東京高等裁判所への専属管轄化）をすることで，実質的な「特許裁判所」機能の創出を実現した。

の事情が存するときは，例外的に右裁判籍によるわが国裁判所の管轄を否定するのが相当である」として，この「特段の事情」の有無を判断している。

　その結果，被告が全世界を自由に航行し得る航空機の製造等を業とする大資本の会社であること，被告の全額出資子会社が日本に支店を設置していること，原告らが不法行為地である日本国内に住所を有すること，航空自衛隊の事故調査委員会により墜落原因の調査が行われていることの諸事実に照らし，「わが国裁判所で本件を審理することが必要な防禦の機会を奪われる程の不利益を被告に課すものとは認め難く，また証拠調べについて裁判の適正，迅速を害する程の不都合を生じさせるものとも言い

他方，産業界は，「知的財産立国」を実現するため，米国の連邦巡回区控訴裁判所（CAFC）を念頭に置きつつ，裁判所の専門的処理体制の強化を図るため，控訴審段階における知的財産訴訟専門の裁判所設置をすべきであると強く要望した。

そこで，今回の法律で，東京高等裁判所内に，独自の司法行政権限を認めるなど独立性に配慮して，知的財産高等裁判所を特別の支部として創設することになった。

新法は，知的財産に関する事件についての裁判の一層の充実および迅速化を図るため，知的財産に関する事件を専門的に取り扱う知的財産高等裁判所の設置のために必要な事項を定めることを目的とし（1条），知的財産高等裁判所を東京高等裁判所の特別の支部として設けることを定めている（2条）。同裁判所の取扱事件は，事件の性質・内容が知的財産に関する事件である限り，民事訴訟その他の法律によって定められた東京高等裁判所の管轄に属するすべての事件に及ぶ（2条）。

最高裁判所は，知的財産高等裁判所に勤務する裁判官を定め，知的財産高等裁判所長を任命する（3条）。知的財産高等裁判所が，裁判事務の分配その他の司法行政事務を行うのは，知的財産高等裁判所に勤務する裁判官の会議の議による（4条1項）。知的財産高等裁判所の庶務を行うため，知的財産高等裁判所事務局が置かれる（5条）。

知的財産権紛争処理を専門的に扱う高等裁判所を設置したのは，日本が最初ではない。米国では，1982年に，13番目の連邦巡回区控訴裁判所（CAFC）をワシントンD.C.に設置した。

その後，ドイツ，イギリス，韓国，タイ，シンガポールなどの国々がIP

がたい。」と結論づけた。

本判決が，たとえ民訴法による裁判籍がある場合でも，特段の事情があるときは例外的に管轄権を否定すると述べている点をとらえて，上記最高裁判決の一般論をふまえつつ，その射程範囲をより明確にしようとするものと評することができよう。反面，旧民訴法15条1項（現民訴法5条9号）の不法行為地には損害発生地も含まれるとひろく解釈している点については，有力学説の反対もあり，評価が分かれている。

専門の裁判所をつくった。日本は米国に遅れること20年以上を経て，専門の高等裁判所を設置し，「知財立国」への一歩を踏み出す。

IP関連の国際契約実務への影響だが，この種の契約において日本の裁判所の裁判管轄権を認める条項を入れようとする際，外国当事者の同意を取りつけやすくなるだろう。IP専門の裁判所は，いまやグローバルスタンダードになりつつある。

■ 海外からの訴状直送―対処方法に注意必要

金物工場を経営する知人が英文の書類を抱えて相談に来た。見ると米カンザス州の裁判所に提出された訴状が原告の弁護士から訳文なしで直送。「被告製造のスパナを高所の作業現場で使っていたら砕け散り破片が下にいた作業員に当たってけが（軽傷）をさせた。原因はスパナの材質に製造上の欠陥があったためで，百万ドル（約1億1千万円）の賠償を求める」とある。

知人は自社製スパナを商社を通じて米国に輸出したことは確かだが，いきなり英文の訴状を送りつけられ，これまで問題を起こしたことのない材質不良で高額の賠償請求を受けるとはどうも腑（ふ）に落ちないという。

それもそのはずで，わが国では訴状の送達は裁判所の書記官が行うのに対し，英米法では原告の代理人が被告人に直送することを認める。こうした制度のギャップを埋めるため国際条約が締結されており，相手の言語への翻訳文をつけたうえ，外交ルートも通すなどの手続きを踏むことを要求する。

問題は，条約によらず無効な方法で送られてくる訴状を無視してよいかであるが，答えは「否」といわざるをえない。

米国の裁判所が同国法に照らし有効な送達があったとして裁判の手続きを進めることは考えられる。しかし米国内に資産をもたない者が相手では，原告の主張が通って懲罰賠償が認められたとしても米国では判決を執行できず，絵に描いた餅（もち）でしかない。とはいえ，判決が日本に持ち込まれ執行される恐れは残る。この段階で訴状の送達が有効でない点を争う手もあるが，翻訳文のない直接郵送の訴状送付も即無効になるわけではないとするわが国の裁判例もあり，注意が必要だ。

10 仲裁条項

　契約当事者間で紛争が生じた場合の公権的解決の方法として裁判があり，それに関連して裁判管轄の合意が重要な意味をもつことを前の**9**に述べた。しかし，紛争は本来当事者間の直接の話合いによって解決されるのがもっとも望ましい。かりに，当事者間だけで解決が無理だとしても，当事者が自主的に選んだ公平な第三者に解決を委ねることができるのであれば，これまた尊重すべきである。ここに，仲裁（arbitration）とか調停（conciliation）の存在意義がある。

1　国際仲裁の利点

　調停と仲裁は，次のような違いをもっている。すなわち，調停の場合は，第三者である調停人の示す調停案を当事者が了承したときにはじめて効力を生ずる。これに対し仲裁は，やはり第三者である仲裁人に紛争の解決を一任し，判断を下してもらって当事者はその裁定を最終のものとしてこれに服するというもので，その形式は民間機関が行う"裁判"である。
　次に仲裁が渉外事件において，とりわけ国際仲裁として利用されるときの利点について訴訟との対比で考えてみよう。訴訟は，被告の住所地において訴えを提起し，その地の裁判所の判決を求めるのが一般的ルールになっている。しかし，渉外的紛争においては，当事者が遠隔地に居住することが多く，

■ **ニューヨーク条約の適用事例**
　国際取引にかかる紛争の解決に，国際仲裁は重要な役割を果たしている。しかし，外国で得られた仲裁判断を，たとえばわが国で執行しようとする場合には，わが国にはこれに関して実定法上直接定めた明文規定がないため，種々の問題が起こってくる。もっとも，この点については国際条約として，1923年の仲裁条項に関するジュネーブ議定書，1927年の外国仲裁判断の執行に関するジュネーブ条約，1958年に署名された外国仲裁判断の承認及び執行に関する国連条約（いわゆるニューヨーク条約）があり，日本はこれらいずれにも加入している。したがって，契約中の仲裁条項によって外国

原告は外国で弁護士を選任して訴訟を追行していくための相当な費用と困難を覚悟しなければならない。そこで裁判管轄の合意によって少しでもその不利を解消しようとするわけである。ところが，前**9**にも述べたように，国際的裁判管轄の合意をそのまま認めるかどうかは，それぞれの国の国内法の問題として判断されるので，はなはだ不確定な要素を含んでいるといわざるをえない。この点仲裁では，当事者があらかじめ合意によって有効に仲裁機関を選択しておけば，ほとんど訴訟におけるような問題なしに，合意したとおりの機関の仲裁を希望する地で受けることができる。

仲裁は，特殊な場合を除いて，上訴できない。このため，訴訟と比べて紛争解決までにかかる時間が短くてすむことが多い。費用の点でも，一審のみとして比較すれば一般に仲裁のほうが高くつくかもしれないが，上訴を含め最終結着がつくまでの比較となれば，逆に訴訟のほうが費用がかさむことになるであろう。

訴訟は公開が原則とされるのに対し，仲裁は原則として非公開である。これは，とくにノウハウのように公開されると価値を失うものを扱うときは，当事者にとって好都合である。

仲裁はまた，ある特定の業界の専門知識をもった人を仲裁人に選ぶことができ，この点，法律全般についてはともかく，個々の業界についての知識が豊富とはいえない裁判官よりも，迅速で適切な判断が期待できるという利点がある。

半面，訴訟は法律に基づく公権的手続であるため，判決には必ず理由が付されるのに対し，仲裁の場合には必ずしも理由が付されず，加えて，上述のように上訴が許されないという点は，仲裁に内在するリスクである。また仲

仲裁判断を得た当事者は，上記の条約に基づいてわが国裁判所に執行判決を求めればよいことになる。

以下で紹介する裁判例（大阪地判昭和58（1983）年4月22日，判時1090号146頁）で原告は，ニューヨーク市で仲裁に付する旨の仲裁条項によりなされた仲裁判断について，ニューヨーク条約3条に基づいて執行判決を求める訴えを大阪地方裁判所に提起した。これに対し被告は，抗弁として，本件仲裁判断は被告に防御の機会を与えないままなされたものであるとして同条約5条のいわゆる拒否要件を主張した。判決は，原告が，(a)正当に認証された仲裁判断の原本および仲裁合意の原本，ならびに，(b)英

裁は一方的に起こすことができず，必ず仲裁合意が必要とされる点も難点といえば難点である。しかし，仲裁は私的紛争解決手段であるがゆえに，一定の訴訟要件も必要なく，当事者が私的に処分できるものでありさえすれば，あらゆる争いをとり上げることができる。また，後述するように，下された仲裁判断を外国で執行するのは判決よりも容易である。結局，国際取引においては，一般に仲裁によるのが有利とはいえるものの，具体的な場面において仲裁によるべきか訴訟によるべきかは，事件の性質その他種々の事情を総合して決するしかない。

しかし，こうした一般論に対し，実務家の間には，110頁下欄のような傾聴に値する意見もあることを特に記しておきたい。

2　外国仲裁判断の承認・執行

裁判は国家統治権の一部である司法権の作用であるから，その結果下された判決を外国にもっていって当然執行できるとは考えられない。たとえば，わが国で外国判決を執行しようとすれば，民事訴訟法118条の要件をみたしたうえで，民事執行法24条の執行判決を得なくてはならない。具体的には118条4号が「相互の保証あること」を要件とするなど，外国判決の承認・執行には種々の困難が存する。

これに対し，私的な紛争解決である仲裁判断（award）の場合は，外国判決を執行するよりも容易である。つまり，外国仲裁判断の承認・執行については国際条約として，1923年署名された仲裁条項に関するジュネーブ議定書，1927年の外国仲裁判断の執行に関するジュネーブ条約，および1958年の外国仲裁判断の承認および執行に関する国連条約（ニューヨーク条約）があるか

国領事館により証明を受けたこれら文書の各翻訳文を提出していることから，同条約4条の定める形式的手続的な積極的要件は充足されている。しかし，一方，実質的要件である拒否要件の立証責任はすべて被告が負うべきであるが，被告の立証は，その主張を裏づけるに十分ではないとして，原告の請求を認容した。外国仲裁判断の執行についてのこの判決は，数少ない先例として重要である。

なお，中国もニューヨーク条約を批准している。したがって，紛争の中身部分を蒸し返すことなく，ニューヨーク条約の要求する形式的要件を吟味するだけで，相互に相手国で下された仲裁判断を承認・執行できることになる。

10 仲裁条項

らである。わが国はこれらいずれの条約にも加盟している。また，これらのほかに，通商条約のような二国間条約の中で外国仲裁判断の承認・執行について取り決める場合があり，実際には主要国間ではこちらが適用されることの方が多い。

前記ニューヨーク条約は，外国仲裁判断の執行を容易かつ迅速にするため，形式的な要件だけで執行判決がえられるようにしている。同条約4条によれば原告は，(a)正当に認証された仲裁判断またはその謄本，(b)仲裁合意の原本または正当に証明されたその謄本，(c)外交官・領事官による証明を受けたこれらの翻訳文を提出すればよい。そして，実質的要件はすべて被告が立証責任を負う拒否要件となっている（同条約5条。同条約のもとでこの拒否要件の有無が争われた判例として，大阪地裁昭和58（1983）年4月22日判決・判時1090号146頁がある）。

3 仲裁条項の内容

仲裁は，上にみてきたように，当事者の間に仲裁合意がなければ行うことができない。国際契約において仲裁条項を入れるのは，まさにこのような，あらかじめの仲裁合意の存在を示すためのものである。

仲裁合意の内容のポイントは，(i)仲裁機関，(ii)仲裁規則，(iii)仲裁地にある。

国際的な仲裁機関としては，国際商業会議所（I.C.C.）やわが国の社団法人日本商事仲裁協会などがあり，仲裁機関としてはこれらの常設の信頼できる機関を選ぶのがよい。その場合の仲裁手続は，その仲裁機関の定める仲裁規則によることになる。仲裁地としては，仲裁判断の執行のことまで考えて，その国が上記ニューヨーク条約などに調印しているかどうかを調査のうえ，

これまで日本で中国国際経済貿易仲裁委員会（CIETAC）が下した仲裁判断を承認・執行したケースは，すでに数件が報告されている。最初の執行判決は，平成5（1993）年7月14日，岡山地方裁判所によって下された（判時1492号125頁）。

中立的な第三国で国際仲裁がよく行われる国を指定するか，被告となる当事者の所在地を仲裁地とするのが妥当かつ公平である。

I.C.C.をはじめとする各種の国際的仲裁機関では，詳細なる仲裁規則とともに，モデル仲裁条項《文例-15》，《文例-16》を定めているのが通常であるから，これに基づいて仲裁条項をドラフトすればよい。ただ，モデル条項はこれだけで完全なものとは考えないほうが安全である。仲裁人の資格要件・数，仲裁地などについて明確な合意を補充しておかないとせっかくの仲裁合意が生かされない場合もありうる（この点についての詳細は，岩崎一生「国際契約における仲裁条項—モデル条項の有効活用のために—」国際商事法務 Vol. 8，No. 10，482頁以下および同 No. 11，530頁以下参照）。

《文例-15》　I.C.C.のモデル仲裁条項

> All disputes arising in connection with the present contract shall be finally settled under the Rules of Conciliation and Arbitration of the International Chamber of Commerce by one or more arbitrators appointed in accordance with the said Rules.
>
> この契約に関連して生じるあらゆる紛争は，国際商業会議所の調停・仲裁規則に従って指名された1人または複数の仲裁人によって同規則の下で最終的に解決されるものとする。

《文例-16》　社団法人日本商事仲裁協会のモデル仲裁条項

> All disputes, controversies or differences which may arise between the parties hereto, out of or in relation to or in connection

■ 紛争解決手段としての「仲裁」の限界

仲裁は裁判にくらべてメリットも大きいが，仲裁による紛争解決にも限界があることを銘じておくことである。

まず第1に，仲裁条項の有効性につき，各国の法制によって違いがみられることである。その結果，せっかくとりきめた仲裁条項が無効になることも稀ではない。たとえば，ブラジルにおいては，将来の紛争を仲裁に付託するための契約条項（仲裁条項）には原則として強制力がないとされている。また，イタリアにおいては，仲裁条項については，「特に」「書面によって確認する」（民法1341条）ことを有効要件としている。

with this Agreement shall be finally settled by arbitration in (name of city) in accordance with the Commercial Arbitration Rules of The Japan Commercial Arbitration Association.

　この契約からまたはこの契約に関連して，当事者の間に生ずることがあるすべての紛争，論争または意見の相違は，日本商事仲裁協会の商事仲裁規則に従って，（都市名）において仲裁により最終的に解決されるものとする。

《文例-17》　同，被告地主義を規定する場合の条項例

　All disputes, controversies or differences which may arise between the parties hereto, out of or in relation to or in connection with this Agreement shall be finally settled by arbitration in (the name of the city in Japan) pursuant to the Commercial Arbitration Rules of The Japan Commercial Arbitration Association if X (foreign corporation) requests the arbitration or in (the name of the city in foreign country) pursuant to (the name of rules) of (the name of arbitral institution) if Y (Japanese corporation) requests the arbitration.

　この契約からまたはこの契約に関連して，当事者の間に生ずることがあるすべての紛争，論争または意見の相違は，X（外国法人）が仲裁を申し立てるときは，（社）日本商事仲裁協会の商事仲裁規則に基づき（日本の都市名）において，または，Y（日本法人）が仲裁を申し立てるときは，（仲裁機関の名称）の（仲裁規則の名称）

　第2に，仲裁の場合に，果たして迅速性が全うされているかどうかは疑わしい。仲裁裁判所を構成するための仲裁人の選定手続，当事者に対する送達方法の妥当性の検討，証人喚問その他の手続についての強制力のないことなどから，手続の遅延が免がれない場合がある。

　第3に，当該紛争が仲裁条項の予定する種類の紛争であるかどうかにつき，争いが生じることがあり，さらには当該紛争がそもそも仲裁に適する種類の紛争であるか否かについても判然としない場合がある。万一，紛争が起こった場合に，ある種の請求原因は仲裁手続に，別の請求原因は訴訟へと二重の手続をとらざるをえないことが考

に基づき（外国の都市名）において，仲裁により最終的に解決されるものとする。

えられる。
　第4に，仲裁判断が下された場合，外国において，その執行をするための手続につき，当該国の締結した条約ならびにその国内法の再検討が必要となり，場合によっては追行された仲裁手続に瑕疵があるとされて仲裁判断に関する執行が許されない事態が生ずる。
　第5に，弾力的解決の可能性については，仲裁は法によって行われるのでなく，衡平に従って行われるものであるという考えがその前提になっている。わが国においては，仲裁は衡平に従って行われるが，欧州諸国では，友誼的仲裁人（amicable arbitrator）によって仲裁を行うという特別の取決めをしないかぎり，厳格に法律にしたがい仲裁が行われる国がある（たとえば，オランダ，フランス，イタリア，ベルギー）。（詳しくは，田中斎治・上野幹夫『契約意識と文章表現』194頁以下を参照されたい。）

11 通知，送達代理人に関する条項

　IT（information technologies）時代といわれ，通信手段が一段と高度化している。インターネットや電子メールを使えば，低コストで，遠く海を隔てた当事者間においても，時間と距離とを超越して大量の情報を送ることができる時代になった。

　しかし，情報化時代が到来したからといって，国際条約における通知条項の重要性が減ずるわけではない。むしろ，多様化した通信手段のなかから，当該契約に最も適切な通知方法を選び出すという新たな難しさが加わったともいえる。

1　発信主義と到達主義

　一般に契約当事者間でなされる通知は，契約にとってきわめて重要な内容を伝達することが多い。解約の通知は，その最たるものである。そこで，通知先，方法，および効果についてはっきり契約で定めておくことがぜひとも必要になる。これが国際契約となるとなおさらである。契約当事者は，それぞれ遠く離れているのがふつうであるから，その間で確実に情報が伝達されるようにしなくてはならない。また，隔地者間の通知の効力発生時期については，各国の立法主義が必ずしも一致していないことが問題となる。

　意思表示の効力発生時についての立法主義は，大きく発信主義と到達主義

■ エレクトロニック・バンキング

　給料は銀行振込，買物はクレジットカードでというキャッシュレス社会が進行しつつある。企業社会においても，従来から支払決済の主役であった紙幣・小切手・手形がやがて姿を消すかもしれない。エレクトロニクスが，いま経済活動の根幹をなす支払決済制度を大きく変えようとしている。

　エレクトロ（ニック）・バンキングは，支払決済をエレクトロニクスで行おうとする。この場合，支払決済の中心になると考えられているのがいわゆるEFTシステム（electronic funds transfer system）である。すでに金融機関相互間では，さまざ

に分けられる。到達主義は，意思表示が相手方に到達したときをもってその効力発生時期とするもので，両当事者間の利益を最もよく調和する。しかし，迅速な取引には発信主義の方が向いている。そこで，わが国の民法は原則として到達主義をとりながら（97条），迅速性を必要とする場合に例外的に発信主義をとることにしている（526条1項）。ところで，英米法では逆に発信主義が原則である。したがって，英米法を契約準拠法とする場合は，契約中に別段の定めをしないかぎり，通知は発信のときに効力を生ずることになる。この点を十分頭に入れておく必要がある。

2　通知条項の内容

通知条項を理解・作成するうえでのポイントは，通知方法と通知の効力発生時期の二点にある。

通知の方法にはいろいろ考えられる。口頭あるいは電話による方法もある。しかし，口頭による通知は証拠が残らないので，あとで争いのタネになりかねない。そこで，ほとんどの通知条項は，通知は書面によるべきと定めている。その場合に一番確実なのは，当該書面を直接相手方に手渡し，受取証（当該書面のコピーに署名してもらう）をもらってくるやり方である。ただ，これは確実ではあっても簡便さに欠ける。次に，国内の取引でよく使われる内容証明郵便があるが，これは英語や外国語による通知に使うことはできない。そこで，一般には航空郵便（普通または書留）が使われることが多い。

電報，テレックス，ファクシミリを経て，いまでは電子メールが通信手段として使われるようになってきた。これらのうち，電報やテレックスは書面による通知にはちがいないが，受信人のもとには発信人の署名のある書面が

まなシステムが開発されているが，今後は，顧客をも含めたファーム・バンキング，ホーム・バンキングのシステムにひろがっていく。

このような新しい支払決済手段は，これまでなかったさまざまな法的問題を投げかける。たとえば，取引が電子化されると従来のように紙ベースの「証拠」が消え去るため，取引の完了・確認をどうするか，各種機器の誤操作，プログラムミスなどによる取引の遅延の責任をどう扱うかなど早急に対応がはかられなければならない。

支払決済手段のEFT化は，国際的な動向である。これを背景に国連の下部組織であるUNCITRAL（国連国際商取引法委員会）は支払決済に関する研究グループを設

11 通知,送達代理人に関する条項

残るわけではない。つまり,たしかに発信者が発信したという確実な証拠にはならない。この点,ファクスは,署名入り文書の写しを送り届けることができ都合がよい。

　これらいくつかある通信方法のメリット,デメリットをよく勘案しつつ,当該取引に最も合った通知方法を定めることが重要である。通知方法の指定は明確に行う必要がある。ただ "Any notice shall be in writing." というだけでは,テレックス,ファクス,電子メールなどを含む趣旨かどうかはっきりしない。"～ shall be sent by a registered airmail, telex, telegram or the equivalent thereof." のようにしておけば,かなりひろく含むことになる。ただしテレックスやファクス,電子メールについては,上記の難点をカバーする意味で,"if followed immediately by a confirmation letter sent by airmail." と条件をつけることもよく行われる。

　通知の効力発生時期については,まず上記の発信主義,到達主義のいずれをとったらよいかを考える。次に準拠法との関連でこれが明確になっているかどうかを検討する。《文例-18》(117頁)は発信主義をとっている。到達主義をとる場合には,相手方に通知が到達したか否かを確認する手段が十分とはいえない点を考慮する必要がある(国際間の通信にも配達証明制度はあるが,国内におけるほど確実ではない)。そこで,折衷的に,

　"Such notice shall be deemed to have been duly given ten days after the envelope containing the written notice is placed in a post office."
　「そうした通知はその書面の通知を入れて封筒が投函されてから10日後には適法になされたとみなされるものとする。」

のようにして,発信から10日たったら効力を生ずることとみなし,万が一

け,国際的視野に立ったルール作りをめざしている。1984年4月,東京においてそのための会議が開催された。このような会議の成果をもとに,その後UNCITRALは,リーガル・ガイドの草案を採択し,広く各界のコメントを求めた。

　その後,UNCITRALは1996年に電子商取引に関するモデル法(Model Law on Electronic Commerce)を採択し,公表した。

通知が到達しない場合のリスクは，受信者に負わせる例もある。

3 送達代理人に関する条項

通知条項とは別に送達代理人（agent for service of process）に関する条項を置くことがある。

送達代理人というのは，本人に代わって訴状等を受け取る権限を本人から与えられた者のことである。したがって，ある当事者に対して訴訟を提起しようとする場合，直接その者に訴状・召喚状（complaint and summons）を送達しなくとも，その送達代理人に送達することにより訴訟手続を開始できることになる。《文例-19》（118頁）のようにイギリスの裁判所に裁判管轄を認めたうえで，送達代理人もその地に選任する例が多い。

外国への訴状などの送達については，送達条約や各種領事条約などによってカバーされることが多いとはいうものの，手続に時間がかかったり翻訳文を付するなどめんどうが多い。しかし，原告が裁判を起こそうとする地に送達代理人がおかれていれば，これに訴状類を送達するだけで足りる。送達代理人を定めるのはまさにこのような目的のためである。送達代理人を選任する場合は，この点をよく認識して行う必要がある。すなわち，事態の意味するところを理解し，責任ある処理をしてくれる人物を選任しなければならない。送達代理人の選任が有効になされている以上，かりにその者が訴状等を本人に回送することを怠った場合には，欠席判決が出されることまで覚悟しておかなければならない。

その欠席判決につき日本で執行判決が得られるかは一応問題となるが（民訴法118条2号），みずから選んだ代理人の過失を理由に，訴状を受け取って

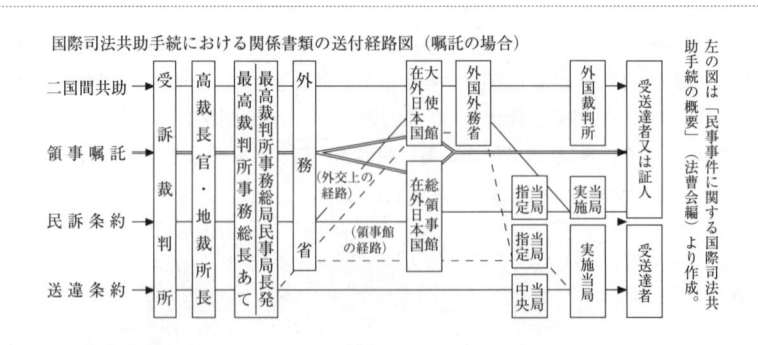

いないとして執行判決を否定することは困難である。この意味で送達代理人として一番望ましいのは，法律事務所ないし弁護士である。迅速かつ適切な処理が期待できるうえ，その過失によって訴状等が本人に送達できなかったときでも，職務上の責任を追及することも場合によって可能だからである。

《文例-18》

 Any and all notices, tenders, statesments and other communications mentioned in this Agreement to be given or sent to either party shall be in writing in the English language and shall be deemed to have been duly given if sent by airmail letter, or by cable or telex addressed to the following addresses:
 If to ABC:_____
     _____
          (Telex No.:_____)
        Attention:_____Department
 If to XYZ:_____
     _____
          (Telex No.:_____)
        Attention:_____Department
 Unless otherwise provided herein, the time of mailing shall be the time when such notice, tender, statement or other communication is given or sent.

■ ITの便利さと裏腹―高まる情報漏れリスク

 いまは簡単に，しかも大量の複製物をつくって保存しておける。その結果，文書管理が楽になったかといえばかえって情報漏出リスクが増した。
 データ処理を委託されたある会社の社員が，約4300の個人信用情報が入ったパソコンを電車内に置き忘れた。幸いデータの流出はなかったが，委託元の会社が事故を公表した。この社員は紛失した顧客データにアクセスする権限はなかったにもかかわらず，権限のある社員からデータを入手し，パソコンに複写していたという。
 実際に情報が流出したわけではないのに，しかも委託元が，なぜ事故を公表したの

この契約中で一方当事者からなされるように言及されるあらゆる通知，申出，声明およびその他の通信は，英語で書面でなされなければならず，航空郵便または電報もしくはテレックスで下記住所に宛て出されたときは適法になされたとみなされるものとする。

ABC 宛：＿＿＿＿＿＿＿

＿＿＿＿＿＿＿
（テレックス番号＿＿＿＿＿＿）
＿＿＿＿＿＿＿部気付

XYZ 宛：＿＿＿＿＿＿＿

＿＿＿＿＿＿＿
（テレックス番号＿＿＿＿＿＿）
＿＿＿＿＿＿＿部気付

本契約において別段の規定がないかぎり，投函の時が，そうした通知，申出，声明または他の通信がなされ送られた時とする。

《文例-19》

X submits to the non-exclusive Jurisdiction of the English Courts and hereby irrevocably designates and appoints ABC,〔address〕, in London as its authorized agent for service of process in the English Courts.

Xは，イングランド裁判所の非専属的裁判管轄権に服し，ここに撤回不能でロンドン市におけるABC〔住所〕を，同裁判所における権限ある送達代理人に指名する。

か。2005年4月1日に全面施行された個人情報保護法と無縁ではない。同法は，個人データの扱いを委託する事業者が，委託先を「必要かつ適切」に監督するよう義務づけている。具体的な監督体制はガイドラインなどによって明らかになったとみられるが，データへのアクセス権限の明確化，その複写，持ち出しの禁止などが含まれよう。

同法は従業員に対する監督も義務づけている。守秘義務の誓約書を社員からきちんと取るなどの情報管理体制の良しあしが，情報技術（IT）社会の優良企業になれるかどうかの分かれ目になる。

12 Headings と Severability

1　英文契約中の一般条項

　英文契約は，分厚いものになると百ページを超えるようなものがある。そのなかには何十，何百といったさまざまな内容の契約条項が含まれているわけであるが，これらを大きく一般条項とそうでない条項とに分けることができる。

　英文契約の理解の仕方，読み方としてはいろいろなアプローチが考えられるが，多数ある条項を大きく一般条項とそうでない条項とに分けてみるのはよい方法である。こうすることによって，ただ平面的に並んでいるだけの諸条項がやや立体的に見えるようになるはずである。

　英文契約によく出てくる一般条項中，もっとも"きまり文句"化しているのが，"Headings"と"Severability"と題する2つの条項であろう。いずれも，ほとんど実質的な内容をもたず飾りのように契約の末尾のように収まっていたりする。

　アメリカの弁護士のドラフトする契約書にはやたら長いものが多いが，こうした形式的な条項の存在が理由のひとつである。なぜ，いちいちこうしたきまりきった内容の条項を入れるのであろうか。民法や商法のような法律に規定しておけばそれですむだろうにと感じる人もいるのではなかろうか。

　ここでコモン・ローとよばれる英米法が慣習法・判例法のシステムである

■ X, x

　x にはそれ自体でいろいろな意味があるが，「署名代用記号」という意味もある。

　これは，自分の名前を署名することができない者が，署名欄に署名の代わりに書く記号である。

　契約などの署名欄の下には，署名をすべき人の名前のフルスペルがブロック体やタイプで書きこまれることがあるが，これとともに署名欄に"x"と書けばたとえ書きこまれた名前のスペルにミスがあったり一部まちがっていたとしても署名としての効力があるとされている。

ことを思い返していただきたい。ドイツやフランスの大陸法の伝統をくみ制定法主義をとるわが国などの場合とちがい，英米法のシステムのもとでは，民法や商法といった基本的法分野に制定法をもたないのが原則である。

したがって，コモン・ローのもとでは，法律に明文をもって規定してあれば個々の契約書中に書かなくてもよいというわけにはいかない。逆に，心配なことやあいまいなことはすべて当事者間の規範となる契約にはっきりしておかないと，安心できないことになりがちである。

過去に争われたことのあるリーディング・ケース（主要判例）の内容なども，契約書のなかにそのつど登場し繰り返されたりするのもこうした事情による。「コモン・ローのもとで，契約をドラフトすることは法律をつくるのと同じである。」極言すればこのようにいえるであろう。

その証拠にというと変であるが，アメリカの法律には，契約書にあるのと同じような内容で"Headings"条項や"Severability"条項が含まれている。

各州がこれを採択するかたちで制定法化されるモデル法的内容の米国統一商事法典（U.C.C）§1-108は，"Severability"と題して以下のように規定している。

"If any provision or clause of this Act or application thereof to any person or circumstances is held invalid, such invalidity shall not affect other provisions or applications of the Act which can be given effect without the invalid provision or application, and to this end the provisions of this Act are declared to be severable."

「本法のいかなる規定またはそのある人もしくは情況への適用が，無効と判断された場合，その無効は，その無効の規定もしくは適用がなければ効

■ yellow dog contract
日本語では「黄犬契約（コウケンケイヤク）」といっている。労働組合への不加入を条件とする雇用契約のこと。アメリカでは，19世紀末から1920年代にかけて組合活動をおさえる目的でさかんに用いられた。同国の多くの州では憲法その他で黄犬契約を禁止している。合衆国連邦最高裁判所は，かつてはこれらの州法を契約自由の原則を不当に制限するものとして合衆国憲法に反すると判断していた（1915年）。

ところが，1932年に連邦法として全国労働関係法（National Labor Relations Act，通称ノリス・ラガーディア法を含む）が制定され，平和的争議行為に対する差

力を与えられるところの本法の他の規定もしくは適用に影響を与えるものであってはならず，この目的のために本法の規定は分離されたものと宣言される。」

このなかの Act を Agreement や Contract に置きかえれば，一般の英文契約にみられる「分離条項」と同じものであることはすぐにお分かりいただけるであろう。

同じ U.C.C. §1-109は，

"Sections captions are parts of this Act."
「条項の見出しは本法の一部である。」

と規定する。これは，下に説明する"Headings"条項と内容的には正反対になっているが，条項の見出しの効力について明定している点では共通している。

2 Headings

上記の U.C.C.における §1-109 の内容とは逆に，通常の英文契約書には，次のような規定が入っていることが多い。

"Section ○ **Headings**

The headings of this Agreement are for the purpose of reference only and shall not affect the interpretation of the provisions hereof."
「第○条　見出し

本契約の条項（見出し）は，参照目的のみのためのものであり，本契約の条項の解釈には影響を与えない」

止命令を禁止し黄犬契約を連邦裁判所において強行しえない(unenforceable)ものとした。わが国では黄犬契約は憲法（28条）に違反するものとして当然無効とされ，これを締結することは使用者の不当労働行為となる。

■ **zero bracket amount**

税法上の用語で，納税者に与えられる最低控除額のこと。

この zero bracket amount 以下の所得しかなかった者については所得税が課されない。したがって，課税最低基準をあらわす数額ということになる。

という意味になる。

3 Severability

Separabilityともいうが、「分離・独立性」のことである。英文契約に入っているこの条項の内容は、上述のように、U.C.C.§1-108とほぼ変わらない。意味は、契約などの各条項はそれぞれ独立の効力を有し、仮にある条項が無効や強行できない（unenforceable）状態になっても、他の条項に影響を与えないということである。

契約を締結する時点では関係国の強行法規に違反しないように内容を定めても、その後の法令の改正や裁判例によって違法になってしまうことがありうる。このような場合に、問題となる一部の条項だけでなく、将棋倒し的に契約全体が無効になってしまうのは当事者にとって好ましくない。

そこで、こうした無効や強行不能を一部だけにとどめ、他に影響させないようにするために設けられるのがSeverability Clauseである。

契約条項のseverability〔separability〕がとくに問題とされるのが、仲裁条項である。仲裁条項は、当事者が契約によって、あるいはこれに関連して生ずる紛争やくい違いを裁判ではなく仲裁によって解決するという合意を内容とする。紛争解決条項といわれるもののひとつである（104頁以下参照）。

仲裁条項は、契約中の一条項として含まれることが多い。この場合、たとえばある契約が契約当事者の錯誤によって無効になるとすると、契約全体が無効になり、その一部である仲裁条項（仲裁合意）も無効になってしまうおそれがある。

仲裁条項まで無効になってしまうとすると、契約の有効、無効に関する争

■ ホワイトナイトは敵の敵が味方？

約四半世紀前、留学時代の米国社会は、弁護士にはうらやましい法律万能社会に見えた。テレビでは、ゴールデンアワーに弁護士が主役のドラマをやっているし、ニュースでは裁判をトップに取り上げることもしばしばであった。最近の、とくに放送局の買収をめぐる一連の動きを見ると、つくづく日本も変わったと感じる。人気番組に、留学時代からの知人弁護士がタレント顔負けで登場したりするので、なおさらである。

以前、米国の弁護士に、日本には会社法がないそうだが本当かと聞かれ、つい「とんでもない。百年以上ある」と答えた。ただ、明治以来、講学上の会社法はあったが、

いは仲裁にかけることができず，何のための紛争解決条項か分からないことになる。

　そのため，たとえ仲裁条項は契約中に一体となって含まれていても，契約本体から別個独立の存在であって，契約本体の有効，無効については仲裁人に判断させることができるとする，仲裁条項についての"severability〔separability〕doctrine"が確立するにいたった。

　ただ，このように仲裁条項自体の分離・独立性が認められるかは，上述したところのseverability clauseの規定があるか否かということとは一応無関係に，仲裁条項の内容次第ということになる。紛争解決条項としての仲裁条項を真に機能させようと思ったら，常設の仲裁機関〔たとえば，社団法人日本商事仲裁協会やICCなど〕がそれぞれすすめているモデル仲裁条項をもとに，しっかりとした内容の仲裁条項を入れておくのがよい。

　ただ，アメリカにおいては，従来から同国の連邦反トラスト法などきわめて公益性の強い法律の下での契約の有効，無効が問われるような場合，仲裁合意の効力が否定されることがあった。

　ところが，過去の判決（Mitsubishi Motors Corporation *v.* Soler Chrysler Plymouth, Inc., 1985.7.2, 9 U.S.L.W. 5069）において米最高裁は，米裁判所が管轄権を有すべき反トラスト法に関する事件につき，国際取引において仲裁による紛争解決方法をあらかじめ定めておくことの必要性に着目し，米国以外の国の仲裁裁判所（わが国の国際商事仲裁協会，現日本商事仲裁協会）に解決を委ねることとした。注目すべき判決といってよい。

　「会社法」という名称の法律は存在しなかったことはたしかである。ドイツ流の体系の下で商法第二編「会社」，有限会社法などに散らばっていた規定を一本化する新「会社法」案が，2005年の通常国会に提出され，成立した。
　法律の中身で関心を集めているのが敵対的企業買収防衛策である。企業の合併・買収（Ｍ＆Ａ）先進国の米国で行われてきた防衛策を，日本の法制下でどこまで有効に使えるようにするかがポイントになる。それにしても，家庭で子供までがポイズンピル，ホワイトナイトといったＭ＆Ａ用語を口にする時代が来るとは想像できなかった。
　ホワイトナイトは，物語の世界では白馬でさっそうとあらわれ，窮地に陥った者を救い出す正義の味方である。だが，現実の企業社会では，それほど正義と悪がはっきりしているわけではない。現経営陣が「敵対的」であると決めているにすぎない。「敵の敵が味方」に映っただけかもしれないのである。

13 契約の末尾文言と署名

「終わり良ければすべて良し」ではないが，契約書にとってこの末尾・署名部分はきわめて重要である。有効な署名がなされなかったために契約書全体の効力がなくなってしまうことも考えられる。

1 末尾文言

契約のしめくくりの部分には，通常，末尾文言として"IN WITNESS WHEREOF～"ではじまるきまり文句がくる。これは《文例-20》(128頁) のようなものが典型であるが，いくつかのバリエーションがある。WITNESSの語を使うのは，契約書の前文部分でwhereas clauseの前にWITNESSETHを使うのと対応している (48頁参照)。すなわち，正式な契約は，全体が一つの文章のようになっていて，おおよそ「何月何日，何某と何某との間で締結された本契約は（頭書），これこれこういう経緯で（whereas clause），当事者間で以下のような合意がなされたこと（本文）を証する（witnesseth）」というような構造になっている。この全体をうけて，"IN WITNESS ～"の末尾文言が「上記契約の証拠として，両当事者は本契約書を作成する」としめくくるのである。《文例-20》(128頁) に"set our hands"とあるのは，契約書に署名した (executed) ことをもったいぶって表現したにすぎない。"hand"は署名を意味する。"seal"というのは文字通

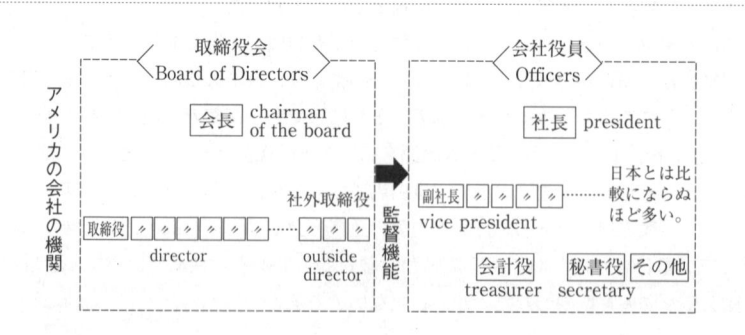

り捺印することで，捺印証書と呼ばれる正式契約を作成することを意識している。しかし，実際には捺印がなされずに形式的にのみこの語を用いていることが多い。当事者が法人であるときは，

"IN WITNESS WHEREOF, the parties hereto have caused this Agreement to be duly executed and delivered as of the day and year first above written by their duly authorized representatives."

「上記を証して，本契約の当事者は本契約を冒頭の年月日に，その適法に授権した代表者によって適法に締結し，交付した。」

のような表現をする。ここの execute and deliver という語句は，まとめて，契約書を作成するということを意味する。これも第Ⅰ部中で述べたように，捺印証書の要件が，(1)書面，(2)捺印，および(3)交付であることに関連している。

2　署名欄

契約の当事者が自然人か法人か，契約書が捺印証書として作成されるか否かで署名欄は多少異なる。自然人の場合は，末尾文言につづいて，下記のようになるのが正式な捺印契約の場合である。

Signed, Sealed and Delivered

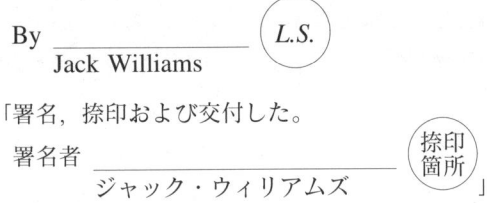

By _____ *L.S.*
　　Jack Williams

「署名，捺印および交付した。

署名者 _____ 捺印箇所 」
　　　ジャック・ウィリアムズ

■　(⇦左頁の図参照)

・アメリカの会社の機関は，日本のそれとは大いに異なっている。取締役会の監督機能は強大である。
・officer は director である必要はない。ただし，日本では officer も役員と訳され，取締役とまぎらわしく用いられてきた。これを初めて「執行役員」と訳して社内で制度化したのはソニーである（1997年）。
・社外取締役は，例えばニューヨーク証券取引所に上場されている場合同取引所の規則は，必ず一定数置くことを求めている。

L.S とあるのは，*locus sigilli* すなわち place of seal を意味するラテン語の略であって，アメリカでよく用いる。単に Seal と書くこともある。実際に押印がなされる必要はなく，当事者がこのようなシンボルを自己の印として使用する意図であることが表示されればよい。自然人法人を問わず当事者の署名欄のわきに《文例-20》(128頁)のような証人が署名する欄がくることが多い。Attest のかわりに Witness を使うこともある。証人はいなければ契約が有効に成立しないというわけではないが，実務上これが行われることが多い。とくに英米の会社の場合は，Secretary と呼ばれる会社の社印や議事録・記録を保管し行使する権限を有する執行役員 (officer) が，Attest 欄に署名するのが通例である。あるいは，"in the presence of:＿＿＿"という語句をもちいることもある。

　当事者がことに法人の場合，誰がどのような立場で署名するかをはっきり確認する必要がある。

　とくに英米会社法においては，わが国の会社法におけるような代表取締役制度が存在しないことに注意しなくてはならない。アメリカの会社の場合，その業務執行権限は取締役会 (board of directors) に付託されている。株主はたとえ大多数の株式を所有していても会社業務を執行することはできない。ただ，会社の全資産（または実質的な全資産）を売却・賃貸するような会社の運命に重大な影響を与える特定の行為については，株主の授権ないし同意を必要とする。個々の取締役はこのような合議体としての取締役会の構成員であるにすぎず，取締役会の議長 (chairman of the Board) といえども当然に一人で会社を代表して業務執行することはできない。会社の日常的な業務執行は誰が行うかというと，執行役員 (officer) がこれにあたる。

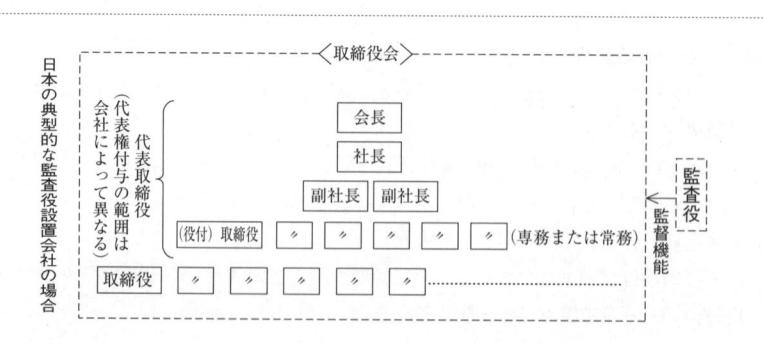

役員には一般に社長（president），副社長（vice-president），秘書役（secretary）および会計役（treasurer）がいる。役員は必ずしも取締役である必要はなく，取締役会または株主総会によって任命される単独の業務執行者を意味する。したがって，アメリカの会社においては，「社長」の肩書を有する者といえども取締役であるとはかぎらないし，まして「代表取締役」として，一般的に広く会社を代表する権限を有すると考えることはできない。明示もしくは黙示的に権限を与えられていないかぎり，当然には会社のために行為する権限を有しないとする厳格な立場もありうる。しかし，最近の判例は，社長に通常の業務過程において会社のために行為する権限を認める傾向にある。

つまり，社長は，特別な権限または明示的に与えられた権限がなくとも，その執行役員の長たる地位に基づいて，会社の通常業務から生じかつこれに関する事項について，会社を代表して契約を締結することができるとされる。一方，副社長は，通常の場合，附随定款（by-laws）または取締役会の決議による権限付与がないかぎり，なんら会社を代表する権限をもたない。日本において副社長は代表権を有することが多く，そうでない場合にも表見代表取締役の規定（商法262条，新会社法354条）の適用を受けるのとは大違いである。

実際にもアメリカの会社は何十人もの副社長を有していることがめずらしくない。ただ，副社長のなかにも一般的な業務執行権を付与されている者もいる。これらは，executive vice-president という肩書がつけられているのがふつうである。

いずれにしても大きな取引になるほど，署名者の肩書，および実質的にその者が当該契約書の締結につき会社のために行為する権限を与えられている

■ **新会社法の制定**

2005年の通常国会に提出されていた会社法案が，同年6月29日参議院で可決，成立した。施行は2006年4月1日が予定されている。

新会社法は，定款自治を広げ経営形態としても選択肢をふやし，委員会等設置会社以外の大会社についても，取締役（会）に内部統制システム構築義務を課している。一言でいえば，一段とアメリカ法の影響が色濃くあらわれた立法となっている（詳細は188頁以下参照）。

かを慎重に検討するのがよい。株主総会や取締役会の承認を要するのではないかと一般的に考えられる取引のときは、その会社の設立準拠法に詳しい現地の弁護士の意見を徴し、その上で承認決議書を提出してもらうなどの配慮が必要である。

　署名欄の上か下に"For and on behalf of ABC Company, Ltd."のような語句がくることがある。これは代理文言である。一般に英米会社法では、社長であれ取締役であれ会社のために行為をするときは会社のagencyと考えられているので、この代理文言が必要とされる。単に"For　　　"とだけ書くこともある。アメリカではこれすら省くことが多いようである。

《文例-20》

　　　　In WITNESS WHEREOF, the parties hereto have set their hands and seals the day and year first above written.

Attest:	ABC Corporation
_____	By_____
Secretary	Senior Vice President
	XYZ CO., LTD.
Attest:	By_____
_____	President and
General Manager,	Representative
_____Department	Director

「上記を証して、本契約の当事者は上記冒頭の日付にその署名と捺印をした。」

立会証人：	ABC コーポレーション
_____	署名者_____
秘書役	上級副社長
立会証人：	XYZ 株式会社
_____	
____部部長	代表取締役社長

第Ⅲ部
legal documents
文　書

1　保証状（Guarantee）〔1〕

　企業の国際取引には避けて通ることのできない**各種の英文文書**を，以下順次取り上げる。一般に英文契約書と呼ばれているもの以外に，保証状，委任状その他さまざまな種類の英文文書が企業法務で日常的に扱われている。ただ，これらの文書は，「契約書」にくらべると，簡単で内容的にも手軽そうに見える，あるいは使いなれていることなども手伝って，より安易に扱われることも多い。たった1枚の"紹介状"にサインした結果が，国際的な訴訟事件にまで発展した東海銀行事件（**2**，136頁以下で詳述する）のような例もある。たかが1枚のレターぐらいという気持ちで，十分その内容・法律的効果を検討することなく文書にサインすることの危険性は，あらためて強調するまでもないであろう。

　1と**2**においては，これら契約書以外の英文文書のうち，問題となることのきわめて多い保証状を取り上げてみよう。

1　保証の種類——連帯保証と普通の保証

　わが国では，一般に，友人や知人から連帯保証人になることを頼まれてもよほどのことがない限りこれに応ずるべきではない，連帯保証はこわいもの，という常識がある。しかし，企業取引の世界ではそうとばかりもいっていられない。事実，わが国の商法511条は，債務が主たる債務者の商行為によっ

■ **保証制度の見直しと金融実務**
　民法の現代語化と保証制度の見直しを内容とする「民法の一部を改正する法律が，2005年4月1日から施行された（法案の成立は，2004年12月1日）。
　保証制度の見直しについては，これまで，保証人，とくに包括根保証人について判例による保護が行われてきた。今般，その部分につき民法改正が実現することになった。民法の保証については，第三編第三節第四款「保証債務」に20ヵ条の規定が置かれているが，根保証についての規定はなかった。
　金融などの実務では，根保証，なかでも包括根保証が用いられることが多く，保証

て生じたかまたは保証が商行為であるときは，連帯保証とするとしている。企業が行う保証のほとんどすべてが連帯保証となるのはこのためである。

連帯保証と普通の保証の違いはどこにあるのか。最大の違いは，**催告の抗弁権**および**検索の抗弁権**の有無にある。連帯保証人はこれらをもたない（民法454条）。ちなみに前者は，保証人が債権者から債務の履行を求められたときに，まず主たる債務者に履行を催告せよとする抗弁であり，後者は，同様の場合に，保証人がまず債務者の財産について執行せよとする抗弁である。当然のことながら，債権者にとっては，このような抗弁権の対抗を受けない連帯保証の方が有利である。

ところで，重要なことは，英米法においては上記のような内容の**連帯保証を示す用語が存在しない**ことである。これにもっとも近似したものとして，"jointly and severally" という用語がある。しかしこれは，保証人が複数いる場合に規定されるときは，全額につきどの保証人にも請求できるということ，また保証人が主債務者と jointly and severally に債務を支払うとなっていれば，保証人に対しても全額請求しうることを意味するにすぎない。また，unconditional guaranty（*or* guarantee）という語を使うことも多いが，これも上記のような保証人の抗弁権をすべて失わせるものとしてとらえることはできない。むしろ，英米法には，guaranty for collection に対する guaranty for payment という種類の保証があって，これが検索の抗弁権なしの保証に近い。つまり，guaranty for collection は，債権者において，まず主債務者に対し債権回収を執行する勤勉な努力をすることを要求する。

結局のところ，英文で英米法の概念を使いながら保証状を作成する場合に，わが国の連帯保証のような催告の抗弁，検索の抗弁のない保証を望むのであ

人にとって過酷になりがちなのが問題とされ，判例や学説は，包括根保証人の相談人への承継制度をするなどの保護を与えてきた。改正法は，以下の5つの内容をもっている。

(1) 書面主義（民法446条）

すべての保証契約は書面でしなければならないとされた。貸金等根保証契約も対象にする。

(2) 貸金等根保証契約の極度額（民法465条の2）

貸金等根保証契約（ただし，保証人が法人であるものを除く）は，極度額を定めな

れば、個々的にそれら抗弁権を失わせる旨を書くのが最もよい。日本法を準拠法としたある英文の保証契約で、

"This guarantee shall be *rentai-hoshō* under the Japanese laws."
「本保証は日本法の下での連帯保証とする。」

のようにした例をみたことがあるが、これも一つの方法である。

2　Guarantee, Surety および Indemnity

英米法で一般に保証を表わす用語としては、guaranty のほかに surety というのがある。両者の差異は、現在ほとんどないものと考えてさしつかえない。概念的には、surety が primary で unconditional なものであるのに対し、guarantee は secondary で conditional なものと説明されるが、実務上は同じように扱われている。とくにアメリカにおいては、いくつかの州ですでに両者の区別を廃止しており、米国統一商事法典（U.C.C.）も、「"surety" は guarantor を含む」（§1-201）と定義してとくに区別をしない。

義務が primary か secondary かという観点からは、indemnity という概念とよく区別をしておく必要がある。すなわち、indemnity は、他人の債務につき直接支払いを補填することを約束する契約である。したがって、たとえば、AがBとの間で、「もしBがCに対して100万円を貸し付けるならば、私がCに代わって返済します」という約束をするのは indemnity である。これに対し、「もしBがCに対し100万円を貸し付け、Cがその返済をしなかったときは、私がCに代わって支払います」と約束するのは guarantee になる。

guarantee の語は、製品の保証についても使われることがある。しかし、これは正確には、warranty の語を使うべきである（U.C.C.§2-212以下参照）。

ければ効力を生じないとされた。なお、根保証契約の極度額は、根抵当権と同じように、債権極度額であり、元本極度額ではない点に注意を要する。

(3)　貸金等根保証契約の元本確定期日（民法465条の3）

貸金等根保証契約においては、元本確定期日、すなわち主たる債務の元本の確定すべき期日の定めがある場合、その期日が契約締結の日から5年以内のときは有効であるが、5年超のときはその効力を生じないものとされた（第1項）元本確定期日の定めがない場合（契約締結の日から5年超のため、その効力を生じないとされる場合も含む）は、契約締結の日から3年を経過する日となる（第2項）。また、元本確定期

3 Guaranteeの成立

以上の説明から，guaranteeの概念をおおよそつかんでいただけたことと思う。次に，guaranteeが具体的にどのような要件でもって成立するかについて検討してみよう。

guaranteeは，契約であるから約因（consideration. これは英米契約法に特有の概念であるが，簡単な説明は，11頁を参照）の存在を必要とする。ただ，これには例外があって，捺印証書による場合と，written instrumentによる場合は，約因を記載する必要がない。後者の例外は，イギリスの1856年のMercantile Law Amendment Act 3条によって規定されている。しかし，実務上は冒頭にこれを記載しているものが多い。

guaranteeは契約であるといっても，両当事者が署名する契約書によらず，保証人から債権者へ差し入れる形の書面によることが多い。とくに金融取引ではその例が多いようである。この関係で実務上大きな問題を含むのが**comfort letter**の保証状としての役割とその効力である。次の**2**で実例をまじえて，その実務上のポイントをさぐってみたい。

日の定めを変更する場合には，変更後の元本確定期日が変更日から5年以内は有効であるが，変更後の元本確定期日が変更日から5年超のときはその効力を生じないこととされた（第3項）。

(4) 貸金等根保証契約の元本確定事由（民法465条の4）

改正法は，次の各場合に元本が確定することとした。

① 債権者が，主たる債務者または保証人の財産について，金銭の支払いを目的とする債権についての強制執行または担保権の実行を申し立てたとき。（ただし，強制執行または担保権の実行の手続の開始があったときに限る）。

②　主たる債務者または保証人が破産手続開始の決定を受けたとき。
③　主たる債務者または保証人が死亡したとき。
(5)　保証人が法人である貸金等債務の根保証契約の求償権（民法465条の5）
　改正新法は，保証人が法人であるか資金等債務の根保証契約で，その根保証契約の保証人の主たる債務者に対する求償権についての保証契約（保証人が法人であるものを除く）に，極度額の定めや元本確定期日の定めなどを準用することとした。
　改正法には，経過措置が設けられており，施行前に締結された保証契約については，書面がなくてもよい（附則3条）。また，改正法施行前に締結された貸金等根保証契約については，極度額あるいは元本確定期日の定めがなくてもよいとされる（同4条1項）。
　改正法が施行になったことにより，金融機関は新規の与信にあたり，根保証契約の元本確定期日の到来の有無を必ずチェックすべきである。改正法によれば，金融機関の根保証契約は，支払承諾などに限定するものを除き，5年以内の期間で元本確定期日を設定しなければならなくなったことに注意を要する。

2 保証状（Guarantee）〔2〕

1では、保証 guarantee の英米法における概念と内容について概説した。ここでは、さらに実務的な扱い上のポイントをさぐってみたい。

1 "Letter of Comfort" は気安めの手紙か

会社法務ではよく "letter of comfort" または "comfort letter" などという文書がとりかわされることがある。この語句自体は法律用語として定着しているわけではないが、comfort が「慰め」とか「安楽」という意味をもつので、その意味するところは気安めのための手紙ぐらいになるであろうか。ところが、この気安めのための手紙が、内容次第では guarantee となることもあることに注意しなくてはならない。

《文例-1》（140頁）は、昭和56年に発生した東海銀行対チェース・マンハッタン銀行事件において実際に使われた「融資紹介状」である。この事件では、チェース以下数行の外銀が《文例-1》のようなそれぞれにあてられたレターをもとに札幌トヨペットなどの北海道岩沢グループに200億円余りを融資したが、経営者岩沢氏が株式投機に失敗したことから、これが焦げついた。そこで、チェース銀行は、上記レターが法的な効力を有する「保証状」であるとして、ニューヨーク州地裁にその融資額40億円の保証債務の履行を求める訴えを提起した（事件は昭和57（1982）年5月和解成立）。

■ 銀行支店長と支配人

　企業が営業活動を行うにあたってその中心をなす場所が営業所である。この営業所が一個の営業について数個存する場合に、全営業を統轄する営業所を本店といい、それ以外の営業所を支店という。かりに出張所という名称であってもその場で営業上の主要な活動がなされることにより営業活動の中心をなしている実体があればわが商法上は支店である。商法上の営業所は、したがって本店か支店のいずれかということになる。支店の所在地は登記事項である（合名会社・合資会社においては、登記事項であるだけでなく定款の絶対的記載事項でもある）。

2 保証状 (Guarantee) 〔2〕

問題は，この文書がはたしてチェース銀行のいうような保証状としての法的効力を有するものであるかという点である。まず，この点を考えるうえで基準とすべき法律，すなわち**保証の準拠法**はどこの国の法律になるであろうか。これは，具体的には事件がもち込まれた裁判所のある地の抵触法（国際私法）のルールによって決められることになる。本事件ではニューヨーク州の抵触法（conflict of law rule）に従って州裁判所が決める。

アメリカでは一般に，保証契約の成立については契約締結地法，その履行については履行地法を適用する判例法上のルールが存在するので，日本法が適用される余地も大いにあると考えられる。日本法の下で本件レターが内容的に保証契約を裏付けるものになりうるかはそれぞれ考えていただくこととして，これが英米法の下でとくにアメリカではどのように扱われるかを次に考えてみたい。

2 米国判例に認められた"保証文言"

アメリカで形成されてきた判例法の下において，保証は債権者と保証人との間の契約で成立するので，その成立は契約一般の成立の問題と同様に扱われる。しかし，保証は主債務に対し附従する性質を有するため，主たる債務または主債務者が有効に存在していなければならない。ただ，主たる契約と保証とはそれぞれ別個の契約であるから，保証の有効性はそれ自体の文言を基準に判断される。その場合最も重要なのは，当事者の用いた文言が，主債務すなわち第三者の債務を第三者に代わって支払う意思を表わしているかどうかである。これが欠けていて主債務と関係なく債務を負担するような約束は保証ではない。もっとも，このような意思が示されているといえるのには，

支店における営業の主任者を一般に支店長という。銀行の支店は商法上の営業所であることはいうまでもなく，各支店には当然のことながら支店長が配されている。

それでは銀行の支店長の権限な法律上のどのようなものであろうか。一般に銀行支店長が支配人登記されている場合はさほど多くはない。支配人というのは，営業所における営業のために選任され，その営業に関する一切の裁判上・裁判外の行為をなす代理権を有する商業使用人である（商法37，38条）。（したがって，債権取立のための訴訟行為などをするために，営業所の長が支配人の登記をすることがある。）支配人の代理権は包括的でひろく，営業主はみずから選任した支配人の代理権に制限を加えて

保証であることを示す guarantee のような特別な語が文書に使われていることは必要でない。逆に guarantee とか guaranty の語が使われていれば保証の意思を推断させる有力な手がかりにはなるが，これが決め手になるわけではない。重要なのはその内容である。

判例に現われ保証の効力をもつとされた表現をみると，支払い，ローン，手形もしくは勘定の支払いを"guarantee"するとしたもの，支払いに関して自らを"security"（担保）であるとしたもの，主債務の弁済期が到来したら債権者が自分に対して支払いを"call"（要求）することができるとしたもの，弁済期が来たら主債務につき自分が"take care"（処理する）と約束したものなどがある。さらに微妙なケースでは，あるディーラーに商品を第三者に売ってもらうよう依頼する手紙の中で"It will be all right."という表現をつけ加えたことで保証になるとされた例，あるいは，ある会社の社長が銀行に手形の書替えを依頼する電報の中で，社長個人の保証がなければ書替えに応じてくれないであろうことを承知のうえで，すべて銀行に満足のいくように手配するからと確約したことで，同じく保証に当るとされた例がある。

他方，第三者への融資・援助を依頼する内容の手紙は，それだけでは保証状とするには足りない。さらに保証は，単に第三者が信頼できる（trustworthy *or* reliable），支払能力がある（solvent）あるいは債権者との契約を遵守する（判例上問題となったのは，"You may be assured of their complying fully with any contracts or engagements they may enter into with you,"「貴社は，彼らが貴社との間で締結するであろうあらゆる契約または約束を完全に遵守することを保障されるであろう。」Clarke v. Russel, 3 Dall. 415）と確約することとは区別され，

もその制限を善意の第三者には対抗できない（38条3項）。支配人の選任は登記事項である。ところで，支店長という名称は付したが，支配人の実質を有さず登記もしていない場合は，その代理権を信じた第三者は保護されるであろうか。商法は「支店長」のような本店または支店の営業の主任者であるかのような名称を付した使用人については，裁判外の行為について支配人と同一の権限を有するものとみなすことにして善意の相手方を保護することにした（42条）。

これらは保証文言としては不十分であるとされている。
　以上のようなアメリカにおける判例上の基準に照らして《文例−1》(140頁) は保証状といえるであろうか。まず，本文書が融資紹介状であることは問題なかろう。しかし，単なる融資紹介状としてよいかとなるとやや微妙な点が残る。一つには，これがすでに具体的に内容がほとんど定まった特定のローンに関していることである。抽象的に融資先を紹介するのとは趣を異にしている。そのうえで，特定の融資の条件，契約条項をよく知りつつ債務者のメインバンクの一つとして同意を与え，メインバンクとしての地位と影響力を失わないようにするとしている（第2，第3パラグラフ）。
　さらに問題となるのは，第4パラグラフにおいて，債務者が負担する特定の債務が約束どおり履行され追加の担保が必要ならばこれが提供されるように債務者を監督する旨を述べている点である。上記の判例の基準からみても，単に債務者が solvent であると請け合うだけにとどまらず，それを超えた部分を含んでいる。加えて，この書面が入れられる前に外銀としては正式な保証契約を望んでいたが，それを断ったところこのような手紙の差し入れを求めた背景を考えあわせると，本件は単なる融資紹介状にとどまらず，アメリカでは「保証状」の効力を有すると判断される可能性をもった"危険な"文書であったということができよう。
　以上をまとめるならば，日本の企業が外国企業に対して本件のような comfort letter を出すときは，最終的に保証人とされてもよいのかどうかを判断のうえ，そうなるのを避けたいのであれば，特定の債務に関して，債権者に迷惑をかけないようにするといった，あるいはその意思をうかがわせるような表現は避け，なるべく抽象的表現にとどめておくのがよい。

■ 連帯保証と身元保証

　わが国では，知らぬ間に知人の債務の連帯保証人にされていた，サラ金の債務の連帯保証人になったためにひどい目にあったとか，連帯保証をめぐるトラブルはあとを絶たない。この連帯保証とならんでよく問題とされるのが，身元保証という名の「保証」である。
　身元保証は，本来は被用者の「身元」が確かであることを保証するものであった。ところが実際は，身元が確かであることを保証するにとどまらず，雇主に迷惑をかけないように，その将来負うであろう一切の損害の賠償責任を負う内容になっている。

《文例-1》

To: ABC Bank, Tokyo Branch

This letter is to acknowledge your loan to Sapporo Toyopet Co., Ltd. in the amount of ¥1,500,000,000.

We concur as one of main banks of the company with the terms and conditions of your loan and, therefore, grant our full approval and consent.

We confirm that we shall maintain a controlling position in the said company while the aforementioned loan is outstanding and will continue to ensure that the financial affairs of the company is conducted in a manner which will provide the prompt payment of its obligation.

We are aware of the specific financial obligation relating to your aforementioned loan. Through our active participation in the financial affairs in the company, we will make our best efforts to ensure the company's continued financial health and ability to meet their obligations relating to your loan. We will also ensure that the company will immediately furnish to your bank additional or substitute collateral acceptable to your bank in the amount deemed sufficient by your bank in the event of a decline in the value of the collateral securities pledged with your bank.

　これには，狭義のものと広義のものとがあるが，狭義には被用者の損害賠償責任（債務不履行または不法行為に基づく）を保証することをいう。この場合は，将来債務の保証契約である。広義では被用者の故意・過失に関係なく，病気などの場合を含めて一切の損害を担保することをいう。こちらは身元引受けとも呼ばれ，主たる債務が存在しなくてもよい点で，保証ではなくその性質はむしろ損害担保契約である。

　身元保証契約の内容は一般にあいまいで，「一切ご迷惑をおかけしません」というきわめて日本的な契約である。これを契約書の文言どおり責任を認めるとすると，身元保証人はほとんど無限の責任を負うことになって不都合である。そこで「身元保証

2 保証状（Guarantee）〔2〕

ABC銀行東京支店御中

このレターは，貴行の札幌トヨペット株式会社への15億円の金額のローンを承認するためのものである。

当行は，同社のメインバンクの一つとして，貴行のローンの条件に同意し，そこで，当行の全面的承認と承諾を与える。

当行は，当行が上記ローンが未返済の間は同社における支配力ある立場を維持し，同社の財務がその債務の迅速なる支払いを提供するような方法で行われるように請け合うことを継続することを確認する。

当行は，貴行の上記ローンに関連した特定の財務上の義務について承知している。その会社の財務への積極的な関与を通じて当行は，同社の継続的な財務上の健全さと貴行のローンに関連したその債務を充足させる能力とを最善努力を尽くして請け合う。当行はまた，同社が貴行に担保として差し入れた証券の価値が下落した場合には，貴行によって十分と考えられる額で貴行に受け入れられる追加または代わりの担保を，直ちに貴行に提供することを請け合う。

ニ関スル法律」が制定され（昭和8（1933）年），身元保証人の責任を合理的な範囲に制限しようとしている。また判例によれば，身元保証には信用保証（継続的な商取引関係から生ずる一切を保証するもの）と同じように相続性はないとされている。

3 委任状（Power of Attorney）

1 Attorney

　attorney という語は，法律実務ではなじみの深い言葉である。attorney だけで使われたときはひろく代理人を意味し，そのなかで attorney-at-law と attorney-in-fact に分けられる。前者は弁護士のことであり，後者は法務以外の一定の事項を本人を代理して行うことを認められた代理人である。ここで使われた at law という言い方は，コモン・ロー上ということで衡平法上（in equity）に対する。

　イギリスではもともとコモン・ロー裁判所での仕事に関与する事務弁護士のことを attorney-at-law とよび，衡平裁判所の solicitor-in-equity と区別していた。だがその後イギリスでは attorney の語を使わなくなり，solicitor に統一した。法廷に立つ弁護士のことは barrister である（170頁下欄参照）。

　アメリカでは attorney（at law）の語を弁護士を示すものとしてひろく用いている（米国には事務弁護士と法廷弁護士の区別はない）。ふつうアメリカでただ attorney といったら弁護士のことを指すことが多い。なお，Attorney General という語は，国家もしくは州の法務（検察）官の長を表わす。連邦政府であれば司法長官のことである。イギリスでも法務長官をこのようにいう。

　attorney が代理人であるから，power of attorney（以下 P of A と略す）

■ 信託業法の改正

　信託業法が1922年の制定以来，82年ぶりに抜本改正された。改正法案は，2004年3月，通常国会に提出されたが，会期内に成立せず，同年11月26日，臨時国会において可決，成立し，同年12月30日に施行された。
　改正目的をまとめると，①信託できる財産の範囲の制限を撤廃し，②従来の信託銀行以外の専門的ノウハウをもった一般の事業者に対しても信託業の参入を広く認め，よりなじみやすいものとして，信託の活用を促進し，経済を活性化することにある。同時に，法改正によりさまざまな企業が信託の担い手として参入するので，消費者

は"代理人の権限"を記した書面，すなわち委任状ということになる。委任状は，委任契約を証する書面になりうるのはもちろんであるが，通常の契約書と異なり，取引の相手方に提示することを主たる目的とする書面である点に特殊性がある。P of Aをめぐる法律問題，その取扱上の注意点を論ずるには，いわゆる代理の三面関係が深くかかわってくる。以下では英米法のもとでのP of Aに関する実務上のポイントを解説してみたい。

2　Power of Attorney の成立と解釈

　P of Aは，上述のように代理権限の授権を証する書面であって，本人と代理人との間で代理権限を定めるだけでなく，代理人の指定とその権限を取引の相手方に対して知らせるためのものである。P of Aの要式については法律でとくに定められていない。ただ，P of Aは本人が遠隔地にいるなど直接行為できない場合に使われることが多いので，その文言だけから法律上有効に執行できる程度に明確でなければならない。米国の判例上は，P of Aの署名の時点で代理人の名前ははっきり記載されていなくてはならず，代理権限を明確にしていなければならないとされている。

　このような**明確性の原則**は，土地の譲渡に関する委任状の場合にとくに厳しい。また，多くの州の法律は土地の譲渡に関して，P of Aをその土地の所在する郡（County）の登録所（office of the register of deed）に登録することを要求している。

　P of Aは，契約書面の解釈に関する一般原則，代理に関する法原則（law of agency），およびこれを排除する特段の事情のないかぎり授権された行為に関する法原則に従って解釈される。文書はその内容が解釈の余地のないほ

（受益者）保護のため，信託業に携わる者の規制もあわせて目的とする。
　法改正のポイントは，以下の3点である。第1に，信託財産の限定（金融，有価証券，土地等6種類）が撤廃され，著作権や特許権等の知的財産権も含めた財産権一般に拡大した。第2に，免許制の「運用型信託会社」に加え，簡易な資産管理を行う登録制の「管理型信託会社」が導入され，金融機関以外の一般事業会社等の参入が容易になった。第3に，「信託契約代理店制度」（銀行以外の代理店も登録可能）および，信託受益権の販売等を行う「信託受益権販売業者制度」が創設され，信託サービスの利用窓口が拡大した。

ど精密にドラフトされていればよいが、あいまいな文言を用いていたりすれば当然解釈が必要となる。P of A についても同様である。ただ、P of A の場合、解釈上いくつかのルールが存する。第一に、代理権限が委任された時点における当事者の意思が解釈上問題とされなくてはならない。第二に、委任状の全体が個々の条項を解釈するのに使われ、個々の条項は他の条項を解釈するために使われうる。第三に、委任状で用いられた文言は、別段の指定がないかぎり、その厳格な法律上の意味よりも、その通常で一般的な意味に従って解釈されなくてはならない。

さらに、英米法上 P of A の解釈には、厳格解釈の原則（rule of strict construction）が適用される。この原則の下では、代理権限は委任状に明記された事項に限定されて解釈される。つまり、代理人は委任状で授権された事項以外について行為することはできない。代理行為の方式が委任状に明記されているときは、代理人は厳格にそれに従わなければならない。ただ、この原則の適用にも例外があって絶対的ではない。代理関係の目的そのものを破壊するような厳格解釈は要求されないし、委任状のなかに相矛盾する条項があっても、代理関係の目的に照らして合理的に調整されるべきとされる。また明示的に授権された行為を遂行するうえで通常必要とされ前提となる行為も権限に含まれるものと解釈される。

P of A に抽象的・一般的な表現が用いられたときは、その内容は全体の文脈から限定的に解釈される。たとえば、特定の行為のための代理人に、本人に代わって"any and every act"を行うことを授権するという内容の委任状があっても、その文言どおりすべてを含むようには解釈されず、委任状の作成された特定の目的に関連して限定して解釈される。

信託業の担い手の拡大は、「一般の事業者」に対しても及ぶ。従来からの"縦割り"的業態規制の大幅な緩和、自由化である。しかしながら、こうした規制緩和、自由化が、他方では、かえってアームズレングスルールやファイアーウォール規制などいわゆる保護規制の強化をもたらす。

グローバルな法務の観点からも注目されるのが、受託可能財産の拡大である。知的財産権をはじめとする新しい信託のニーズの高まりが背景にあり、2003年7月の知的財産戦略本部決定「知的財産の創造、保護及び活用に関する推進計画」においても早期の対応を求めていた。知的財産については、今回の改正によってその管理手段が多

3　P of A の具体的内容

《文例-2》(146頁) は，日本の企業が作成しアメリカで実際に使われた P of A の例である。冒頭の KNOW ALL MEN BY THESE PRESENTS という表現は，アメリカでは P of A に慣行的に用いられる表現である。イギリスではあまり使わない。直訳すれば「すべての者は，本書面によって以下のことを知りなさい」という命令文になるだろうか。委任状が代理人の指名と代理権授権の第三者に対する宣言（表示）であることからの表現だと思えばよい。attorney-in-fact は，上述のように**弁護士でない代理人**のことである。with full power of substitution (146頁) とあるのは，復代理を認める趣旨になる。この委任状には有効期間の定めがないが，これについては，"This power of attorney shall be irrevocable for period of one (1) month from the date hereof."「本委任状は，本書面の日付から1か月間は取消不能なものとする。」のように取消不能の期間を明記する書き方と，一定期間経過後は expire（失効）すると定めるものがある。

such capacities：以下が委任事項の具体的内容になっている。ここでは，ABC Co., Ltd. の転換社債の発行に伴った契約書の調印の権限が目的になっている。委任事項の最後に "and to execute any other documents relating to such transaction" といった表現が用いられることがある。こうしても，「上記取引に関連して」という限定付きであるし，また，上述の厳格解釈の原則からしても代理人の調印できる書類がやたらにひろがる危険はないであろう。ただ，委任事項はなるべく具体的であった方がよい。

様になる点も見逃せない。

　第一に，グループ企業内の知的財産権を親会社などに集中管理し，グループ全体で戦略的・効率的活用を図る方法として信託を活用しようとするニーズに対応するため，グループ企業内の信託であって，かつ，受益者がグループ内に収まっている場合には，受託者が信託会社としての免許・登録を要せず，届出のみで信託業を営むことができるとした。

　第二に，「大学等技術移転促進法」に基づき主務大臣の承認を受けた技術移転機関（承認 TLO）については，組織形態を株式会社に限定しないなど要件を緩和した登

《文例-2》

POWER OF ATTORNEY

KNOW ALL MEN BY THESE PRESENTS, that I, Shoji Kokusai, President and Representative Director of ABC Co., Ltd., a Japanese corporation (the "Company"), do hereby constitute and appoint Mr. John Williams, Secretary and Treasurer of XYZ Inc., my true and lawful attorney-in-fact and agent, with full power of substitution and revocation, to act for me individually and as such Representative Director and in such capacities:

To execute:

(a) the Indenture, dated as of July 20, 1994 between the Company and LMN Trust Company, as Trustee, relating to the Company's 4.00% Convertible Debentures Due 2004; and

(b) the Paying and Conversion Agency Agreement, dated as of July 20, 1994, among the parties named therein.

and I hereby ratify and confirm all that he shall lawfully do or cause to be done by virtue hereof.

IN WITNESS WHEREOF, the undersigned has subscribed these presents this 15th day of June, 1994.

　　　　　(signature)

　　　　　President and
　　　　　Representative Director
　　　　　ABC Co., Ltd.

録制にした。

　第三に，中小・ベンチャー企業の知的財産権の信託会社による管理を容易にする措置がとられた。さらに，今回の改正で，知的財産や売掛債権などの多様な資産を流動化して企業が資金調達を行う際の手段が多様化した。

　こうした信託を用いた資産の流動化は，米国などでは広く行われてきた。なお，改正法は，外国の法令に準拠して外国で信託を営んでいる者が日本に支店を設け，免許・登録を受けることにより日本の（運用型）信託会社，管理型信託会社の区分に応じて，日本で営業を行うことができるとした。

委任状

　本書面によって以下を知らしめる。
　私，日本法人 ABC 株式会社（「当社」）の代表取締役社長国際ジョージは，ここに XYZ 社の秘書役・財務役のジョージ・ウィリアムズ氏を，復任権と撤回権を完全に有し私のために単独でかつ上記代表取締役として以下の権限において行動するために私の真の合法的な代理人に指定する。

記

以下の文書に調印すること
　(a) 当社と LMN 信託会社との間の当社による2004年満期の4.00％の転換社債に関する1994年7月20日付信託証書，および
　(b) 契約書中に名前のあがった当事者間の1994年7月20日付支払，転換代理人契約。
そして，私はここに彼が本書面の下で合法的に行うすべての行為を批准する。
　上記を証して，下記署名者は本日1994年6月15日に本書面に署名した。

（署名）_____
ABC 株式会社代表取締役社長

■ 白紙委任状

　わが国では，白紙委任状が使われることがよくある。およそ権利意識の発達した欧米人の間では考えられないような，委任事項から代理人名までブランクにした上に捨印まで押した委任状が多数の人の間を転々とするといった事態もめずらしくない。
　白紙委任状は，委任状の一部を白紙にしておいて後に他人に補充させることを予定した委任状である。いろいろな種類のものが考えられるが，大きく分けて，①委任する事項を白紙にするものと，②委任する相手方を白紙にするものとがある。よくトラブルのもとになるのは，契約の当事者の一方が，後日紛議を生じたときのために代理

人名を白紙にした委任状を相手方に交付しておき，その代理人をだれにするかの決定権を相手方に任せるものである。とくに，家主があらかじめ借家人からこの種の白紙委任状をとりつけておいて，これを使って借家人の代理人を定め，家屋明渡しなどの即決和解をすることは，実際にもよくある。しかし，このように利害の対立する相手方の代理人の決定権を握るようなやり方は，暴利行為として無効とされることがありうる（民法90条違反）。

　また，代理人をブランクにした白紙委任状を交付するということは，その所持する者に一定の代理権を与えたことをひろく世間の人に表示したとされて，本人は民法109条によって表示による表見代理の責任を負わされることがある。ただ，そのような委任状の転々流通をまったく予定しないで交付された場合には，表見代理の責任を否定するのが判例の大勢である。しかし，白紙委任状を交付したときは，他の書類・印鑑などの交付といった要素とあわさって，仮に代理権授与がなくとも表見代理を成立させる可能性が格段に大きくなることを覚悟しなくてはならない。

4　予備的合意（Letter of Intent）

　国際契約の締結は，定型的に行われる売買のようなものを除いて，時間や手間がかかり内容も複雑になりがちである。当事者同士が遠隔地にあることや言語・法文化の違いからくるもので，ある程度仕方のないことである。

　そこで，実務では，正式な契約をとり交わす前にあらかじめ当事者間の合意事項を確認する文書を作成しておいて，その後に本契約を締結することがよく行われる。この文書のことをレター・オブ・インテントと称し，日本語ではしばしば**予備的合意**と呼ばれる。

　レター・オブ・インテント（L/I）という用語は，法律用語として特に固まっているわけではなく，実務上の呼び名である。その種類・内容もきわめて多種多様であって一様に論ずることは難しい。そこで以下においては，予備的な合意を確認するための書面の典型的な場合としてのレター・オブ・インテントを取り上げ，その実務上の扱いのポイントをさぐってみたい。

1　L/Iの作成される場合とその形式

　レター・オブ・インテントは，さまざまな**目的**で作られるが，以下の二つの場合に大別できる。一つは，ある会社の内部的意思決定のために作られる場合である。たとえば，交渉担当者が，交渉内容がある程度固まってきたところで，レター・オブ・インテントを作り，これを自社に持ち帰って取締役

■ **予約**
　ある契約を将来成立させることを約束すること。当事者の一方のみが自己の意思表示により契約を成立させることができるときを「一方の予約」といい，双方の意思表示によって契約を成立させることができるときを「双方の予約」という。わが国民法は「売買の一方の予約」についてのみ規定を置き（民法556条），これを有償契約一般に準用している（民法559条）。

会や常務会にかけるといったことがよく行われる。契約書の作成は最終的に弁護士が行うことになっている場合に、その前に基本的事項について当事者が相互に合意を確認するためにも使われる。

　他の一つは、外部の第三者にみせる場合である。たとえば、ジョイント・ベンチャーで合弁会社を設立するような場合に、事業の内容、資金の必要性とその額などについて当事者間であらかじめ暫定的に合意をなす。そして、その内容をレター・オブ・インテントに書面化し、金融機関に示して融資のコミットをとりつける。あるいは、親会社・関連会社などの了解をとりつけるというためのものである。

　このほか、当事者が行おうとする事業計画について市場調査の必要がある、あるいはその遂行が他の条件にかかっているような場合にも、レター・オブ・インテントが使われることがある。

　レター・オブ・インテントは、それ自体きわめて実務的な文書であるため、その形式は一定していない。ただ、大別すると関係当事者が署名のうえ事項を相互に確認する形のものと、一方当事者から相手方当事者に送付しておくだけのものとがある。両者の中間的なものとしては、レター形式で相手方のカウンター・サインを求めるものもある。

2　L/I の法的効力

　レター・オブ・インテントに関し実務上最も問題となるのは、当の書面が法的拘束力を有するのか、有するとすればその程度いかんという点である。

　レター・オブ・インテントは、内容的にきわめて多種多様であるため一概にこれを論ずることは難しいが、一般的にこれを英米契約法の枠の中で考え

■ 意思表示

　法律上一定の効果の発生することを欲し（効果意思）その旨を表示する（表示行為）私法上の法律行為。公法上、国際法上にもあるが、私法上のものが最も重要である。現代の法律で「私的自治の原則」が認められているというのは、結局意思表示によって表意者が欲した効果が認められることにほかならない。意思表示によって表意者が欲した効果を生ずるためにはその意思表示だけで十分な場合〔遺言（いごん）など〕もあるが、多くは他の意思表示と結合しなければならない（申込は承諾と合致してはじめて欲した効果が生ずる）。また意思表示が成立しても違法であったり公序良俗に

てみよう。

　わが国のような大陸法系の国において契約は、一定の法律効果の発生を目的とする意思表示の合致（agreement）によって成立する。しかし、英米契約法のもとでは、「合意」（agreement）イコール「契約」とは必ずしもならない。「契約とは当事者間の合意から派生する、この法律および他の適用されるべき一切の法規範によって法的意味を付与された権利義務の総体をいう」とされるように〔米国統一商事法典（U.C.C.）§1-201⑾〕、合意と契約は法的意味が付与されるか否かで区別されている。ここで法的意味が付与されるか否かは、**法律上・裁判上強制可能（enforceable by law）**かどうかによって決められる。この観点から、当事者の合意があまりにも具体的明確性を欠くときは、契約にはならず法的拘束力が否定されることになる（"doctrine of vagueness"「合意の明確性の原則」とよばれる。12頁以下参照）。

　レター・オブ・インテントが、契約としての効力を有するかどうかは、このような**合意の明確性の原則**との関連で論ぜられることが多い。この原則の下では、まず、合意の内容は合意それ自体から客観的に確定できるものでなくてはならない。他の合意や文書を引用して合意がなされてもかまわないが、合意の内容を当事者間の将来の協議にかからせているようなときは、合意内容がそれ自体から明確になっているということはできない。

　また、当事者が法律的に拘束される契約を締結する明確な認識を有していなければならない。したがって、具体的に種々の契約条件の合意を列記していても、それがあくまで最終契約締結の為の予備的なものであることが確認されているならば、最終契約として当事者が拘束されることはなくなる。そこで予備合意であることの確認文言が重要になってくる。

反するために効力を生じないこともある。意思と表示が合致しない場合の内、①表示者が不合致を知りつつ表示するときを「心裡留保（しんりりゅうほ）」、②相手方と通謀（つうほう）して不合致の表示をするときを「虚偽表示」、③表示者が不合致を知らないときを「錯誤（さくご）」という。次に意思と表示は合致はするが、意思決定が他人の違法な行為によって不当な影響を受けた場合として詐欺（さぎ）と強迫がある。この場合、意思表示は原則として無効または取消となる。

3　具体例の検討

《文例-3》(153頁)は，ある日本企業と米国企業とが米国で合弁でプラントを建設することになり，そのための合弁契約締結に向けて交渉段階で作成されたレター・オブ・インテントの実例を要約したものである。実際に使われたものでは，合弁の条件などが具体的にかなり詳細に列記されている。形式としては，両当事者が対等な形で末尾にそれぞれ代表者によって署名する書面の形をとっている。

この中で重要なことは，合意事項の最後（第8項）で，**予備的合意である**ことを明記している点である。この文書は当事者がそれぞれの取締役会に持ち帰り，その承認を得るためのものとして主として作られているため，その合意自体の効力を各取締役会の承認にかからせている。さらに最終契約書の調印，および日本側当事者の場合は日本政府の承認をも条件としている。このような文言によって，仮に一方当事者が，取締役会の承認が得られないなどの事由により合意の内容どおりを実行できなかったとしても，契約履行責任を裁判上追及されることは避けられるであろう。ただ，内容次第で将来契約を締結する予約（contract to make contract）と解釈され，その違反の責任を追求されることはありうる。

■ **予備的合意における排他的交渉条項の効力**

M＆Aの予備的合意書には，排他的交渉条項（exclusive negotiation clause）を入れることがめずらしくない。国内で，メガバンクグループの信託部門の売却をめぐって，予備的合意書の当事者であった住友信託銀行は同行以外との統合交渉の一部差し止めを求めて，2004年の7月中旬，仮処分の申し立てをした。

事件は最高裁判所まで争われ，最高裁は2004年8月30日，「仮処分を認めなければ住友信託銀行に著しい損害が生じるとはいえない」として，申し立てを棄却した。ただ，この判断に関連して最高裁は，住友信託とUFJグループが取り交わした覚書に

4 予備的合意 (Letter of Intent)

《文例-3》

MEMORANDUM

On July 10, 1984, a meeting was held at the office of X Inc., Los Angeles, California, between representatives of Y Co., Ltd. and of X Inc. The purpose of the meeting was to conclude the negotiation of the major terms of the X and Y participation in the proposed plant to be constructed in San Francisco, California. The following are the matters discussed and agreed upon:

1) X and Y will each take a 50% participation in the venture.
2) The venture will be in the form of a partnership or contractual joint venture.

……

……

8) This agreement remains subject to the approval of the respective Boards of Directors of X and Y, to the execution of final documents and, in the case of Y, to the approval of the Japanese Government.

July 15, 1984
Los Angeles, California
X Inc. and Y Co., Ltd.

書かれた独占的交渉権には法的拘束力があると認めた。

覚 書

　1984年7月10日，カリフォルニア州ロサンゼルス市Ｘ社のオフィスにおいて会議が開かれた。その会議の目的は，カリフォルニア州サンフランシスコ市に建設が提案されているプラントへのＸおよびＹの出資の主要条件の交渉を煮詰めることであった。下記が討議され合意された事項である。

記

1)　ＸとＹは，本事業にそれぞれ50％ずつ出資をする。
2)　本事業はパートナーシップまたは契約によるジョイントベンチャーの形態をとる。
　……
　……
8)　本合意は，ＸおよびＹそれぞれの取締役会の承認，最終契約書の締結およびＹ社の場合は日本政府の承認を予定し条件とする。

　　　　　　　　　　　　　1984年7月15日
　　　　　　　　　　　　　カリフォルニア州ロサンゼルス市
　　　　　　　　　　　　　Ｘ社およびＹ株式会社

5 売買証書（Bill of Sale）

1 Bill

　ここでは動産売買において使われるところの bill of sale を取り上げる。

　法律英語において bill という語は，きわめて多くの場面で用いられる。まず，イギリスにおいては，衡平法裁判所（equity court）へ提出する**訴状**のことを bill とよんでいた。古くは王座裁判所（Court of King's Bench）への訴状もこうよんだ。また，議会用語として用いられるときは**法案**を意味する。これが制定法になると，立法府の行為ということで Act とよばれるようになる。より一般的には，bill の一語で**請求書**または**手形**を意味する語として使われる。

　bill という語は，単独でも以上のようにさまざまな意義を有するが，これらに共通した意味は，書面に記されたところの主張・提案ないし報告（proposition *or* statement）ということである。そこで，Bill of Rights は権利章典のこと（英国では1689年に制定された人民の基本的人権に関する宣言を，米国では合衆国憲法に付加された最初の10か条の修正を指す）であり，bill of lading は船荷証券（または貨物引換証），bill of exchange は為替手形をそれぞれ意味することになる。

■ **経営の透明性確保へ―役員報酬個別開示も**
　振り込め詐欺や本人へのなりすまし被害が大きな社会問題となっている。対策の決め手は，個人情報の流出防止である。
　最近は「オレオレ」といわれただけで息子と信じてしまう親はほとんどいない。そうなると犯行の手口は巧妙になる一方で，子供になりすますだけでなく，職場の上司や弁護士役までいて，代わる代わる電話口に出ては，だましにかかるという。
　本人や家族しか知らないような個人情報を告げられると，つい信じてしまう。2005年1月，毎年公表される高額納税者の名簿を悪用した振り込め詐欺事件が発生した。

2 Bill of Sale

bill of sale が，売買証書であるということは，上の説明からすぐお分かりいただけるであろう。それが売買を証明するための文書であることも明らかである。問題はこの文書がどのような場面で作られるかという点にある。

bill of sale は，動産の売買において，目的物がある当事者から他の当事者に譲渡されたことを証する書面である。通常の動産売買においては，契約と同時に目的物の占有が移転するから，この種の証書は必要ない。ところが，種々の理由から物の占有を売主にとどめたままで譲渡をする場合がある。この場合，買主は売渡証書なしではその取得した所有権を証するものがなく，不利益な状態におかれる。そこで必要になるのがこの bill of sale である。

bill of sale には2種類のものがある。absolute bill of sale と bill of sale by way of security である。前者は通常の売買で用いられるものと思えばよい。後者は動産の占有を債務者の手もとにとどめたまま権利移転によって担保権を設定させる売渡抵当の場合に使われる。この権利移転形式の担保は，不動産に用いられるとき mortgage となり，動産の場合は bill of sale となるのである。これらは conditional bills sale ともよばれるように，債務者が債務を弁済したときに再譲渡がなされることを条件に，所有権を移転し，担保とするものである。

イギリスには，二つの売買証書法（Bills of Sales Act）があって bills of sale の効力を定めている。1878年法は，absolute bill of sale に関し，1882年法は，conditional bill of sale に関する。1882年法によれば bill of sale によって担保権を取得するためには，同法付表の定める書式に厳格にのっとった

人に知られたくない個人情報を尋ねるアンケートで必ず上位に入るのが，「年収，収入状況」である。犯罪で狙われるかもしれないとなると，情報の漏れは深刻な問題になる。

会社の役員となるとまた違った悩みがあるらしい。先日，ある会社のトップが，雑談で「外国，特に米国の同業者のトップと年収の話になると恥ずかしい思いをする」と言っていた。米国では上場企業の経営者の報酬額は，ストックオプションも含めほぼ開示されているが，こちらは株主に対してもベールに包まれたままなので答えにくいこと，それに彼らの報酬額より一ケタ少ないから正直に言う気になれないそうだ。

bill of sale を作成しなければならない。これに対し1878年法の下では，とくに書式は定められていない。同法によれば，書面によってなされた動産の売買で，売主がその目的物の占有を保持しつづける場合は，bill of sale が作成され同法の要求するところに従って登録されなければ，買主は破産管財人および目的物を差し押えた者にその所有権を対抗できないとされる。

　実際上はイギリスにおいても，conditional bill of sale は別として，absolute bill of sale を登録することはほとんどないようである。

3　船舶の譲渡と Bill of Sale

　以上のところは，通常の動産取引における bill of sale のごく簡単な解説であるが，bill of sale が国際法務において実際上重要な役割を果たすのは，船の譲渡の場合である。

　イギリスにおいては，上述したような売買証書法は船の場合には適用されず，かわりに商船法（Merchant Shipping Act, 1894）が適用される。この法律の下では，イギリス国籍の船またはその持分の処分には売買証書の作成が義務づけられ，これはその船の船籍港（port of registry）において登録されなくてはならないとされている。

　このイギリスの立法例からもわかるように，一般に船の所有権の移転には，bill of sale の作成を必要とする例が多い。同国では日本と同様に船舶を動産として扱い，動産売買法を適用するが，船舶の特殊性から売買証書法は適用せず，商船法によって一律に bill of sale の作成を義務づけるようにしたものである。

　《文例－4》(158頁) は，日本の商社が日本の造船所で作られた船をパナマ

　近時の株主総会で増えているのが，役員の報酬，退職慰労金についての質問である。上場会社といえども理屈の上では会社の「オーナー」である。株主に開示しないのもおかしな話であるが，個別の報酬額となるとプライバシーにかかわる。しかし，より透明性のある経営を旨とする観点からは，日本でも個別開示に向かわざるをえないであろう。

法人に売却したケースで用いられた Bill of Sale である。世界の商船の過半数は，便宜置籍国であるリベリア共和国やパナマ共和国などの船籍をもつとされているが，その船籍を取得する際の書類として，Builder's Certificate や Bill of Sale が要求される。これは，そのために作られたものである。文頭にある "KNOW ALL MEN BY THESE PRESENTS" は，本書の「Power of Attorney（委任状）」(145頁)のところで説明したきまり文句で「本書面によって以下のことをすべての人に知らしめる」という意味になる。

内容的にはとくに難しいところはなく，売買の目的物となった KOKUSAI という船と現時点で装備している物の所有権を，買主に移転するという意味のことが書かれてあるにすぎない。また，第2パラグラフにおいては，売主は本船を売却し処分する権利を有し，本船上にはいかなる債務，担保権，船舶先取特権（maritime lien）も付着していないことを誓約（covenant）している。これは Non-Encumbrance 文言といって，多くの国で bill of sale の中にこれが挿入されることを要求する。encumbrance は，一般には「邪魔物」「やっかい物」の意味を有する語であるが，法律用語としては，これが転じて「担保権」という意味になる。

《文例-4》

> BILL OF SALE
>
> KNOW ALL MEN BY THESE PRESENTS:
>   That ABC Co., Ltd., having its principal office at _____ Tokyo, Japan (hereinafter called the "SELLER") in consideration of those matters and things more particularly set forth in the Ship-

■ 便宜置籍船（べんぎちせきせん）
　船舶が，実質的には何ら関係のない国に税金などの理由から便宜的・形式的に登録される場合，これを便宜置籍船という。また，このような登録がなされる国を「自由登録制国」，「便宜置籍国」あるいは，目的に着目して「タックス・ヘイブン」(tax haven)とよぶ。これには，バハマ，バミューダ，キプロス，リベリア，パナマ，シンガポール，およびソマリアが含まれる。
　便宜置籍船の数が増加しはじめたのは，1950年以降である。これは，1949年にリベリアが船舶の自由登録を行うようになったことと密接に関連している。その後，1955

5 売買証書 (Bill of Sale)

building Contract signed by and between the SELLER and XYZ Limited S.A., having its principal office at _____, Republica de Panama (hereinafter called the "BUYER") on the 15th day of August, 1984, does hereby set over, sell, transfer and assign unto the BUYER, all its right, title and interest in and to One (1) Single Screw Motor Driven Cargo Vessel (hereinafter called the "VESSEL") built by D Dockyard Co., Ltd., _____, Japan (hereinafter called the "BUILDER") at E Zosen Co., Ltd., _____, Japan as the BUILDER's subcontractor (hereinafter called the "SHIPYARD"), together with all stores and equipments now on board, the VESSEL have and hold the said property unto the BUYER and its successors, administrators and assignees forever.

The VESSEL is Known as: Builder's Hull No. _____ and
m. v. KOKUSAI

The SELLER covenants for itself, its successors and assignees that it has the lawful right to sell and dispose of the VESSEL and that it will warrant that the VESSEL and appurtenances are free and clear of all debts, encumbrances and maritime liens.

IN WITNESS WHEREOF, the undersigned has executed this Bill of Sale on this 20th day of August, 1984.

  ABC CO., LTD.
  BY: Shoji KOKUSAI
  TITLE: ATTORNEY IN FACT

年には, リベリア国籍の船の数は, パナマで登録されたそれをしのぐようになり, その年これら二つの国において登録された商船は世界の船腹量の9.6%に, 1965年にはさらに増加し続けて15%に達した。一時は世界の商船の過半数がこれらの自由登録制国の船籍をもつとされていた。

実際には, これらの国にペーパー・カンパニーを設立して, これを船主として外国船籍に移籍し, これを期間用船することによって賃金の安い外国船員を傭い入れる方法がとられ, こうした船舶をチャーター・バック (charter back) という。

売渡証書

　本書面によって以下を知らしめる。

　主たる営業所を日本国東京都＿＿＿＿＿にもつABC株式会社（以下,「売主」という）は，売主とパナマ共和国＿＿＿＿＿に主たる営業所をもつXYZリミテッド社（以下,「買主」という）との間で調印された造船契約により詳しく規定された事項と物を約因として，1984年8月15日に，本書面によって，売主に日本国＿＿＿＿＿のE造船株式会社を下請会社（以下,「造船所」という）として日本国＿＿＿＿＿のDドックヤード株式会社（以下,「建造者」という）によって建造された一艘の単一スクリューモーター駆動貨物船（以下,「本船」という）を，現在本船が船内に有しているすべての備蓄物を装備品と共に当該資産を買主およびその承継人，管財人および譲渡人に永久に譲渡し売却する。

　本船は，建造者の船体番号＿＿＿＿＿として識別される。

　売主は，みずから，承継人および譲受人に代わり，本船を売却，処分する合法的な権限を有することおよび本船と装備品に債務，担保権および海事先取権が付着していないことを保証することを誓約する。

　上記を証して，下記署名者は本売渡証書は1984年8月20日に調印した。

ABC株式会社

コクサイ・ショージ

資格：代理人

6 標準取引約款（Standard Form Contract）

1 Standard Form Contract

　企業が作成し用いる契約は，それぞれ個別の条件を反映して，さまざまな内容を盛り込むのが通常である。しかし，同じような内容の契約が反覆して大量に使われるようになると，自然，標準化・統一化の試みがなされるようになる。このような標準約款の作成の試みは，かなり以前から行われてきた。たとえば，海運法の分野での，船荷証券（bill of lading），傭船契約（charter party），保険証書（insurance policy）などの標準化の試みの歴史は，相当に古く国際的に行われてきた。

　上に述べた契約内容の標準化は，企業間であるいは業界と業界との話合いと慣行によって行われてきたものであった。一方，資本主義が発達し，大量製造・販売，大量消費の時代を迎えて，別のタイプの標準約款が多く使われるようになった。いわゆる消費者約款といわれるものがそれである。

2　消費者約款の規制

　消費者約款について，まず問題とされたのは，一部の独占的事業（電気，ガス，水道など）において用いられる約款であった。この種の独占的事業との契約においては，消費者の側で契約を締結することがほとんど強制的であり，かつ契約内容については，自由な交渉の余地はない。そこで，この種の

■ レピュテーショナルリスクのマネジメント
　reputation が，「評判」，「世評」，「うわさ」，「名声」，「評判」などを意味するから，レピュテーショナルリスクは，これらにかかわるリスクである。
　現代企業はリスク管理の良し悪しに生き残りがかかっている。ただ，対象となるリスクは，いつも同じではない。時代とともに変わるといった方がよいであろう。デジタル情報社会のリスクは，情報の大量流出，拡散であろう。顧客情報の大量流出で株価が急落した企業の例もある。
　昔から悪い情報，うわさほど早く，あっという間に広がる。デジタル社会では，そ

契約においては，圧倒的な競争力を有する当事者において，差別的な取引や不当な取引拒絶をしてはならないとする規制が始まった。

さらに，標準取引約款は，多数の相手に対して反覆継続してなされる大量取引において大きな威力を発揮することから，いろいろな分野で広汎に利用されるようになる。他方，消費者運動が高まりをみせ，消費者保護政策の重要性が叫ばれるようになってくると，消費者を一方的で不当な内容の約款・契約条項から守るという観点から，**消費者約款の国家的規制**が要求されてきた。

3 諸外国の約款規制法

約款の国家的規制を積極的に推し進めているのは，ヨーロッパの主要国たるドイツ，イギリス，およびフランスである。

まず，ドイツは，1976年12月に「普通取引約款の規制に関する法律」（AGBG）を制定し，つづいて，イギリスでは，1977年不公正契約条項法（Unfair Contract Terms Act 1977）が制定され，1978年2月より施行に移された。また，フランスでも，1978年1月10日に約款規制に関連する二つの重要な法律（法第22号，23号）が成立し，同様に約款の法的規制に踏み切った。

一口に約款規制といっても，その態様にはいろいろある。上記のヨーロッパ各国の約款規制法は，個別の種類の約款（たとえば，保険約款，銀行取引約款etc.）ではなく，ひろく包括的に各種約款を規制の対象にしている。たとえば，ドイツのAGBGには，「約款のうちに用いられた条項が信義に反し，約款利用者の利益に不当に偏るときは無効とする。」という一般条項が含まれている。

のスピードと範囲がケタ違いである。秘密情報が漏れてコンピュータの画面上で，世界中の何億という人がこれを見るかもしれない。

レピショーナルリスクを，「風説被害」と訳すこともある。いまは，誹謗・中傷の情報があふれる"告発専用サイト"もあるので，企業の信用を失墜させ危機におとし入れることすら容易である。企業はこうした，悪意による攻撃に対応するリスク管理を日頃から考えておかなくてはならない。

それには，レピュテーショナルリスク・マニュアルを作成しておくことである。風説が流布されて，株価が急落するといった事態に直面して経営幹部がうろたえるよう

契約類型ごとの規制という観点とともに重要なのは，**不当条項の類型別の規制**である。フランス，ドイツの立法例においては，通称ブラックリストとよばれる不当条項の列挙がなされている。そのリストの内容は，大なり小なりヨーロッパ評議会（Council of Europe）が1976年11月16日に発した勧告決議の影響を受けて作られている。同決議は，消費者に対する不当契約条項のうちの重要な28条項をあげている。それらは，契約の締結，無効および解除に関する条項および当事者の権利義務に関する条項，供給者の責任を制限する条項，消費者の訴訟の権利と手段を制限する条項など六つのグループに大別される。不当な免責条項の具体例としては，供給者の責任を不当に排除・制限する条項，物の隠れた瑕疵について供給者が責任を制限する条項などがある。

　イギリスの立法例には，このような不当契約条項のブラックリストは含まれていない。同国の約款規制法が対象としているのは，各種の不当契約条項のうちの免責特約に限定されているといってよい。その第2条は，過失によって生じる責任を排除・制限する契約条項のうち，生命・身体障害に対する責任の排除・制限は，いかなる場合にも絶対的に無効であり，それ以外の損害に対する責任については，当該条項・通知が合理性の要件を満たさない限り無効とする。ここにみられるように，同国の不当契約条項法は，不当な契約条項を一定の場合に私法的に無効にするというものである。

　このほか，ヨーロッパには，スウェーデンのように，消費者オンブズマンが，不当な契約約款・条項の「摘発」を行う，行政的コントロールの色彩の濃い国もある。〔1970年代後半のヨーロッパ主要国における約款規制立法の詳細を知るには，㈳経済企画協会編『ヨーロッパ消費者約款規制の現状調査報告書』（1983

だと，火に油を注ぐようなことになりかねない。また，記者会見で経営トップが，必死になって根も葉もない単なるうわさを否定するならば，かえって事実ではないかとみられ，逆効果になりかねない。

年）がある。また、この現地調査報告を内容の一部とする『消費者取引と約款』（経済企画庁国民生活局消費者行政第一課編，1984年）が刊行されている〕。

4　Plain English Movement

　一方，アメリカにおいては，"Plain English Movement"が重要である。ニューヨーク州をはじめとしていくつかの州においては，"Plain English Law"を制定し，法律文書の簡易化をめざそうとしている。これも約款規制の一環といわなくてはならない。

　古今東西を問わず，法律文書は一般にはわかりにくいものというのが通り相場のようである。専門的で難解な語句がやたらに多く，センテンスの長い"悪文"がまかり通っている。日本でも，一時，裁判官の判決文が「悪文」の代表としてやり玉にあがったことがあった。

　このような法律文書の"特性"が一般の契約書に現われるときに問題が起こってくる。たとえば，よく保険証書などの裏側にびっしりと細かい文字で契約条項が書かれている。ところで，これが難しい法律用語で書かれていたとしたら，よほどひまな人か変わり者でないかぎり，読んでみようとの気にもなれないだろう。しかし，契約を締結したのちに，いったんコトが起こると，このような「約款を十分読んで内容了解したうえで署名しました。」とされてしまうことが多い。加えて，よく読まなかったその内容が約款作成者に一方的に有利なものであったとしたら始末が悪い。そこで，約款はまずなによりも読みやすい文字で，一般の人にもわかる内容のものでなければならないということになる。

■ **弁護士はなぜ悪文家か**
　米国はニューヨークの連邦地裁が1984年7月11日，「一般人に訳のわからぬお役所用語を使うな」との判決を出した（昭和59年7月12日朝日新聞）。これは，老人医療保険の対象者の一部が起こした集団訴訟においてである。老人が医療費を政府に申請すると，委任を受けた機関がその申請をチェックし，不合理な支払いや不必要な診療と判断したときは，その分の払戻しをカットすることになっている。問題とされたのは，申請者にこの審査結果を通知する文書で，裁判所は，「文書の言葉は一般人には意味の通じない役所用語で，英語とは言えない」との判決を下した。政府当局は，以

6　標準取引約款（Standard Form Contract）　　165

5　約款と国際法務

　わが国の企業が海外に進出してその地において事業活動を展開していく場合，現地における約款規制に十分注意しなくてはならない。外国においては，上に概観したように，さまざまな内容の約款規制が存在し，それとの関連で自分達の用いる標準約款を見直してみる必要がある。

　わが国で金融取引に対個人，対事業者を問わずひろく使われている銀行取引約定書を訳したものをイギリス，ドイツ，あるいはアメリカにおいてそのまま使ったとしたらどうだろう。約款規制との関連でその一部は，効力を制限されたり無効とされる可能性がある。かりに，**期限の利益の喪失条項**（acceleration clause）を取り上げるならば，米国統一商事法典（U.C.C.）§2-108は，一方当事者が任意の判断で履行期限を繰り上げることができるような内容の条項の解釈に一定の制限を課すとしている。

　欧米諸国における約款規制には，対消費者の関係において消費者保護の観点が強く，その内容も行政的で強行法規性を有するものが少なくない。現代の大企業の企業活動において標準取引約款が不可欠のものであるならば，その規制は，独禁法などとならぶ企業活動の法的規制と位置づけ，できるかぎり現地の規制に適合するような約款を作ること，すなわちこの意味での約款の"現地化"が要求されるのである。

後全国で年間約100万件に上るこの関連の通知文書を一般人にもよくわかる，「普通の英語」で書かなければならないことになる。
　この判決は,そのままわが国の行政当局にもあてはまるのでなければ幸いであるが，古今東西を問わず役所用語はわかりにくいということらしい。だが，役所用語に負けず劣らず一般人を悩ます用語がある。いわゆる法律用語とそれを用いた法律文書というものである。アメリカの各州では，法令などに使われる用語をなるべく平易でわかりやすいものにするために"Plain English Movement"が起こり，そのための法規定までなされている。だが，なかなか事態は早急には改善されないようである。

Harvard Law Review 誌1984年4月号（Vol. 97, 1389頁以下）の"Why Lawyers Can't Write"と題する短い論文が弁護士の悪文家ぶりを"糾弾"しているのでその内容をざっと紹介してみよう。

　一般に法律関係の文章は，構造が複雑で繰り返しが多く，受身形の動詞で冗長な文句を並べたてる。どうしてこうなるのか。一般の人は，おそらく文法教育がなっていないからだと考える。もっとロー・スクールで「作文教育」を行えば，すべての弁護士がヘミングウェイかホームズ判事ぐらいの名文家になれるのではないかと考えがちである。事実，ハーバード・ロー・スクールなど一部のロー・スクールでは，「作文」をカリキュラムの中に取り入れている。

　たしかに，このような努力によってより良い法律文章家を生み出すことはできるであろう。しかし，これが万能薬と考えてはならない。弁護士は経済上の利益のために悪文を書くのである。そもそも，弁護士が一般の人と同じような文章を書いていたら，法律の素人との区別がなくなり，ありがたみが薄れ，依頼者から報酬の請求がしづらくなるのである。さらに重要なことは，弁護士が特殊な言語を用いるのは，一般人とまったく異なった見方で世の中を見るからである。つまり，彼らにとって世の中は，先例（precedent）によって支配されている。すべての出来事は，単に過去に起こったことの延長かその変形なのである。ふつう物語において最も人の興味をひくのは，事実とくに人物に関する記述であるが，法律家の文章では，これを無視して，判例におけるどの法原則が適用されるべきかばかりを書くので，自然味気ないものになる。さらに，法律文章では，客観的，合理的で公正な真実を追い求めるため，ジョーンズ氏もスミス氏も「賃借人」とか「賃貸人」とかの名の下に客観化してしまう。そして論理的分析を重視し，その分析の客観性を証明するために，無数の注をつけたりするのである。

　こうなると，法律家の悪文はより根本的な原因によるのであって，「作文教室」で簡単に改善されるようなシロモノではないらしい。何とも嘆かわしいことである。

米国における消費者約款規制

　わが国では，2000年4月に消費者契約法が制定される以前も，消費者の利益を一方的に損なう内容の契約条項を民法90条を適用して無効にする裁判例があった。同じように，米国の裁判例には消費者向け契約の内容が public policy「公の政策」に反するから無効（void）であるとしたものがみられる。

　代表的な裁判例（leading case）を紹介してみよう。HENNINGSEN v. BLOOMFIELD MOTORS, INC.（Supreme Court of New Jersey, 1960. 32N. J. 358, 161A. 2d. 69）事件では，自動車の販売に関する保証免責の効力が争われた。

　新車を購入して10日後に運転中ハンドル装置が故障し事故になり負傷をした人が，自動車のディーラーとメーカーの双方を被告として損害賠償請求訴訟を起こしたのであるが，根拠は「商品性についての黙示の保証」（implied warranty of merchantability）違反であった。

　被告側は，購入契約書の裏面（the back of the purchase contract）に小さな字で印刷された保証違反についての責任を制限するための規定を援用し，保証は納車後90日あるいは4,000マイルの運転のいずれか早い時までの間，欠陥部品を交換するだけに限定されると主張した。

　裏面の免責約款の効力が問われたわけであるが，判決は，この約款が大量反復して使うことを意図して自動車メーカーの事業者団体が統一書式として制定したものであることにつき，次のように述べている。

　"The warranty before us is a standardized form designed for mass use. It is imposed upon the automobile consumer. He takes it or leaves it, and he must take it to buy an automobile. No bargaining engaged in with respect to it."

　「眼の前にある保証は，大量に使うことを企図された統一書式であって自動車の消費者に押し付けられる。彼はそれを飲むか飲まないかであり，自動車を買うためには飲まざるを得ない。それに関しては何らの干渉は行われない。」

　附合契約（adhesion contract）の性格をもつので，"The gross inequality

of bargaining position occupied by the consumer in the automobile industry is thus apparent."「消費者によって自動車業界で占められた交渉の地位の大きな不公平さはこのように明白である。」とも述べたうえで，以下のように結論づけた。

"Public policy is a term not easily defined. Its significance varies as the habits and need of a people may vary. ……A contract, or a particular provision therein, valid in one era may be wholly opposed to the public policy of another ...Courts keep in mind the principle that the best interests of society demand that persons should not be unnecessarily restricted in their freedom to contract. But they do not hesitate to declare void as against public policy contractual provisions which clearly tend to the injury of the pubulic in some way."

「公の政策は簡単には定義できない語である。その重要性は人々の習慣やニーズが変わり得るように変わる。……ある契約またはそこに含まれた条項は，ある時代には有効かもしれないが別の時代の公の政策には完全に反するかもしれない。……裁判所は，社会の最善の利益は，人々が契約の自由を不必要に制限されるべきでないことを要求するとの原則を念頭におく。しかし，裁判所は何らかのかたちで明らかに公衆に害を与えるような傾向をもった契約条項を公の政策に反するとして無効であると宣言することをためらわない。」

40年以上も前に米国では，裁判所が現在のわが国で問題になりそうな消費者約款を無効にしているのが興味深いところである。

7 公証人（Notary Public）

1　国際法務文書と公証

　文書には公証がつきものである。企業法務においても売買，消費貸借，債務確認などの契約書の作成，あるいは会社の定款や各種文書の認証などにひろく公証制度が利用されている。**文書を公証することにはどのような意味があるのだろうか。**

　およそ契約書をはじめとする文書を作成する場合にまず心がけるべきことは，その内容もさることながら，後日争いが生じたときのために（契約書はまさにその時のために作るのだが），文書の証拠力を高いものにしておくことである。とりわけ，その文書の証拠力は，どこの，どのような人物によって作成されたかを立証できるかにかかっているともいえる（訴訟法上は，これを**文書成立の真正**といい，文書の形式的証明力の基礎となす）。その上で，内容の適正さまで保証されているならば，なおのことよい。

　これらの点について，公的機関の"お墨付き"が得られるならば，文書の証拠力は確実なものとなり，紛争の予防にも役立つ。このための制度が公証制度であり，これを行うのが公証人である。

　ところで，このような公証制度の果たす役割は，国際取引においてより大きなものがあるといわなくてはならない。国内取引であれば印鑑証明書を提出させればすむ場合でも，制度の異なる外国で外国人が作成した文書となる

と，どこの誰がいかなる資格でその文書を作成したのかを明らかにすることはそれほど簡単なことではない。そこで，いきおい公証制度に頼らざるをえない。ある公証人は，「海外向け文書に対する公証人の認証は，その文書のパスポートである」と述べたそうであるが，上記の事情をよく表わしている。

2　公証制度の比較

わが国の公証人法1条によれば，「公証人は当事者等の嘱託により法律行為その他私権に関する事実について公正証書を作成し，また私署証書や定款に認証を与える権限をもつ者」ということになる。

ここでは，公証人の仕事として公正証書の作成と認証の二つが予定されている。わが国に近代的公証人法が導入されたのは，明治19（1886）年の公証人規則であり，フランスおよびオランダの公証人法をモデルにしていた。その後同規則は，明治41（1908）年にドイツの公証人法をモデルにした公証人法にとってかわられ，その後若干の改正が加えられて現在にいたっている。

ところで，英米法系の国においては，日本やラテン系の公証制度をもつ国の公証人のように，法律行為その他私権に関する事実につき証書を作成しない。アメリカの公証制度は，認証につきるといってよい。アメリカで公証といえば，公証人の面前で証書に署名した者が真実その人に間違いないということを示すステートメントに，公証人が署名をすることである。

英語で公証人のことを notary または notary public という。その仕事は事実の確認を主とするため，notary そのものは必ずしも法律専門職と考えられていない。

これに対し，日本やフランスのようにラテン系の制度の下では，公証人は

■ **イギリスの弁護士：ソリシターとバリスター**

日本では弁護士の資格は1種類である。一方，イギリスではこれがソリシター（solicitor）とバリスター（barrister）の2種類に分かれていることはよく知られている。英国圏の国々の中でもこのような"二階級制"をとるのはイギリスのみとなった。同国の王立委員会（Royal Commission）が，弁護士制度とその業務について調査した結果，やはりイギリス（スコットランドを除く）では，このような二分主義が堅持されるべきであるとの結論に達したといわれている。

わが国では，ソリシター，バリスターをそれぞれ事務弁護士，法廷弁護士と訳して

7 公証人 (Notary Public)

法律家公証人でる。公正証書の作成を通じて，一般市民の法的な知識・能力を補い，将来の無用の紛争を防止することを主要な任務としている。この点ではフランスの公証人は，ラテン系公証人の中でも最も優れた役割を果たしているといわれている。ただ，英米系の国の場合でも，たとえば英国の場合，弁護士がバリスターとソリシターの2種に分かれているが，ソリシターは法律上当然に notary public の職務を行うことができると定められている (Solicitors Act 1974, 19条(1)(d))。そこでソリシターが notary public の仕事をする場合には，フランスにおけると同じように，市民のための"予防法律家"的役割を果たすともいえる。

3 国際取引における文書の認証

すでにふれたように，文書の署名者の資格・同一性を証明する手段として，国内取引では印鑑証明，戸籍・住民票，法人の資格証明が使われる。しかし外国人の場合，印鑑を用いることがあまり一般的ではない。そこでこれに代替するものとしてひろく認められているのが，**サイン証明（certificate of signature)** である。日本から外国に向けて英文委任状を送る場合を例に考えてみよう。まず，各地の商工会議所の発行するサイン登録証明による方法がある。これは，あらかじめ登録してある本人のサインであるという英文の Certificate of Specimen Signature を発行してもらい，委任状に添付するのである。

より一般的で，外国相手方当事者の求めるところに合致するのが，公証人によるサイン認証である。たしかに本人が公証人の面前でみずから署名しましたという内容の文書《文例-5》(173頁) を作成し，委任状に添付のうえ公

単純に区別しているきらいがある。これは，一面において正しいが，ソリシターも一定の範囲で法廷に立つことが認められているなど，必ずしも正確なとらえ方ではない。そこで，両者の権限・役割の違いはどこにあり，弁護士資格を二つに分けるメリットは何か。エコノミスト誌記事 (The Economist, Aug.6.1983, p.24〜) をもとに，制度の実態を垣間見ることとしよう。

ソリシターとバリスターの活動の違いは，対依頼者の関係で主として現われてくる。すなわち，バリスターはソリシターを通じてしか事件を引き受けることはできない（ただし，刑事事件などについて若干の例外もある）。原則として事件は，ソリシター

証人役場に持参して認証を受ける。この場合、わが国公証人法27条が、公証人は日本語の証書以外は作成できないと規定するため、仮に英文の場合、英文の証書そのものの認証欄に公証人がローマ字で署名押印することはできないとするのが一般である。ただ、それでは今日の国際化時代にあまりにも不便であるためか、外国文を多く扱う公証人役場においては、直接《文例-5》（173頁）のような英文文書中の認証欄にローマ字で署名した上、従来の日本文の認証文を添付してくれる。ちなみに《文例-5》（173頁）に添付された日本文の認証文言は、「嘱託人 ABC 株式会社取締役Xは本公証人の面前で別紙編綴の委任状に署名した」というものであった（下線部不動文字）。

通常は、上記のような公証人の英文による認証で相手方の要求するところに合致するが、場合によっては、相手方当事者の国の在日公館によるサイン証明が必要になることがある。これによるときは、当該在日公館に英文またはその他の外国語の文書を持参し、領事の面前で本人が署名すれば宣誓の形で《文例-6》（174頁）のような領事認証をとりつけることができる。本文例は、在日アメリカ大使館において行われている例である。ただ、こうした領事認証を行わない国もある。その場合は、上記の公証人によるサイン認証を得た後、その公証人の所属する法務局長の資格証明をとり、これを外務省にもち込んでその法務局長の職印が真正であるとの英文の公印証明をとり、さらにこれらの書類をその国の在日公館に持参し領事認証を得るというめんどうな手続が必要となる。

要は、相手方当事者がどの程度の認証を要求するかであり、それに応じて対応することである。逆に外国の当事者から文書を徴収する場合には、はっきりとどの程度のサイン認証を必要とするかを伝えることである。

が依頼者から受けて、これを整理した上で必要に応じてバリスターの意見を仰ぐという形で処理される。このため、ソリシターは、依頼者からどのような種類の相談・事件をもちこまれても、これを整理しこなすだけの幅広い法律知識をもっていなければならない。医師でいえば一般医にたとえられるゆえんである。他方、バリスターは専門医のような存在である。彼は、依頼者との直接の接触から解放されて、学者のような専門的法律知識を深めることができる。とくに、Queen's Counsel（勅選弁護士）とよばれる上級（senior）バリスターは、法廷に出るときは必ず勅選弁護士でないバリスター（junior barrister）を従えて出廷しなければならないとされ、法服も絹

7 公証人（Notary Public）

《文例-5》

On the 15th day of October, 2004 before me personally appeared Mr.X to me Known, who being by me duly sworn, did depose and say that he resides in Tokyo; that he is a director of ABC Co., Ltd., the corporation described in and which executed the annexed instrument; that he knows the seal of the said corporation; that the seal affixed to the said instrument is such corporation's seal; that it was so affixed by order of the Board of Directors of the said corporation and that he signed his name thereto by like order.

OCT 15 2004

　　　　（ローマ字による署名）　　職印

ICHIRO DOI
NOTARY PUBLIC
TOKYO LEGAL AFFAIRS
BUREAU
　　　　　　　　　　TOKYO JAPAN

　2004年10月15日，私の面前にX氏と知られる本人が出頭し，私に宣誓し，東京都に在住し，添付された書類に述べられその書類を調印したところのABC株式会社の取締役であり，同社の社印を知っており，その書類に貼布された印章は同社の社印であり，同社の取締役会の指図によって貼布され，かつ彼は同様の指図によってその書類に署名したと述べ証言した。

のものを着用する（このためQ.C.のことを"silks"とよんだりする）など大変な威厳を保ち，学者的実務家の風格をそなえている。
　しかしながら，制度的にソリシターがバリスターよりも下位に属するわけではない。両方の資格を併せもつことはできず，バリスターがソリシターになるためには，バリスターをやめなければならない。さらに，両者は別々の団体をもち，それぞれが独立しており，バリスターの団体がソリシターの団体を監督するということもない。お互いに社会における役割を異にしつつ対等な関係に立っているのである。専門性という点からみても，パートナーシップを組むことを許されているソリシターは，大規模な

2004年10月15日

東京法務局公証人　ドイ・イチロー
日本国東京都＿＿＿＿＿＿＿

《文例-6》

```
……………………………………………………………
…………………………（本文）……………………
……………………………………………………………
```

JAPAN   ）
CITY OF TOKYO ）
EMBASSY OF THE UNITED STATES ） SS
OF AMERICA   ）

　　　　　　　　　　　　　＿＿＿＿＿＿＿＿＿
　　　　　　　　　　　　　Signature

Subscribed and sworn before me this 15th day of October 2004.

　　　　　　　　　　　＿＿＿＿＿＿＿＿＿＿＿

　　　　　　　　　　　John S. Williams
　　　　　　　　　　　Consul of the United
　　　　　　　　　　　States of America
　　　　　　　　　　　duly commissioned
　　　　　　　　　　　and qualified

事務所を構え，とくに金融，保険，海事の分野で高度な専門性を発揮している。ロンドンのシティには弁護士数200を超えるような事務所がいくつかあって，国際金融センターを支えている。収入面でも，大事務所のシニア・パートナークラスになるとQ.C.の年収と比べてもひけをとらない。このような法律事務所は，内外の企業を顧客として，契約のドラフトや締結交渉から日常的な業務に関する法律問題のアドバイスまで依頼者と密接に関わっている。パートナーシップを組むことが許されず，それぞれが，独立して仕事を行い，直接依頼者と接することが極端に少ないバリスターの仕事のやり方とは対照的である。

7　公証人（Notary Public）

日本国東京都　＼
アメリカ合衆国　｝ss
大使館　　　　／

_____
　　　　　署　　名

私の面前で本日，2004年10月15日，署名し宣誓した。

_____
ジョン・S・ウィリアムズ
適法に任命され資格を有するアメリカ合衆
国の領事

　ソリシターとバリスターの職域二分主義のメリットは，バリスターにおいて依頼者と離れたところで法律問題を客観的に判断することができる点にあると一般に説明されている。しかし，一方で二分主義は非効率的で依頼者の費用負担を多くするとの指摘があることもたしかである。弁護士の職域問題がたびたび話題にのぼるわが国の法曹界にとっても，興味深い話題である。

8 Warrant と Warranty

1 Warrant と Warranty

たとえば物を買う場合，買主は何に注意を払うであろうか。目的物が価格に見合うだけの品質を備えているかどうか，使用目的にかなうかどうか，さらに目的物が第三者の権利の目的でないことなどであろう。これらを売主が保証してくれるのであれば，買主は安心して取引に入れる。Warranty という語は，まずこのような場面において売主の保証の意味で用いられる。

Warranty という語の姉妹語でよりひろい使われ方をするのが warrant である。この語は，本来，権限（authority）を意味するものであったが，権限もしくは権利を授与し，またはその授与を証する書面の意味に用いられるようになった（高柳賢三・末延三次編『英米法辞典』有斐閣）。たとえば，刑事法では，warrant は逮捕状・拘引状といった令状を指し，また search warrant といえば捜索差押令状のことである。さらに，後述するように会社法の分野で株式買取権を表章する書面を意味し重要な役割を果たす。

2 Implied Warranty の法理

17，18世紀までのイギリスにおいては，売主の明示の担保約束（warranty）がある場合を除いて，買主は自らの危険において物を買うのであって，目的物の瑕疵などを理由に救済を求めることはできないとされていた。この考え

■ フリップイン・ライツプラン

この聞き慣れない言葉は，最近注目されている敵対的買収防衛策の一つとして使われるポイズンピル（毒薬条項）の一種である。

まず poison pill の poison は「毒」で pill は「薬」であるから，これは「毒薬」である。敵対的に買収されるのを恐れる会社が，買収を強行しようとした会社にダメージを与えるであろう措置をあらかじめ取る（毒をしかける）ことをいう。定款などの規定内容に工夫したりするので，日本語では毒薬条項と称している。毒薬条項のしかけられている会社を呑み込めば，ふぐと同じで，やがて毒が体内に回って苦しむこと

8　WarrantとWarranty

方は，一般にcaveat emptor「買主をして警戒せしめよ。」という法格言によって示されている。18世紀イギリスの契約自由の原則に支えられた自由放任主義経済の下で，むしろ売主には担保責任を負わせず，買主の注意力を養わせるようにした方が健全な取引社会の形成に役立つと考えられたのである。

　18世紀末頃から次第にcaveat emptorの法理の不合理性が指摘されるようになった。さらに，19世紀に入ると裁判所は明示的担保が存在しない場合にも，契約解釈の結果として**黙示的担保**（implied warranty）を認めるにいたった。このような推移の背景としては，取引形態と商品の複雑化をあげることができる。つまりcaveat emptorは，買主が売主と対等の商品知識をもち，十分な商議の後に目的物を検査する能力を有するときに，妥当する考え方である。

　しかし，近代に入ってこのような前提がくずれ，製造者が製造過程を独占し，逆に買主は商品について専門的知識を有しない一般大衆にすぎないという図式が生み出された。そこで，契約自由の原則を背景に，法が売主買主の間に何の介入もせず腕をこまねいているのは妥当でなく，積極的に売主の担保責任を法定して買主を保護すべきであるとされた。これが現代の大量生産大量消費，ハイテクノロジーの時代になると，さらにこの傾向が推し進められ消費者保護の観点から**製造者責任の法理**が登場する。1893年に制定された**英国の動産売買法**（Sale of Goods Act, 1893）は，売主の法定担保を規定した画期的な立法である。同法は上に述べたような売主の黙示的担保の判例を成文法にしたもので，権原についての黙示的担保，説明売買において目的動産が説明に一致することなどを内容とする。

　英国の1893年動産売買法は，その後，消費者保護の観点から売主の担保責

になる。

　毒薬条項にも，「毒」の成分，内容をどうするかでいくつものタイプがある。また，毒が強すぎれば，副作用で自分も苦しむことになりかねない。「毒」が株主平等の原則に反するなどとして裁判所によって違法と判断されれば，逆にこれを仕掛けた側の命取りになるからである。この点は，ふぐの毒と違う。ふぐは猛毒でも自分はあたらない。

　毒薬条項の1つにフリップインタイプがある。flipは，コインなどの表か裏かを決めるためにほうり上げるという意味の英語で，flip in (into) 〜では「…に急に方向

任を排除・制限する不合理な免責特約を制限する規定を含んだ1973年動産供給（黙示の契約条項）法による大改正を経て1979年動産売買法に集大成された。さらに最近は、サービス供給面での消費者保護をはかる目的で1982年動産・サービス供給法（The Supply of Goods and Sevices Act, 1982）が制定されている（同法についての詳細は、長谷川俊明「英国1982年動産・サービス供給法の概要」国際商事法務 vol.11, No. 2, 94頁以下参照）。

アメリカにおいても同様に統一商事法典（U.C.C）が売主によるwarrantyを規定している（§§ 2-312～318参照）。

以上のような黙示的担保法定化の傾向の中で、売主は担保責任を制限するのであれば"No Warranty"条項を明定しておく必要がある。逆に買主の側でも売主にどの場合にどの範囲で担保責任を負わせるのかをなるべく具体的に規定しておく方がよい（《文例-7》(180頁) 参照）。

一方、不動産取引の場合にもwarrantyの概念が使われる。アメリカを例にとると、不動産の登記（登録）制度に全面的信頼をおけないことがあって、買主は権原保険（title insurance）や売主自身による物権証書上の約定（title covenants）にたよらざるを得ない。後者の中で、何ら留保のない権限を保障するものをgeneral warrantyとかfull warrantyと呼ぶのである。

3 Bond with Warrants Attached

ところで、warrantという語は、企業法務の実務面でもう一つの重要な使われ方をする。株式買取権として社債と組み合わされて、いわゆるワラント付社債（bond with warrants attached）という株式会社の資金調達手段となる場合である。

転換する、ひっくり返す」といった意味になる。フリップイン・ピルとして、1980年代からアメリカで使われてきたこの型の毒薬条項は、買収会社が被買収会社の株式を一定割合取得した場合など、一定の事由が発生した場合に被買収会社の株主に対して同社の株式を市場価格をはるかに低い価格で引き受ける権利を認めるなど買収を困難にする権利を配当として与える定款の条項のことである。

フリップイン・ライツプランも、名称からフリップイン型の毒薬条項スキームの一種であろうことはすぐにわかるが、「ライツ」が新株予約権である点に、ポイントがある。

ここで warrant というのは，あらかじめ定められた価格でもって一定の期間内に株式を買い取ることのできる権利を表章する証書をさす。その後いかに株価が値上がりしようとも定められた価格での買取権が「保証」されているのである。会社法の歴史上，ワラントをはじめて発行したのはイングランド銀行であり1709年のことであった。ワラントは単独でもいろいろな使われ方をするが，現代の実務では，これを社債と結びつけてユニットの形で発行する場合が最も重要である。ワラント付社債とよばれるこのパッケージ・ディールを発達させたのはアメリカの投資銀行（investment banker）であった。初期の発行例としては，1911年のアメリカン・パワー・アンド・ライト社のものが知られている。

ワラント付社債は，社債に株式買取権という株式へのオプション（これをsweetener「甘味剤」という）を付加することによって，発行会社にとって，普通社債よりも有利な条件（低利率）で起債することを可能にする。この点，株式への転換権というオプションを「甘味剤」とする転換社債と非常に似かよっている。しかし，転換社債とワラント付社債とは，株式へのオプションに独立性があるかないかの点で決定的に異なっている。つまり，転換社債の場合，転換権が社債権に内包される形で一体となっている。これに対しワラント付社債の場合は，ワラントが社債券とは別個独立の証券として存在する。ただ，これが売り出される当初は1枚の証書に印刷されていて，買取権を行使する際に切り離すのである。

ワラントを行使の段階にいたる前に社債券から分離してこれだけを流通におくことを許す形態のものを**分離型ワラント債**とよんだ。わが国では，株式会社の資金調達手段の多様化をはかるため，昭和55（1980）年の商法改正時

新株予約権は，株式買収オプションである。英語では，stock purchase rights あるいは rights という。ポイズンピルには，いわば"準株式"である新株予約権，優先株いずれを使うタイプもあるが，わが国では，2001年の商法改正によって，新株予約権の制度が創設され（商法280条ノ19から同法280条ノ39），使いやすくなった。

ライツプランでは新株予約権を普通株式を保有する株主全員に持株割合に応じた新株予約権を付与しておく。そして敵対的買収者が一定の割合以上の株式を取得した場合には，新株予約権を行使して普通株式を取得できるようにするが，敵対的買収者自身はこの新株予約権を行使できないようにする。

に欧米のワラント付社債の導入をはかった。この中で欧米でひろく発行されている分離型ワラントを認めたものの、ワラントのみの流通を許すと株式オプション取引を認めるのと大差なくなってしまうということで、当初分離型ワラントの国内発行は行政指導で制限された。しかし、ワラント付社債はワラント部分が社債券から独立しているところに基本的特徴がある。こうした点にかんがみ、国内でも分離型ワラントが解禁された。

ちなみに、このワラントとシカゴなどで取引されている株式オプションとはともに、あらかじめ定められた価格で定められた期間内に株式を買い受けることのできるオプションである点で共通している。しかし、以下のような差異がある。株式オプションは、会社自身ではなく証券業者によって発行され、オプションが行使された場合にも会社の財務内容に直接影響を及ぼすことはない。また、オプションの行使期間は3か月から1年以内のものが多くワラントのそれよりも短い。

《文例-7》

> WARRANTIES. Seller warrants that all supplies and services delivered under an Order will be free from defects in material and workmanship will conform to applicable descriptions, specifications, and drawings and, to the extent such supplies are not manufactured pursuant to detailed designs by Buyer, will be free from defects in design and fit for the intended purposes. Seller's warranties shall be enforceable by Buyer's customers as well as Buyer.

この場合、敵対的買収者という一部の株主だけが新株予約権を行使できないとするのは、株主平等原則に反しないかが問題となる。2005年3月、ジャスダック上場の計測機器メーカー、ニレコが、2005年3月末で確定する全株主に新株予約権を無償発行すると発表した。同社は新株発行権の行使条件として、会社資産の切り売りや短期的な利益を得ることを目的とした買収行為があった場合に限るとした。逆に、企業価値を向上させる買収提案の場合は行使できないとしており、その判断は、社長と学識経験者で構成する特別委員会で検討するとしている。

毒薬条項は、あらかじめしかけておくから買収予防策になるのであって、買収者が

保証．売主は，発注書の下で提供されたすべての供給品と役務は，素材において欠陥がなく，出来映えは，適用されるべき説明書，仕様書および設計図に合致しており，かつ，そうした供給品が買主による詳細な設計に従って製造されない範囲において，設計上の欠陥がなく，企図された目的に合致するものであることを保証する。売主の保証は買主だけでなく買主の顧客によっても強行されうる。

現われてから，新株予約権を友好的な第三者にのみ割り当てようとすると，ニッポン放送によるケースのように「不公正発行」とされる可能性が大きくなる（東京高裁平成17年（2005）年3月23日決定）。

9 Instrument と Securities

　現代の企業活動は有価証券ぬきではとうてい考えられない。手形，小切手，株券，社債券とあげてみても企業活動に不可欠のものばかりである。
　ところで，法律英語の中にはこれら日本で有価証券とされている証書を指し示す用語が存在するであろうか。

1　英米における商業証券法の歴史

　人間の商業活動や貿易が盛んになった紀元前2000年頃の昔から貨幣にかえて証書を用いる慣行は行われてきた。これを，より近代的な形で商業活動に用いたのはイギリスを含む中世ヨーロッパの商人達である。彼ら商人間では取引はもっぱら商慣習や慣行に基づいて行われ，それが law merchant とよばれる商慣習法の体系を形成していった。law merchant はローマ法的色彩が強くイギリスのコモン・ローの伝統とは相容れないものであったが，18世紀の判事マンスフィールド卿などの力によって，しだいにコモン・ローに吸収同化された。その結果，英法には民法と商法の分化がないとされている。
　イギリスにおいては，その後1882年に手形法（Bills of Exchange Act）が制定され，それまでの慣習法，判例を整理統合した。同法典は，同国における商法の法典化の嚆矢をなし，現在でも英本国，自治領，植民地においてひろく使われている。

■SEC（Securities and Exchange Commission）
　アメリカの連邦証券取引委員会（SEC）は，5人の委員から成り，1933年証券法および1934年証券取引所法を中心とする一連の連邦証券諸法を執行する独立委員会の一つとして，1934年6月6日創設された。SEC は，三権分立を横断する統治の「第四府」的活動をする。すなわち，委任状規則に代表されるような規則を制定するときは立法的活動をなし，不正な証券取引行為などを調査したりするときは検察官のごとくふるまう。また，審判手続を行ったり司法審査に服する命令を出すときは司法機関の地位において行動する。

イギリスの1882年手形法は，アメリカにも大きな影響を及ぼした。1896年に合衆国の統一州法委員全国会議（National Conference of Commissioners on Uniform State Laws）は，イギリスの手形法を範とする統一流通証券法（Uniform Negotiable Instruments Law, N.I.L.）を発表し，これが合衆国全州で採択されるに至った。N.I.L.は内容的にはコモン・ローを継受していたが，形式はかなり異なったものである。イギリス手形法は，ドイツ，フランス両国と同様，主として為替手形について規定を設けこれを約束手形に準用する形式をとっている（わが国の手形法も同じ）。しかし当時のアメリカでは，為替手形は欧州におけるほど用いられなかった。そこで取引の実情に合わせて，すべての流通証券に適用される諸規定を集めて総則とし，各種の流通証券については各章別に特則を設けることにしたのである〔N.I.L.の内容については，伊澤孝平『米国商業証券法』（1955）が最良の文献である〕。

N.I.L.の制定は，アメリカにおける州法の統一の歴史の中で大きな意味をもっている。つまり，N.I.L.の制定を契機として次々と州法統一の機運が芽生え，統一売買法 (1906)，統一倉庫証券法 (1906)，統一株式譲渡法 (1909)，統一船荷証券法 (1909)，統一条件付売買法 (1918)，統一荷物保管証法 (1933) として結実した。さらに，これらの法律を一つに統合しようとする作業が1940年代に始まり，1952年には，最初の統一商事法典（Uniform Commercial Code, U.C.C.）が発表された。N.I.L.の内容は，当時このU.C.C.の第3章「商業証券」（Article 3 "Commercial Paper"）中に整理統合された。

2　Instrument と Commercial Paper

法律辞典で instrument をひくと，「一般に形式的な性質の書面で，捺印証

連邦証券法制を支えているのは，**開示主義**（disclosure philosophy）である。開示主義は，人は明るみにおいて悪をなしえないとの考え方に基づいて，投資判断に必要な情報を開示させ，もって投資家の保護をはかる。わが国の証券取引法は，戦後，アメリカの開示主義にならって制定された。同時に，これを執行する機関として証券取引委員会が設置されたが，こちらは，昭和27（1952）年に廃止されている。

最近は，アメリカにおいても，開示主義のゆき過ぎを指摘する声が多くなり，SECの機構改革，開示制度の簡素化を目ざす動きがみられる。つまり，開示は企業に膨大な事務負担を強いその活力を失わせる一方で，SECは投資家保護という本来

書（deed），遺言書（will）等はその典型。」（前掲『英米法辞典』）となっている。したがって，instrument は，正式な法律上の証書（formal legal document in writing）を意味するといってよい。ところで，instrument の中で経済社会上最も重要な役割を果たすのが，手形をはじめとする流通証券（negotiable instrument）である。アメリカでは，instrument といっただけで流通証券を意味する（U.C.C.§3-102(1)(e)参照）。

U.C.C.において流通証券として認められているものには，①為替手形（draft or bill of exchange），②小切手（check），③約束手形（note），および④銀行預金証書（certificate of deposit）の4種がある（これらの成立要件等の解説については，国際商事法務 Vol.12, No.10, 727頁以下，同 No.11, 800頁以下「米国流通証券法」参照）。

U.C.C.の第3章のタイトルは，かつてはCommercial Paper となっていた（現在は Negotiable Instruments）。commercial paper は商業証券と訳されるように，法律用語としては negotiable instrument よりも広い概念であるが，U.C.C.第3章の対象となっているのは流通証券であり，しかもその中心は手形および小切手である。

なお，commercial paper は，企業の資金調達の一手段を表わす語としてもよく使われる。日系企業がアメリカのCP市場で資金調達をしたというニュースが新聞紙上をにぎわすことも多い。この場合のCPは，アメリカ最古の短期金融市場のことである。その歴史は18世紀に遡ることができる。現在では，外国会社も参入して，優良企業のための有力な資金調達手段となっている。CPは，法律的には，割引方式で発行される単名，無担保，持参人払い式の約束手形であって，U.C.C.§3-104(2)(d)の定義する note に該当する。

の任務から離れ，企業の不正支出を監視する"企業警察"になり変わったというのである（ロッキード事件もその端緒に SEC の調査があった）。しかし，SEC によるディスクロージャーの見直し，弾力化もその真のねらいは，形式的に複雑になりすぎた規制から企業を解放し，証券市場を活性化しようとすることにある点を見逃してはならない。SEC は，開示主義を通して，アメリカ経済民主主義の一翼を担っているといったらいいすぎであろうか。

3　Securities

　証券を表わすもう一つの重要な用語に securities がある。これをアメリカの Law Dictionary でひくと「株券，社債券，または担保付債務を証するもの」あるいは「株式，社債その他の契約で，それによって収入または収益を確保する目的で投資がなされるもの」となっている。

　security は，元来担保を意味し，保証人のような人的担保から物的担保までひろく含む。これが転じて担保権を設定しあるいは担保を証する証書類を securities と称するようになったものである。

　それでは，negotiable instrument と securities の違いはどこにあるであろうか。一般に有価証券には2種類ある。株券や社債券のように，もっぱら資本市場において企業資金の調達のために大量に発行されるもの（これを資本証券や大量証券とよぶ）と，手形のように個別的取引のための信用・送金・取立の用具として利用されるもの（これを個別証券という）とである。しかし，アメリカにおける CP のように，約束手形でありながら資本市場において大量に発行され資本証券としての性格を有するものがあるのは前述のとおりである。また，U.C.C.の定める4種の流通証券のうち一つである銀行預金証書も，譲渡性 CD として大量に発行され銀行の資金調達手段として利用されている。

　U.C.C.は資本証券を，その第3章に規定する商業証券とは「投資」という観点から区別し，第8章に「投資証券」Investment Securities という章をおいた。ここでは，security は，投資の手段として証券市場でひろく取引をされるところの証券（instrument）と定義されている（§ 8-102）。

■　サーベインス・オクスレー・アクト

　この法律の正式名称は，「証券諸法に準拠し，また，その他の目的のためになされるディスクロージャーの正確性と信頼性の向上により投資家を保護するための法律」という。2002年7月30日に成立したいわゆる「企業改革法」であるが，提案した米上下院の提案者の名前からサーベインス・オクスレー法（SOA）ともいう。米国では，内閣提案の多い日本と違って，議員立法が主流であるためこうした呼び方をよくする。

　SOA は，米国においてエンロンやワールド・コムといった企業の倒産が相次いだことを契機として制定された。これら巨大企業の倒産は不正な財務報告，粉飾決算の

一般に証券取引法は投資家保護の観点に立って，この資本証券を主たる対象としている。アメリカには，ディスクロージャーの精神に基づいた投資家保護法である証券法（Securities Act of 1933）と証券取引所法（Securities Exchange Act of 1934）という二つの法律がある。その証券法2条1号は「証券」を定義している。そこには，株式，社債のようなものばかりではなく，たとえば，利潤を追求する事業への投資を表章する証書のように伝統的な「証券」の形をとっていないもの，証書の形をとらない投資契約（investment contract，コンドミニアム契約，商品オプション契約なども一定の条件の下でこれに入る）が入るとされているのが興味をひくところである。これら二つの法律をモデルに制定されたわが国証券取引法の「有価証券」の定義（2条1項）と比較してみるのもおもしろい。

《文例-8》CP の券面

$100,000.00

ABC Corporation, N.Y. Oct. 6, 2004

SEVENTY DAYS AFTER DATE WE PROMISE TO PAY TO THE ORDER OR BEARER

= $100,000 =

PAYABLE AT THE SECOND BANK OF CHICAGO, CHICAGO, ILLINOIS

ABC Corporation

By　　　　（Signature）

Senior Vice President and Treasurer

DUE Dec. 15, 2004

実態を明るみに出し，企業会計とその監査に対する不信感を噴出させた。SOA は，資本市場の健全性を確保し，投資家の信頼を回復することを目的として提案され，議会提出後わずか数ヵ月で成立した。

　SOA は，不正な財務報告に，罰則強化などさまざまな対応をはかっている。なかでも注目されるのは，会計監査人の独立性確保のため，会計事務所の規制をしている点である。米国では，1990年代以降，大手会計事務所において非監査業務が増加した。M＆A（企業買収）分野におけるコンサルティング業務の収入が監査業務のそれを上回るようになった。

コマーシャルペーパーの券面

　　　2004年10月6日，ニューヨーク，ABC コーポレーション
持参人またはその指図に従って，当社が約束する支払日の70日後に
　　　　　　　　　　10万ドルを
イリノイ州シカゴ市のシカゴ・セカンド・バンクにおいて支払う。

　　　　　　　　　　　　ABCコーポレーション
　　　　　　　　　　　　　　　　　　（署名）
　　　　　　　　　　　　上級副社長財務担当役員
　　　　　　　　　　　　支払期限2004年12月15日

　会計監査人が同じ企業のコンサルティングを行うことにどのような問題があるかというと，利益相反である。これは，自己取引や双方代理のように，「あちらを立てればこちらが立たず」の状況をさす。コンサルティングで報酬を得ることと，中立性と公正さを要求される監査業務とは，互いに相容れない面をもっている。両業務を行うことによって，どうしても監査が甘くなりがちである。SOA 全11章のうち，監査人の独立性に関するのは，第2章（9ヵ条）である。ここには，①非監査業務の提供禁止，②監査担当パートナー等のローテーション，③被監査企業への移籍制限，および④監査委員会とのコミュニケーションの内容が含まれている。

①の部分では，会計事務所が監査業務を行っているSEC（連邦証券取引委員会）登録企業に対して，非監査業務を提供してはならない9項目を規定している。また，同九項目以外，税務業務などの非監査業務を提供しようとするときは，事前に当該企業の監査委員会の承認を受けなければならない。

監査人は，右④で監査委員会とのコミュニケーションをとるものとされるが，同委員会は，企業外のPCAOB（公開企業会計監視委員会）とともに，企業内で監査を監視する機関として重要な役割を担う。監査委員会は，独立の社外取締役から成り，非監査業務だけでなく，監査業務についても事前承認を与える権限をもつ。さらに監査人は，被監査企業の監査委員会に対して，重要な会計方針と実務などについて適時に報告すべき義務が課される。

■「会社法」の制定

2005年の通常国会に，企業の組織と活動の基本となる「会社法」案が国会に提出され，成立した。日本には，講学上の会社法はあったが，「会社法」そのものはなかった。ドイツ流の体系の下で，商法第二編「会社」有限会社法などに散らばっていた規定を一本化し現代化するのが狙いである。

会社法案の内容的特徴は規制緩和にある。たとえば，会社設立の簡易化・迅速化，株式会社の機関設計上の選択制拡大，組織再編規制緩和などにそれはあらわれている。経営者には多様化する選択肢のなかから取捨選択し，最適の経営戦略を設計していく判断能力が求められる。

半面，経営者には内部統制システム構築義務が課される規制強化の面があることに注意を要する。会社法案362条は「取締役会の権限等」として，4項6号において「取締役の職務の執行が法令及び定款に適合することを確保するための体制その他株式会社の業務の適正を確保するために必要なものとして法務省令で定める体制の整備」と規定し，さらに同条5項は，「大会社である取締役会設置会社においては，取締役会は，前項第六号に掲げる事項を決定しなければならない。」とする。

この規定は，取締役会が設置された株式会社においては，内部統制システム構築の基本方針については，会社業務の決定の重要事項として，取締役会が自ら決定しなければならず代表取締役，代表執行役に決定権限を委任できないことを意味する。また，内部統制システム構築は，取締役会が設置された株式会社一般について義務づけられないが，大会社については取締役会を設置していない会社を含み，その基本方針の決定が義務づけられるものとされる。

現行法の下でも委員会等設置会社については，内部統制システム整備が義務づけられており，平成14年の改正商法（平成15（2003）年4月1日施行）で導入された。

委員会等設置会社における取締役会の基本的な権限は，①業務の決定，および②取締役，執行役の職務執行の監督である（商法特例法21条の7第1項）。委員会等設置会社における内部統制システムに関する現行法規定は，大筋において，大和銀行株主代表訴訟事件判決などが監査役設置会社について認めたところをベースにしている。新「会社法」は，対象範囲を委員会等設置会社から「大会社である取締役会設置会社」へと一般に広げようとする。
　ただ，現行の上記法務省令（商法施行規則）は，取締役会が定めるべき事項を規定しているにとどまり，内部統制システムの内容（水準）が具体的にどうあるべきかまでは定めていない。
　新「会社法」の下でもこの点は変わらず，「システムの具体的内容は，実務慣行により定まるべきもの」とみられている（江頭憲治郎「『会社法制の現代化に関する要綱案』の解説〔Ⅱ〕」商事法務1722号4頁以下）。実務慣行によって内部統制システムの具体的内容が定まるとはいっても，何らかの「指針」がないとシステム構築は難しい。「指針」としては，COSO報告書や経済産業省の研究会報告などがある。また，内部統制システムの各論化ともいうべき傾向として，情報管理分野（具体的には，情報ディスクロージャーと個人情報保護）における内部統制が注目されている。
　こうした内部統制構築の基礎になった考え方が，米国のいわゆるCOSO報告書である（1992年）。COSOは，トレッドウェイ委員会組織委員会 "Committee of Sponsoring Organizations of Treadway Commission" の略で，その報告書は，内部統制を，以下の範疇に分けられる目的の達成に関して合理的な保証を提供することを意図した，事業体の取締役会，経営者およびその他の構成員によって遂行されるプロセスであるとした。
　・業務の有効性と効率性……業績と収益性についての目標および資産の保全を含む基本的な経営上の目的に関する。
　・財務報告の信頼性……不正な財務報告の防止を含め，信頼できる財務諸表の作成にかかわる。
　・関連法規の遵守……企業が適用を受ける法律と規則の遵守に関する。
　最後の「関連法規の遵守」がコンプライアンスのことであるのはすぐにわかる。したがってコンプライアンスは内部統制の目的である。いわゆる企業不祥事をなくすために内部統制システムが必要とされ，不祥事の大半が法令違反を含むことを考えればすんなり納得がいく。
　また，2番目の「財務報告の信頼性」の不正な財務報告自体が法令違反であるから，この項目も広い意味で法令遵守に含めることができる。つまり，内部統制システムは，法令違反による不祥事をなくすことに眼目があるといってよい。なお，この部分に関

連し，下記のとおり金融庁は，2004年12月24日，「ディスクロージャー制度の信頼性確保に向けた対応（第二弾）について」を公表している。

　コンプライアンス，すなわち法令遵守が目的とされているが，法令を遵守することは法人，個人を問わず，いってみれば当り前のことである。では，コンプライアンスを経営課題とすることにどのような意味があるかといえば，これをコンプライアンス体制として構築し，あわせてマネジメントシステムに組み込むところに意味があるといってよい。

　それに，ここでいう「法令」が，わが国の立法府が制定する法律，行政府の出す命令だけを指すと考えるのは狭すぎる。自主性，倫理性，およびグローバル性の3点において「法令」を超えていなくてはならない。場合によっては，業界自主ルールや外国の法令まで対象にするコンプライアンス体制を築く必要がある。とりわけ2005年4月から全面施行になった個人情報保護法は，グローバルな内容をもち，各省庁のガイドラインや業界ガイドラインに基づいて施行されるので，遵守すべき対象の「法令等」は広い。

　内部通報者保護システムも，不祥事の予防，早期発見の観点からコンプライアンス体制の一部として設けるべきであろう。会社によってはこれを「企業倫理ヘルプライン」とよぶところもあるように，企業倫理面の観点は欠かせない。

　なお，COSO（米国トレッドウェイ委員会）は，2003年7月，新しいCOSOフレームワークの公開草案を公表した（COSO Enterprise Risk Management Framework, "COSO ERM"）。

　新フレームワークは，リスクマネジメントに関する世界的な関心の高まりを背景に，内部統制の要素として，「目標の設定」，「リスクの特定」，「リスクへの対応」を付け加えた。また，内部統制の目的分類にも「戦略」を付加した（下図参照）。

（新COSOモデル）

10 Policy と Title

1 保険制度

　わが国に初めて保険制度を紹介したのは，かの福沢諭吉であるといわれている。『西洋旅案内』（慶応3年）の「海上請合」の項には，「ロンドンに，ロイドの仲間とて商人の組合ありて，諸国の船を請合い，其仕組甚だ洪大なり」とあり，ロイズの仕組みの簡単な説明がある。

　近代的な保険は，14世紀後半の北イタリア諸都市国家において「海上貸借」または「冒険貸借」という形で始まった。これがポルトガル，スペイン，イギリス，ドイツに伝えられ，次第に近代的な保険制度としての形を整えていった。とくに，17世紀以降ロンドンが貿易の中心地としての地位を固めるようになると，同地において海上保険が大きく発展することになった。その原因の一つにコーヒーがあったことは面白い。

　17世紀中葉にコーヒーがイギリスにもたらされ，ロンドン中にコーヒー店が生まれたが，そのうちで最も有名なのが，エドワード・ロイドという男の開いた店であった。新聞などもなく情報源に乏しかった当時，コーヒー店は最良の"情報交換サロン"と化していたが，なかでもロイドのコーヒー店は，最新の信頼できる情報を客に提供したので，人気を博した。客たちは，そこを取引所代わりにして海上保険の引受けなどの取引を行うようになった。これが有名なロイズ（Lloyd's）のはじまりである（ちなみにロイズというのは会

社の名前ではなく,「ロンドンにあるアンダーライター組合」というのが正しい)。

2 Policy

アンダーライターは保険を引き受けたことを証して証書を発行する。これを一般に policy とよんでいる。underwriter の語は,保険証書の下部に引き受けた旨の署名をなしたことからきている。したがって,policy は,保険契約の内容（条件・条項）を記載し,契約成立の証しとなる証券である。保険契約者（policy holder）は,その交付を保険会社に請求することができ,これによって契約の成立および内容を容易に証明することができる。一方,保険会社にとって policy は,各種免責条項（exclusion clauses, *or* exemption clauses）を含んだ免責証券としての意味をもっている。

保険はリスクを引き受けることを内容とする。このリスクがどの程度大きいものとなり得るかによって,保険がビジネスとして成り立つかどうかが左右される。保険業務が確率計算によって運営されるのはこのためである。しかし,保険会社は,policy 中の免責約款によっても字句上の解釈などから生じるさまざまなリスクを軽減するようにつとめる。そこで,前回取り上げた warranty の語も保険契約中に使われるときは違った意味をもってくる。

すなわち,warranty が一般の契約書中に使われたときは,約束や保証の意味で,その違反は condition の場合と異なり,相手方当事者に損害賠償請求権を生じさせるにすぎず,履行義務そのものを免除するものではない。他方,保険契約では,warranty の違反は保険会社をして保険金支払義務そのものを免除する効果をもたらすのである。たとえば,海上保険の policy に,船が "warranted free of capture"「だ捕されないことを保証されている」と

■ コード・オブ・コンダクト（**Code of Conduct**)

最近いろいろなところでコード・オブ・コンダクト（Code of Conduct）やポリシー・ステートメントの語を目にする機会が多くなった。これは企業などの行動・慣行の基準となる行動準則のことである。国の制定する法律と異なり,むしろ任意的規範であるところに特色がある。

コード・オブ・コンダクトは,国連や OECD のような国際機関が作るものから一企業の作るものまでさまざまである。たとえば,国連では「多国籍企業に関する行動基準」を出している。また,米国の大企業の中には,自主コードをもって独禁法など

あったら，これは一般的意味での保険契約者の約束・保証ではない。万が一，実際に船がだ捕された場合には，その損害について保険会社は責任を負わないということを単に意味するにすぎない。ということは，これから生ずるリスクは保険の対象外であることを示している。

かように保険契約には解釈上特別な点も多く，また標準約款化したものでは証書の裏面には細かい字でびっしり書かれている。これがとくに消費者との間では，消費者保護の観点から約款規制の対象となることが多い。ドイツでは，保険会社は連邦保険監督局のきびしい監督のもとにおかれ，その作成する保険契約の一般条項は，事前の審査承認を受けなければならないとされている。ベルギーでも同様に保険標準約款は，保険監督庁の事前審査に服する。また，EC（現EU）はヨーロッパ各国の保険契約の規制を調和するための指令案を，1979年7月28日付で発表した。そこでは，他の契約にくらべ保険契約においてはとくに消費者保護の要請が大きいことが指摘され，保険証書に必ず記載すべき事項を例示した。

3　Title

ここでのもう一つのテーマであるtitleと保険とはどんな関係にあるのだろうか。

titleは一般に所有権と訳されることもあるが，法律専門書をみると「権原」と訳すものが多い。この訳語からみても，単なる所有権（ownership）とは異なるより根源的なものであることがわかる。『英米法辞典』（前掲）によれば，「財産（ことに不動産）について，それを享有しうる権利，又はその権利の生じた原因，又はそれが立証される手段となるべきものをいう」とされ

のきびしい規制に対応し，違反を少なくしていこうとする傾向がみられる（「アメリカ大会社の反トラスト法遵守行動基準」国際商事法務，Vol.12, No. 1～No. 3参照）。

そもそもこの種の自主コードの原型の一つは，英国の企業社会に求められる。同国では，古くギルド社会の時代から，そのメンバーを規律するためのコードが作られていた。この自治の伝統は，現在に受けつがれている。ロンドンの金融街シティにおける「企業取得と合併についてのシティ・コード」はあまりにも有名であるし，多くの業界団体がコード・オブ・プラクティス（またはコンダクト）を有している。なかには，顧客（消費者）に対するサービスを細かく規定したコードもあり，約款規制・消

ている。

　titleは，そのような不動産権の根源をなすものだけに，不動産を譲渡する場合においては，titleの移転を対象にすることになる。すなわち不動産の売主は，不動産についてmarketable titleを有していなければならない。不動産の売買契約において売主は，とくに排除しないかぎり，黙示的にmarketable titleを保証しているものとされる。

　この"市場性のある権原の保証"とは，具体的には，売主が目的不動産について譲渡する権原を現実に有し，その不動産には何ら担保権などの負担がなく，かつ，これらを満たしていることに合理的な疑いの余地のないことの保証をいう。また，このように何らの瑕疵なく，その有効性や商品性（merchantability）に疑念のない権原を **good title** とよんでbad titleと対比している。

　marketable titleを売主に保証する手段としては，通常，①売主による約定（title covenants），②登記制度，および③権原保険（title insurance）がある。最後の権原保険というのがここで主役となるものである。これは登記制度の不備を補うべく，買主の権利を守るために考案された保険で，一般に土地の買主がその土地の権原について後日明らかになった瑕疵または負担のためこうむることのありうる損害を填補することを目的とする。

　権原保険は，アメリカ西部諸州を中心に発達したユニークな制度である。保険証書の内容どおりのtitleが得られないときは，民間のtitle insurance companyが損害を支払う。用途に応じて貸主用lender's policyと所有者用証券owner's policyの2種がある。

　保険は，考えられるリスクを計算し尽くしたうえでの西洋合理主義によっ

費者保護の観点からも注目されている。

　企業活動が国際化してくると，好むと好まざるとにかかわらず，外国の複雑な法規制に服さざるをえなくなる。違反すれば，知らなかったではすまない重大な結果を招くことは，過去に日本企業が巻きこまれた米独禁・通商法の事例が示している。これからの多国籍企業は，積極的に自主行動基準を作成・遵守していく"自主規制"と自治の時代を迎えたということができよう。

て立つ制度であるが，土地登記(録)制度の不備からくるリスクさえも保険制度の対象にくみ入れてしまうところにアメリカ的合理精神が表われているように思う。

《文例-9》は，アメリカにおける不動産取引契約に使われた good title の保証文言である。

《文例-9》

GOOD TITLE.

X represents and warrants that it has good and marketable title to so much of the Mortgaged Property as is commonly referred to as 111 East Fourteenth Street and 9-13 lrving Place, subject to no lien, charge or encumbrance other than the leases referred to in Section 4 hereof, and has made no contract, agreement or arrangement of any kind, other than such leases, the performance of which would create any such lien, charge or encumbrance.

良性権原

Xは，東14番街・アービングプレイス9-13と一般に呼ばれている担保不動産につき，良性かつ市場性のある権原を保有し，同不動産は本契約書の第4項に言及された賃借権以外何ら担保権，制限物権が付着せず，同賃借権を除けば，その履行がそうした担保権，制限物権を生じさせるようないかなる契約，合意，または協定も行っていないことを表明し，その正しいことを保証する。

第Ⅳ部

key points by contract type

国際契約類型ごとの英文契約のポイント

1 リスク管理の対象としての英文契約

1 国際契約としての英文契約

　契約に関連して相手方と訴訟トラブルになるのは，契約リスクが顕在化したからである。訴訟になれば，最大の証拠は契約書である。リスクマネジメントとしての契約書づくりは，訴訟リスクに対応するためといってもよい。国際契約に際して，一般に欧米企業は最終正式契約の締結にいたる交渉段階でいくつもの文書をつくる。会議の議事録や予備的合意書であったりするわけだが，これらにはすべての訴訟リスクにそなえた証拠としての文書づくりの意味がある。契約交渉がすべて実を結んで最終契約にたどりつくわけではない。契約のタイプによっては途中で交渉決裂になるケースのほうが多かったりする。M&A（企業買収）のための交渉などがそうであるが，交渉段階ごとに文章の記録をのこしておくことで，なるべく「言った言わない」のトラブルリスクを小さくしようとする。

　こうしたリスクマネジメントと訴訟リスクにそなえた証拠としての契約書づくりの考え方は日本人（企業）には薄い。その契約観は，いざとなったら契約書に書いてあることを基準に紛争を解決しようというのではなく，「何かあっても話せばわかる」式のものである。しかもこの考え方は，契約書のなかに別途協議条項などとして書き込まれている。

　日本企業の国際取引を取り上げるならば，これが英語でなされることはき

■ 日本人の法的リスク観

　法的リスクといってもぴんとこない人が多いかもしれないが，たとえば製造業の会社が大きな製造物責任訴訟で敗訴して一気に倒産の危機に直面するといったケースでは，法的リスクが顕在化して，その会社にふりかかったとみることができる。法的リスクは，訴訟を原因とするなど法律的なところから生じるものであるから，これをどのようにとらえるかを知ることは，法意識をさぐるための手掛かりにもなる。

　リスクには，大きく分けて自然災害のようなものと，人間の経済活動や社会生活のなかで対人的に生じるものとの2通りのものがある。大地震や台風のような自然災害

わめて多いはずである。しかも，国際取引は，国内取引よりも文書化する必要性が大きい。というのも，国際取引は，遠く隔たった外国企業同士，しかもそれぞれ異なる言語，商習慣，法律を有する者の間でなされるのがふつうだからである。思わぬ誤解やくいちがいを避けるためにも，取引を文書としてかたちに残しておかないとあぶない。

こうして国際取引は，文書化されることが多く，その際使われる言語としては「国際ビジネスの共通語」である英語が圧倒的に幅をきかせる。

このようにして，企業活動が国際化すると企業がどうしても扱わざるをえないものに英文ビジネス文書が含まれてくる。英文ビジネス文書は，ビジネスで使う英文文書のことであるから対象はきわめてひろい。これを法的効力（legal effect）をもつかどうかで分けると下図のようになる。

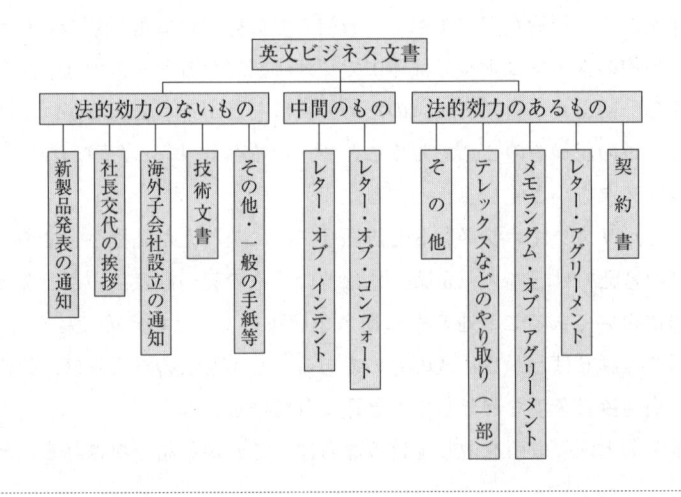

```
                        英文ビジネス文書
        ┌──────────────────┼──────────────────┐
   法的効力のないもの      中間のもの      法的効力のあるもの
   ┌────┬────┬────┬────┐  ┌────┬────┐  ┌────┬────┬────┬────┬────┐
  新  社  海  技  そ      レ    レ      そ  テ  メ  レ  契
  製  長  外  術  の      タ    タ      の  レ  モ  タ  約
  品  交  子  文  他      ー    ー      他  ッ  ラ  ー  書
  発  代  会  書  ・      ・    ・          ク  ン  ・
  表  の  社      一      オ    オ          ス  ダ  ア
  の  挨  設      般      ブ    ブ          な  ム  グ
  通  拶  立      の      ・    ・          ど  ・  リ
  知      の      手      イ    コ          の  オ  ー
          通      紙      ン    ン          や  ブ  メ
          知      等      テ    フ          り  ・  ン
                          ン    ォ          取  ア  ト
                          ト    ー          り  グ
                                ト         （一  リ
                                            部） ー
                                                メ
                                                ン
                                                ト
```

に対して古くから日本人はおそれをいだいてきたが，半面そうした人間の力ではどうしようもない大きなリスクに対しては，一種のあきらめ，諦観をいだいているふしもみられる。西洋人のように自然を切り拓き都市を築き，これと対決姿勢をみせるのではなく，雪花風月を愛し，むしろ自然の大きな懐のなかでこれと調和しながら生きることを理想としてきたからかもしれない。

法的リスクについても欧米人と日本人とでは，そのとらえ方が異なるものといわなくてはならない。何事にも人との対決を避け和を重んじる日本人は，他人の非や責任を徹底して追及することをあまりしないかわりに，他人も自分に対してそんなにきび

2 英文法律文書の管理

　文書管理というのはいまに始まったことではない。しかし，国際化社会といわれるなかで，企業に英文ビジネス文書が氾濫するようになると，これをいかに効率よく管理していくかがビジネス戦略上も大きな役割を占めるようになる。

　英文ビジネス文書のなかでもとくに重要なのは，「法的効力のある」ものである。

　法的効力をもったビジネス文書の代表的なものが契約書である。契約書が，契約当事者間の権利・義務を書いた文書であることからすれば当然のことといってよい。ただ，契約はもともと口頭でも成立することに注意してほしい。英米法には，Statute of Frauds（詐欺法）からくる書面性の要求があるものの，原則は，あくまで口頭でも契約は成立させることができるというところにある。

　英文契約書というと，古めかしい英語を使った一定のスタイルのものを想い浮かべがちである。また，従来からある英文契約書のテキスト類もそうしたものを中心に扱ってきた。だが，口頭でも契約は成立するということであれば，まして当事者間の合意（agreement）を記録したメモや議事録（minutes）のようなものから覚書（memorandum）といったものも，場合によっては契約書になりうることに注意をする必要がある。テレックスやファックスのやりとりのなかで，合意が成立したとされることもありうる。

　こうみてくると，ごく日常的な英文ビジネス文書の作成，やりとりから本格的な何百ページもあるような英文契約書まで，企業は絶えずこれを効率的

しく責め立てることはあるまいと高をくくっているところがみられる。いってみれば，ぬるま湯のような同質社会のなかで甘え合って生活しているわけである。

　法的リスクのマネジメントにおいては，契約の果たす役割の大きさを見逃せない。ただ，ここでもいわゆる契約観のちがいから日本人と欧米人の考え方には法的リスク観にちがいがみられる。

　われわれが弁護士として仕事をしていてよく経験することに次のようなことがある。たとえば，日本企業同士がある契約の交渉をすすめているとする。その交渉のための会議にいきなり弁護士として同席すると，その場の雰囲気は，それまでのものと

に管理していかなければならないことになる。

　法的効力をもったビジネス文書の管理を重視することは，法的なリスクのマネジメントということに直結する。

　法的リスクとは，具体的にいえば訴訟に代表される法的コンフリクトに巻き込まれることである。アメリカを例にとるならば，「訴訟社会」とよばれるほどに企業が他企業を裁判に訴えることが日常茶飯事となっている。とくに，PL（製造物責任），知的財産権，M＆Aなどをめぐる企業間の争いは件数が目立ってふえてきているだけではなく，内容も高度化・複雑化しているといってよい。アメリカでビジネス展開をしようとするからには，こうした法的リスクにとらわれないように常に気をつけなくてはならない。

　そうした法的リスクのマネジメントのための有力なきめ手のひとつが英文法律文書の管理である。本書の第Ⅳ部は，こうした観点から，法的リスクマネジメントの一環として，新しい型の英文契約書を中心に本格的な契約書を取り上げ，その扱い方のポイントを解説していくことをねらいとしている。

はうって変わる。緊張感がただよい，話す内容にも慎重さが見られるようになるのはまだよいが，「いままでせっかく和気あいあいと交渉をつづけてきたのに，弁護士なんかつれてきて，われわれとの取引をぶちこわそうとするのか」といった反応が相手から出たりすることがある。

　これがアメリカ企業同士であったらどうであろう。取引のための交渉や会議の場に弁護士が同席することじたいめずらしくも何ともないだけでなく，弁護士を同席させることはそれだけその取引・契約を重視していることのあらわれとして相手方にそれほど悪く受け取られることはないであろう。相手方も，より慎重にはなるであろうし，自分たちも弁護士を依頼し同席させて同じように真剣に取り組む姿勢を見せようとするにちがいない。

　たとえば，会社と会社が販売店契約に入るための交渉をするとする。販売店契約は，ある程度長期的な基本売買契約の性格をもつから，契約締結がそうした契約関係には欠かすことのできない相互の信頼のスタートになることはまちがいない。しかし，これがアメリカの企業が相手方になるとすると，紛争解決条項を含めて悪くなったときのことを徹底して想定したような，現実的でさめた内容の規定を契約中に入れようとする。「これから信頼関係を築いてやっていこうというのに，何も裁判になったときのことまでこまごまと規定しなくても……。」と考える人がいるとしたら，まだリスクマネジメントの一環として契約をとらえる態度に徹していないものといわざるをえない。

2　英文契約を扱うための基本

　レター・アグリーメントやテレックスなどのやりとりから発生する契約を除くいわゆる標準的な英文契約書には，一定のスタイル・構成がある。
　WITNESSETHのような古い英語の表現でおなじみの英文契約の一般的構成を考えてみると，およそ次の六つの部分から成っていることがわかる。
　①　表題（title）
　②　頭書（premises）
　③　前文（whereas clause, etc.）
　④　本体部分（operative part）
　⑤　最終部（signatures, etc.）
　⑥　その他（schedules, exhibits, annexes, etc.）
　これを実際の英文契約でもって簡略化してみよう（次頁図参照）。
　すべての英文契約がこうしたスタイルをとるわけではないが，これがクラシックな一つの標準タイプであることはたしかである。
　タイトル部①はともかくとして，全体は大きな二つの文書から成っている。すなわち，冒頭のThis Agreement②が主語で，WITNESSETHが動詞，前文③と本体部分④が目的語になるところのＳ＋Ｖ＋Ｏの構文がひとつで，末尾文言がまた別の一文である。
　②の頭書部分には，This Agreementにつづいて契約締結の日，当事者の

■**国際法務によるグローバルリスク管理**
　為替リスクは，国や地域によって通貨が異なるから生じる。すべての通貨を共通にしてしまえばこのリスクはなくなる。国際化，グローバル化に伴う法的リスクにも同じようなことがいえる。すべての国の法律を共通化してしまえば国際化に伴うかなりの法的リスクはなくなるはずである。しかしながら，現実にはこれは不可能であるから，とくに海外進出をするさいは進出国の法律や裁判制度をよく知り，これを遵守することに心がけなくてはならない。
　海外進出先には，いわゆるカントリーリスクを抱えている国や地域も多い。カント

① {　　　　　　　　　　**AGREEMENT**

② { This Agreement, made on this 4th day of July, 1992 between A B C, Inc. ～ and X Y Z Co., Ltd. ～

WITNESSETH:

③ { WHEREAS, ～
WHEREAS, ～
WHEREAS, ～
WHEREAS, ～

Now, THRERFORE, in consideration of the mutual covenants hereinafter set forth, the parties hereto agree as follows:

④ { Article 1. [Definition]
Article 2. [Grant of Lisence]
～
Article 20. [Xxxxxxxx]

⑤ { IN WITNESS WHEREOF, the parties hereto have executed this Agreement the day and year first above written.

　　　　　　　　　　　　　　　　　　　　for A B C, Inc.

　　　　　　　　　　　　　　　　　　　_____

　　　　　　　　　　　　　　　　　　　　for X Y Z Co., Ltd.

　　　　　　　　　　　　　　　　　　　_____

リーリスクは，①天災，②戦争・クーデター・政情不安，テロ・誘拐，③為替市場の混乱・通貨切下げなどによる経済政策の変更—などに大別することができる。カントリーリスクそのものが法的リスクになるわけではないが，カントリーリスクをもとに法令違反，契約違反などの法的リスクに発展することがある。1990年代に，東南アジアでは通貨下落に伴う経済危機があり，引き揚げてきた日系企業が少なくない。また，現地にとどまった企業も減産体制を余儀なくされた。そこにはまた，レイオフなどの雇用契約問題が発生した。関連した通貨危機においては，次のようなケースも問題となった。

表示などが書かれるのがふつうである。これらの記述によって主語である「本契約」を修飾している。

WITNESSETH という語は，あまり見かけない英語にちがいない。辞書をひいてもこのままのかたちでは出ていないであろう。かなり古い英語の接尾辞である eth が使われているからである。現在の英語にするならば，witnesses であり，三人称単数現在形の es が以前は eth と綴られていた。It does. は It doeth. He goes. は He goeth. であった。

WITNESSETH は，したがって「証する」という意味であり，その目的語がコロン以下にあらわされている。その目的語部分の最初にある WHEREAS も古い英語である。「……なので」という意味であるが，訳すときは契約書らしくややもったいぶって「……に鑑み」などとすることも多い。この部分には，現在では契約を締結することになった背景や動機を書くならわしになっている。「現在では」とことわったのは，WHEREAS CLAUSE とよばれるこの部分には，かつては約因・対価（consideration）の内容が書かれていたからである。

約因・対価は，英米契約法に特有な概念である。英米法のもとでは，契約（contract）とは，相互に契因をとりかわすこと，と端的にいいあらわすことができる。伝統的には WHEREAS にみちびかれたこの部分に，それぞれが相手方に対して提供する consideration を記し，それを受けて，NOW, THEREFORE 以下にいわゆる「約因文言」がくる。ここに書かれるのは，上の例でいえば，「そこで，したがって，本契約中以下に規定された相互の約束を約因・対価として，本契約の当事者は以下のとおり合意する」といった決まり文句である。

現地通貨の切下げが急に決定されたことで，調達していた原材料価格が高騰し，当初契約のレートでは貿易差損が出てしまうといった場合，契約変更を申し出ても相手側は容易には応じないだろう。インドネシアでは通貨切下げの影響から国民がその痛みを負う形で生活苦に陥り，1998年5月には民衆が暴徒化し，スハルト政権は事態の悪化を食い止めるため，大統領は職を辞することとなった。

暴動の直後，「危険」とみなした日系企業のスタッフが，日本親会社の判断の下に一時帰国する動きがみられたが，こうした行動は，ビジネス・契約上では問題化するおそれがある。というのも，日本人（企業）が認識する危険度と現地人（企業）が考

末尾文言には，「上記を証して，本契約の当事者は冒頭の日に本契約を締結・署名した」と書かれてある。ここの WITNESS は，名詞であり WHEREOF というやはり古い英語とともにひとつの決まり文句をつくっている。これが第2センテンスということになるが WITNESS という語で第1センテンスに呼応しているとみることができよう。つまり，第1センテンスは，「＿＿年＿＿月＿＿日に＿＿と＿＿との間に締結されたこの契約は，＿＿と＿＿という事実に鑑み，両当事者がここに書かれていることを互いに約因・対価として，以下のとおり合意することを証する」として，場合によっては何十頁にもなるような長い目的語（本体部分）をしたがえる。これにつづけて，末尾文言が「上記を証して……」となるのである。

こうしたクラシックなスタイルのなかで，WITNESSETH や WHEREAS のようにすべて大文字になっている部分がみられる。これらの多くは，形骸化した決まり文句だからそうなっていると考えることができる。正確に意味を知らなくとも必ずしも大勢に影響はない。ただ，英文契約を扱うからには一定のルールのようなものとして覚えておいたほうがよい。

1　契約の本体部分――一般条項と固有の条項

本体部分は，Section, Article, Clause のような「第＿条」にあたる語ではじまることもあるが，これらをいっさいつけず数字だけのことも多い。見出し（headings, captions）はあったりなかったりする。

内容として，契約の本体部分により重要なことが書かれるのは当然のことである。本体部分をいかに正確に理解しドラフトするかが英文契約管理のポイントにならざるをえないが，この部分を「平面的」に見ていたのではよく

える危険度にギャップがあることが多いからである。

これはインドネシアのケースだけにあてはまることではないが，日本人は事態の早期の段階で「危険」と判断して，引き揚げることが多い。だが，当事国の人たちは，「こんな事態は10年に1度あるかないかのことであるが，なぜ，日本人はこの程度のことで契約を反故にして引き揚げるのか」という思いを抱き，これを理由に契約不履行を唱えられる可能性がある。とくに，建設請負契約などでは，引き揚げたがために「工期遅れ」（契約不履行）を招く可能性が高い。

これらはいずれもカントリーリスクの問題であり，リスクヘッジとしては，契約書

2 英文契約を扱うための基本

ない。少なくとも並んでいる諸条項を一般条項とそうでない条項に分けて，そのうえで一般条項から理解していくようにするのが，アプローチとしてはよいであろう（27頁以下参照）。

の中に，「不可抗力条項」ないし「ハードシップ（履行困難）条項」を設け，契約履行を妨げる（困難にする）事由を列挙し，「当該事由に当たるケースでは，契約内容を見直し，再交渉ができる」という特約を一文加えておくとよいであろう。

　過去に日本企業がカントリーリスクに直面した例は少なくない。A社は愛知県で自動車部品を製作する優良中堅企業で製品は，大手メーカーに納入されている。同社は1974年，フィリピンに進出したが，84年に撤退した。原因は同国の政情不安である。進出時はマルコス政権の時代で，戒厳令は敷かれていたものの，政権は基盤を堅持しており，社会全般は安定し経済活動も正常に機能していた。1983年8月のアキノ上院議員暗殺事件以降，マルコス政権の国際信用は急速に失墜し，同国の保有外資不足は極限に近い最悪の状態に陥り，これがA社には原材料素材の輸入のための外貨手当もままならぬという深刻な事態となった。さらに，これに追い討ちをかけるように所要部品の輸入制限令の発令，輸出志向企業に対する優遇措置の停止と悪材料が重なり，良質品の生産続行はもちろん，派遣社員の身辺の危険も配慮せねばならぬ状況にまで社会不安が広がり，ついに撤退を決意した。

　カントリーリスクの多くは，不可抗力的に企業に襲いかかるため，リスクマネジメントは難しい。進出する前に，そうしたカントリーリスクがあること，あるいは顕在化のおそれを十分に研究したうえで対処する以外にない。ただ，レベルの差はあっても，カントリーリスクがゼロの国・地域はない。問題は進出先にどのようなカントリーリスクが潜んでいるかを知り，情報収集につとめることである。

　A社が直面したカントリーリスクは，政情不安で，ある意味で企業としてはもっとも対処がしづらいものである。撤退にあたり同社は，派遣社員の安全確保と現地従業員の再就職斡旋，生活擁護を最優先方針とした。同社は販売をCOD（代金引替え渡し）方式によっていたため，当時同様に撤退を余儀なくされた他社のケースでみられるような売掛金の回収不能はなかったが，工事設備の売却処分などによる回収額は，前述の方針に沿い積極的に現地従業員のための支出に充当した。その結果，出資金に比してみるべき資金の回収はできなかったが，困難な状況の中で同社の立派な姿勢に対しては，後日フィリピン現地の労働組合から公式の感謝状と記念の盾が贈られたという。

　一撃のもとに巨大企業も倒すグローバルな法的リスクを管理するのが国際法務である。リスク管理は，基本的に以下のような流れで行われる。(1)リスクの発見・確認，(2)リスクの分析・評価，(3)リスクの処理・制御，(4)再評価，実施。(1)では，損失発生要因の発見と確認を行い，企業活動のどこにどのようなリスクがどのような形で存在

するかを把握する。(2)では，リスクの発生頻度，損失の大きさ，形態を検討し，リスクの性格，大きさを検討し，そのリスクによる損失の大きさを推測する。(3)では，リスクの企業経営に及ぼす影響を制御するための最適の方法を選択，実施し，リスクの軽減（回避，分散，改善），転嫁（保険），保有（自己負担）を行う。(4)では，リスクの発見・確認，分析・評価，処理・制御の各手順に見落とし，誤りはないかどうかをチェック，全体的な総合調整，実施ならびにフォローを行う。最後の(4)は，再評価，見直し段階であるから，その結果は不断に(1)，(2)または(3)にフィードバックされなくてはならない。

　国際法務においてもこうしたリスク管理の基本があてはまる。とくに(1)の段階で，国ごとに異なる法的リスクを洗い出し，その特質を見極めるための情報収集を中心とした作業は欠かせない。たとえば，米国，中国いずれも法的リスクは高い国といわなくてはならないが，その意味あいは異なる。米国には法律万能社会あるいは訴訟社会といわれるなかで巨額の損害賠償の支払いを求めるクラスアクション（集団訴訟）に見舞われる法的リスクがある。片や中国は「人治から法治へ」というスローガンにも象徴されるように法律が執行面まで含めて整備途上にあり，知的財産権の侵害に対して有効な対抗措置を執れないなどの法的リスクに満ちている。

　2005年に入り，中国では反日デモが繰り返される事態が生じ，あらためて「カントリーリスク」が浮き彫りになった。

3 国際調達と売買契約

1 国際調達時代

　円高を背景にして，日本企業が海外から原材料や部品を調達することが多くなった。わが国の製造業は，一時さかんに製造拠点を海外に移す動きをみせた。賃金をはじめとする製造コストの低さが要因であることはいうまでもない。また，通商摩擦を回避，軽減するという目的もある。

　日本企業による国際（資材）調達といっても，大別して二種のものを考えることができる。ひとつは，日本企業が東南アジア諸国などの外国・地域から資材を調達する場合であり，他は，日本企業の外国における生産拠点（現地法人，合弁会社など）が現地あるいは周辺地域から資材を調達する場合である。後者の場合には，形式上，進出先現地での「国内契約」ということもあるが，実質は日本企業と外国企業間の国際契約といってもよいであろう。

　国際調達契約は，従来からあったとはいえ，海外生産・水平分業時代にあって新たな脚光を浴びつつある。ただ，国際調達契約といってもその本質は**売買契約**にほかならない。売買契約が資材調達という特別な目的によって修正を受けて調達契約になるものと考えればよい。その意味で，まず国際売買契約のポイントにつき，とくに**基本売買契約，販売店契約，調達契約**との相互のちがいを明らかにしながら解説してみよう。

■ **異文化ギャップ・本音と建前**

　日本の会社における「終身雇用制」は，今では海外でもよく知られている。ところが，これを外国人は，会社と社員とのあいだの契約関係ととらえ，「終身雇用契約」がとり交わされると考える人がいる。何もそれらしい契約がとり交わされるのではないが，契約意識の発達した外国人からみると，終身雇用といいながら，なんの裏づけもなく，よく安心していられるものだと不思議に思えるようである。

　日本と欧米社会を『黙約の社会』対『契約の社会』で対比させた人がいるが，たしかにわが国では，暗黙のうちに分かり合える人間関係というものが多くあり，それを

2　国際売買契約

　国際契約にもいろいろな類型のものがあるが，なかでも国際売買契約はもっともポピュラーで基本的なものである。それは，売買契約が，一般の商取引のうちでもっとも典型的であるということからみちびかれる。わが国の民法は，いわゆる典型契約のうちのひとつとして売買をかかげており，他の契約よりも多くの規定をおいている。米国統一商事法典（U.C.C.）の第2章が"Sales"と題して100カ条を超える規定をもち，U.C.C.の中心的部分をなしていることもよく知られている。

　国際契約としての売買は，まず貿易取引として行われてきた。貿易取引は，古くからある国際取引の代表的なものである。また，海外販売店契約は海外の一定地域において販売店にある製品を販売する権限を与えるものである。販売権を与える製造者（manufacturer）と販売店（distributor）とのあいだには，反覆して継続的に売買契約が行われる。販売店がその販売地域において顧客とのあいだで行うのも売買契約である。さらに，その顧客が小売店であって最終ユーザーに対して製品・商品を売りさばいていくなら，これが売買契約であることはいうまでもないであろう。したがって，製造者にとってきわめて重要な国際的な販売網は，いくつもの売買契約が組み合わさったものということができる。

　売買は，契約のなかでも基本的なものであるため，あらゆるところでその応用が考えられる。たとえば，ノウハウや特許などのライセンス契約は，技術という目に見えないものの売買契約的な要素をもっているし，プラント輸出契約は，機械，ノウハウ，サービスなどをひとまとめにしたひとつの売買

契約のような形で顕在化しようとすると，社会で疎んぜられたりする。
　私も仕事で契約を作成し，あるいはその締結に立ち会うことがよくある。特にそれが，日本人と欧米人との契約であったりすると，契約に対する考え方の違いを見せつけられることが少なくない。
　日本の社会は「ムラ社会」であって，義理，人情，誠意，メンツなどが重んじられるとはよくいわれるところである。これに対し，「契約社会」といわれる欧米，とりわけアメリカでは，社会を成り立たせる基盤に法律があり契約がある。契約は，いざというときにそなえて締結すると考え，そのため，いざという時の問題解決の基準と

契約とみることができる。他にも、双務有償契約の基本となる売買の考え方が準用される場面は多い。

3　貿易条件——Trade Terms

　国際売買契約は、貿易取引の中心をなすものである。貿易取引の世界では、商慣習が大きな意味をもつが、各国それぞれ異なることが多く、自由な通商を阻害する要因になってきた。

　そこで、比較的早くから貿易関係者や商業団体によって価格条件と引渡条件を中心とする定型化がすすめられている。とくにICC（International Chamber of Commerce 国際商業会議所）が作成したInternational Commercial Terms（INCOTERMS）は有名で国際的にひろく使われている。

　INCOTERMSは、ICCが1936年にInternational Rules for the Interpretation of Trade Terms（定型取引条件の解釈に関する国際規則）として制定したものがもとになっており、その後1953年の大改正をはじめ数次の改正がなされている。2000年版には、Ex Works, Free Carrier, F. A. S., F. O. B., C. F. R., C. I. F., Carriage Paid to, Carriage and Insurance Paid to など13種類の貿易条件が定義されている（213頁表参照）。

　いずれも基本的な貿易条件であり、国際的に統一的な定義がなされていることは大きな意味をもつ。当事者は、これらの貿易条件を上記のような略語でもって引用することによって、価格条件や引渡条件を明らかにすることができる。

　INCOTERMSは、ICCという私的な国際団体の作成したものであって法律ではない。しかし、以下のように契約中に規定したときは、あたかも契約

なりうるような内容を、きわめて現実的なさめた眼で書こうとする。
　ところが、日本人の場合、契約は内容そのものよりもむしろ、契約をとり交わしたという「形」のほうが重視される。たがいに信頼し合ったからこそ印判を押し、そのことによって安心してその後の取引などをすすめていけるのだ、と考えがちである。
　いってみれば日本人は、契約を「信頼の証し」として結ぶが、欧米人の場合、契約は「不信の象徴」である。相手が100パーセント信頼でき、約束したこともすべてそのとおり守ってくれるのであれば、契約など必要ないと考える傾向が、彼らにはみられる。

条項中で定義条項を設けたと同じような契約内容の一部となって当事者を拘束する。

"The trade terms used in this agreement, such as C.I.F., C. & F. and F.O.B. shall be interpreted in accordance with INCOTERMS（2000 Edition）, International Chamber of Commerce, Publication No. ＿＿, as amended."
「本契約中に使われているC.I.F., C. & F.およびF.O.B.のような貿易条件は，改正を経た国際商業会議所，刊行物番号＿＿号のインコタームズ（2000年版）に従って解釈される。」

INCOTERMSはよく知られ幅広く使われているが，アメリカには独自の貿易慣習があるので注意を要する。アメリカには，まず全米貿易協会（National Foreign Trade Commercial Inc.）が1919年に制定した米国貿易定義（American Foreign Trade Definitions）を基礎にして，1941年に合衆国商業会議所，全米輸入業者協会および上記全米貿易協会が合同でつくった委員会の作成にかかる改正米国貿易定義（Revised American Foreign Trade Definitions, 1941）がある。ここには，Ex Point of Origin, F.O.B, F.A.S., C. & F., Ex Dockが定義されているが，F.O.B.はさらに6種類のものを含むなど，INCOTERMSよりも全般に意味するところが広いといわれている。

アメリカの場合は，これだけではなく，米国統一商事法典（U.C.C.）が，§2-319から§2-322において，F.O.B., F.A.S., C.I.F., C. & F. および Ex Ship の定義をしている。その内容はINCOTERMSと必ずしも一致していない。このため，とくにアメリカ企業と売買契約を締結するような場合には，いくつかある貿易条件のうちのいずれを用いるかについて明らかにするよう注意が必要である。

よく使われる「本音と建前」でいうと，日本の契約は建前＝形でしかなく，欧米人のそれは本音＝中味のぶつけ合ったものといってもよいであろう。

実際の契約交渉の場面でも，日本人がこうした本音と建前の使い分けをすることが，往々にしてアメリカ人などをとまどわせることになる。会議の場ではにこにこと微笑を絶やさず，ただうなずいているので，すっかり合意をしてくれたとばかり思っていたら，あとでそうではなく本心は"NO"であることが判明した。いったい日本人は何を考えているのか，真意はさっぱり読めないと彼らはよくぼやく。

アラブの人々も本音と建前を使い分けるそうであるが，それぞれ社会の成り立ちが

国際売買契約は，このように貿易条件を中心として一部国際的な統一がはかられているところに特色がある。国連国際商取引法委員会（UNCITRAL）が1980年にウィーンで国際物品売買条約（The United Nations Convention on Contracts for the International Sale of Goods）を採択したのは，国際的統一ルールづくりの動きを象徴するものである。通称ウィーン条約とよばれるこの条約は，従来のハーグ統一法（Uniform Law on the International Sale of Goods）が大陸法の影響を強くうけているのに対して，国際貿易実務をふまえ英米法とりわけU.C.C.の考え方を多く取り入れている点が特徴となっている。

輸送方法別分類　Incoterms 2000

輸送方法		Incoterms 2000	
Eグループ 出荷	EXW	Ex Works （…named place）	工業渡（…指定地）
Fグループ 主要輸送費抜き	FCA	Free Carrier （…named place）	輸送人渡（…指定地）
	FAS	Free Alongside Ship （…named port of shipment）	船側渡（…指定船積港）
	FOB	Free On Board （…named port of shipment）	本船渡（…指定船積港）
Cグループ 主要輸送費込	CFR	Cost and Freight （…named port of destination）	運賃込（…指定仕向港）
	CIF	Cost, Insurance and Freight （…named port of destination）	運賃保険料込（…指定仕向港）
	CPT	Carriage Paid To （…named place of destination）	輸送費込（…指定仕向地）
	CIP	Carriage and Insurance Paid To （…named place of destination）	輸送費保険料込（…指定仕向地）
Dグループ 到着	DAF	Delivered At Frontier （…named place）	国境持込渡（…指定地）
	DES	Delivered Ex Ship （…named port of destination）	本船持込渡（…指定仕向港）
	DEQ	Delivered Ex Quay （…named port of destination）	埠頭持込渡（…指定仕向港）
	DDU	Delivered Duty Unpaid （…named place of destination）	関税抜き持込渡（…指定仕向地）
	DDP	Delivered Duty Paid （…named place of destination）	関税込持込渡（…指定仕向地）

違い文化が違うため，契約や取引を通じてなされるビジネスの世界でも，その根底にある契約感の違いが重要な意味をもつことがよくある。

4 国際調達契約のポイント

たとえばメーカーが，ある製品をつくるための原材料や部品を国際調達する場合を想定してみよう。メーカーとしては，つくられた最終製品について責任を負わなくてはならないことは当然であり，国際調達契約はそのための重要な役割を担っている。

メーカーにとって最も気になるのは，一定の品質をそなえた原材料や部品を決められた時期に決められた量だけ調達できるかどうかである。調達のための契約においては，おのずからこれらの点がポイントにならざるをえない。

調達契約は，先に説明したところの売買契約の一種である。売買契約といっても，長期・継続的な物の供給を目的とする基本売買契約であり，その内容は，上記のような一定のポイントが強調されたものになっている。また，買主の側から設計図や仕様書をあらかじめ交付しておき，それに忠実にのっとって部品をつくるといった場合には，請負契約的要素も入りこんでくる。したがって，調達契約は売買契約をもとにした請負契約的性格をももち合わせた混合契約ということができよう。

5 品質管理に関する規定

品質管理（quality control）が調達契約にとってきわめて大きな意味をもつことは前述のとおりである。この目的のためには調達契約中にどのような規定を設けたらよいかを考えてみよう。

品質管理のための規定には，品質，規格の維持に関するものと検査に関するものとの二通りがある。品質管理については，たとえばQualityあるいは

■ 安全意識とPL法

製造物責任法（PL法）がどういった内容の法律であるかについて，詳細は省くが，一種の無過失責任法理によって，欠陥製品をつくったメーカーの被害者に対する賠償責任を認めようというものである。PL法理は，大量生産，大量販売，大量消費の現代社会のリード役となってきたアメリカ合衆国で発達をみた。

1960年代初め，学者によって唱えられた厳格責任（strict liability）という考え方が62年にはカリフォルニア州の裁判所の採用するところとなり，その後はほぼ全州において採用されるにいたった。

Quality control の表題のもとに以下のような規定をおく。

> "The Supplier agrees that the supplies provided hereunder shall be of good quality and shall meet the standards and specifications of the Buyer and shall be in accordance with all drawings, specifications, designs and other informations furnished by the Buyer under this Agreement."
> 「供給者は本契約の下で提供される供給品が良好な品質のもので,かつ買主の製品規格および仕様書に合致し,買主が本契約の下で提供するすべての図面,仕様書,デザインその他の情報に従ったものであることを約束する。」

また,買主(調達者)の示す一定の品質基準への適合性をより明確にするため,次のような規定例もある。

> "Seller shall provide and maintain a Quality Control System in compliance with Buyer's Quality Procurement Specification series that is identified as a part of an Order."
> 「売主は,発注書の一部となっている買主の品質調達仕様書シリーズに従った品質管理システムを提供し維持しなくてはならない。」

こうした品質保持義務を売主や製造者に課すとともに買主(調達者)の検査権をあわせて規定することが多い。その場合,以下のように,やや抽象的に検査権を規定するだけのこともある。

> "The Buyer is entitled to inspect whether the products manufactured and supplied by the Seller hereunder are of required quality."
> 「買主は,本契約のもとで売主によって製造され供給された製品が要求された品質のものであるかどうかを検査する権利を有する。」

PL法は,州法が基本のアメリカで各州の判例法が支配する不法行為法の分野で,製造者がつくった製品に欠陥があり,それが原因で事故が起こったことを証明しさえすれば製造者にきびしい賠償責任を課そうというものである。したがって,PL法に「補償」効果があることはすぐにうなずけるところである。またPL法によるきびしい賠償責任を免れようと製造者が努力する結果,欠陥製品による事故を「抑止」するであろう。さらに,1970年代に入って全米で急増したPL訴訟は,ひろく世間に対して製品の安全性についての情報を与え関心を呼び起こす。したがって,PL法によって「情報公開」の効果が生み出されることもたしかなようである。それではPL法に

検査権を納入・引渡地と生産地の双方において行使できるようにする例としては，次のようなものがある。

"All supplies are subject to final inspection and acceptance by Buyer at destination notwithstanding any payment or prior inspection at source."
「すべての供給品は，いかなる支払いまたは原産地における事前の検査にもかかわらず，最終目的地における買主による検査に服する。」

また，単なる検査だけでなく，次の例のように工場などへの立入検査権をあわせて規定することもある。

"Seller shall permit Buyer or its authorized agents or representatives, at all reasonable times, to enter into Seller's premises for the purpose of inspecting products to which the said quality standard is applied or intended to be applied and the method of manufacturing the same."
「売主は，いつでも適切な時期に，買主またはその授権を受けた代理人もしくは代表者に，上記品質基準が適用されるもしくは適用される予定の製品およびその製造方法を検査するため，売主の施設に立ち入ることを許可する。」

6　納入時期に関する規定

きまった時期にきまった量の原材料や部品を入手できるということが調達契約のポイントである。時期について，履行期をきびしく守ってもらわなくてはならない種類の契約には，Time of shipment and delivery is of essence of this Contract.「船積および引渡しの時期は，本契約の要素である」のような規定をおくことがある。これは，コモン・ローとともに英米法を支える

よる「安全思想の高揚」というのは何を意味するのであろうか。

　PL法によって無過失的に責任を課されるとすれば，製造業者も安全思想を徹底させ「ゼロディフェクト運動」（無欠点運動）などを展開するようになる。これもたしかに「安全思想の高揚」には違いないのであるが，より重要なのは消費者サイドにおける「意識」の問題である。

　わが国では，製品の安全性を消費者サイドでチェックし，また消費者みずからこれを管理していくという点で，アメリカなどと比較した場合，まだ立ち遅れているようである。また，車検制度にみられるように，ある物が安全であるかどうかの基準およ

柱のひとつであるエクイティ（衡平法）によるならば，契約の履行期にわずかばかり遅れたとしてもただちに債務不履行（default）にはならず grace period「猶予期間」が認められる可能性があるため，こうした法原則の適用を排除し履行期を厳格に運用しようとするためである。

　調達契約においてこうした規定を設けることには，もちろん意味がないわけではないが，より具体的に債務不履行条項（Default Clause）の内容でこれを明確にすることが必要となる。次の規定はそうした例のひとつである。

"The whole or any part of an individual contract may be terminated by Buyer:
　(i) if Seller fails to make delivery of the supplies within the time specified herein or any extension thereof; or"

「(i) もし売主が本契約中に明記された期限内あるいはその延長された期限内に供給品の引渡しをしなかったとき，または……のときは，買主は各個別契約の全部または一部を解約することができる。」

このように，契約事由のうちに，定められた履行を endanger「危うくする」ことまで含めることによって買主（調達者）側の利益を守ることがある。

　ただ，これだけにとどまらず，解約したときは他の供給者を手配してでも生産に支障のないようにしなくてはならない。そうした場合までも含めて，以下のように規定しておくならば周到である。

"In the event Buyer terminates this contract, Buyer may procure supplies or services similar to those so terminated; and Seller shall be liable to Buyer for any excess costs."

「買主がこの契約を解約したときは，解約されたときと同等の供給品また

びそれに基づく検査も，「官主導」でなされている分野が多い。そうした傾向は，各種の基準認証制度にもみられるようである。

　われわれ日本人は，いつの間にか，物が安全か否かを決めることも"他人まかせ"で国家や自治体がやってくれるものと考える傾向が身についてしまっているように思える。

　PL 法が制定されると，製造者の側で安全に注意を払うようになり，その分消費者の「安全意識」は低くてもよくなるかというと必ずしもそうではない。むしろ消費者の側に，何が安全で何が危険かということをみずから判断できるだけの「意識」の高

は労務を調達することができ，売主は超過費用について責任を負わなくてはならない。」

7 ウイーン国際売買条約の適用

通称ウイーン国際売買条約は，正式名称を国際物品売買契約に関する国際連合条約（United Nations Convention on Contracts for the International Sale of Goods）という。これは，国際売買契約の当事者間の権利義務について統一法を創設するための条約で，国連国際商取引法委員会（UNCITRAL）が起草を担当し，1980年のウイーン外交会議において採択され1988年に発効した。現在，同条約の締約国は，60か国を超えており，世界の主要な貿易国はほとんど入っているのだが，なぜか日本とイギリスはまだ批准していない。

ウイーン国際売買条約は，売買契約の成立や売主と買主の権利，義務を規律する実体法的な内容に特徴をもつ。売買契約自体の効力や同契約によって与えられる対象商品上の所有権などについてふれていない。また，契約自由・私的自治原則に基づいているから，本条約の規定は，売買契約に定めがないときに適用される任意法規である。

国際売買契約の準拠法と本条約の関係を考えてみよう。仮に，日本法を準拠法とするこの種の契約があったとする。日本は，本条約を批准していないから，条約の内容が国内法化されてもいない。当事者が「ウイーン国際売買条約による」と契約中に書いたときは話が別である。任意法規である本条約の規定が合意の内容になって，準拠法である日本の実体私法に優先して適用される。

さが要求されるようになる。
　わが国の製造物責任法は，1994年に制定され翌95年7月1日から施行に移された。同法の施行後PL訴訟が目立って増加したわけではない。

ただ，条約内容の優先適用を明確にしたければ，条約を批准していない日本法の下では，条約を丸ごと適用するといった言い方ではなく，条約を正式名称で正確に引用しつつ，「売買対象物品の引渡しについては本条約第31条に従うものとする。」のように，個別具体的に規定するほうが適切である。

ちなみに，条約第31条は，「売主が物品を特定の場所で引き渡すことを要しない場合には，その引渡義務は，次のとおりとする。」として，「(a)売買契約が物品の運送を伴う場合——買主に移送のため物品を最初の運送人に交付する。」などを規定している。この内容は，民法や商法における関連規定とは明らかに異なっている，優先関係を明確にしておかなくてはならない。

このように契約書のなかで条約への明確な言及があれば別だが，そうでないとき，準拠法として指定された日本法は，国際売買，国内売買いずれについても同一の法ルール（すなわち，民法や商法の関連規定）しかもたず，国際売買の法ルールが欠落している。

他方，ウイーン国際売買契約を批准した国や地域においては，何もしなくても国際売買には同条約が適用される。そうした国や地域の法律が準拠法として指定された場合も同様で，実体的任意規定のうち，国際売買契約に関しては，国内法化された同条約が適用される。

ウイーン国際売買条約は，グローバル・ルールとして広く世界に浸透しつつある。実務界では，本条約は任意規定が中心なので，適用するのも排除するのも契約において詳細に規定すれば，別に日本が批准していなくても不都合はないとする意見もある。しかし，それならばなおのこと，日本もこのグローバル・ルールである本条約を批准し，そのうえで当事者は，排除を明確にする条項を契約中に入れることもできるわけである。

4 海外販売・代理店契約

1 はじめに

　海外販売・代理店契約は，国際契約としては比較的古いタイプの契約といってよい。メーカーの海外進出形態を考えてみると，まず，単発的な輸出というかたちで製品を外国に流出しはじめるのが第一段階であるとすると，第二段階では，海外に販売店や代理店を置いて，一定のテリトリー内で継続的，組織的に製品を流通させる機構をつくる。さらに，第三段階になると，みずからの子会社を海外に設立してこれを販売店や代理店として物を流通させるようになる。

　このように，海外の一定地域において特定の製品・商品を拡販するための海外特約店を，販売代理店ということが多い。海外販売・代理店契約は，とりわけ製造業の海外進出のプロセスのなかに組み込まれている基本的な契約ということができる。

2 販売店と代理店のちがい

　実際には海外販売代理店と一括してよぶことがよくあるし，また代理店契約（agency agreement）と称して，販売店（distributor）と代理店（agent）の区別をしないこともある。しかし，法律的には，販売店と代理店は区別して考えなくてはならない。

■ **国際契約と独占禁止法**

　国際契約と独占禁止法はきわめて深い関係がある。とくにある種の国際契約は，その内容が独占禁止法に違反することのないように十分な注意が必要となる。

　それは，国際契約には競争制限的効果をもたらすからである。代表的なものは，国際カルテル，技術導入契約，および輸入販売・代理店契約である。順に説明する。

　1972年に公正取引委員会の勧告審決が下された「化学繊維国際カルテル事件」では，日本のメーカー3社が，国外で西欧事業者らとの間で輸出地域，輸出限度量，最低販売価格を決定したことは，当該地域向け輸出取引の分野における競争を実質的に制限

販売店は、メーカーや輸出者から自己の計算とリスクで商品を買い取り一定地域内で再販売（resale）する。輸出者・売主とのあいだでは、売り切り、買い切りの関係に立つのが販売店であり、これを置くための契約がdistributorship agreementである。

これに対し代理店は、より厳格な法的意味を付与されたものである。つまり、本人（principal）から代理権限を付与されてその授権に基づいて代理店は行動する。代理店契約（agency agreement）は、そうした本人と代理店とのあいだの授権・内部関係を規定したものであって、本人と代理店（人）のあいだで商品の売買が行われるわけではない。本来の代理店の任務は、売主に代わって商品を売り込むサービスを行い、その対価としてコミッション（報酬）を受け取る。代理店は、輸出者・売主のいわば手足としてはたらくものであって、自己のリスクで商品を在庫として抱えこむといったことはない。

このように販売店と代理店とは法律的には明確に区別されるので、販売店に指定するのかそれとも代理店に指定するのかを契約上明確にしておく必要がある。販売店と代理店両方の地位を併せもたせるようで、はっきりと区別しない契約をよく見かけるが、販売店のつもりでいたら代理店としての法的効果を主張されることになるようなくい違いが生じないようにすることが重要である。

以下においては、まず販売店契約を中心に、その内容上のポイントを検討する。

するものであって、不当な取引制限（独禁法3条）に該当する事項を内容とする国際的協定であるとされた。

わが国の企業が外国企業からライセンス契約（license agreement）によって技術を導入するさいにも、その技術を使って製造した製品の輸出地域や輸出価格を制限したりすることがある。あるいは、製品の原材料・部品の購入先を制限したりすることも考えられるが、いずれも独占禁止法の禁止する不公正な取引方法（19条）に当たるおそれがある。

輸入総代理店契約に関しては、1970年に公正取引委員会の勧告審決が下された事件

3　販売店の地位

　代理店との区別という意味もあって，販売店を置く場合には，その地位（status）を明確に示さなくてはならない。これに関しては，①代理関係その他からの区別，および②独占・一手販売権を与えるかどうかという2つのポイントがある。

　販売店契約には，Privity「契約関係」と題して以下のような規定を置くことが多い。

> "The relationship hereby established between Manufacturer and Distributor shall be solely that of seller and buyer and Distributor shall be in no way representative or agent of Manufacturer."
>
> 「本契約によって製造者と販売店とのあいだに設定された〔法律〕関係は，もっぱら売主と買主とのあいだのものであり，いかなる意味でも販売店は製造者の代表または代理人ではない。」

　ここでは，明確に代理関係を否定しているのであるが，そのことがいかなる法的意味をもつかを考えてみる。代理店の場合は，上述したように本人から授権を受け代理人として行動するわけで，その代理行為の効果は本人に帰属することになる。したがって，あいまいなかたちにしておいて，本人が直接顧客に対してその意に反して責任を負うといったことは避けなくてはならない。

　また，このように代理店との区別を明確にしておくことは，代理店（保護）法の適用という点からみると大きな意味をもつ。とりわけ，開発途上国においては，国益や国内産業の保護を目的として特別法の代理店（保護）法を制

があり，わが国の輸入総代理店が国際的契約終了後，当該契約対象商品と競合する商品の取扱い及び製造を禁止され，また，当該商品の国内における再販売価格を維持するように義務づけられたのは，不公正な取引方法に該当する事項の内容とする国際的契約であるとされた。

　このように国際契約は，競争制限的効果をもたらさないか否かの検討が欠かせない。独占禁止法6条は「事業者は，不当な取引制限又は不公正な取引方法に該当する事項を内容とする国際的協定又は国際的契約をしてはならない。」と規定している。1997年の改正時に廃止されたが，同条には，2項，3項があった。同条1項の禁止

定している国が数多く存在する。そうした法律には，代理店（保護）法といいながら，代理店と販売店を判然と区別せず一括した保護を与えている例もあるが，代理店のみを明確に保護の対象とする立法例が多い。

　代理店（保護）法は，一般的にいって契約の成立認定，契約の終了・解約の条件，補償金の支払いなどについて規定しており，これが適用されるかどうかは，製造者・輸出者側の法的責任を論ずるうえで大きな影響をもたらす。

　さらに，国際的な販売店や代理店の契約では，進出先において損害賠償請求訴訟などを提起された場合に，その裁判管轄権が製造者・輸出者のもとにまで及ぶかどうかを考えておく必要がある。その点，販売店は製造者・輸出者の手足としてはたらいているわけではなく，"独立の"買主であることから，法的責任の追及からのがれやすいということができる。

　販売店を指定する場合，これに独占・一手販売権（exclusive selling right）を与えるかどうかを決定しなくてはならない。規定としては，Appointment「指名」という表題のもとに，以下のような内容になることが多い。

> "Manufacturer hereby grants to Distributor the exclusive right to sell or distribute Products in Territory and Distributor accepts such appointment."
> 「製造者は，本契約により販売店に，本地域において本製品を売却または販売する権利を付与し，販売店はその指名を受け入れる。」

　exclusive は，独占的・排他的ということであるが，具体的には，一定の販売地域内で契約期間中は他の販売店を選任し商品の販売をさせてはならないことを意味する。ただ，製造者・輸出者自身が販売地域内で直接販売することまで禁止されるかについては，解釈上争いがある。アメリカでは ex-

---

規定の実効性を確保するのが目的で，公正取引委員会が不当な取引制限または不公正な取引方法に該当する事項を内容とするおそれがあるとして規則で定める種類の国際契約について，契約成立の日から30日以内に公正取引委員会に届け出る義務を課していた。

　対象となる国際契約は届出義務が廃止されるまでずっと同じだったわけではないが，以下のような種類が含まれていた。①技術提携にかかわるもの，②継続的売買にかかわるもの，③商標権，著作権にかかわるもの，④共同購入，共同販売にかかわるもの，および，⑤輸出入の制限にかかわるものである。これらの国際契約については，

clusive な販売店を指名したら，指名者みずからも販売してはならないと一般に解釈されているというが，定説はないようである。したがって，とくに直接の販売を禁ずるときは，契約には必ずこの点を明記しておかなくてはならない。

また，exclusive な地位を与えられた distributor の側においても，exclusive だから競合製品（competitive products）を扱ってはならないという効果が当然もたらされるわけではない。契約中には，競業他社の製品の取扱禁止や最低購入量の保証についてはっきり規定しておくのがよい。

exclusive な地位を与えるということは一定地域への製品の流入パイプを一本化することにつながる。したがって，そのパイプに一定の太さを確保しておかないと販売政策上好ましくないことになる。また，販売成績の上がらない販売店との契約を解約しようとする際の解約事由として，この minimum purchase guarantee「最低購入量保証」違反が大きな意味をもつことが多い。

4　販売店契約と個々の売買契約の関係

販売店契約（distributorship agreement）は，通常，製造者・売主と販売店とのあいだで，特定の製品について，特定の地域における継続的取引関係を規定する基本契約である。販売店契約は，あくまで基本契約であるから，売買の対象になる個々の製品の種類，数量，船積条件，支払条件などについて具体的に述べているわけではない。個々の売買契約は，販売店契約に基づきつつ別個締結される。そこで，販売店契約においては，基本契約と個々の契約との関係を明らかにするための条項が入ることが多い。たとえば，

届出義務がなくなったいまも，独占禁止法の規定にふれるおそれがあるので，十分な注意が必要となる。

その内容チェックに手がかりを与えるのが，公正取引委員会が発する「ガイドライン」である。1991年7月に出された「流通・取引慣行に関する独占禁止法上の指針」（流通・取引ガイドライン）の第3部「総代理店に関する独占禁止法上の指針」は，輸入総代理店契約を検討するさいは，必ず見ておかなくてはならない。

同3部は冒頭に，「総代理店契約は一般的に競争促進に寄与し得るものであるが，契約対象商品や契約当事者の市場における地位又は行動いかんによっては，市場にお

"Each individual contract under this Agreement shall be subject to this Agreement."
「本契約の下での各個別の契約は，本契約に服する。」

のように書いてあったら，個別契約がすべて基本契約の適用をうけることを示す。ただ，これだけではなく，個別契約締結の方式について書くことがよくある。その場合には以下のようになる。

"Distributor shall submit a written firm purchase order stating the order number, the model numbers, the unit prices, the total amount and the required date of shipment, to Manufacturer for Products and Manufacturer shall confirm each of such purchase order by telex."
「販売店は，注文番号，モデル番号，ユニット価格，価格合計および要求される船積日を記載した確定的買い注文書を本製品について製造者に提出しなければならず，製造者はそうした買い注文のひとつひとつについて，テレックスにより確認しなければならない。」

契約は，当事者間における申込（offer）と承諾（acceptance）という意思表示の合致（agreement）によって成立するものであり，そのための手続をここに書く。契約によっては，承諾（acceptance）の手続を以下のように書くこともある。

"Seller's commencement of performance, delivery of supplies or acknowledgment of the Order shall conclusively evidence acceptance."
「売主の履行着手，供給品の引渡し，または発注書の受領確認は，確定的に承認の証拠になるものとする。」

これは，わが国の民法526条2項が意思の実現による契約の成立を認め，

ける競争を阻害することがある。」と述べている。

以上が，国際契約とわが国の独占禁止法とのかかわりだが，ほかに，アメリカの連邦反トラスト法や，EU独禁法についても検討が必要となることがある。

また商法509条が,商人による承諾の不発信を申込の承諾とみなすとしている趣旨と通ずる。

5　最低購入量の保証（minimum purchase guarantee）

先に,販売店に排他的・独占的（exclusive）な地位を付与することの半面,契約中には競合他社の製品の取扱禁止や最低購入量の保証についてはっきり書いておくのがよいと述べた。ここでは,最低購入量の保証について,具体的に内容を考えてみよう。

最低購入保証量を決めることの意味は以下にある。いったん独占的な地位を与えると販売実績が上がらなくとも,製造者としては,通常,みずからあるいは他の販売店を通じて対象製品を販売することは契約上許されない。一定地域において一定量の販売をどうしても確保したかったらその地域に1社しか置いていない販売店にたよるしかない。いいかえれば,独占的な販売店に指定しておきながら最低購入量を規定し要求しないのは,当然要求すべき製造者の権利を放棄したものとみられても仕方のないことがある。

最低保証の規定のしかたには,1年間いくらと定めるやり方と1年目はいくら2年目はいくらのように定めるやり方とがある。もっとも簡単な内容としては,以下のような例がある。

"Distributor guarantees annual minimum purchase of the Products from Manufacturer not less than U.S. $ 100,000."

「販売店は,製造者から年間最低10万米ドル以上の本製品購入を保証する。」

ただ,この表現だと10万ドルという金額がいかなる基準で最低とされるのかその算定基準があいまいになるおそれがあるので金額表示につづけて,

---

■ コンテンツ・ビジネス

contentには,書物,文書などの内容という意味があり,通常は,複数形で,「中身」,「内容物」の意味になる。本や英文契約書などに"Table of Contents"として,目次がついているものをよく見かける。

IT社会の,いまもっとも注目を集めている「中身」が,デジタルコンテンツである。コンテンツビジネスの成功などというときのコンテンツは,映画,アニメ,ゲームソフトなど,知的財産権の中身をさす。

2003年7月に政府の知的財産戦略本部が公表した「知的財産戦略推進計画」は,わ

"on a FOB New York Port basis"「ニューヨーク港 FOB 価格に基づいて」のように明確にしておくのがよい。

契約期間を通じての総量で，以下のように書くこともある。

"During the term of this Agreement Distributor warrants to purchase from Manufacturer Products in the minimum sum of Fifty Million Japanese Yen (¥50,000,000) in total."

「本契約の有効期間中，販売店は製造者から，本件製品を総額で最低5千万円購入することを保証する。」

この例文で guarantee ではなく warrant をつかっているのは，この文脈では，それほど両者間で差異はないのでとくに問題にならない。問題は，「契約期間中の総額で」というかたちの保証になっている点である。最低保証条項は，製造者側からすると重大かつ当然の要求であり，これに違反することは即重大な違反（material breach）にあたるというかたちで解約を根拠づけるものにしておきたいところである。半年や1年ごとの保証になっていれば，その不達成を理由に中途解約が考えられるが，この例では契約の期間が満了する時点にならなければ判断できないことになる。

また，最低購入保証不達成を理由とする解約を有効になしうるようにするためには，guarantee や warrant を best efforts basis でするというように"努力目標"化するのは好ましくない。明確な表現に心がけるとともに，その違反がただちに契約の material breach になると規定しておくのがよい。

が国の知財立国に向けた戦略の一つに，コンテンツ・ビジネスの飛躍的拡大を掲げた。

6 取引制限と独占禁止法

　一定の地域にあくまで一社の販売店しか認めない独占的地位を与えるからといって，論理必然的に最低保証や競争製品の取扱いを禁止する条項が入るわけではない。ただ，独占的・排他的地位を認めるからには，最低保証をとりつけるのが製造者側の当然の権利とみられることは上述のとおりであるし，加えて競争品取扱禁止条項を契約中にもりこむこともよくある。典型的なのは以下のような規定である。

> "Distributor shall not deal in or distribute the same as competitive with or similar to the Products in the Territory."
> 「販売店は，本地域内で本製品と同じまたは競争製品もしくは類似製品の取扱いまたは販売をしてはならない。」

　この種の条項は，独占禁止法にふれる競争制限的なものとみなされるおそれがある。たとえばかなり広い地域に強力な販売網をもつ販売店が一社の製品しか扱わないとするならば，その競争制限的な効果はきわめて大きいからである。

　もともとマーケット・シェアが高く力のある製造者が販売店を一社に限定するならば，購買者が他の販売店から製品を購入する機会は大きく損なわれる。また，力の強い製造者は，販売店に対して再販売価格の維持，販売地域の分割などを押しつけることがあり，この場合には，より競争制限的な効果が生まれやすい。

　そこで，これらの契約内容については，独占禁止法にふれることのないように十分な注意が必要である。独占禁止法制は，国によってはこれをまった

■ 世界の販売代理店関係法

　上欄で述べたように，各国には，販売店・代理店を保護したり規制したりする法律があるが，その態様は様々である。

　一例を挙げると，たとえば，台湾では，外国法人は国内取引や国際取引を行う商社および外国企業の支店を含む登録企業をその外国法人に代って商行為を行う代理店として指定することができる。ボリビアでは，本人と代理店との関係は，1977年3月29日に制定された商法典1248条ないし1259条に規定されている。契約当事者は，商法典の規定内で，自由に契約条件を合意することができる。

くもたないところもある。問題となるのは，当該販売地域に適用される進出国の独占禁止法である。その内容を十分に吟味しておかなくてはならない。

7 販売店契約とワランティ

売買契約の売主は，買主に対して一定の保証・担保責任を負っている。これは，19世紀の英国で判例によって発達してきた黙示的保証・担保（implied warranty）の法理によって，売主が目的物に瑕疵のないことや売買の目的に適合していることなどを黙示的に保証したことにされてしまうことと関連している。

したがって，売買契約においては売主がそうした保証をしないか，あるいは制限するのであれば，契約中に"No Warranty"条項を入れるなどしてそのことを明確にしておく必要がある。基本売買契約の性格をも有している販売店契約においても事情は変わらない。

逆に，製造者の側で保証・担保の範囲を明確にする意味で，次のように規定することがある。

"Manufacturer warrants that Products shall conform to the specification agreed upon between the parties."

「製造者は，本件製品が両当事者の合意した仕様書に適合するものであることを保証する」

また，次のように規定することもある。

"Seller hereby warrants to Buyer that Products shall be free from defects in design, material and workmanship for a one (1) year period from the date Buyer has resold Products to its customers in Territory and in any

---

ブラジルでは，本人と代理店との関係は，1966年12月10日に施行された法律第4886号によって規律されている。契約当事者は，自由に代理店契約の条件を合意することができるが，代理権の条件と一般的要件，代理権の対象となる製品の特定，代理権の存続期間を定めるか定めないか，定めるとすればその期間，代理行為に対する支払条件，代理行為が行われる地域等，さらに本人が予告なしに契約を解除する場合，代理店に支払うべき補償額の規定等は，契約に含めなければならない。

アブダビでは，本人と代理人との関係は1973年の代理店法によって規律されている。アラビア語の使用がすべての契約と取引において要求される。代理店と販売店は，商

case at least six (6) months from the date of the shipment of Products."
「売主は買主に対し，本製品が設計，素材，製造工程について欠陥のないものであることを，本件地域内において買主が製品を顧客に対して再販売した日から1年間，およびいかなる場合においても製品の船積の日から少なくとも6カ月間保証する。」

上記の例にも示されているように，販売店契約は，買主が一定の地域内において製品を販売（再販売）することを前提としている。そのために，売主と買主とのあいだの保証だけでなく，その先の最終買主（消費者）に対する保証・担保ということを考えておかなくてはならない。製造者からみると，これら最終買主とは契約関係にはないので，いわゆる製造物責任（product liability）の問題が生じる。

そのため，販売店契約においては，顧客（消費者）からのクレームに対していずれがどのように対処し責任を負うかを，以下のように規定することがある。

"If Manufacturer receives a complaint as to Product from any dealer or customer in Territory, Manufacturer shall convey such complaint to Distributor, who shall immediately make investigation and take proper action."
「もし製造者から本製品についての苦情を本地域内のディーラーまたは顧客から受け取った場合には，製造者はその苦情を販売店に連絡し，販売店はただちに調査をし適切な措置をとらなくてはならない。」

この場合，製造者のもとに寄せられたクレームについても販売店が責任を負うことになる。

業登記簿に登録することが要求される。アブダビ国民または同国民によって51パーセント所有されている企業だけが外国企業を代理することができる。

バーレーンでは，代理店および販売店業は，1975年10月のアミール政令によって規律される。この政令のもとに，すべての商業代理人または代理店は，商業・農業・経済省に登録されなければならない。代理店または販売店として活動する法人は，バーレーン法人として登録され，その資本の50パーセント以上がバーレーン国民によって所有され，かつその本店をバーレーン国内に置かなければならない。

クウェートでは，商業代理店は，1964年の管理令第36号により補足された1961年の

8 販売店・代理店保護法

　世界の多くの国に販売店や代理店を保護する特別の法律や法規制が存在する。海外に販売店や代理店を置いてビジネス活動を展開する企業にとっては，なによりもまず進出国にそうした保護法がないかどうか，あるとしたらその内容はどのようなものであるかについて，あらかじめよく調べておく必要がある。

　なぜ多くの国がこうした保護法を設けて販売店・代理店を保護するかについては，以下のような理由が考えられる。

(1) 弱い立場にある販売店・代理店の保護

　販売店や代理店は，販売・代理店契約の相手方（多くの場合製造者）に従属する弱い立場にある。製造者の側から製品の供給をストップされてしまうと販売店・代理店としてのビジネス活動を止めざるをえないばかりでなく，企業としての存続をあやうくされることさえある。こうした"弱者"を保護する立場によっている。

(2) 国内産業の保護

　これは，先進国よりは，発展途上国に多くみられる目的である。国内産業がまだ十分に競争力をたくわえていない場合に，外国からの優秀な製品が自由に流入するならば，国内産業の保護・育成に有害になるとの考え方に基づく。そのため，外国製品の輸入窓口を一本化し秩序ある輸入政策をとろうとしている国が多い。こうした国々では，その国の該当地域に一社の販売店・代理店しか置かせず，販売店契約や代理店契約を関係官庁に登録させるシステムになっているところが少なくない。

商法第2号により規律される。

　イスラエルでは，本人と代理店との関係は，オットマン民法典の残存規定により補足された1965年の代理店法によって規律されている。

　イラクでは，コミッションエージェントは，イラク革命指令委員会により制定された1976年1月15日付法律第8号により規律されている。1976年3月1日付代理店規則第1号は，法律第8号の施行に関する規則を規定している。

　レバノンでは，1975年2月6日付法令第9639号（発効日：1975年2月17日）により修正された1967年8月5日付法律第34号によって規制されている。総代理店は，

9 販売店・代理店保護法の内容

販売店と代理店とが法的にみて区別されるものであることおよびその違いについてはすでに述べたところであるが，保護法を考えるうえでも両者の違いに気をつける必要がある。

保護法にもいろいろあるが，ヨーロッパの多くの国の場合，代理店保護法として代理店契約の解約から生ずる不利益から代理店をまもる内容の法律になっている。この場合代理店保護法となっているので販売店には適用がないかというとそうではなく，規定を販売店にも類推適用できるようになっていることがある。ただ，ベルギーには，代理店ではなく販売店を保護するための「期間の定めのない一手販売契約の一方的解除に関する法律」があり，販売店契約の解約のさいの販売店への補償などについて規定している。

ドイツの場合，代理店については商法84条ないし93条cに保護規定があり，解除事由，契約関係終了後の相当なる補償請求権などについて規定している。販売店については特別の立法がなされていないが，判例は代理店に関する規定を一部販売店にも類推適用しようとする。

フランスでは，1958年の政令が，代理店契約の打切りにかかる代理店の補償請求権について規定している。販売店に関する特別の立法はないが，判例によって保護が与えられている。

その他，中東や中南米諸国にもかなり強力な代理店・販売店保護法がある。とくに中東における代理店保護法制は，内国民（法人）保護を前面にうち出しており，販売店や代理店などの名称や機能のいかんを問わず規制しているところに特色があるといわれており，販売店・代理店の解約・打切りに関連

その権利の法的保護を得るためには，商業登記簿に登録しなければならない。

サウジアラビアでは，1962年7月23日サウジ政令によって規律されている。

以上，販売代理店の規律・規則等についてそのごく一部を紹介した。

なお，世界各国の販売代理店関係法に関しては，Foreign Tax Law Association 発行のBi-weeklyBulletinに解説が掲載され，その翻訳がJCAジャーナル391号（1990年4月）より連載されていた。本稿もそれを参考にした。

して困難が生ずることが多いようである。

　このように国によって代理店・販売店保護法の内容はそれぞれ異なっている。進出先の法制をよく調査しておく必要が強調されるゆえんである。また，これら保護法規は一般に強行法規であり，準拠法を別の国の法律にしたからといって回避はできない。上記ベルギーの法律の場合，販売店の打切りなどに関連する紛争についての専属裁判管轄権をベルギーの裁判所がもつと規定されており，いわゆるフォーラム・ショッピング（*forum* shopping）「裁判管轄漁り」もきかないことになる。

　また，販売・代理店契約には次のように規定することがあるが，PL（製造物責任）訴訟のことを考えれば，この規定のもつ意味はお分かりいただけるであろう。

　"Seller is not liable for any consequential or indirect damages in any circumstances."
　「売主は，いかなる状況のもとにおけるあらゆる派生的または間接損害について責任を負わない。」

5 国際合弁・パートナーシップ契約

1 国際合弁の意義

　合弁のもつ一般的な意義は，共同事業を経営することである。国際ビジネス社会にあっては，この共同事業形態が海外進出のための有力な手段としてとらえられている。

　たとえば，ある会社が海外への進出を企てるとする。この場合，単独で進出するかあるいは現地の会社をパートナーに選んで共同のかたちをとるかについて選択が必要になる。合弁は後者のためのものである。つまり，合弁はパートナーと共同することにより，相互のもっている諸資源，たとえば一方の販売力と他方の技術力を組み合わせ補い合うことによって最適なものを生み出そうとする。

　合弁にはさらに，①一社だけでは達成できない大きな資金調達を可能にする，②事業に伴うリスクを相手方パートナーとのあいだで分散することができる，③現地パートナーの協力によりいわゆる現地化政策を推進し摩擦の緩和を期待できる——などのメリットがある。半面，合弁方式による進出にはデメリットもある。最大のデメリットは，単独進出の場合とちがい合弁事業を自分たちだけの意志で自由にコントロールできない点にある。国際合弁事業がパートナー間の意見のくい違いから挫折するケースはきわめて多い。

　合弁のことを英語では，アメリカを中心に joint venture（J.V.）と称する。

■ 国際合弁の心がけ

　国際的な合弁については，合弁の相手企業について十分知ることはもちろんであるが，進出先国の文化や国民の性格についても熟知しておくことが肝要である。そうした観点にたって，合弁の可能性や合弁後の対策を勘案すべきであろう。

　たとえば，具体的な例として給与体系。集団主義の風土のなかでチームワークを重視する日本企業においては，厳密な個人別の年俸制はなかなかなじみにくい。アメリカなどでは，それぞれのエグゼクティブやマネージャーごとに職務記述が明確で，それぞれの年俸がきまる。わが国でも，すでに多くの企業が，外部からの人材を導入し

一般に合弁（J.V.）の形態としては，会社を設立する場合とそうでない場合とに分けられる。会社がつくられるときは，これを合弁会社（joint venture corporation）という。わが国であれば，会社として合名，合資，株式，および有限の四種類のものが法律上みとめられるが，圧倒的に株式会社による例が多い。

合弁会社をつくることなく契約だけで共同事業であるJ.V.を行うこともあるが，そのさい，アメリカの場合であれば，パートナーシップを組成しこれによることがある。パートナーシップ合弁契約のポイントについては，246頁以下に解説してあるが，合弁において踏むべき最初のステップのひとつは，進出先の法的企業形態をよく知り，その知識をもとに現に行おうとしている合弁事業にもっとも適したものを選び出すことである。

2　合弁契約の特徴

新たに会社を設立して合弁事業を行う場合であっても，新会社設立と共同経営について当事者間で基本契約を締結することが必要になる。これが合弁契約（joint venture agreement）である。合弁契約は，会社成立を伴う場合，①合弁契約の設立に関する発起人契約および②合弁会社の運営についての主要株主間契約（major shareholders agreement）という二つの性格をあわせもつものである。合弁契約には共同事業のための基本精神を書くといっても，現地法人を合弁会社としてつくる以上，進出先現地の会社法のもとでの設立ということになる。したがって，合弁契約の内容もそうした会社法の枠のなかで考えなくてはならないという制約をうける。このことを念頭においたうえで，合弁契約の特徴をかかげるならば以下のようになる。

て開発力の増強を計ろうとしている。そうした場合，従来型の，平等主義ともいうべき年功序列の給与体系が障壁になる。まして，国際合弁においては，様々な文化を背景とする社員を抱えることになり，ジョイント・ベンチャー自体が，合弁当事者である会社の，あるいは，進出先の具体的制度や人的環境を十分把握して，すべての社員が納得する人事のルールを策定することは，ジョイント・ベンチャー成功のカギである。

合弁契約も契約である以上，契約自由の原則が支配し共同事業の目的，当事者の役割分担など精神規定的な内容をはじめとして，原則として何を取り決めてもかまわない。しかし，合弁会社の内容が設立準拠法の制約をうけるのは上述のとおりである。合弁契約はその性格上，通常の有償・双務契約とは異なり会社の設立とその運営という協同行為・合同行為のための契約である。合弁契約はまた，株主間契約であって新会社を当事者の一人とするものではない。ただ，事項によっては，合弁契約に定めたことを会社の定款に記載することで合弁契約の第三者である新会社に対して効力をもたせることができる。その場合には，合弁契約中に以下のような規定を入れる必要がある。

> "The Articles of Incorporation of the JV Corporation shall contain and be identical in form and substance with the provisions and terms set forth in this Agreement."
> 「合弁会社の定款は，形式および実質において本契約の条項および条件を含み，これと一致していなくてはならない。」

定款は会社にとって憲法ともいうべき基本的な取決めであるが，合弁契約は主要株主間契約であって定款とはレベルの異なる債権契約であることを忘れてはならない。ただ，定款は合弁契約の内容を，設立準拠法という一定の制約内で，最大限忠実に反映すべきものであることから，両者のあいだに矛盾やくい違いのないようにするための規定である。

また，新会社の設立後ただちにその代表者に合弁契約にサインさせ，内容を確認することも行われる。

■ 海外進出の法的諸形態

一般に海外進出という場合，進出の目的にしたがって進出形態を考えることになる。その際，考慮されるべき要素には，以下のようなものがある。

① 事業規模の大小
② 単独事業体として進出するのがよいか，共同事業体にするのがよいか
③ （単独事業体で進出する場合）いかなる形態がよいか（社員出向，駐在員事務所，支店など）
④ （共同事業体の場合）いわゆるエクイティ・タイプの合弁企業にするか，それ

3　合弁契約と付随する諸契約

　合弁契約は，主要株主間の合弁事業についての合意であって基本となるものであるが，新会社を当事者とするものではないため，合弁事業を遂行するには別に新会社とのあいだでいくつかの契約を結ばなくてはならない。いまＸという日本の会社（メーカー）が米国カリフォルニア州に進出するに際して現地のＹ会社との合弁会社［ＸＹ］社の設立（50パーセントずつ出資）によることにしたとする。Ｘ社は，その製品の米国での現地生産のための拠点・工場としてこの合弁会社を活かそうと考えている。そこで合弁パートナーの役割分担としては，(イ)工場の建設，プラント，設備，工場用地の確保，(ロ)原材料，部品の供給・調達，および(ハ)製品の米国市場における販売についてはＹ社が担当し，一方，(ニ)製品製造上のノウハウの技術援助・ライセンス，および(ホ)製品に使用する商標のライセンスについてはＸ社が担当することになった。

　この場合，次図のようにＸ社，Ｙ社それぞれと［ＸＹ］社（合弁会社）とのあいだには，合弁契約とは別に技術援助契約，販売代理店契約，商標ライセンス契約，部品供給契約などが締結されるのがふつうである。

　これらの契約のことは，合弁契約中に書けばそれでもよさそうな気がするが，合弁契約とこれらの契約とではまず当事者が異なる。たとえばＸ社と［ＸＹ］社とのあいだの商標ライセンス契約は，Ｙ社と直接関係がない。Ｘ社からみれば［ＸＹ］社は子会社であるが，同時にＹ社の子会社でもある。いかに親子会社間であっても，このように第三者の利害も深くかかわってくるときには，一般的にいってきちんとした契約を別途作成するようにしたほ

　　ともノン・エクイティ・タイプにするか
　⑤　エクイティ・タイプの場合，いかなる事業形態にするか（株式会社か有限会社かその他の形態かなど）
　⑥　ノン・エクイティ・タイプの場合，いかなる共同事業形態をとればよいか（ゼネラル・パートナーシップかリミテッド・パートナーシップかなど）
　⑦　進出パートナーは単独か，それともコンソーシアム方式をとるか

　以上のような選択肢が，進出国の法律によっては，意味のないものであることに注意する必要がある。②に関していえば，ほとんどの国で合弁企業形態による進出を認

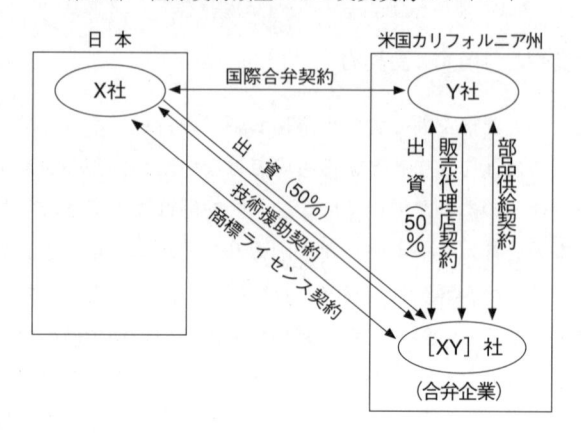

第Ⅳ部　国際契約類型ごとの英文契約のポイント

```
       日本                          米国カリフォルニア州
      ┌─────┐   国際合弁契約    ┌─────┐
      │ X社 │◄───────────────►│ Y社 │
      └─────┘                   └─────┘
         ▲ ▲ ▲    出資(50%)        ▲ │ │
         │ │ │                      │ │ │ 部
         │ │ │    技術援助契約       出 販 品
         │ │ └─────────────────    資 売 供
         │ │      商標ライセンス契約 (50%) 代 給
         │ └──────────────────         理 契
         │                              店 約
         │                              契
         │                              約
         │                              │ │ │
         │                              ▼ ▼ ▼
         │                          ┌─────┐
         └─────────────────────────►│[XY]社│
                                    └─────┘
                                    (合弁企業)
```

うがよい。さらに合弁では，株式を相手方パートナーやそれ以外の者に売却して合弁から撤退する場合のことをよく考えておかなくてはならない。つまり，対子会社だからということでついつい契約関係を不明確にすると合弁から撤退はしたものの，たとえば商標権の使用関係が，合弁会社とのあいだで，あいまいなまま残存してしまうことすらありうるからである。

別途の契約にする場合の合弁契約中の条項例としては以下のようなものがある。

「"X grants authorization to ［X Y］ to use the trademark of ＿＿ on the following conditions that〜; the details of which are to be concluded separately between X and ［X Y］."
「Xは［X Y］が＿＿という商標を以下の……という条件のもとで使用する権限を授権する。その詳細は，Xおよび［X Y］とのあいだで別途取り決められるものとする。」

める。旧ソ連の場合，合弁法は1987年に制定されている。その後外国企業の単独進出も認めるようになった。合弁法にしても制定当初は外資は49％までしか出資できなかったが，現在ではそうした制約は取り去られた。

単独事業体の進出においても，新たに会社を設立するのか，それとも既存の企業をM＆Aによって手に入れるのか，という二通りが考えられる。近時は，ハンガリーなどを中心に外国企業による国内企業の株式取得を行うケースが増えてきた。M＆Aには，たしかに会社を設立してから資材，工場用地，労働者などを確保していく必要がない点有利な投資形態である。反面，旧ソ連・東欧圏でのM＆Aには，以下のよ

会社設立による国際合弁契約の内容は，大きく分けると，(1)会社の設立，(2)会社の運営，(3)当事者（合弁会社の親会社）の役割，および(4)その他の一般条項から成る。合弁契約の本体部分といえば，(1)～(3)であるが，それぞれポイントがあるので以下に検討してみよう。

4　会社の設立に関する規定

会社の設立に関する部分には，新会社としてどのような形態によるのかをまず書く。

"Upon obtaining the necessary authorization, the parties hereto shall form a company with liability limited by shares."
「必要な認可が得られると同時に，本契約の当事者は株式会社を設立しなくてはならない。」

この条項例では，株式会社を設立することとしているが，当然のこととして合弁会社を設立する現地の法律に株式会社の企業形態があることが前提となる。極端な話が，株式会社という企業形態がなければこうした条項も無意味である。

それから，設立の形態として，日本であれば募集設立か発起設立によるかの別を明らかにする。また，出資の形態として以下の条項例のように現金による出資か現物出資かを明記する。

"At the time of the incorporation of NEW COMPANY, the parties will subscribe to ＿＿ shares in exchange for cash as follows:"
「新会社設立時に，当事者は＿＿株を以下のとおり引き受け，現金で払い込む。」

うなデメリットがあったことに注意すべきである。
　a）対象企業の資産，運営についての評価がむずかしい。
　b）東側諸国で"売りに出される"企業の多くは，設備が老朽化しており，しかも人的資質面でも西側の予想をはるかに下回ることが多い。
　c）M&Aにかかる法整備がなされていないため，仮に買収に成功しても，西側企業は，いつも潜在的，将来的な法的リスクに悩まされる恐れがある。
しかしながら，1990年10月には旧ソ連で外国投資家によるソ連株式その他債権の取得を認める大統領令が公布され，ブルガリア，チェコスロバキア，ユーゴスラビアに

次の条項例は，一部現金一部現物による払込みを認めるものである。

"X shall subscribe for fifty percent（50%）of the shares and pay for such shares in cash or one portion of them in cash form and the other portion in material form."

「Xは株式の50パーセントを引き受け現金で払い込むか，あるいは一部を現金で他を現物で払い込まなくてはならない。」

　現金で出資する場合，**単純設立**と**クロージング設立**がある。前者は，日本側パートナーと外国側パートナーがはじめから共同で出資し合弁会社を設立する方法である。後者では，まず一方の当事者のみで出資して合弁会社を設立し，その後予め定めたクロージングの日に増資をして新株を他方当事者に割り当てる。クロージング設立を行うためには，クロージングで新株配当をなしうるだけの授権資本をもっていなければならず，合弁契約中にはクロージングの手続をより詳細に書くことが必要になる。

　次に，新会社の概要として，会社の目的，商号，本店所在地など，定款における主要記載事項を書く。これとともに，新会社の資本金，当事者の出資比率，授権株式数，一株の金額，引受株式数と払込金の支払方法，株式の種類と株券発行の有無なども書く。なかでも重要なのは，当事者間の出資比率であって，これによって合弁当事者の力関係はもちろんのこと合弁契約の内容が大きく変わってくる。いちばん多いのが，両当事者が対等の出資をする50：50の場合（いわゆるイコールパートナー型）であるが，契約内容はすべて当事者の対等な関係を前提としてつくられる。この場合，たとえ1パーセント持株比率が変動しても，さまざまな点に影響が出てくることは避けられず契約全体を見直さなければならない。

おいても外国人による株式などの取得が相次いで認められるようになった。以上述べたような，かつて東西合弁と筆者がよんだ政治・経済体制の異なる国の企業との国際合弁のノウハウは，いま中国における日中合弁事業にもっとも生かされる（長谷川・斎藤『東西合弁の法律実務』参照）。

そこで，合弁契約には**出資比率の変動をもたらすような事項**について規定がおかれる。ポイントになるのは，①新株引受権の付与と増資・減資の手続，および，②株式の譲渡制限である。①の新株引受権については，通常 Preemptive Rights の表題のもとに，以下のような規定を置いて新株引受権を確保しておく必要がある。

> "Each party hereto shall have preemptive rights to subscribe to all shares to be newly issued by COMPANY as shareholder in COMPANY."
> 「本契約の各当事者は，当〔合弁〕会社の株主として当会社が新たに発行するすべての株式を取得する新株引受権を有する」

5 新会社の運営に関する条項

ここでは，①株主総会，②取締役会，③役員，④会計監査などに関する規定が問題になる。株主総会は株式会社における最高の意思決定機関であるし，取締役会は業務執行上の意思決定をする機関として，ともに会社をコントロールするうえでは重要な地位を占める。株主総会は，法律で定められた事項のほか定款に定められた事項についても決議する権限をもつことが多く，新会社の事業方針の変更など合弁事業者に重大な影響を及ぼすと思われる事項は具体的に合弁契約中で規定するのがよい。同様に取締役会についても，重要な決議事項で特別多数の同意を必要とするような事項を明確にしておくとよい。

わが国では，代表取締役が会社の日常的な業務につき会社の業務を執行するが，会社の執行役員（officers）に関する法の内容は，英米法と大陸法とのあいだで異なるので合弁会社の設立準拠法に沿って考えなくてはならな

い。

　業務上のコントロールを行うためには，合弁当事者間での子会社運営についての意志調整上，取締役会とは別に経営委員会（managing committee）のような組織を設けることもある。

　一方，会計上のコントロールには内部の機関によるものと会計監査法人のように外部の者によるものとの二通りがある。ここでも，たとえばわが国やドイツの会社法にみられる監査役（statutory auditor）制度がどこの国の会社にもあるかというと，英米法系の国にはないのが一般である。外部の監査としては，国際合弁であればある程度国際的な監査基準に従った監査を行うことのできる会計士事務所の監査によるとすることが考えられる。以下の条項は，そうしたもののひとつである。

"The COMPANY'S financial books shall be audited annually at the COMPANY'S expense by an internationally recognized firm of certified public accountants."

「当会社の会計帳簿は，毎年当会社の費用でもって国際的に認められた公認会計士事務所による監査を受けるものとする。」

6　合弁当事者の役割

　合弁会社を設立しただけで合弁当事者の役割が終了するわけではないことはもちろんである。合弁会社は，合弁当事者の意志に沿って合弁事業を遂行していく。その過程で合弁当事者は継続的に一定の役割を果たしていかなくてはならない。そうした役割として契約中に規定される事項としては，①資金調達，②工場用地の確保，工場・プラントの建設，③原材料・部品の調達，

④製品の販売・商標使用，⑤技術援助・ライセンスなどがある。

これらの事項中，たとえば③，④，および⑤に関して合弁当事者と合弁会社とのあいだで個々的な契約を締結することについては，先に説明したとおりである。ここではとくに資金調達について述べておくことにしよう。合弁会社の資金調達方法には，親会社からの借入れ，外部のたとえば金融機関からの借入れ，新株発行などが考えられる。最後の新株発行は，上述のように合弁当事者の出資比率に直接影響を与えるのでとくに慎重な配慮が必要になる。他の場合にもたとえば金融機関からの借入れについては，次のように，当事者の役割の内容を明記しておくのがよい。

> "If, as a condition to grant any such loan, the lender requires guarantees, the parties hereto undertake to provide the guarantees, each in proportion to its shareholding in the COMPANY."
>
> 「もし借入条件のひとつとして貸主が保証を要求するときは，本件契約の当事者はそれぞれ当〔合弁〕会社における株式保有率に応じて保証をなすことを約束する。」

7　パートナーシップとは何か

合弁の形態は，会社を設立する場合のみにかぎられないことは235頁に述べたとおりである。合弁事業といえば会社，とりわけ株式会社を設立して行うことが多いが，アメリカなどにおける国際合弁ではパートナーシップ合弁が少なくない。

パートナーシップは，ローマ法に起源を見いだすことのできる企業形態である。中世イタリアを経てイギリスにも比較的早くから入りこみ，次第にコ

■ **パートナーシップ（Partnership）**

パートナーシップは，2人以上の者が共同して行う事業形態の一つで，その関係もしくは契約をさす。パートナーシップの起源は，よく分かっていない。その形態のあるものは，人間が集団で社会性活を開始した頃から存在していたといわれる。英米法におけるパートナーシップもその源流は，ローマ法であり，あるいは law merchant とよばれる商慣習法であって，いずれにしても非常に古い。

米国においてパートナーシップは，英国におけると同様，長いこと各州の判例法によって支配されてきた。ところが，今世紀に入って1914年，統一パートナーシップ法

モン・ローのなかに同化した。アメリカでは，はじめ各州がそれぞれ州法でパートナーシップを規律していたが，1914年，統一州法委員会全国会議 (National Conference of Commissioners on Uniform State Laws) が，統一パートナーシップ法 (Uniform Partnership Act, UPA) を発表して州法の統一をはかった。現在，ほとんどの州で UPA を採択している。

パートナーシップには，リミテッド・パートナーシップとよばれる種類がある。これに対し普通のパートナーシップのことは，ゼネラル・パートナーシップとよんで区別する。リミテッド・パートナーシップについても，1916年，同様に「統一リミテッド・パートナーシップ法」(ULPA) が発表され，ほとんどの州で採択されている。

パートナーシップには，法人格が認められない。この点を除けば，実体はゼネラル・パートナーシップがわが国の商法上の合名会社に，リミテッド・パートナーシップが合資会社にそれぞれ類似している。

パートナーシップは，後述するように税務面で大きなメリットがあり，損失が生じたときにも一面でこれを"有効に利用"することができるため，石油・ガスの採掘やベンチャー・キャピタルのように，失敗に終わる確率のほうが高いハイリスクの事業に多く使われる。リミテッド・パートナーの出資分を細分化・小口化して広く投資家に売り出すこともあり，「不動産の証券化」のなかでこれが用いられることもある。

8　パートナーシップ合弁の損失

パートナーシップで合弁事業を行うことのメリットはどこにあるのだろうか。パートナーシップには法人格が認められないことと関連して，まず，税

(UPA) が，統一州法委員会全国会議によって発表され，現在ではほとんどの州でこれを採択している。

パートナーシップには，通常のもののほかにリミテッド・パートナーシップ (limited partnership) というものがある。これは英米コモン・ロー上は知られていない概念であったが，1882年にニューヨーク州がフランス法にならってこれを採用して以来多くの州が追随した。1916年には「統一リミテッド・パートナーシップ法」が発表されて，やはりほとんどの州によって採用されている。リミテッド・パートナーシップは，法人格がない点を除けばわが国の合資会社に似ている。業務を執行し，か

法上いくつかのメリットが考えられる。つまり，パートナーシップ自体が課税の対象になるわけではないので，合弁事業のパートナーになる親会社にパートナーシップの利益および損失が直接配賦されることになる。このことは，損失に関してより大きな意味をもつものといってよい。とくにパートナーが多くの黒字をかかえる会社の場合，パートナーシップによる合弁事業の開始時に予想される損失や市場開拓費を親会社の利益と相殺することで"黒字減らし"に役立たせることができる。また，一部の国では investment tax credit（投資税額控除）を親会社において即時に利用できること，創業当初の加速償却の親会社段階での利用ができることなどの節税メリットがある。

　パートナーシップ合弁には，法律手続面でのメリットもある。いずれの国においても株式会社を設立するには一定の設立手続や場合によって認可が必要になる。パートナーシップであれば，契約による合弁事業であるから，株式会社設立に要求されるような面倒な手続はいらない。また，一般に会社の組織や運営は，設立準拠法の会社法に従わなくてはならないが，パートナーシップの場合には，合弁契約＝パートナーシップ契約のなかで，自由に組織・運営面のことを規定することができる。

　半面，海外でのパートナーシップ合弁には日本企業にとってのデメリットもある。現地パートナーで黒字をかかえる会社にとって上記税務面でのメリットは十分に享受可能であるが，進出する側の日本企業は，子会社を通じての出資ということから，"相殺"に供すべき利益をそれほどもたないことが多い。

　また，法律手続面についても，わが国では株式会社はなじみがあるもののパートナーシップという事業形態についてはそれほど知られていない。その

つ無限責任を負う general partner と，業務執行に関与せず，利益の配当は受けるが責任が有限であるところの limited partner とから成るからである。1986年8月，当時の住友銀行が米大手証券会社のゴールドマン・サックス社（Goldman, Sacks & Co.）へ資本参加することが大々的に報道されたが，この出資は，limited partner として参加する形態であった。

　リミテッド・パートナーシップはあまり利用されていないが，ブロードウェイのミュージカルは，これによって制作されることが多い。また，税法上パートナーシップの損益は各パートナーに帰属するという点を利用して，各パートナーにパートナーシ

ため，とくにゼネラル・パートナーとして合弁事業に参加するさいの無限責任に対する不安感などがマイナスに作用することもある。

9　パートナーシップ合弁契約のポイント

　パートナーシップ契約は，内容的にはわが国の民法のもとでの組合契約に似ている。ただ，パートナーシップの名称・主たる事業の場所・目的などを書く条項，各パートナーの出資額および割合を書く条項が入る点は，かえって会社設立合弁の場合に似てくる。

　だが，パートナーの役割について規定する部分となると変わってこざるをえない。つまり，パートナーといっても，ゼネラル・パートナー（GP）とリミテッド・パートナー（LP）では，その役割と責任において大きな違いが生ずる。GPは無限責任を負うのに対し，LPは有限責任しか負わないことがその権限に反映するといってよい。そのため，GPについては次のように規定される。

> "The general partners shall respectively have an equal voice in the management and conduct of the partnership business."
> 「GPはそれぞれ，パートナーシップの事業の運営と遂行につき対等な発言権をもつ。」

のような規定がなされるのに対し，LPについては，

> "The limited partners shall not take part in the management of the business or transact any business for the partnership."
> 「LPはパートナーシップの運営に参画し，あるいはこのために（代理して）取引をしてはならない。」

ップの減価償却を利用させる目的で石油・ガスの採掘などに利用されることも多い。

それというのも，LP は有限責任しか負わないので，経営に参画する権利がないのである。パートナーシップ契約には何を規定してもよいとはいっても，LP のこうした基本的性格を逸脱するような規定を置くことはできない。いいかえれば，そうした内容の規定をしても，たとえば賠償責任が問題となるようなケースがいざ起こったときには，裁判で有限責任の前提が否定されることがありうる。

GP は，パートナーシップの運営を任されるが何をやってもよいというのではなく，一定の重要事項については LP の承諾がなくてはなしえないとすることはできる。その場合にも，GP と LP の性格を根本からひっくり返すような規定をすると，上記と同じ問題が生じる。

パートナー間の基本的な権利義務については，パートナーシップが組織される現地にパートナーシップ法があればそれに従うことになる。アメリカの場合，各州で採択している上述の UPA，ULPA によることになるが，その点を明らかにしたうえで LP の有限責任を次のように規定する例もある。

"In accordance with and subject to the Uniform Limited Partnership Act of the State of New York, no limited partner shall be bound by, or be personally liable for the expenses, liabilities, contracts or obligations of the partnership or the general partner."

「ニューヨーク州の統一リミテッド・パートナーシップ法に従いそのもとで，いかなる LP も個人的にパートナーシップまたは GP の費用，責任，契約もしくは義務について責任を負わない。」

収益（profit）と損失（loss）の分配は，上述したとおり，パートナーシップ合弁を行う根本的なメリットとかかわるので，慎重に規定されなくては

■ わが国の LLP（Limited Liability Partnership）

2005年4月27日，「有限責任事業組合契約に関する法律」が国会で可決・成立した。いわば，日本版 LLP を民法上の組合の特例として導入しようとするものである。有限責任制，内部自治原則および構成員課税の3点を特徴とする。

ならない。ただ，ふつうであれば，次のように規定されることになろう。

"Losses shall be borne by the partners in the same proportion as their respective share of carital contribution."

「損失は，その出資の割合に応じてパートナーによって負担される。」

パートナーシップは，組合契約と同じように人的色彩の濃いものである。したがって，パートナーによる解散決議などのほか，GP の退任，死亡などを終了（termination）の事由に加えることがよくある。

6 M＆Aと契約

1 M＆Aの法的諸形態と契約

　M＆Aがmerger and acquisitionの略であり，いわゆる企業買収をあらわすことは，いまではよく知られている。M＆Aは，それがどこで行われるかによって，適用される法律を考えなくてはならない。たとえば，日本の企業がアメリカにおいて現地の企業を買収するのであれば，相手企業の設立準拠法である州会社法だけでなく，連邦の反トラスト法や証券諸法の適用について慎重な検討が必要になる。

　ただ，アメリカ各州の会社法，日本の会社法のいずれのもとにおいても，おおよそM＆Aの法的形態は，(i)吸収合併（merger），(ii)営業譲渡（sale of assets），および(iii)株式の買取り（purchase of stock）の三つに分かれる。それぞれに特徴をもっており，問題となるM＆Aにふさわしい形態が選ばれなくてはならない。

　簡単にこれらの諸形態のそれぞれについて説明しておこう。まず，mergerは，二つ以上の会社が契約によって合体してひとつになることをいう。当事者の一方が解散して他の会社に吸収される吸収合併と，当事会社の全部が解散して新会社を設立する新設合併の二種類があるが，mergerは前者をあらわす。一方が他を"呑みこむ"かたちの企業買収に使われることを考えればすぐ納得がいくであろう。

■ 敵対的M＆Aの登場

　M＆Aを友好的なもの（friendly）と敵対的（hostile）なものとに分けるのは，アメリカから入ってきた考え方といってもよいであろう。M＆Aが友好的か敵対的かの区別は，企業買収が買収対象企業の経営陣の同意のもとに行われるかどうか，という観点からなされる。M＆Aには大きく分けて，合併，営業譲渡，および株式取得の3つの法的形態があるが，前2者は契約によってなされるために，少なくとも最終的には被買収企業の同意なしにはできないものである。

　一方，買収しようとする企業の経営陣が買収されることに反対する（あるいは，反

sale of assets は，わが国の商法でいう営業譲渡に近いものと考えてよい。有機的一体として営業を構成する財産を，契約によって他に移転すること，あるいはそのための契約を意味する。現在アメリカで進行中のＭ＆Ａブームには，不採算部門の切り捨て，合理化などのリストラクチュアリングといわれる動きに特徴があるが，企業の一部門や事業を一括して他に譲渡・処分するような場合に，この sale of assets を用いることが多い。

　purchase of stock は，Ｍ＆Ａの対象となる会社の株主から株式を買い取ることをいう。典型的には，対象会社の株式を50パーセント以上保有する親会社から一括して株式を譲り受け，新たな親会社として対象会社を支配下におさめることである。対象会社が公開会社であって不特定多数の株主がいるときには，株式公開買付（takeover bid, TOB; tender offer）によって，証券取引所外で大量の株式を一気に買い集めようとすることも行われる。

　これらＭ＆Ａの法的諸形態と契約との関連を考えてみよう。合併および営業譲渡はともに契約によって行われる。ただ，法的性質でいうと，合併は団体法上の契約であるのに対し，営業譲渡は通常の取引上の契約である。その結果，合併においては，被合併会社の全財産が包括的に合併会社に引き継がれ，営業財産の一部のみを対象にするといったことはできないのに対し，営業譲渡ではこれが可能である。

　合併および営業譲渡と同じように株式の取得も契約で行われるが，その間には大きなちがいがある。合併および営業譲渡の契約は，少なくとも最終的には，被買収会社の経営陣の同意がなくては成り立たない。一方，株式の取得はたとえ大株主から株式を譲り受ける場合であっても，被買収会社の経営陣の意に反して行うことができる。会社との取引ではなく，あくまでその株

対することが予想される）状況下で，むりやり買収を強行しようとすれば，一般的には多数の株主の手にある株式を買い集める以外にない。敵対的Ｍ＆Ａということばが生まれるはるか以前から，わが国にも会社の「乗っ取り」事例がいくつかあった。古くは白木屋事件があり，記憶に新しいところでは，ナミレイによる高砂熱学工業買占め，ダイエーによる高島屋株の買占め，あるいは，誠備グループによる宮地鐵工所株の買占め事件はよく知られている。すべて，いうまでもなく「敵対的」な企業買収事件であった。

　これらの先例からも分かるように，敵対的Ｍ＆Ａにおいて，「乗っ取り」の常套手

主との取引だからである。そのため，株式の取得は，敵対的なM＆Aを成り立たせるためには不可欠の手段ということができる。わが国にも敵対的M＆Aということばが一般的になるずっと以前から株の買占めによる"乗っ取り"のケースがあった。対象会社が買収されることをのぞまないところをむりやり敵対的に買収しようとしたら株主にアプローチし，会社の支配権を獲得するまで株式を集めるのがもっとも適切であるし，唯一の方法であることも多い。

2　M＆A契約の流れ

M＆A，いってみれば会社という対象物の"購入"である。前記三つの形態のいずれをとるにしても，M＆Aのための契約には，一定の流れがある。これを一般的なケースについて時間的経過を図示するならば，次のようになる。

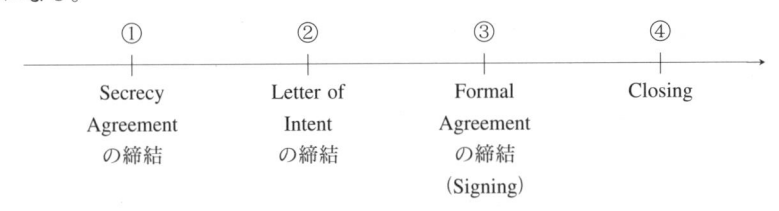

```
      ①              ②              ③              ④
      |              |              |              |
──────┼──────────────┼──────────────┼──────────────┼──────────▶
   Secrecy        Letter of        Formal          Closing
  Agreement        Intent         Agreement
   の締結          の締結          の締結
                                  (Signing)
```

M＆Aは会社の"購入"であるから，買収する前に対象会社の"値ぶみ"をしなくてはならない。一般に友好的な買収であれば，対象となる会社から非公開資料を提供してもらう，あるいは工場や研究所をみせてもらうなどして，evaluationという作業を行うことになる。ただ，非公開資料を提供する側としては，買収が達成されることなく途中で終わったときのことを考える

段は，株式の買占めである。乗っ取り側と，乗っ取られまいとする側とで，会社支配権をめぐって株の"奪い合い"がくり広げられるのがあたりまえになっている。しかしながら，株の買占め事例として知られたこれらの事件の時代は，わが国の企業風土には，まだ敵対的企業買収を"悪"とする考え方が根強かった。ところが，わが国における事情を一変させ，日本的企業風土の見直しを迫るようにして起こったのが，ブーン・ピケンズ氏対小糸製作所の「敵対的M＆A事例」である。

ピケンズ氏の率いるブーン社は，1989年に入り，トヨタ自動車系の自動車ランプメーカーである小糸製作所の株式を取得し，名義書換を経て，同社の筆頭株主になった。

と，非公開情報を何らの手当てもなく提供するわけにはいかない。そこで，秘密情報の提供者（被買収予定会社）と被提供者（買収予定会社）とのあいだで秘密保持契約を結ぶことが多い。この契約のことを，Secrecy Agreement, Confidentiality Agreement, あるいは Non-disclosure Agreement という（秘密保持契約の具体的内容については，302頁以下参照）。

evaluation がすすみ，当事者間で，ある程度買収についての基本的な合意がまとまってきた段階で，予備的合意書という仮契約書的なものをとり交わす。これを Letter of Intent という。M＆Aや合弁のように当事者にとって大きな契約であればあるほど，一回の正式契約ですべてを完成させるという，ある意味でリスキーなことはしづらい。合意をすこしずつ積み重ねていって最終ゴールへというのが通常のステップであろう（「予備的合意」については，149頁以下参照）。

最終的に買収の合意ができ上がれば，いよいよ正式契約（Formal Agreement）の締結である。ただ，ここでも注意すべきことがある。正式な最終契約の締結といっても，これはあくまで契約書の調印（Signing）にとどまり，たとえば現金の交付とひきかえに株券の授受がなされるわけではない。契約は諾成的に行われ，実際に取引が完成するのは，清算結了（Closing）のときをまたなくてはならない。契約の時点と実際の取引の実行とが時間的にずれるのは，やはりリスクを軽減するという考えに基づくものと思われる。

ファイナンスに関連して，たとえば国際ローン契約，リース契約，証券発行による資金調達の契約など，比較的大きな契約にはこのように諾成的になされるものが多い。契約が諾成的であるということは，取引実行までに時間的間隔があることを意味する。契約内容としても，その間隔を利用して一定

同年4月には，小糸側に「役員を派遣して積極的に経営に参加，貢献したい」と申し入れたが，小糸側にやんわり断られてしまう。ピケンズ氏は，これにひるむことなく，1989年6月に開かれた小糸の定時株主総会にみずから出席し，トヨタ自動車から派遣されているのと同じ数（3名）の取締役をブーン社が選任することを要求したが否決された。同氏は，1990年6月の定時株主総会にも出席し，「閉鎖的な」わが国企業社会の構造を訴えた。

この事件の根底には，日米における企業文化の違いが横たわっている。会社はだれのものか，といわれれば日本，アメリカのいずれの法律の下でも，株主のものという

の条件 (conditions) が満たされることを要求するなど、これによって大きな影響を受ける。

なお、251頁の図は典型的な時間的経過と締結される契約類を示したものであって、すべてのM＆Aがこのような流れになるわけではない。敵対的M＆Aでは、上記のところから分かるように、買収対象会社とのあいだでこうした契約はとり交わさないであろう。また友好的M＆Aでも、Confidentiality Agreement を Letter of Intent のなかに組み込ませたり、双方とも省略したりすることはありうる。

3　株式買取契約の意味

M＆Aの法的諸形態との関連で、M＆Aに必要とされる契約について検討したが、ここでは、M＆Aに必要とされる契約のうちでも、株式買取契約 (stock purchase agreement) における内容上のポイントをみてみよう。

M＆Aの法的形態のなかでも、株式を大量に所有する者からまとめて買い取ることはよく行われる。ある会社の株式を100パーセントもつ者からそっくり保有株式を譲り受けるなら、その会社を子会社として完全に支配することができることはいうまでもない。

株式の売買といえば、株式を譲り渡して（受けて）代金を受け取れ（支払え）ばよいと考えがちであるが、M＆Aにおける株式の売買は会社の支配権の移転を目的とするものであることを忘れてはならない。株式を売買することが、即会社の支配権の移転を意味する。

のが正しい。しかし、わが国では、会社は、実質的に経営陣あるいは従業員のものであり、株主といっても、いわゆる安定株主の意向がきわめて大きくはたらく。そこで、とくに累積投票制の定款による排除が認められているわが国においては（商法256条ノ3）、筆頭株主であろうと、一人の取締役も取締役会に送りこめないといったことが起こりうる。これに対して、会社の"オーナー"である株主の論理をふりかざして挑んでいるのがピケンズ氏である。いわば、彼は日本的企業風土そのものを問題としているととらえることができる。

ピケンズ氏側の論理は、株主の権利にもとづく「正論」である。アメリカには、敵

4　内容上のポイント

英文契約には，本文に入る前に WHEREAS Clauses とよばれる前文がくることが多い。ここには，契約そのものの前提となる事実やその背景・目的が書かれることになっている。ここにたとえば，以下のように書かれてあったとする。

> "WHEREAS Sellers are the owners of all the issued and outstanding shares of ABC, Inc;"
> 「売主らは，ABC 株式会社のすべての発行済株式の所有者であるので，」

売主は複数で，ABC, Inc. の株式を100パーセント保有していることがここからわかるが，同じように50パーセント，60パーセントの株式保有にとどまる場合にもこれを明記するのがのぞましい。株式保有率がその会社の支配権を左右するからにほかならない。

株式の売買といっても，契約書の調印および株券と代金の授受を一度で済ませてしまうことはまれである。他の形態によるM＆Aの場合と同様，まず契約を諾成的に締結し，その後しばらく時間的間隔をおいてからクロージング（清算結了）になるという経過をたどる。契約の時点と実際の金銭の貸付がずれて要物性をもたない英米式のローン・アグリーメントと構造が似てくる。いずれもリスク分散に目的があるといってよいであろう。

クロージング（Closing）に関する規定には，日時，場所を明記して以下のように書く。

> "The sale and purchase provided in this Agreement shall be consummated at a closing to be held at the office of Purchaser at ＿＿＿ in Los Angeles,

---

対的M＆A擁護論がある。それは，経営陣の経営ミスや経営手腕のまずさによって株価と企業価値に乖離が生じたときに，敵対的にでもこれを追い出して，会社を株主の利益に奉仕するための本来の姿にとり戻すことが可能でなければならず，そのためには，敵対的M＆Aが必要である，という考え方である。ピケンズ氏のケースは，敵対的M＆Aを，「正しい側」の論理の行使として行い，それが日米間の企業風土の違いを際立たせる結果にもなった。

敵対的M＆Aに関しては，前述のように株式の"奪い合い"が行われるのが常である。こうしたなかで，会社の現経営陣が，買収を阻止しようとしてとる対抗手段に

California."

「本契約に規定された売買は，カリフォルニア州ロサンゼルス＿＿＿におけ る買主のオフィスにおいて完了させられるものとする。」

また，クロージングにおける手段としては，上記規定に続けて以下のような規定をおく。

> "On the Closing Date, Sellers shall deliver to Purchaser certificates evidencing and representing all of the issued and outstanding capital stock of the Company, all of which is being sold hereunder."

> 「クロージングの日に，売主らは買主に対し，本契約の下で売却される会社の発行済株式のすべてを証し表章する株券を渡さなくてはならない。」

株券が発行されているときは，株券を引き渡すことによって，株式の所有権が移転する（商法205条1項参照）。そのため，会社の100パーセントの株式にあたる株券のすべてを交付するという表現はどうしても必要になる。

株券の交付，引渡しが済んでも，会社との関係で権利者となったことを対抗できるわけではない。いわゆる名義書換えなどの手続が必要になることがある（商法206条1項参照）。ところが，株式の売買において会社自身は契約当事者ではない。そこで，会社をコントロールしている当事者が，以下のように会社をして必要な手続をさせるように約束することがある。

> "Sellers agree to cause the duly authorized representatives of the Company to be present at the Closing on the Closing Date in order that the stock of the Company being sold hereunder may be immediately transferred and reissued in the name of Purchaser."

> 「売主は，会社の正当な権限を有する代表者をして，会社の本契約のもと

は，一般に以下のようなものがある。(i)定款をもって株式の譲渡につき取締役会の承認を要する旨を定めること（商法204条1項但書），および(ii)株式相互保有によって"部外者"の入り込む余地をなくすこと，である。ただし，(i)の方法によることは，上場会社には認められない。(ii)の方法は，わが国の企業社会では，かなりひろく行われてきたところであるが，アメリカを中心とする諸外国からの投資に対し「障壁」になっているとの非難がなされた。「日本的M&A」は，こうしたわが国の企業風土や企業社会の慣行とからんで行われていくところに特色をもつ。

敵対的M&Aを阻止しようとして，買収のターゲットとなった会社は新株を発行

で売られる株式がただちに買主に移転され買主の名で再発行されるように清算日におけるクロージングに出席させることとする。」

また，売主の側で会社の全取締役，役員の辞任届をとりまとめて買主に手交することも，支配権の移転を伴うこの種の契約においては重要なポイントである。以下のような規定が入ることがある。

"At the Closing on the Closing Date, Seller shall deliver to Purchaser written resignations of all of the directors and officers."

「クロージングの日のクロージング時に，売主は買主に対し，全取締役および全役員の書面による辞表を交付しなくてはならない。」

諾成的に締結されるこの種の契約では，契約締結時点における「事実の表明とその（正しいことの）保証」を意味する Representations and Warranties というタイトルの条項およびクロージングのために充足されなくてはならない先行条件を意味する Conditions Precedent というタイトルの条項が重要な役割を果たす。前者については，検討すべき点も多いので，258頁以下に説明する。ここでは，先行条件条項について説明しよう。

契約調印とクロージングを一度にやってしまうことなく時間的にずらすのは，一種のリスク分散であると述べたが，最終決済までに，買主はいくつかの事柄を行わなくてはならない。加えて，抽象的には，以下のような条件を規定することがよくある。

"The obligations of Sellers under this Agreement are subject to the conditions that, on or before the Closing Date, all the terms, conditions, and covenants of this Agreement to be complied with and performed by Purchaser on or before the Closing Date shall have been duly complied with

し，自社と友好的な関係にある別の会社に新株を引き受けさせ，むりやり買収しようと試みる側の株式保有率を低下させようとする。こうした第三者に対する新株発行には，①公正発行，および②有利発行の２つの態様があるが，ともに，敵対的Ｍ＆Ａの場面では，訴訟をひき起こすことがある。

この点が問題となったケースに，秀和がスーパーの忠実屋，いなげやを相手に新株発行差止を請求した事件がある。秀和は，忠実屋，いなげやそれぞれの大株主であったが，両者はいずれも，秀和の持株比率を低下させるために，第三者割当による新株発行を取締役会で決議した。対する秀和が，商法280条ノ10に基づいて新株発行差止

and performed."

「本契約のもとでの売主の義務は，清算日以前に買主によって順守されかつ履行されるべき本契約のすべての条項，条件および約束事項が，買主によって清算日以前に順守され履行されることを条件とする。」

それとともに，会社の買収契約は，会社の従業員など労働者の引き継ぎも含むので，クロージングのときまでに，雇用契約 (employment agreement)，および特定の人間とのあいだでいわゆる"Keyman Agreement"を締結しなくてはならないことが多い。

契約締結時とクロージングまでの時間があくことは，段階的に会社の支配権が売主から買主に移転することを意味する。そのため，次の条項のように，契約締結までは開示しなかった情報や場所へのアクセスを認めることもよくある。

"From and after the date of this Agreement, Seller shall cause the Company to afford to the officers, attorneys, accountants, and other authorized representatives of Purchaser free and full access to the plants, properties, books and records of the Company."

「本契約締結の日以降，売主は会社をして買主の役員，弁護士，会計士および正当な権限をもったその他代理人に，制約のない完全なアクセスを，会社のプラント，資産，帳簿および記録に対して認めなければならない。」

この規定の目的が，会社の evaluation「評価」のためであることはすぐにわかるであろう。

を求めたわけである。

商法280条ノ10は，法令，定款に違反する，または著しく不公正な方法による新株発行を差し止めるよう請求できると規定するので，本件では，「不公正な方法」による発行ではないかが争点になった。東京地方裁判所（東京地裁決定平成元年7月25日，判時1317号28頁）は，「株式会社においてその支配権につき争いがある場合に，その新株発行が特定の株主の持株比率を低下させ現経営者の支配権を維持することを主要な目的としてなされたものであるときは，その新株発行は不公正発行にあたるというべきであり，……」と判示し，敵対的な株の買占めケースであっても，経営者の地位

5 契約によるリスクヘッジ

M＆Aは，会社という大きな対象物の"購入"である。そのため，予備的契約書（letter of intent）をとり交わすだけでなく，本契約（final and formal contract）も諾成的に締結することによって，リスクを分散・軽減しようとする。

諾成的な売買契約では，契約時と清算結了が時間的にずれるために，そのあいだに成就されるべき条件を課すことができる。それと同時に，契約締結時の現状における「事実の表明とその（正しいことの）保証」（Representations and Warranties）と一般に題する条項が入る。

この「現状表明・保証」条項は，M＆Aのリスクヘッジのためにはかなり大きな役割を果たす。

6 「現状表明・保証」条項と他の条項との関係

representationは「表現，表明，陳述」をあらわす。何かを表明，陳述するといっても，意見や見解などを表明するのと事実を表明するのと二通りが考えられるが，この場合は後者ということができる。

国際契約としての英文のリース契約，ローン契約，スワップ契約などの契約には，ほとんどの場合，この「現状表明・保証」条項が入っている。それは，これらの契約が諾成的なものであることにかかわっている。つまり，あくまで契約締結時におけるさまざまな事実を表明させ，かつそれらが正しく真実であることを表明者自身に保証（warranty）させるのである。

事実表明をした者自身が保証するので，あまり実効性がないのではないか

を守るための安易な企業防衛が許されないことを明確にした。

わが国においても，敵対的M＆Aが増えつつあるなかで，裁判所によるこうした判断は注目に値するものといわなくてはならない。

と考えられがちである。だが，契約中の他のさまざまな条項と有機的に結びついており，そのうえで機能するようになっているのがこの条項である。

まず，第一に「保証」事項のうち法律にかかわる内容のものについては，外部の独立した法律事務所の意見書（legal opinion letter）をとる。同じように財務・会計上の内容については，会計士事務所の意見書を提出してもらうようにする。いずれも独立した外部の専門家の意見書であってこそ意味がある。「保証」事項の内容が日本の会社法，あるいは税法，外為法（外国為替及び貿易管理法）にかかわるなど日本法についてであれば，日本の弁護士ないしは法律事務所でなくてはならない。

そのうえで，これら意見書の提出は，クロージング（清算結了）がなされるための先行条件（conditions precedent）の一つとみなされる。意見書の内容は，契約の相手方から要求されたものについて交渉の結果を，契約書の添付書類（exhibits）にしてあらかじめ定めることもよく行われる。

次に，やはりクロージングのための先行条件の一つとして，「保証」事項の内容がクロージングの時点においても真実で正しいことが要求される。たとえば，以下のようにする例がある。

> "The representations and warranties of Sellers set forth in Section ○ hereof shall be true on and as of the Closing Date with the same force and effect as if such representations and warranties had been made on and as of the Closing Date."
>
> 「本契約第○条に規定された売主の表明および保証は，クロージング日においても，あたかもそれらがクロージング日になされたかのように同じ効力を有するものとする。」

■ ベアハッグ

企業買収関連用語には，M＆A先進国アメリカから来たものが多い。ベアハッグもその1つである。bearは熊で，hugは抱擁であるからbear hugは「熊の抱擁」が直訳である。熊に抱きつかれた人はあまりいないはずであるが，身動きがとれずに苦しむにちがいない。巨大な力による羽交い絞めである。

ベアハッグは，企業買収のプロセスのなかで起こる。ある会社（ターゲット）を買収しようとする買収予定者が"熊"となってターゲットに抱きつく。"熊"に抱きつかれるのを好む者はいないので，いわゆる敵対的企業買収の場面においてということ

7　現状表明・保証条項の内容

　M＆Aの契約のなかで現状表明・保証条項が大きな役割を果たすのは，買収の対象となる会社そのものまたはその資産に関する一定の事実が内容になるからである。

　買収をするさい，買主側は対象となる会社の資産（無体財産も含めて）を調査し，会社の評価（evaluation）を下す。しかしながら，将来に生じるかもしれない責任，買収完了後に買収対象会社あるいはその資産に対する買主の利用を制約する可能性のある事項については，売主に一定の保証をさせる必要がある。いわば売主による瑕疵担保責任である。

　具体的な買収案件によって「保証」の内容が異なってくるのは当然であるが，株式の買取りによる買収であれば，以下のようなものが考えられる。

　まず，それぞれの売主が契約時だけでなくクロージングの時点においても契約中に明記された数の株式の所有者であることを，以下のように示すことがある。

"Each Seller severally represents and warrants unto Purchaser that as of the date hereof he is, and on the Closing Date shall be, the owner of the number of shares of common stock of the Company set opposite his name in Section 1 hereof."

「各売主は，それぞれ買主に対し，本書面の日付時点で，本契約第1条におけるその名前の反対側に記載された数の普通株式の所有者であり，クロージングの時点においてもそうであることを表明し保証する。」

　そのうえでさらに，売主は，まず会社自身について，次のように事実の表

になる。

　いやがる相手を強引に買収しようとする者は，ターゲットの発行する株式などをできるだけ市場で買い集めにかかる。ある程度買い進んだところで，TOB（株式公開買付け）をかけ一挙に50％を超える議決権数を入手すれば敵対的買収は成功である。

　TOBは敵対的買収の手段としてたしかに有効であるが，そこまで至らず"友好的"に買収を実現できれば，コスト面からもはるかによい。そこで登場するのがベアハッグである。典型的には，市場などを通じてある程度まで株式を取得した段階で，ターゲットの経営陣に働きかけを行う。日本では，議決権数の3分の1取得がひとつの目

明をする。

> "The Company is a corporation duly organized and in good standing under the laws of State of New York and it has the power to own its properties and assets〜."
> 「本件（買収対象）会社はニューヨーク州法のもとで設立され良好な常態にあり，かつ自身の財産および資産を保有する権能を有し……」。

あるいは，以下のようにすることもある。

> "Pursuant to its Articles of Incorporation, the Company is authorized to issue 10,000 shares of common stock, 8,000 shares of which are issued and outstanding."
> 「その定款に基づいて，本件会社は普通株式1万株を発行する権限を有しているが，そのうちの8千株は発行され流通している。」

この事実の表明が株式買取りによる企業買収でどのような意味をもつかは，説明を要しないであろう。また，"The Company has no subsidiary."「本件会社は，子会社をもたない。」といったことも，会社自身に関することとして欠かせない。

次にくるのは，会社の財務内容およびより詳細な資産の説明である。これについては，表などを利用しながら添付書類（Exhibits, Schedules など）でもって表明を行うことが多い。内容は，たとえば，「会社の所有している不動産は，別紙 Exhibit B に記載のとおりである」のような書き方をする。この種の事項その他に関して，添付書類は，ある買収契約の場合についていえば，項目だけを列挙すると以下のようになっていた。

A．Financial Statements（財務諸表）

安になる。

　株主総会で，合併や営業譲渡などに必要な特別決議を得るためには「3分の2」以上の賛成が必要となるからである。敵対的買収希望者が3分の1超の議決権を保有するならば，ターゲットの経営陣が行おうとする企業結合の議案を常に阻止できる。つまり，M＆Aに拒否権をもち，"逆"支配権をもつのと変わらない。

　そのため，わが国の証券取引法は，ある会社の株式を3分の1を超えて市場外で保有することになる場合は，その会社の支配権に係わりをもつ意思とみられ，必ずTOBによらなければならないとする（いわゆる「3分の1ルール」）。2005年2月，

B．Real Property（不動産）
　C．Personal Property（動産）
　D．Liens（担保権）
　E．Leases（賃貸借契約）
　F．Contracts（契約）
　G．Insurances（保険）
　H．Bonus and Profit-Sharing Plans（賞与および利益分配計画）
　I．Notes Payable（支払手形）
　J．Notes Receivable（受取手形）
　K．Accounts Receivable（受取勘定）
　L．Litigation（訴訟）
　M．Trademarks（商標）

　以上の項目が，会社の資産評価にどういった影響を与えるものであるかは，おのずから分かってもらえることであろう。

　これらのほかに，事実表明の対象となるものとしては，買主サイドの将来のリスクになりうることはすべて売主に表明させるようにすべきである。売主としては，逆になるべく事実表明は抽象的に少ない範囲にとどめたいと考えることになろう。

　具体的に問題となりうるのは，製造物責任（PL）や環境保護に関する事項である。過去にこれらの問題を起こしたことがない，あるいは，たとえば連邦法や州法におけるいわゆる環境法のもとで要求されているすべての許可などをとり，それらを順守していることなどを表明させることが多い。

　表明・保証がなされた事実のうちあるものが事実でないことが判明し，買

　ニッポン放送を一気に3分の1を超えて時間外取引で取得したライブドアの場合，「市場外」とはいえないことから，TOBによらなくても違法とはされなかった。
　アメリカでよく行われてきたベアハッグの場合，ある程度まとまった株式を取得し大株主となった時点で，ターゲットの取締役会に業務提携や合併を申し入れる。ふつうは，手紙の前に電話によって交渉がはじまることが多く，これにつづいて会議がもたれ具体的な条件交渉が行われたりする。なかでも，合併比率がポイントになるため，「ターゲット（買収対象会社）の株主に，ターゲットの普通株式1株に対して買収会社の普通株式1.5株を受取る」のような条件提示は欠かせない。

主に損害が生じたときは、買主は契約違反による損害賠償請求が可能になる。これが表明・保証条項によるリスク・ヘッジの主な内容である。

　UFJ グループをめぐる統合の動きのなかでも、敵対的企業買収を行おうとした金融グループが「統合比率1対1」と提案して合併に応じるよう呼びかけた。bear hug をかけられかかったわけであるが、対象会社の経営陣としては、この具体的な提案を拒否して、別の金融グループと統合するのであれば、株主に十分な説明をしなくてはならない。UFJ ホールディングスは、2004年9月7日、社長名で「株主の皆様へ」と題する社告を新聞に掲載し、「当社は、株式会社三菱東京フィナンシャル・グループと UFJ グループの統合は、長期にわたって株主価値の向上につながるものであると考えております」と説明した。

　ライブドアも「時間外取引」で大量の株式を取得後、繰り返しニッポン放送経営陣に業務提携を呼びかけ、グループのフジテレビジョンと話し合いの場を設けるところまでこぎつけたが、ソフトバンクインベストメント社がホワイトナイト（白馬の騎士）として登場したことなどから、2005年4月18日、和解となった。

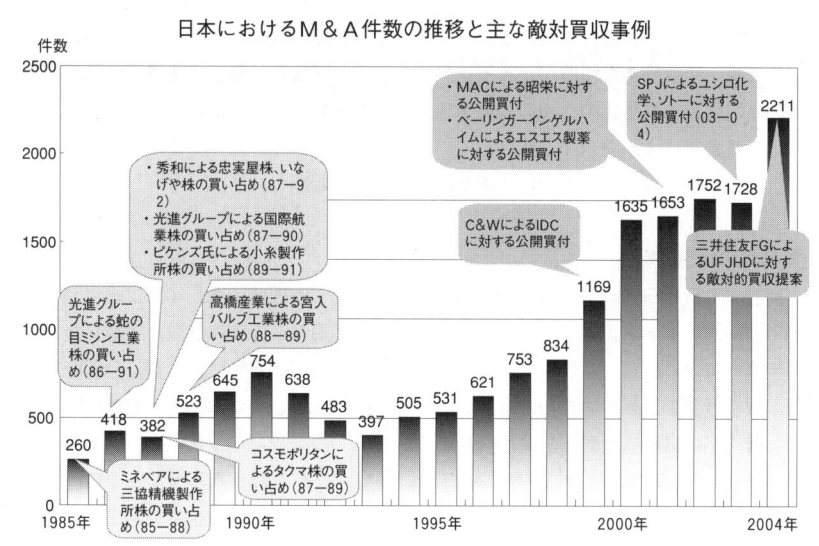

日本におけるM&A件数の推移と主な敵対買収事例

出所：「企業価値報告書」（レコフ資料より経済産業省作成）

■ グループ経営とインサイダー情報管理

インサイダー取引は刑罰をもって取締まられる犯罪行為である。企業はその未然防止につとめ，そのためのコンプライアンス体制を整えなくてはならない。

ところが「選択と集中」をスローガンにして，企業間の提携，結合，統合がさかんになるとインサイダー・コンプライアンスは，これまでより負担の大きなものになる。そもそも，インサイダー（内部者）とはどこからどこまでの範囲の人をいうのかが見きわめづらくなったからである。

連結決算時代を迎え，また急増するグループ経営に対応するため，2000年インサイダー取引規制にかかる証券取引法・同政省令の改正が行われた。同改正は，自社の企業グループ内の子会社に生じた「重要事実」も規制の対象に加え，子会社の役員，従業員らも「会社関係者」に含める一方で，子会社にかかる一定の決定事実，発生事実を「重要事実」とした。インサイダー取引規制は，インサイダー（内部者）が内部情報（重要事実）をもとにその公表前に株式などを売買することを犯罪として取締まるものである。したがって，本改正により，犯罪の主体，客体の両面をグループ経営に対応して広げたことになる。

インサイダー・コンプライアンスのポイントはインサイダー取引の未然防止にある。防止策としてまず考えられるのは，インサイダー取引規制が未公表の重要情報を対象にすることから，会社情報の適時・適切な開示を心がけることである。ただ，子会社に起こった事実を親会社，子会社のいずれかが開示すべきかは，具体的な状況（たとえばその子会社が上場しているかどうか）に応じて考えておくべきである。

この点，東京証券取引所が，2000年11月1日に公表した「最近の法改正を踏まえた内部者取引の未然防止のための留意事項」は，子会社に起こった事実についても原則として親会社による開示が必要としている。こうしたガイドラインに沿ったグループによるインサイダー情報管理ができているかどうかが問われる。

■ 社外取締役の選任

2001年7月13日，欧米の機関投資家を中心に構成する国際組織，インターナショナル・コーポレート・ガバナンス・ネットワーク（ICGN）の東京会議が閉幕した。この会議ではとくにコーポレートガバナンス（企業統治）の充実に向けて，各国企業に対し取締役会の改革や独立した社外取締役（outside director）の重要性が強調された。

会議終了後に記者会見した共同議長のピーター・クラップマン氏とアンドレ・バラディ氏は，「各国の企業がコーポレートガバナンスにどう取り組むかが，グローバルな資金の流れを左右する」と指摘のうえ，日本企業に対しては，企業の利害から離れた社外取締役を増やし社内取締役を迅速に減らすよう促したという。

6　M&Aと契約

また，日本経済新聞社が2001年の6月，東証一部上場企業を対象に実施した「取締役会改革調査」によると，38.8%の企業が社外取締役を選任，24.2%が選任を検討していることが分かった。

社外取締役は，外部の客観的な意見を経営に反映させるのに役立つ。アメリカの大企業においては過半の取締役が社外であり，社外取締役が中心になって各種委員会を構成している。わが国は，昭和25（1950）年の会社法改正時に，米国流のいわゆるボードシステムを導入した。ボードすなわち取締役会が代表取締役に率いられた執行部の業務執行を監督するシステムである。ただ，ドイツ会社法に範をとったとされる監査役制度も存続すべきものとされた。約半世紀にわたり，わが国においては取締役と監査役の"二本建てシステム"が行われてきたといってよい。

ところが，こうした"ダブルチェックシステム"のどちらも実際には十分に機能していないとされる。平成5（1993）年に，商法特例法上の大会社につき社外監査役を一名以上置くことおよび監査役会の設置を義務づける改正がなされたのは，監査役制度が十分に機能していないとされたことへの対応策のあらわれである。

2001年4月中旬に法制審議会会社法部会は，商法改正のための「中間試案」を発表した。取締役会による監督機能に実効性をもたせるため，社外監査役と同様，大会社に一人以上の社外取締役の選任を義務づけようとする。

その趣旨は明確であるが，この案に対する経済界の反発は強い。経済団体連合会（現，日本経済団体連合会）は，2001年4月27日，中間試案につき企業経営の自治や機動性を阻害するとして，反対や一部修正を求めていく姿を明らかにした。

法律で強制することがよいかは別にしても，日本企業は社外取締役によるコーポレート・ガバナンスの実現がグローバル・スタンダードになりつつある環境変化に気づかないといけない。

7 国際技術移転と契約

1 国際技術移転とは

技術はこれを他人に伝達し利用させることができる。これを別々の国の当事者間で行うのが国際的技術移転である。移転の対象となる技術的知識には，特許権や実用新案権のような権利の対象となって一般に公開されているもの，およびノウハウのように，一般に公開されず情報の保有者によって秘密に守られているものとがある。

前者の特許や実用新案権は公開されるので内容を知ることは誰にとっても容易であるが，権利者の同意を得なければこれを実施することは許されない。同意を得ないで実施すれば，権利侵害になってしまう。

これを避けるためには，権利そのものの譲渡を受けるか，権利者と実施許諾契約を結ばなくてはならない。後者が，ライセンス契約（license agreement）である。license という英語には，「許可」「免許」とならんで「許諾」という意味がある。

これら技術移転のための契約を総称して技術援助契約［technical assistance (*or* collaboration) agreement］ということがある。技術援助契約の対象は，個々の特許権や実用新案権というよりは，これにノウハウをプラスして一体となった技術的知識であることが多い。

■日本とアメリカの特許思想の相違

われわれの暮らしは，さまざまな発明品に囲まれている。こうしたものの発明者の権利を保護するのが特許制度だが，特許制度は他にもいろいろな目的をもっている。最近はとくに，日米通商摩擦の一環として，あるいは日米構造協議のテーマとして特許制度がとり上げられるようになってきた。いわゆる知的財産権のうちもっとも古い権利のひとつである特許の歴史と，これについての考え方の変遷をたどってみることにしよう。

特許制度が生まれたのは，古く西洋の中世時代である。ルネサンス以降，北部イタ

2 技術ライセンス契約の内容

技術援助契約のもっとも一般的な内容は，特許などの工業所有権とノウハウを組み合わせた一定の技術的知識をライセンスするものである。以下においては，そうした技術援助契約の典型としての国際ライセンス契約を念頭において，内容上のポイントを述べる。

(1) ロイヤリティー (royalty)

ライセンス契約は，一定の技術情報を一方から相手方に移転し，その対価 (consideration) を受け取る契約である。この対価のことをロイヤリティー (royalty) という。ロイヤリティーの決め方，支払方法に関する規定は，ライセンス契約のなかでもっとも重要な規定であるといってよい。

ロイヤリティーの決め方には，一定額による方式とライセンシーの利益の一定率による方式の二通りが考えられる。いずれがライセンサーにとって有利かは一概にはいえない。たとえば，政情不安定な発展途上国への技術移転の場合は，定額一括前払いによるほうがライセンサーにとって有利であるとされている。このように全部または一部を前払いで支払うロイヤリティーのことを advance royalty という。

advance royalty と同じように，ライセンス契約成立時に支払われるものに **initial payment** および **down payment** がある。前者は，ロイヤリティーとは別にライセンシーからライセンサーに支払われるもので，一般的にノウハウ開示料の意味をもつ。したがって，実際にノウハウを使用しての製造・販売が開始される前の，ノウハウ開示時に支払われる。後者は，契約の効力

リアに発達した商業都市において，各種の商業上の特権を発明者に与えたところから特許制度が始まった。その後，ヨーロッパ各地において，専売的な特許状を付与することで，諸侯や王室が収入をふやす手段にしようとした。とくに16世紀，17世紀のイギリスでは，このようなかたちで特許制度が大きく成長した。

アメリカ合衆国における特許制度は，イギリスの植民地であった時代にはじまっている。その当時は，各州がそれぞれ特許状を発行していたが，独立後1787年に制定された合衆国憲法には，著作者および発明者に一定の独占的権利を保障することによって学術および技術の進歩を促進する権限を与える旨が規定された。これにもとづいて，

が発生した時点でライセンシーからライセンサーに支払われるものであるが、契約期間中ひきつづき分割払い (installment payment) がなされる点で advance royalty や initial payment と異なる。

定率方式のロイヤリティーの計算方法には、販売価格の何パーセントと定める方法（料率法）と、製品1個あたり（あるいは1キログラムあたり）いくらというように定める方法（従量法）とがある。

次の条項例は、down payment を規定するものである。

"Within thirty (30) days after the effective date hereof, Licensee shall pay to Licensor the sum of Two Hundred Thousand United States Dollars (US$ 200,000.00)."

「本契約の効力発生日から30日以内に、ライセンシーはライセンサーに対して、20万米ドルの金額を支払わなくてはならない。」

(2) 改良技術 (improvements) の扱い

ライセンス契約が対象となる技術情報をもとに、その後改良技術が生まれたら、これをどう扱うか、という問題である。改良技術は、ライセンサー、ライセンシーいずれにも生ずる可能性がある。

ライセンサーに改良技術が生じたときは、これを、現にライセンス契約の対象となっている技術情報に加えるかどうか、加えるとしたら、ロイヤリティーの追加支払いを認めるかどうかがポイントになる。いずれもロイヤリティーの金額などを勘案しつつ当初のライセンス契約のなかであらかじめ定めておくべき事項である。ロイヤリティーの追加支払いを求めることなく契約の対象に含めるときは、次のような表現になる。

連邦議会は1790年、特許法を制定するが、この法律は、出願者を発明者に限り、かつ先発明主義を採用していた点に特徴があった。現在アメリカを除くほとんどの国では先願主義といい出願の先後によって権利者を決める制度を採用しており、ガット（現・WTO）のウルグアイ・ラウンドにおいても対立した。

特許制度は、「特許」という名称からもわかるように、発明者に独占的な権利を認めるかわりに発明内容を公開させ、学問研究の発展に役立てようとするものである。ところが、この独占的権利を欲することなく、新規技術や発明は社会共通の財産であって、一人のものではないとする考えがむかしからある。創作者自身こうした考え方

"All improvements relating to the Technologies developed or acquired by Licensor during the term of this Agreement shall be added to Technologies without further payment to Licensor by Licensee."
「本契約の期間中にライセンサーによって，本件技術に関連して開発され，または取得された改良技術は，ライセンシーからライセンサーに対する追加の支払いなしに，本件技術につけ加えられるものとする。」

ここで「改良技術」が何をさすかについては，"improvements"と表現されているだけで明らかではない。「基本」となるある技術があってはじめてその改良があるわけであるが，その基本技術とは関係のない技術から派生したか，あるいはまったく新規の技術であるかは，技術的な観点から専門的に判断するしかなく，簡単に決することは困難である。また，将来の技術革新の問題であるから，すでに内容がわかっており定義も明確にできるようなものは，「改良」技術の名に値しないことになるであろう。

他方，ライセンシーの側にこの改良技術が生じたときはどうすべきであろうか。これも契約中であらかじめ決めておくのがよいが，基本的に二通りの考え方がある。一つは，改良技術はあくまで「基本技術」を改良，開発したものであるから，あたかも樹木に果実がなったようなもので，それは樹木（基本技術）を所有するライセンサーに帰属させるべきであるとの考え方である。他の一つは，ライセンシーが改良，開発した技術はライセンシーにみずから帰属させるべきとする考え方である。

これらの考え方のいずれをとっても，契約の条件としてはかまわないが，基本となる技術の性格，改良技術が生まれる可能性（どのようなものがいずれの当事者にどのようなかたちで生ずるか）について，ある程度の予見をし

をもっていることもまれではない。たとえば，電信の発明者といえばモールスが有名であるが，彼は1837年電磁石を用いて最初の実用的な電信機を発明したとき，すでにチャールズ・ペイジにより音声の伝達について先駆的な研究がなされており，さらにそれをもとに，物理学者ジョセフ・ヘンリーが電信に関する原理を論文にして発表していた。それだけでなく，ヘンリーは電信の実験を成功させ，伝送の距離は伸ばすために1835年にはリレー（継電器）を発明していながら特許は取得しなかった。ヘンリーが，発明は人類の共有財産であり，発明者一人がこれを独占すべきものではないとする信念の持ち主だったからといわれている。

て条件を考えるべきである。

　ライセンシー側に改良技術を帰属させることをみとめたときには，解決しなければならないより多くの問題が生じる。つまり，①ライセンシーはその改良技術をライセンシーの権利として特許を取得できるかどうか，もしできるとすれば，②ライセンシーからライセンサーへの特許の実施許諾が必要になるが，その条件は何か，③基本となるライセンス契約が，期間満了あるいは解約によって効力を失ったときに改良技術の実施許諾をどう扱うか――などをあらかじめ定めておく必要が生じるからである。

　下記は，ライセンシーからライセンサーへの一定条件での逆ライセンスを規定する条項例である。

> "All improvements relating to the Technologies developed or acquired by Licensee during the term of this Agreement shall be deemed to be licensed to Licensor permanently on a free, non-exclusive, non-transferrable and non-sublicensable basis for all territories outside the territory of Japan."

> 「本件技術に関連したあらゆる改良技術でライセンシーにより本契約の有効期間中に開発または取得されたものは，ライセンサーに対し無期限，無償，非独占，譲渡不可，再実施不可の条件でもって日本以外のあらゆる領域につき実施許諾されたものとみなされるものとする。」

　ここで一定条件というのは，「無期限，無償，非独占，譲渡不可，および再実施不可」である。

(3) 保証条項

　逆に特許権をフルに活用し，これをビジネスの基盤にして大成功を収めた人もいる。同じ電気通信分野で電話の発明者として有名なグラハム・ベルである。ベルは，1876年3月，人間の音声を電気によって伝える実験に初めて成功し，その約1ヵ月前には電話機の特許を申請した。たまたま同じ日の2時間遅れでほとんど同じ内容の特許を，発明家エリシャー・グレイが申請したが，"タッチの差"でベルは，のちのちまで電話の発明者として名をのこすことになった。ベルは，このときに取得した特許をもとにベル電話会社を設立する。のちに世界最大の電話会社になったAT＆T（アメリカ電話電信会社）である。AT＆Tは，特許を武器に成長していった会社といわれてい

7　国際技術移転と契約

　ライセンス契約は，技術情報を移転することによって相手方からロイヤリティーとよばれる対価（consideration）を受け取る契約であることは267頁に述べたところである。売買契約であれば売り主にあたるライセンサーは，買い主にあたるライセンシーに対し一定の保証をすることを求められる。売り主は，契約書には何も書かなくても，目的物の所有権をもっていること，目的物が瑕疵のないものであることなどを保証しなくてはならないことがある。これを黙示の保証・担保（implied warranty）というが，同じようにライセンサーもライセンシーに対し一定の保証をすることが期待される。たとえば，ライセンシーとしては特許の場合，特許の有効であることをライセンサーに期待するであろう。

　このほか，物の製法のノウハウをライセンスしたような場合には，その製法ノウハウを実施して製造した物の品質まで保証しなくてはならないのかも問題となる。準拠法によって多少のちがいは生まれるが，こうした場合のライセンサーの責任について明確な基準はないものといってもよい。それだけに，ライセンス契約の中でライセンサーの責任の範囲を明確にしておかなくてはならない。なるべく責任の範囲を限定したいライセンサーにとっては，とくに契約の内容が大きな意味をもってくる。

　契約条項に，No Warranty という表題のもとに以下のような規定を置く例がある。

> "The Licensor makes no warranty regarding the results to be expected from the application of the Technical Information under this Agreement."
> 「ライセンサーは，本契約のもとで本件技術情報の適用から期待される結果について何ら保証しない。」

る。会社設立後の10年間でなんと600件以上の特許侵害訴訟をたたかい，そのいずれにも勝訴したといわれている。発明王エジソンの炭素型送話器を武器に電話事業へのり出したウェスタン・ユニオン社を特許侵害で訴え，和解を成立させて，ベル電話会社が電話事業をウェスタン・ユニオン社が電信を担当するようにたがいの事業分野を分けることにも成功している。

　知的財産権をめぐる法制度のハーモナイゼーションをもたらそうとして，前に述べたガットのウルグアイ・ラウンドなどを舞台にさまざまな試みがなされてきた。そうした場においても，しばしば問題となるのが，知的所有権についての基本的な考え方

この「期待される結果」が製品を意味することがあるのはすぐわかる。製品となると，その欠陥（defect）がもとできびしい製造物責任（product liability）を追及されるおそれがある。そのため，次のように周到な規定をする例がある。

> "Licensor shall not be liable to Licensee, to Licensee's employees or to customers of Licensee for any losses, damages, claims or demands including those for consequential or indirect damages, arising out of or resulting form Licensee's exericise of the licenses granted hereunder."
> 「ライセンサーは，本契約に認められた許諾権の実施の結果生ずるあらゆる損失，損害，請求，要求につき，派生的あるいは間接的な損害を含めて，ライセンシー，ライセンシーの従業員，またはその顧客に対して責任を負わない。」

派生損害，間接損害までライセンサーが責任を負うことになった場合，そのリスクがどれだけ大きなものになりうるかは説明を要しないであろう。

ライセンサーとしては，さらに第三者の特許権を侵害しないことの無保証を次のように規定する例が多い。

> "Licensor does not warrant to Licensee and its customers that Licensee's exercise of the licenses granted hereunder is free of infringement of Letters Patent owned by third parties."
> 「ライセンサーは，ライセンシーおよびその顧客に対し，本契約の下で許諾されたライセンスのライセンシーによる実施が，第三者の所有する特許権を侵害しないことを保証するものではない。」

warrantyではなく以下の例のようにhold harmlessという表現で，ライセ

の相違である。

知的財産権制度については，そもそも新しい技術やアイデアを生み出した創作者の利益を保護するためにあるのか，それとも，そうした技術やアイデアを利用する立場にある競争者ひいては社会全体の利益のためにあるのか，立場のちがいでその制度に対する考え方が大いに異なる。特許に代表される知的財産権は，社会全体の利益のためにあるので創作者の権利保護を制限してもよいとする立場は，コンピュータ・プログラムやトレード・シークレットなどにつき新たな法的保護が問題とされるたびに繰り返し主張されてきた。

ンサーとライセンシーの責任の振り分けを明らかにすることもよくある。

"The Licensee shall hold the Licensor harmless from any and all claims and liability for damages, losses or costs arising out of any patent or trademark infringement."

「ライセンシーは，あらゆる特許または商標の侵害から生ずる損害，損失または費用についてのいかなる請求および責任からもライセンサーを免責する。」

　この条項の意味するところは，ライセンサーの側でここに書かれたような責任を負わない，すなわち保証をしないというのと同じである。ただ，hold harmlessは，indemnify「補償する」というのと同じで，ライセンサーが上記責任を負うことになったとしても，その分は最終的にライセンシーが負担することまで含んでいる。つまり，実際にたとえば製造物責任で直接に製法ノウハウをライセンスした当事者に対し訴訟が起こされ，ライセンサーから被害者に対し直接損害賠償がなされることになったとする。この場合にもライセンサーは，ライセンシーに本規定を根拠にその分を求償できる。

(4) 秘密保持条項

　ライセンス契約のうちでもノウハウを対象とするものの場合，秘密保持を義務づける条項が不可欠である。というのもノウハウは，いまだ特許になっていない発明，製造方法，販売方法，その他営業の秘密とされるような情報をひろく指すが，これについては法的な保護が決して十分とはいえないところがあり，そのため秘密を保持しなければ財産的価値は保てないからである。

　秘密保持条項のことは，secrecy clauseという。secrecyのかわりにcon-

　現在は，創作者の利益保護が前面に強く押し出されているといってもよい。その動きの背後には，アメリカ合衆国の思惑が動いている。すなわち，モノの背後にある知的所有権の保護を強化することによって，モノじたいの生産力では日本などに対し優位を保てなくなった同国を「強いアメリカ」に再生しようというのである。現在における知的所有権摩擦の背後には，こうした知的財産権制度の存在意義についての考え方のちがいがあることを見逃すことができない。

fidentiality もしくは non-disclosure を使うこともある。ノウハウのライセンス契約におけるこうした条項には，以下のようなものがある。

"All the Technologies received from Licensor hereunder shall not be disclosed to any third parties, and Licensee shall at all times maintain in strict confidence all the Technologies and shall take all action, reasonable or necessary including, without limitation, instituting legal action, to compel compliance with the provisions hereof by its directors, officers, employess and representatives."

「本契約のもとでライセンサーから受領したすべての本件技術はあらゆる第三者に対し開示してはならず，ライセンシーはつねにすべての本件技術を極秘に保たなければならず，その取締役，役員，従業員および代理人によって本契約の諸規定を順守させるために，訴訟手続を開始することを含めこれに限定されないところの，あらゆる合理的もしくは必要な行動をとらなくてはならない。」

「必要な行動や措置」の具体的内容はここには示されていないが，契約によっては，就業規則中に明記すること，あるいは従業員との間で個別的に秘密保持契約を結ぶことが義務づけられる。

秘密保持条項あるいは秘密保持契約のポイントとしては，このほか，秘密保持義務の時間的範囲をどのように規定するか，秘密保持義務の対象となる技術情報に適用除外をどのように規定するかなどのポイントがあるが，いずれも秘密保持契約については別にとりあげ，そこで詳しく述べる予定である（302頁以下参照）。

■ 営業秘密の管理

企業活動に関わる情報としては，人事，財務，総務，営業，生産等様々な分野で多種多様な情報が存在する。わが国の法律（改正不正競争防止法）で保護されるのは「財・サービスの提供活動に関し，生産・販売・研究開発・経営効率の改善等事業活動に役立つという価値」を有する情報である。

米国の Unifrom Trade Secrets Act では，①「トレード・シークレットとは，formula（処方），pattern（様式），compilation（編集），program（プログラム），device（考案），method（方法），technique（技術），process（プロセス）を含

(5) 法規・規制

　ライセンス契約は技術を対象とするので，とくにそれが先端技術を扱うものであるときには COCOM（現ワッセナー条約）あるいはこれを国内法化した法律とのかかわりが問題になることがある。アメリカ合衆国から技術導入をはかる契約でいえば，ライセンサー側から以下のような規定を入れることを求められることがある。

> "Licensee agrees to comply with all applicable Export Control Regulations of the United States Department of Commerce, as amended from time to time."
> 「ライセンシーは，すべての適用あるべきアメリカ合衆国商務省の輸出管理規則でそのつど改正されたものを順守することに合意する。」

　なぜアメリカ合衆国の企業や市民ではないのに同国の法規を守らなければならないかといえば，同国の輸出統制法（Export Control Act）およびそのもとでの規則は域外適用されることがあり，ライセンシーにとっても直接かかわりのある問題だからである。

(6) 「応用技術」のライセンス条項

　ノウハウのライセンス契約には，よく "Improvements" と題する条項を入れる。この場合の improvements は，単なる改良や改善ではなく，改良技術，応用技術を意味する。

　ある基本となる技術について license「実施許諾」を受けた licensee「被許諾者」が基本技術を発展させて improvements をつくり上げることがある。10年ほど前まで欧米企業から技術導入を受けた日本企業が，基本技術より

むものであること」および②「独立の現実的または潜在的な経済的価値（economic value）を得られるものであること」が要件とされている。

　"formula" 以下の例示は列挙であり，企業活動におけるほとんどの情報が該当することになり，これまで，成分，処方，製造方法，製造工程，訓練方法，教育方法，製造装置・機械・工具，製品，青写真，図面，顧客名簿，販売手段，生産コスト，販売価格，原料の供給源，販売システム，販売方法，会計帳簿等がトレード・シークレットとされている。「経済的価値」については，「情報の保有により競争者に対して競争上の利益が得られるもの」と解され，様々な観点から個別具体的に判断されること

はるかに実用的価値のある応用技術を生み出す現象はしばしばみられる。

improvements は，licensee の側に生じるばかりではない。licensor「許諾者」の側でもその後の研究開発によって基本技術を改良していくことがある。

licensor，licensee それぞれに生じ得る improvements の扱いを規定するのが，ライセンス契約の Improvements 条項である。

次の条項はその典型例であるが，Licensor に改良技術が生じた場合と Licensee に改良技術が生じた場合とを分けて規定している。

"**Article X. Improvements by Licensor**
All improvements relating to the Technologies developed or acquired by Licensor during the term of this Agreement which Licensor is free to disclose and license to Licensee without payment of royalties and without other contractual obligations to third parties shall, promptly after such development or acquisition, be fully disclosed to Licensee and shall be added to the Technologies licensed to Licensee."

「第X条　ライセンサーによる改良技術

本契約の期間中にライセンサーが開発，取得しライセンサーが第三者にロイヤリティーを支払うことなくまた他の契約上の義務を負うことなく自由にライセンシーに開示し実施許諾することのできる，本件技術に関連したすべての改良技術は，そうした開発，取得の後速やかに，完全にライセンシーに開示されなくてはならずライセンシーに実施許諾された本件技術に加えられるものとする。」

が多い。その情報の属性，客観的価値が問題になったケースは多くない。

"Article Y. Improvements by Licensee

All improvements relating to the Technologies developed or acquired by Licensee during the term of this Agreement which Licensee is free to disclose and license to Licensor without payment of royalties and without other contractual obligations to third parties shall, promptly after such development or acquisition, be fully disclosed to Licensor and shall be deemed to be licensed to Licensor permanently on a free, nonexclusive, nontransferable and nonsublicensable basis for all territories outside the territory of Japan."

「第Y条　ライセンシーによる改良技術

本契約の期間中にライセンシーが開発、取得しライセンシーが第三者にロイヤリティーを支払うことなくまた他の契約上の義務を負うことなく自由にライセンサーに開示し実施許諾することのできる、本件技術に関連したすべての改良技術は、その開発、取得後速やかに、完全にライセンサーに開示されなくてはならず、かつ無償、非独占的、譲渡不可および再実施許諾不可の条件で、日本国の領土を除くすべての地域において実施許諾されたとみなされるものとする。」

改良技術についての両規定を見比べると、途中までは同じであるが最後の部分が異なっている。ライセンサーに改良技術が生じたときには、ロイヤリティー（実施許諾料）を増額することなく元のライセンス契約の対象技術に加えるとしているが、ライセンシーに改良技術が生じたときは、逆にライセンシーからライセンサーにそれを実施許諾したようにみなすとしている。

■ 不正競争防止法による営業秘密の刑事的保護

わが国において営業秘密は不正競争防止法の下で保護されている。ただ、この法的保護は、差止請求および損害賠償請求を内容とする民事的なものにとどまっていた。

2003年5月16日に国会で成立した「不正競争防止法の一部を改正する法律案」は、①営業秘密の刑事的保護、②不正競争による営業上の利益侵害に対する民事的保護の強化、および③経済社会の情報化への対応の3点を内容とする。

本改正は、2002年7月3日に知的財産戦略会議が決定した「知的財産戦略大綱」が、「営業秘密の不正取得等に対する民事上の救済措置を強化し、罰則の導入も図る

しかも，無償で全世界を実施許諾対象地域とするなど条件はかなりライセンサーに有利になっている。improvements 条項のポイントは，この「逆ライセンス」の条件にあるといえる。

生み出される価値の高い応用技術がほとんど丸ごととられてしまうような結果にならないよう，何年か先のことも考えてライセンス契約の本条項を検討しておかなくてはならない。

(7) ライセンス契約におけるホールド・ハームレス条項

hold harmless clause は，免責・補償を内容とするところに特徴があり，同じく免責・補償のための indemnity clause と同列に扱われる。典型的な文例は，以下のようなものである。

> "Seller holds harmless and indemnifies Buyer from and against any loss or damages arising from the defects of the goods."
> 「売主は本件商品の欠陥から生じるあらゆる損失，損害賠償から買主を補償し免責する。」

この文例は売買目的物の欠陥によって，買主が，たとえば消費者から製造物責任の追及を受けたとしても，これから生じるあらゆる損失，損害から免責・補償するとしている点に意味がある。

国際的売買でもって買い主が外国の製造者から製品を輸入し日本で販売したとする。

この場合，目的物に欠陥があって消費者に被害が生じれば，輸入者が製造物責任を負わなくてはならない。わが国の製造物責任法は責任主体となる「製造者」の定義に輸入者を含めているからである。そこで，買主＝輸入者

べく，人材流動化に対する抑止効果等，それらに伴って生じうる問題点にも配慮しながら検討を進め，2003年の通常国会に不正競争防止法改正法案を提出することが必要である。」旨述べたところを受けている。

改正法案を作成した経済産業省は，「法律改正の背景」として，以下の3点をあげている。

(1) 企業における現状（刑事関係）
　① 自社の営業秘密に関するトラブルを経験。
　② 条件付を含め，約8割の企業が営業秘密の刑事的保護に賛成。

7　国際技術移転と契約

は自らのリスクを売主に転嫁するために，その hold harmless をとりつけようとする。

ライセンス契約にも，ほとんど同じ理由で，ライセンサーがライセンシーを免責・補償するといった内容の条項が入ることがある。ライセンス契約は，いわば技術情報を売って対価（royalty）を得る性格をもっているからである。

被害者は，外国の製造者に対し直接製造物責任を追及することもできるが，外国での国際訴訟になると被害者には大きな負担になる。それが「輸入者」を「製造者」に入れて国内で被害回復ができるようにした理由といってよいであろう。

外国の製造者としては，直接輸入先の被害者から訴えられ賠償責任を負うリスクを回避するため，逆に買主＝輸入者から hold harmless をとりつけることもある。すなわち，hold harmless による補償・免責は，いずれの当事者から行われてもよいのである。

上記の例で，売主が輸出先の日本の消費者から日本あるいはその本拠地で訴えられ損害賠償責任を課され支払ったとする。売主がもし買主から hold harmless による免責・補償をとりつけていれば，支払った賠償金を買主に対し請求することができる。

言い換えれば，買主は売主からの求償に応じると約束したのと同じことになる。

売主（あるいはライセンサー）が買主（あるいはライセンシー）を免責するか逆に買主が売主を免責するかは，契約自由の原則の支配するところであって，いずれでもよいわけである。

ただ，売主が買主を免責する場合，売主によるワランティ（warranty）と

---

　③　企業内の情報化が進展し，LAN導入率，インターネット接続率ともに90％超。
　④　近年，欧米諸国のみならず，韓国・中国までもが，営業秘密の不正な取得・使用・開示に対し刑事罰を導入。
(2)　企業における現状（民事関係）
　６割以上の企業が，不正競争防止法の民事的保護が不十分と認識（損害額や侵害行為の立証が困難等）。
(3)　経済社会の情報化への対応
　経済社会のネットワーク化の進展に対応した保護の明確化が必要。

どう違うのであろうか。

　免責や賠償の対象範囲が異なるといってよいであろう。ワランティは、わが国の民法でいえば瑕疵担保責任に似たものであるから、対象物の価額を基準にして代金の減額や瑕疵あるものの修理、取替えなどを内容とする。

　ところが、製造物責任に基づく賠償責任は対象物の価額を基準にするわけではない。数百円の食品でもこれに有毒物質が含まれていて死亡事故が起これば、何億円もの賠償責任が製造者に課されるかもしれない。

　それだけに、hold harmless clause のポイントは、免責・補償する対象にどれだけのものを含ませるかにある。278頁の文例でいえば from and against に続く部分である。ここに any loss or damages とあるから、欠陥を原因とする製造物責任による賠償も対象に含むことになる。

　ただ、漠然とした表現をしているために、あらゆる損失・損害を含むといっても間接損害（indirect damages）や特別損害（special damages）を含むかどうか、弁護士費用（attorney's fee）を含むかどうかなどにつき解釈上争いになり得る。

　さらに、損害に対する買主の寄与があったとすると、寄与割合をどの程度のものと評価するかについて、第三者機関によって判定する仕組みを書いておくこともある。

(8)　「最善知る限り」保証することの意味

　ライセンス契約の warranty「保証」条項には、第三者の知的財産権の侵害（infringement of intellectual property right）をしていないとの内容がよくみられる。

〈刑事的保護の内容〉
　今回の改正は、諸外国における立法動向をにらみながら、営業秘密の刑事的保護を規定したところに最大のポイントがある。米国は、1996年に経済スパイ法を制定し、企業機密漏えいに50万ドル以下の罰金などを設け、広範な企業秘密を保護する体制を整備した。これに違反をしたとして日本企業が摘発された事例はまだ記憶に新しいところである。
　本改正は、以下のような行為類型に処罰規定を設けた。
① 不正取得・横領ケース

7 国際技術移転と契約

ただ、この保証をするライセンサーの側では、何をどこまで保証できるかをよく検討しておかないといけない。

warrantyの対象になるのは、ほとんどが事実関係の事項である。

たとえば、民事訴訟は一切かかえていないと"no litigation"の表題の下にwarrantyし、後になって訴訟で訴えられていたことが判明したときはwarranty違反、すなわち債務不履行（default）になってしまう。その訴訟が契約の履行に直接影響を与えるものであれば、損害賠償責任も生じかねない。

したがって、warrantyする当事者は、事実を断定的にいい切るのではなく、「最善知るところでは」といった制約文言を入れたがる。これに当たる英語の表現が to the best of one's knowledge である。

"To the best of our knowledge, the Products do not infringe intellectual property right of any third party."
「当社の最善知る限り、本件製品はいかなる第三者の知的財産権も侵害していない。」

のようにする。

こうした制約文言を入れることによって、実際上どの程度の違いが生じるのであろうか。まず、bestの語がもつあいまいさに着目することである。

best efforts「最善努力」を尽くしましたといわれても、どの程度でbestといえるのかは人によって異なる。AさんにとってのbestはBさんにとってのbestの半分以下といったこともあり得るのである。

知的財産権には登録や公開されるものばかりではなく、ノウハウ（know-how）のように秘密を保たれているものがある。

また、特許（patent）は公開されるが、最近のようにつかみどころのない

ⅰ）詐欺・窃盗類型
　・詐欺等行為又は管理侵害行為により取得した営業秘密を、不正の競争の目的で、使用・開示する場合。（不正取得後使用開示罪、14条1項3号）
　・上記の使用・開示の目的で、詐欺行為又は管理侵害行為により、記録媒体等を取得し、又は複製を作成して営業秘密を不正に取得・複製する場合。（不正取得後使用・開示準備罪、同条同項4号）

ⅱ）横領類型
　・営業秘密を示された者が、不正の競争の目的で、詐欺等行為若しくは管理侵害

ビジネスモデル特許 (英語では business method patent ということが多い) が次々と成立するようになると, どこでだれのどのような知的財産権を侵害しないとも限らない。

まして外国のこととなると, その国の専門家を使っての徹底的な調査後でなければ侵害がない旨の保証を安易にすることはできない。

保証する側としては, to the best of one's knowledge と入れておけばひとまず安心ということになる。それでも best の文字が入っている以上, 何らの調査もせずに, 後で「こんな権利者がいたとは知らなかった」では済まないであろう。

(9) ロイヤリティーの決定と移転価格税制

ライセンス契約は, 技術情報などの実施許諾をする見返りに, 対価 (consideration) として royalty (実施許諾料) を受け取る契約である。

ロイヤリティーの内容は, 原則として契約当事者が自由に決めてよいのであるが, まったく制約がないかというとそうではない。とくに, 海外の子会社に技術を供与するライセンス契約で, ロイヤリティーを第三者に技術供与する場合よりもかなり低く設定したりすると, 税法上の問題になりかねない。

具体的にいうと, わが国の移転価格税制 (租税特別措置法66条の4, 同施行令39条の12) に違反するおそれがある。

移転価格税制としてよく知られているのが米国1954年内国歳入法 (Internal Revenue Code of 1945) 482条の規定であるが, わが国でもこうした外国の立法例を参考に1986年に移転価格制度を導入した。

「移転価格」(transfer price) とは, 海外子会社など国外の関連企業との

行為又は営業秘密の記録媒体等の管理に係る任務に背く行為により, 記録媒体等を領得し, 又は複製を作成して, その営業秘密を使用・開示する場合。(不法領得後使用・開示罪, 同条同項5号)

② 不正使用・開示 (背任類型) ケース
・営業秘密を示された役員・従業者が, 不正の競争の目的で, 営業秘密の管理に係る任務に背き, 不正に使用・開示する場合。(役員・従業者不正使用・開示罪, 同条同項6号)

間で商品などの移転に伴って設定される価格のことをいう。

　なぜこれが問題になるかというと，親子会社など特殊な関係にある企業間の国際取引においては，取引価格を通常の場合よりも高くすることも低くすることも操作ができるからである。

　100パーセントの株式を保有している完全子会社を取引の相手とする場合はなおさらである。

　親会社が通常より低い価格で商品を子会社に売って親会社の利益を少なくし，国内での納税額を低くすることも可能であるし，タックスヘイブン（tax haven）にある子会社に利益を集中してグループ全体として"税金逃れ"をすることだってできるかもしれない。

　こうした価格操作を封ずるためにつくられたのが移転価格税制で，通常は関連のない独立した企業間の取引価格や製造コストなどから計算した商品価格を参考に，系列会社間でも通常価格で取引したものとみなして課税する方法による。

　わが国の移転価格税制は，おおよそ次のような内容となっている。

　「国内の企業（外国法人の支店を含む）が特殊の関係にある国外の企業（親会社や子会社のように直接・間接に50パーセント以上の株式を保有するなどの関係にあるもの）と取引を行う際に独立企業間価格と異なる価格を用いたことにより当該国内の企業の所得が減少している場合に，その取引が独立企業間価格で行われたものとして課税所得を増額する。また，独立企業間価格については，非関連者への再販売価格，製造等の原価等から算定することとする。」

　移転価格税制の考え方およびその基礎になる独立企業原則は，国際的にも

　改正前の不正競争防止法の下では企業機密を不正に入手，使用するライバル企業などに対し，民事の差止請求訴訟などは起こせるが，罰金や懲役などの刑事罰則はなかった。設計図などモノを盗めば刑法の窃盗罪で罰することができるが，記憶した研究データなど機密情報を漏らしても刑事罰を適用できなかったのである。

　法案作成過程では，企業機密は転職に伴い他社に漏れる場合が多いことから，退職者を処罰対象にするかどうかが検討課題となった。人材流動化を阻害する恐れもあり，現従業員に限る案もあった。

　成立した改正法においては，各行為類型に共通する要素が「管理侵害行為」あるい

広く認められたものとなっている。ただ，技術情報など眼にみえない無形財産（intangible asset）やサービスの取引の場合，対象になる資産の評価が困難で，独立企業間価格の算定がむずかしいという問題点がある。

そこで，子会社から徴収するロイヤリティー（royalty）については，内容が「適正」なものとなるよう注意する必要がある。

ロイヤリティーの適正さは，実施許諾者（licensor）のもっている技術ノウハウなどの内容によって決まる。そのノウハウが極めて独創的であって，これを使うことで製品に高い競争上の有利さが生まれるのであればロイヤリティーは高くなる。

そのほか，代替技術の有無，対象には特許権のように登録された権利を含むかそれとも非公開のノウハウだけか，技術の開発コスト，被許諾者（licensee）の側において節約できる研究開発コスト，市場に早期に参入できることによる見込利益額，節約できる追加投資，許諾者：被許諾者間の競合関係の有無とその継続性，ライセンスの有効・実施期間，独占（exclusive）か非独占（non-exclusive）か，許諾者による技術指導は必要か，ロイヤリティー率の計算方式，業界における平均ロイヤリティー率などのファクターを適正ロイヤリティーの決定にあたり考慮すべきであろう。

は「管理に係る任務に背く行為」である。いずれも企業などが営業秘密を管理していてはじめて「管理」を侵害し，あるいはこれに係る任務に背くことになる。経済産業省の「指針」などを参考にしながら，営業秘密の管理体制を構築していく必要がある。

営業秘密の防衛という観点から，企業はこれを盗んだり横領したりする行為に対し，刑事告訴を辞さない構えで臨む必要がある。

今回の改正が成立するまでは，刑法の窃盗罪，横領罪の要件には「物」が動くことが必要になることがどうしてもネックになり，救済を得にくかったことはたしかである。

雇用が流動化して，転職も多くなってくるとライバル企業，同業者に移るさいにノウハウを持ち出すトラブルがふえている。従業員が転職ではないが，新会社の設立を企図して会社の開発したプログラムを自分たちのコンピュータに入力した事件で背任罪の成立を認めた先例がある（東京地裁昭和60（1985）年3月6日判決）。
　だが，「財物」の移転がないと窃盗罪，横領罪の成立までは認めにくく，会社の機密資料を会社所有のコピー用紙にコピーするなどの行為があってはじめて，その用紙の盗取をもとにして窃盗罪の成立を認めるといった"工夫"がなされてきた。
　この"工夫"にも限界があるのは，フロッピーも情報を写した従業員の所有物であったような場合においてである。IT化によって，こうした情報そのものの移転，流出はますます容易に行えるようになった。
　改正法のポイントは，情報の「管理」にある。刑事罰が設けられたとはいっても，管理ができていないところにはその侵害行為も認識できないことになるからである。

8 コンピュータと契約

1 コンピュータと知的財産権

　現代がコンピュータを使った情報社会であることに異論をはさむ人はいないであろう。コンピュータには，機械本体部分（ハード）とこれを動かすソフトウェアを考えることができる。コンピュータは，機械装置であるから，これを動かすためにはデータ処理システムの動作に関するプログラム，手順および関連する書類が必要になる。これらを総称してソフトウェアとよぶが，なかでもプログラムが中心的役割を果たす。プログラムを含むソフトウェアの重要性と価値が高まるにつれ，その法的保護をどのようにはかったらよいかが問題となってきた。方策としては，特許法（patent law），著作権法（copyright law），不正競争防止法（anti-unfair competition law）あるいはトレード・シークレット法（trade secret law）などによる保護を考えることができる。ただ，ソフトウェアに対する投資がハードウェアに対するそれを大きく上回り，ソフトウェアそのものが大切な財産として各種取引の対象になってくると，もはやこれをトレード・シークレットの一つとして保護すれば足りるというわけにはいかなくなる。
　そこで，これを特許権や著作権のような旧来からの代表的知的財産権によって保護しようとする考え方が生まれてくるが，大勢は著作権法のもとでの保護に固まったといってよい。わが国でも昭和60（1985）年の著作権法改正

■ シュリンクラップ契約の効力
　〔事案〕　STEP-SAVER DATA SYSTEMS, INC.（控訴人，以下「SDS」）は，マイクロ・コンピュータ技術を利用したマルチユーザーシステムを開発し，販売をしてきた。このシステムは，一つのメインコンピュータに端末装置を接続するものである。メインコンピュータにはIBM社の"IBM AT"が，OS（基本ソフト）としては，THE SOFTWARE LINK, INC.（以下「TSL」）の"Multilink Advanced"が，そして端末装置にはWYSE TECHNOLOGY（以下「WT」）がそれぞれ選ばれた。さらにアプリケーション・ソフトとして，SDS社自身によって書かれたいくつかのプ

によってコンピュータ・プログラムを著作物に加えることとした。

2 ソフトウェアのライセンス

技術移転（technology transfer）とライセンス契約の関係については，7においてすでに述べた。知的所有権の対象となる知的財産の一つであるソフトウェアについてもライセンス（license）ということがよく行われる。ただ，コンピュータ・プログラムのライセンスの場合は，特許やノウハウをふつうに許諾を受けてライセンス生産をするというのとは異なる。つまり，プログラムの場合，ライセンスを受けたといっても，そのプログラムを指定されたコンピュータ・システム（ハード）に使用し実行することだけを認める内容のものが含まれるからである。

これに対して，プログラムの複製を許諾する内容のソフトウェアライセンス契約も存在する。コンピュータ・プログラムは，複製することがきわめて簡単であり，複製による品質の低下もない。そこで，もとのプログラムの著作権を譲渡することなくプログラムの複製を許諾するタイプのライセンス契約が行われることになる。したがって，ソフトウェアの「使用」を目的とするライセンス契約においては，上記二種類のうちのいずれのタイプの契約であるかをはっきりさせる必要がある。

なお，ソフトウェアを売買契約などによって譲渡する契約もよくあるが，複製のためのライセンス契約との違いは以下の点にある。譲渡契約の場合，譲渡人の有するプログラム上のすべての権利とこれに関するドキュメントを譲受人に移転するものであるため，ライセンス契約でいう独占・非独占の区別やテリトリーを定める必要はない。また，ライセンシーの権利は債権的な

ログラムのほか，Microsoft's Disk Operating System（"MSDOS"）のもとで稼働するようにつくられた Off-the-shelf プログラムも組み込まれていた。

SDS は，これらハードとソフトの一緒になったパッケージとして，1986年から販売しはじめ，1987年3月までの間，142のシステムを法律事務所，医院などに販売した。ところが，システムの納入後間もなく，SDS はいくつかの顧客から苦情を受けるようになったことから，独自に調査をすると同時に，WT および TSL にこれら苦情内容を知らせ問題を解決するために技術上の援助を求めた。しかし，3社は問題を解決することができず，責任の所在をめぐって3社間で紛争が起こった。一方で，12

ものであるため，第三者のプログラムの複製行為に対して著作権に基づいて差止請求権の行使をすることは一般に許されないのに対し，譲渡契約によって権利を譲り受けた者は，著作権に基づいて直接，侵害を行った第三者に対し差止請求権を行使することができる。

3 英文ソフトウェア・ライセンス契約のポイント

(1) ライセンスの内容

ライセンス契約には，どのような権利をどのような条件でライセンスするのかを必ず規定しなくてはならない。以下のような例文をもとに考えてみよう。

> "X hereby grants to Y a non-transferable and non-exclusive right to use NON-SUBLICENSABLE SOFTWARE AND MATERIALS for the purposes described herein."
> 「XはX契約によってYに対し，譲渡不可で非独占的な，『再実施許諾不可のソフトウェアとマテリアル』を，本契約に規定された目的のために使用する権利を許諾する。」

この条項中で non-transferable とあるのは，ライセンスの対象となった権利ごと第三者に譲り渡すことができないことを意味する。non-exclusive は，XによるYへのライセンスの許諾が独占的，排他的ではないことを意味するため，Xが同一テリトリー内で他のライセンシーに対し，本件ソフトウェアを実施許諾することが許される。

NON-SUBLICENSABLE SOFTWARE AND MATERIALS は，契約中の別の個所に定義され特定されているところのものを指すが，ここでは再実施許諾が認

の顧客がシステムの欠陥を理由に TSL に対して訴訟を起こした。SDS は，3社間で友好的な解決ができないことが明白になったので，WT，TSL のいずれかあるいは双方から，顧客との訴訟の防御費用等の補償を認める宣言的判決を求めて訴えを起こしたが，連邦地方裁判所は，司法判断に機が熟していないことを理由に訴えを却下した。この判断は，控訴審においても支持されている(912 F. 2d 643, 3rd Cir. 1990)。SDS は，次に TSL と WT によるワランティ（保証・担保責任）違反および TSL による故意の虚偽表示（misrepresentation）を主張して，両社に対する別の訴えを提起した。これが本件訴訟である。

8 コンピュータと契約

められていない。ソフトウェアの場合，ライセンシーが自ら使用することよりも，ユーザーに対し再使用をライセンスできることのほうが大きな意味をもつことが多く，sublicensable であるかどうかは契約上重要なポイントである。

> "No right is granted for the use of the SOFTWARE directly by any third party and nothing in this Agreements grants to Licensee rights to sell, lease, or otherwise transfer or dispose of the SOFTWARE in whole or in part."
> 「いかなる第三者による本件ソフトウェアを直接使用する権利も付与されていないし，本契約はライセンシーに対し本件ソフトウェアの全部または一部を売却，賃貸その他移転もしくは処分をする権利をライセンシーに与えるものではない。」

この条項はライセンスの内容をより明確にするために設けられている。

再実施許諾を求める場合，以下のような条項にすることがある。

> "X grants Y worldwide rights to sublicense the SOFTWARE, sublicensable rights specifically include the right to copy, print, manufacture, and sublicense all aspects of the SOFTWARE."
> 「XはYに対し本件ソフトウェアを全世界において再実施許諾をすることのできる権利を許諾する。再実施許諾権はとりわけ，本件ソフトウェアのあらゆる面につき，複製をつくり，印刷し，製造し，再実施許諾する権利を含む。」

(2) **ソフトウェアの保護・保全**

ソフトウェアは，上述のとおり一個の財産的価値を有するものであり，知

第一審裁判所（ペンシルベニア州東部地区連邦地方裁判所）は，Multilink Advanced プログラムのパッケージにあらかじめ印刷された契約文言（ボックス・トップ・ライセンス，すなわちシュリンクラップ契約）は，SDSとTSL間の完全で排他的な（complete and exclusive）契約になる，というTSLの主張を認めた。そのうえで，同地裁はこのボックス・トップ・ライセンス契約に基づき，TSLはあらゆる明示・黙示の保証責任を放棄しこれから免責されることになる，と判示した。TSLによる虚偽表示については，同社の故意とSDSによる正当な理由による信頼（reasonable reliance）の要件についての立証が不十分であるとして，TSLを勝

的財産権性を認められている。この点を確認するとともに機密保持の点も含めて，以下のように規定することがある。

> "It is expressly understood by Licensee that the SOFTWARE in all of its forms is proprietary to Licensor. Licensee agrees that the SOFTWARE in all its forms constitutes trade secrets of Licensor and agrees not to disclose or make available in any form the SOFTWARE to any third party without the expressed written consent of Licensor."

「ライセンシーにより，本件ソフトウェアはそのすべての形態においてライセンサーの財産であることが明示的に了解されている。ライセンシーは，本件ソフトウェアがライセンサーのトレード・シークレットであることに合意し，本件ソフトウェアをいかなるかたちにおいても明示の書面によるライセンサーの同意なくしていかなる第三者にも開示し提供しないことに同意する。」

proprietary というのは，intellectual property「知的財産権」の property と同じ語源であり，「知的財産権を構成する」という意味である。

(3) 保証とメインテナンス

通常の技術移転のためのライセンス契約（270頁以下参照）と同じように，ソフトウェアのライセンス契約にも保証条項（warranty clause）を入れることが多い。その根本趣旨は通常の場合と異なることはないが，コンピュータのプログラムを開発するには多大の資本，労力および時間が費やされるのがふつうであり，ライセンサーの知りえない瑕疵（バグ）が発生することも少なくない。ライセンシーの当該ソフトウェアの使い方にも照らして仕様の適

たせる指図評決が認められた。また，WT による売買目的物についての商品性の黙示の保証違反を裏づける十分な証拠はないとして，SDS の主張は認められなかった。SDS は，以下の4点に基づいて控訴した。①SDS は，ボックス・トップ・ライセンス条項を TSL との正式契約とする意思はなかった。②TSL による故意の虚偽表示には十分な証拠がある。③WT 社による黙示の保証についても十分な証拠がある。④第一審裁判所は証拠の採否につき裁量権を濫用した

〔裁判の内容〕　控訴審の第3巡回区連邦控訴裁判所は，1991年7月29日，以下のように判示して，ボックス・トップ・ライセンスに関する第一審裁判所の判断を覆し，

合性を考える必要があるといわれるゆえんである。また，そうしたソフトウェアの特質に照らし，補修やメインテナンスといったことも重要なポイントになってくる。次のような条項例がある。

> "X warrants for a period of twelve (12) months that the SOFTWARE meets its published specifications and is free from defects in workmanship."
>
> 「Xは，12カ月間は本件ソフトウェアがその公表された仕様に適合しかつ出来ばえにおいて瑕疵のないものであることを保証する。」

この保証条項の場合は，公表された一定の仕様を基礎にし，それへの適合を一定期間保証するところに特徴がある。ソフトウェアの場合，瑕疵があるかないかは一定の仕様との関連でいわなければならないことも多い。そのため，修正も以下のようになることがある。

> "X agrees to use its best efforts to correct any defect or deviation from published specification that is documented and properly communicated to X by LICENSEE."
>
> 「Xは，最善努力でもって，あらゆる瑕疵あるいは公表された仕様からの逸脱のうち書面化されライセンシーによりXに対し適切に通知されたものを修正することに同意する。」

ただし，「修正」といっても，ソフトウェアの場合，以下のような制限付きになることもある。

> "Corrections under this warranty shall consist solely of supplying to LICENSEE updated versions of the SOFTWARE."
>
> 「本保証のもとにおける修正は，ライセンシーに対し最新版の本件ソフト

この点につき破棄差し戻しをした。その他の点については，第一審の判断が認容された（939 F. 2d 91）。

「SDSとTSL間の契約は，電話によって購入する商品，数量，価格が伝えられていたが，保証についての具体的な内容は明らかになっていなかった。しかし，本件プログラムの各パッケージには，ボックス・トップ・ライセンスとして次のような条件が書かれていた。

(1) 顧客はソフトウェアそのものを購入したわけではないが，その一身専属，譲渡不可の使用許諾権を与えられたものである。

ウェアを提供することのみを内容とする。」

(4) ロイヤリティー

ロイヤリティー（royalty）のライセンス契約における意義・種類については，267頁以下に述べたので繰り返さない。ただ，そこでも述べたように，ソフトウェアの場合，再実施許諾（sublicense）が認められるかどうかが大きな意味をもってくるので，ロイヤリティーの計算も再実施許諾をベースにして決められることがある。

"Royalty payments due as a result of sublicensing the SOFTWARE are first accrued by the LICENSEE and applied against any advanced license fee payment then paid to LICENSOR."
「本件ソフトウェアを再実施許諾する結果として支払われるべきロイヤリティーの支払いは，最初にライセンシーによって生じ，その時点でライセンサーに支払済の前払い使用料の支払いにあてられる。」

この場合，再実施許諾についての使用料はまずライセンシーのもとに生じるが，そのためにライセンシーはライセンサーに対して前払いで一定の使用料を支払っており，そこから引かれるかたちになるのである。

再実施許諾をもとにロイヤリティーを計算することになると，再実施許諾の数について正確に把握できないと計算ができず，ひいてはライセンサーに不利益が及ぶことになりかねない。そこで，以下のような条項を入れる。

"LICENSEE will maintain complete records of all its sublicenses sufficient to determine the number of such sublicenses."
「ライセンシーは，その実施許諾の件数を決定するに十分なだけ再実施許

(2) このボックス中に入れられたディスクが瑕疵のないものであることを保証する以外の明示・黙示の保証を破棄する。

(3) 瑕疵のあるディスクについて購入者に認められる救済方法は，瑕疵のないものと交換することであり，本ライセンスは本プログラムの使用から生ずる直接または間接を問わず損害賠償責任を含まない。

(4) 本ライセンスは，完全合意（統合）条項を含んでおり，ボックス・トップ・ライセンスは当事者間の最終かつ完全な契約である。

(5) 「このパッケージを開披することは，ここに書かれてある契約条件を承諾した

諾のすべてについての完全な記録をつけるものとする。」

"LICENSOR requires that report of the number of sublicenses of the SOFTWARE sublicensed by the LICENSEE be certified by the LICENSEE's auditing firm and delivered to LICENSOR on at least an annual basis."

　「ライセンサーは，ライセンシーによって再実施許諾された件数の報告書がライセンシーの監査法人によって証明され，毎年少なくとも1回はライセンサーに交付されることを要求する。」

(5) **権原，特許，著作権などについての保証**
　ライセンサーは一般に，対象となるソフトウェアなどについて権利を許諾することのできる法的根拠をもっていることを，ライセンシーに対して保証しなくてはならない。それとともに，以下のように，他者のトレードシークレットや秘密情報を侵害することなく独自に創造したものであることを表明する。

"X represents that it has the right to license the SOFTWARE and that it developed the SOFTWARE independently and that to the best of LICENSOR's knowledge it constitutes original concepts and ideas not derived from the use of any other party's trade secrets or other proprietary information."

　「Xは本件ソフトウェアをライセンスする権利を有していること，本件ソフトウェアを独自に開発したこと，およびライセンサーの最善知るかぎりそれがいかなる他人のトレード・シークレットまたは他の財産的情報の使用から生まれるのではない創造的概念・思想を構成することを表明する。」
　さらに，第三者からの特許や著作権侵害のクレームからライセンシーを守

ことを意味します。もしこれらの条件に同意しないのであれば，購入の日から15日以内に開披しない状態で購入者に返還すべきです。そうすれば代金は返されるでしょう。」との文言を本ライセンスは含んでいる。
　SDSは，各プログラムについての契約は電話によって行われたので，ボックス・トップ・ライセンスはそうした当事者間の契約内容の重大な変更であり，統一商事法典（UCC）2-207条のもとで，当事者の契約の一部となりえないと主張した。また，SDSは，当事者はボックス・トップ・ライセンスを最終かつ完全な契約とすることを意図していなかったので，UCC2-202条の口頭証拠の原則は適用されないとも主

り補償するための，以下のような規定も重要である。

"LICENSOR will indemnify and save harmless the LICENSEE against any claims that any SOFTWARE furnished under and used within the scope of this Agreement infringes a U. S. patent or copyright."

「ライセンサーは，本契約のもとで提供され本契約の範囲内で使用された本件ソフトウェアのすべてが合衆国特許または著作権を侵害するとのあらゆるクレームに対し，ライセンシーを補償し無害に守る。」

つづけて，訴訟になった場合の弁護士費用などについてふれることがある。

"LICENSOR will pay resulting costs, damages, and attorney's fees incurred by LICENSEE: provided that （1） LICENSEE promptly notifies LICENSOR in writing of the claim, and （2） LICENSOR has sole control of the conduct of the defense and all related negotiations."

「ライセンサーは，その結果生ずるライセンシーの負担した費用，損害，および弁護士費用を支払うものとする。ただし，以下のことを条件とする。(1)ライセンシーがすみやかにライセンサーに対し書面でもってクレームにつき通知をなし，かつ(2)ライセンサーが単独でその防御活動および関連する交渉をコントロールすること。」

さらに，以下のようなことまで規定することがある。

"LICENSOR shall have the right at its expense to participate in such defense."

「ライセンサーは，その出費でもってそうした防御行為に参加する権利をもつ。」

ソフトウェアの性格上，ライセンシーを守り補償する義務についても以下

張した。

　TSLは，ボックス・トップ・ライセンスが，UCC 2-207条(1)のもとで条件付き承諾になると主張するが，条件付き承諾になるためには，①もっぱら申込者の不利益になるよう重大に条件を変更すること，②承諾には一定の様式の書面による確認を必要とするといったキーワードやキーフレーズを用いていること，または③承諾者において，追加条項や変更条項が契約に含まれていなければ取引を進めないとの意思を示すよう申込者に求めること，の3つのうちいずれかが必要である。第1の要件は，ペンシルベニア州UCCが採用していないのでとれない。第2，第3の要件がどのような

のような制約もありうる。

> "LICENSOR will have no obligation to defend LICENSEE or to pay costs, damages or attorney's fees for any claim based upon the use of SOFTWARE improved or modified by LICENSEE."
> 「ライセンサーは，ライセンシーにより改良または修正された本件ソフトウェアの使用に基づくいかなるクレームについてもライセンシーを防御したり，経費，損害または弁護士費用を支払う義務を負うものではない。」

(6) ライセンス契約におけるエスクロー条項

　最近新しいタイプのネット取引やソフトウェアライセンスの契約などにエスクロー（escrow）の語をよくみかけるようになった。エスクローは，古くから英米の不動産取引などにおいて用いられてきたもので，それが電子商取引時代にあらためて注目されるようになったといえる。

　escrowは，もともと巻物を意味するscrollから生まれた。そこから転じて，deedなどにつくられた条件付捺印証書を意味するようになった。

　条件付捺印証書は，作成者が一定の条件の成就によって捺印証書としての効力を生じさせる意図のもとで第三者または相手方に交付する証書のことである。第三者に交付する場合，この第三者のことをescrow agentという。

　escrowはもともとイギリスで土地の譲渡に際して使われる譲渡証書として使われてきたが，アメリカでは不動産取引の最終決済（closing）のために利用されるようになり一般化した。とくに，アメリカ西部の諸州ではescrowを使う傾向が強くescrowの専門業者が多くいる。

　不動産取引は，取引金額が大きく，しかもそれまで面識のない当事者間で

違いをもたらすかは明らかではないが，当裁判所は3番目の要件に従って考えることにする。

　この要件のもとでは，完全合意条項や開披による同意文言は，TSLの承諾を条件付きとするには不十分である。購入後15日以内の払い戻しの条項も，TSLがSDSからこの条項への同意が得られなければSDS社への販売を差し控えたというほど重要なものではなかったといえる。SDS社長の証言によると，「TSLは，SDSがエンドユーザーではないのでSDSにはボックス・トップ・ライセンスが適用されないと確約し，2回にわたって同ライセンスに含まれていた保証放棄・救済制限と同じ内容

なされることも少なくない。

そこで，互いに確実に代金の支払いと権利の移転がなされるようにするため，escrow agent を決済代行業者として介在させ，その者に書類などを預けるのである。

escrow agent は，取引を完結するために必要とされる条件が整うのを待って，預かった書類を譲受人などに引き渡す。escrow agent に預けた後は depositor（寄託者）は対象物に対するコントロールを失う。

インターネットを使ったネットオークションなどが増えているが，それに伴って「お金を支払ったのに商品が届かない」あるいは「商品は送ったのに入金がない」といったトラブルが相次ぎ，社会問題にもなっている。

そうした契約当事者の不安を解消する新しいやり方として広がりをみせているのが「エスクローサービス」である。

エスクローサービスの仕組みは次のとおりである。まず，売り手（出品者）と買い手（落札者）の間に第三者である専門の仲介業者が入り，買い手から代金を預かる。

売り手が買い手に商品を配送したことが確認できたら，業者は預かっていた代金を売り手に送金する。売り手は業者に入金されたことを確認してから配送するので，何度催促しても代金が支払われないといった金銭トラブルの心配はない。

一方，買い手も商品が届かなかったり，届いた商品が買ったものと違う，不良品であった，あるいは壊れているといった場合に，商品を送り返して業者から返金を受けられるので安心である。

日本ではすでに宅配便のエスクローサービス会社など10社近くがこの仲介

を含む別の契約書へのサインを求め，SDS がこれを拒否したにもかかわらず TSL はプログラムの販売を継続した。従って，本件ライセンスを TSL の条件付き承諾とみることはできない。」

〔解説〕 シュリンクラップ契約とは，本件でボックス・トップ契約といわれているものと同様であるが，一般に著作権者が直接の契約関係にないエンドユーザーとの間において，ライセンスの契約内容を当該プログラムが搭載されている記憶媒体（ディスクなど）のパッケージ表部に記載し透明なビニールでラップし，このラップを破ることによって，使用許諾のライセンス契約を成立させるものをいう。

サービスを行っている。サービスの利用や仲介手数料の負担方法は売り手・買い手双方の合意が前提で、手数料も業者によってさまざまである。

さらに、ソフトウェア・エスクローというサービスも、一部で提供されている。

これはソフトウェア取引を開始するにあたって、ライセンサー・ライセンシーがそのソース・コードや技術情報等を第三者（escrow agent）に預託しておき、ライセンサーに倒産などの事故があった場合、escrow agentがあらかじめ定められている一定の条件（開示条件）の下でそのソースコード等をライセンシーに開示することにより、ライセンシーの保護をはかる制度である。

(7) クリック・オン・ライセンス契約

電子商取引においては、業者側の示すウェブサイト上の契約内容をそのまま一方的に呑まされる附合契約（adhesion contract）が多くなりがちである。

たとえば、ウェブサイト上に売買のための契約条項を売り主が示し、買い主側がその内容を受けるか否かの選択しかできないケースがある。これが対消費者であれば、2001（平成13）年4月1日から施行になった消費者契約法の問題を生じさせるであろう。

附合契約においては、当事者間で契約内容について交渉がなされることはなく、一方的につくられた約款が押し付けられるかたちになる。電子商取引になると普通の契約の場合よりも附合契約が多くなる。

ウェブサイト上のバーチャルモール（仮想店舗）で物を買い入れるケースを考えてみよう。ある商品を選び出し、そのための契約条件に画面上で目を

同契約について法律上もっとも問題となるのは、ラップを破ることで契約の承諾になるのかという点である。契約は、申し込みと承諾という意思表示の合致によって成立する。この点、いわゆる英米法のもとでもofferとacceptanceの一致が合意（agreement）を形成し、これが契約（contract）の基礎をなすのであり、根本は変わらないと考えてよい。

本件では、結論としてシュリンクラップ契約の成立が否定されている。アメリカでこうした契約関係の成否をカバーするのは、とくに本件のような有償的双務契約の場合、各州の採択している統一商事法典（UCC）第2編（Article 2）の諸規定である。

通す。

　ただ，その中に納得がいかない条項があったとしても，削除を要求して交渉しようとする人はまれである。ウェブサイト上の契約条件を呑むか呑まないかの選択しかなく，しかも1回クリックするだけで契約が成立する。

　米国ではこうした契約のことをポイント・アンド・クリック契約（point and click contract）という。その問題性は，従来からわが国で附合契約について論じられてきたところと共通する。

　すなわち，とくに消費者に対して一方的に不利な内容を押し付けるような場合は，契約が公序良俗違反で無効になり得る。アメリカでも public policy に反するので無効であると考える。

　2000（平成12）年に，米国でポイント・アンド・クリック契約について，UCITA（Uniformed Computer Information Transactions Act）が制定された。同法は，過失なく画面上のボタンをクリックして「同意します」と意思表示した場合には，たとえ契約内容をすべて読んでいなくても契約が成立するとした。

　もちろん，デジタル式でも有効に申込みと承諾の意思表示を合致させ契約できることを前提としている。

　ただ，ポイント・アンド・クリック契約においては，ワンクリックでよいため，よく考えることなくついうっかり誤って承諾の意思表示をしてしまうことも起こりがちである。

　そこで，消費者が契約条件を知ったうえで過失なく同意をしたといえるような"工夫"が必要になる。

　たとえば，契約条件をはっきり示すためにスクロール画面をいくつも使い，

その2-207条は，申し込みに対する承諾条件付き承諾，および追加的申し込みとなる場合のそれぞれの要件を規定している。そして同条項に照らして，本件では上記のとおりの理由で，シュリンクラップ契約が TSL の条件付き承諾にはならないと結論づけられた。

少なくとも一通り目を通した後でなければ「同意」できないようにすることが考えられる。

また，後で契約をする意思がなかった，あるいはこのように不利な条件に気づいていたら契約しなかったとする無効の主張を避けるためには，ワンクリックではなく複数回クリックするようにしたりすることも考えるべきであろう。

具体的には，1頁にまとめてスクロールできる契約内容の表示ではなく，何頁かに分け，頁ごとにクリックしなければ次の頁に進めないようにしておくことである。

契約に合意するかどうかを最終決定する際にも，このクリックによって，契約が成立すること，その前に契約内容を読んだことを確認する注意書きを，目立つように入れておくこともよいであろう。

わが国の消費者契約法は，契約締結過程において不公正な行為があったときは消費者の側で契約を取り消せるとするとともに消費者側に一方的に不利益な条項などは無効にすることを規定する。

電子商取引においては，同法の下で取消し・無効にならないような契約コンプライアンス（法令などのルール遵守）が求められる。

(8) シュリンクラップ・ライセンス契約

シュリンクラップ・ライセンス契約は，開封契約ともよばれる。それはユーザー（user）がパッケージになったソフトウエアの製品を手にし，包装用ラップ（shrink-wrap）を開封した時点で，パッケージの箱あるいは同封の使用許諾契約書に書かれた内容のライセンス契約が成立するからである。

■ IT ガバナンス

IT（information technologies）社会の到来といわれる。いまやITに一定の戦略を持たない企業は，生き残れないといってもよいであろう。

とくに，顧客情報などの漏えいを防止する情報管理体制をしっかり構築しなくてはならない。そのためには，いわゆるITガバナンスが求められる。

ITガバナンスは，コーポレートガバナンスをITの側面からとらえたものである。ITは，社会や企業に大きな利便性をもたらす反面，これをしっかり管理できなければ，個人情報の大量流出などによって社会に大きな害悪をもたらす。

クリックラップ・ライセンス契約という言い方もある。契約条項はインストール画面に表示されることもある。

これらに対しクリック・オン・ライセンス契約においては、ユーザーが申込みのボタンをクリックすることで契約が成立する。しかもシュリンクラップ契約と異なり、このタイプの契約は制作者（web 開設者）とユーザーとの間で直接契約が成立する。

前者においては、制作者とユーザーは直接やりとりすることなく小売店、販売店を通じて間接的に契約が成立するにすぎない。

これら2つのタイプの契約に共通した問題点は、ユーザーの明確な意思表示がないため契約が有効に成立したといえないのではという点である。

この点はシュリンクラップ契約において比較的早くから論じられはじめ、当初米国でシュリンクラップ契約の有効性は学説上否定されていた。

その後、1996年の ProCD 事件判決（ProCD v. Zeidenberg, 86 F. 3d 1447, 7th Cir.）が、それまでの考え方の地裁判決を覆し契約を有効であるとした。

クリック・オン・ライセンス契約においては、シュリンクラップ契約よりもさらに一方的にユーザーに不利な内容で成立するおそれがあることから、公の政策（public policy）に反して無効とされるべき場合があるのではないかと論じられている。

そのため、ある文献は、クリック・オン・ライセンス契約が無効にならないようにするための注意点を紹介している（岡村久道・近藤剛史『インターネット法律実務 新版』206頁）。

① 電子商取引も含めて、商品が最初に使用される前（または、支払義務が生じる前）に、詳細なライセンス条項を買主またはユーザーに開示す

IT が十分に活用できない企業や情報セキュリティ面が弱い企業は、そのレピュテーション（評価）を低下させ、グループのブランド価値の毀損を招きかねない。IT ガバナンスは、何よりも企業のリスク管理、危機管理の観点から重視されなくてはならない。

ること，たとえばハイパーリンクでライセンス条項の文言を表示できるようにしておくこと。
② もし買主がライセンス条項への同意を拒絶する場合には，代金（およびその他の経費）を返還するように申し出ておくこと。

9　秘密保持契約

1　トレード・シークレット（営業秘密）の保護

　1990年6月22日，わが国の不正競争防止法が改正されて，トレード・シークレット（trade secret，以下"TS"と略す）に一定の保護が与えられることになった（1991年6月15日より施行）。ポイントは，TSを不正に入手した企業や個人に対して利用差止めを請求できるようにするところにある。
　立法にあたって改正案の作成に携わった通産省（現・経産省）は，立法化の背景として以下の3点を指摘している（「不正競争防止法の一部を改正する法律案について」より）。
「①　わが国経済の技術水準の高度化，サービス化の進展に伴う技術上または営業上のノウハウの重要性の高まり
　②　ノウハウ等の情報化取引の活発化，雇用形態の流動化を背景とした営業秘密をめぐるトラブルが発生する虞の高まり
　③　知的財産に関する国際的なハーモニゼーションの必要性の高まり」
　このうち②にみられる「情報取引の活発化」という現代社会の流れは，情報管理の重要性をいっそう高める。今回の改正法において，保護の対象になるためには，(i)秘密として管理されていること，(ii)生産方法，販売方法等の事業活用に有用な技術上，営業上の情報であること，および(iii)公然と知られていないこと——が要件となっている。(i)で「管理」が問題とされるように，

■ トレード・シークレット
　営業秘密のことは英語でトレード・シークレットという。トレード・シークレットの法的保護は，アメリカでもっとも進んでいる。同国でトレード・シークレットは，いわゆる知的財産権の一つとして，長いあいだ判例法その他で保護されてきた。
　しかし，日本人にはまだこのトレード・シークレットの"権利性"にぴんとこないところがある。たとえば，古くからアメリカでトレード・シークレットの対象になるといわれてきた代表例に，コカ・コーラの原液の成分やケンタッキー・フライドチキンのスパイスのレシピがある。これらの会社は，間違ってもライバル会社から秘密を

法的保護が与えられるようになったといっても，何もしないで法律が TS を守ってくれるわけではない。有効な情報管理体制が求められる。

2 秘密保持契約の役割

　情報管理意識の高揚が求められるなかで，情報管理の方策の一つとして秘密保持契約の果たす役割がますます大きくなってきた。

　秘密保持契約には，大別して第三者と締結する場合および従業員などと会社内部で締結する場合とがある。前者の場合，その契約だけを独立して締結するというよりは，共同研究開発契約（joint research and development agreement）あるいは企業買収（M&A）などの契約に入るための交渉段階において締結することが多い。

　M&A 契約に関連して❻（249頁以下）でふれたが，まず，秘密保持契約を締結して，企業買収の前提となる企業の評価（evaluation）に必要な資料を提供し，その後，レター・オブ・インテント（letter of intent）を取り交わし，本契約に入るという流れをたどることが多い。

　ライセンス契約を締結するについても，まず相手方がどのような技術をもっていて，契約に入るだけの価値があるかないかを見きわめてから本格的にライセンス契約の交渉に入るということもあるであろう。

　合併契約（joint venture agreement）や販売・代理店（distributorship or agency agreement）のような継続的性格をもつ契約においても秘密保持が問題になるが，これらの契約の場合には契約の条項の一つとして秘密保持条項（secrecy clause, confidentiality provision）を設けるのみで対応することが多い。

盗まれたりしないように細心の注意を払っている。製法を記したレシピが本社の金庫の奥深くにしまってあり，ほんの一握りの会社上層部の人間しか開け方は知らないらしい。

　日本にもこの手のトレード・シークレットだったらたくさんある。たとえば，何百年も続いたうなぎ屋であれば，先祖伝来のタレの製法を門外不出の秘伝として守ってきたはずである。つぼのなかに入っていて，つけては焼いてを繰り返すうちに当然少なくなっていくので，その都度つけ足していくうちに100年以上も続いていたという気の長いはなしもある。関東大震災や空襲のときはタレの入ったつぼをまっ先に安全

後者の，会社内部の従業員との間に結ぶ秘密保持契約にも2通りのものが考えられる。会社がみずからの秘密情報を守るために，研究開発職員との間で秘密保持契約を取り交わすような場合と，第三者とのライセンス契約のなかの秘密保持条項の内容として従業員との秘密保持契約の締結を義務づけられているために，その履行として締結する場合とである。いずれの場合においても，会社内部の者との取決めということで，誓約書の形式をとったり，就業規則に盛り込むなどして，正式な契約書のかたちをとらないことも多い。

前述のように，わが国における不正競争防止法の改正の背景には，終身雇用制が次第に崩れ，わが国でも転職がさかんに行われるようになってきたこと（「雇用形態の流動化」）がある。企業がTS自衛のためにすすんで秘密保持契約を結ぶ例は，これからますます多くなるであろう。アメリカ企業なみに，研究開発に従事する職員と，(i)入社時，(ii)特定の研究開発プロジェクトを開始する時点，および(iii)退職時，という三つの時点で，それぞれの誓約書あるいは，秘密保持契約を取り交わすといった例もある。

3 秘密保持契約のポイント

ここで，第三者（外国法人）と共同研究契約のような契約を結ぶ前提として英文で秘密保持契約を結ぶ場合を想定して，英文秘密保持契約のポイントを考えてみよう。秘密保持契約のことは，英語では secrecy agreement あるいは confidentiality agreement のようにいうことが多い。non-disclosure agreement ということもある。

(1) 秘密に扱われるべき情報の範囲

な場所に，"避難"させた店主もいたらしい。

鮨職人にしてもフランス料理のコックにしても，名人といわれるような人たちは，それぞれ自分たちの高度なノウハウをもっている。たとえ弟子に対してでもなかなかそのノウハウを教えようとしない。弟子たちは，鍋の底に残ったソースをなめて，"ノウハウ"を盗もうとするという話も聞いた。

こうした人々は，先祖代々，あるいは先輩から後輩に，技術だけではなく，それが外部に漏れないようにするための，いわば秘密の管理方法を受け継いでいる。彼らは，営業秘密が法的に一層保護されることになったといっても，さほど喜びはしないであ

9　秘密保持契約

最初のポイントは，秘密保持の対象・範囲である。対象となる情報のことは，一般に Proprietary Information のような語で定義するのがふつうである。Proprietary は，property「財産（権）」と同じ語源の単語であり，財産権の対象になるような情報，すなわち，知的財産権あるいは知的所有権（intellectual property）の一部をなすような情報を意味する。TS などは，これにあたるといってよいであろう。

情報には財産権の対象にならないような情報もあるのでこうした言い方が必要になるのであるが，前提として以下のような規定を置くこともある。

> "The information to be disclosed by X to Y is considered by X to be proprietary."
> 「XによってYに開示される情報は，Xによって財産権の対象になるものと考えられている。」

秘密情報の内容は，以下のようになるべく具体的に，定義条項の中などで明らかにしておくのがよい。

> "For the purpose of this agreement, "Proprietary Information" shall mean all information relating to the production of〔name of the products〕."
> 「本契約の目的のために"財産的情報"は，〔製品名（が入る）〕の製造に関連するあらゆる情報を意味する。」

秘密情報の範囲について実務上重要な意味をもつものは，例外をなす部分である。もっとも一般的な例外としては，"the information which is in the public domain"「公知になった情報」あるいは"the information which is known to the recipient of information prior to the time it is disclosed"「情報の受領者にそれが開示される以前から知らされていた情報」を掲げることが

ろう。営業秘密が盗み出されたりしたら，それが使われるまえに差止請求ができると聞いても，盗まれたこと自体を恥と考えるであろう。そして，より一層技術に磨きをかけ，2度と盗まれたりすることのないように心がけるに違いない。

　営業秘密の保護は，その内容が高度になればなるほど，保護者自らの自覚と秘密管理体制がポイントになる。法律ができたからこれで安心と考えるうなぎ屋の主人がいたとしたら，やや考えが甘すぎる。職人気質という点からみても，たよりない感じを否定できない。

　営業秘密保護は，法律とモラルの境界に横たわる問題である。法律による保護をこ

多い。

その他，"the information which is later disclosed by a third party rightfully in possession of the same and under no obligation of secrecy to either party"「(契約締結の)後になって，それを合法的に保有しいずれの当事者に対しても守秘義務を負うことのない第三者が開示した情報」を加えたり，政府や法令によって情報が求められた場合を例外に加えることがある。

こうした例外を明確に規定しておくことは，あとあと知的財産権をめぐる争いにまきこまれることを未然に防止することに役立つ。たとえば，M＆AのためにA買収対象になるような会社B社からA社が非公開資料を受けevaluationを行ったが，結局買収は断念したケースを考えてみよう。

のちになってA社が買収対象になるはずであったB社の作っている製品と同じような製品を第三者から技術情報のライセンスを受け開発し売り出したとしよう。B社は，自分たちが提供した情報を利用してその製品を開発したと主張するかもしれない。その際，上記のような例外がしっかり規定されていなければ，やっかいなことになる。

(2) 使用目的の限定

秘密保持契約は，共同研究開発契約やライセンス契約あるいはM＆Aのための契約などの前提として締結されるのが多いことは，すでに指摘したとおりである（303頁参照）。とくにそうした場面で用いられる秘密保持契約を念頭において，重要なポイントを説明してきたわけであるが，秘密情報などの使途を限定することは重要である。漠然と守秘義務を課すというのではなく，対象となる秘密情報の範囲を例外とともに明示し，一方では開示する情

こまで広げることが果たして科学技術の進歩にプラスになるかというと，必ずしもそうではなさそうである。

ダーウィンやミケランジェロが偉大な発見や発明をした時代には，営業秘密どころか特許制度も整備されていなかった。モーツァルトやベートーベンが名曲をつくった時代には，著作権は十分に認められていなかった。だからといって，天才たちの発明や創作に対する意欲がそがれることはなかったに違いない。かえって，当時特許権や著作権が整備されていて，彼らが一躍大金持ちになったとしたら，その後は堕落していたかもしれないのである。

報の使途を以下のようにしっかり書いておくのがよい。

> "Neither party to this Agreement may use any Proprietary Information for purpose other than those for which was disclosed without prior written consent of the other party."

> 「この契約のいずれの当事者も，本件財産的情報をそれが開示された以外の目的には，他方当事者の事前の書面による同意なくして，用いてはならない。」

このように使途を指定することによって，情報受領者がその秘密情報を，物の製造，販売などの商業的目的に使用することを防げるのが趣旨である。そのために，契約書中には，"〜 to determine its interests in entering into formal business relationship." 「……正式なビジネス関係に入るについての権益を決定するため」のような目的を明記しておくのがよい。次のように書くこともある。

> "The Recipient will not make commercial use of the information and the samples."

> 「情報受領者は，情報およびサンプルの商業的使用をしないものとする。」

目的の限定とともに，"No license is hereby granted, directly or indirectly, under any patent." 「いかなる特許権のもとでも，直接，間接を問わず，本契約によって何らの実施許諾がなされるものではない」と規定することもよく行われる。とくに特許権の実施許諾を含まない旨を確認することがよくあるのは，特許の内容そのものは公開されているため，これについてわざわざ契約を結ぶことが実施許諾のためとみなされるのを避けるためである。

不正競争防止法によって，営業秘密として保護されるためには，3つの要件を満たさなければならない。①秘密として管理されていること，②技術上または営業上の有用な情報であること，および③公然と知られていないこと，である。特に①の要件からは，営業秘密を適切に管理していることが求められる。

具体的には，就業規則などで営業秘密の取り扱い者やこれにアクセスできる者を限定する。書類に「部外秘」と記載することなどが考えられる。法的保護が整備されることになったといっても，何にでも「極秘」のゴム印を押せばよいわけではない。過ぎたるは及ばざるが如しである。秘密情報の種類内容に応じて適切になされて初めて

(3) 別契約への移行

秘密保持契約が，後に締結される別の契約に対する前段階のものだとすると，後に予定された契約との関係についてふれることがある。この場合，別の契約を締結する義務はいっさいないと表明することもあるが，以下の例のように一定の期間後に契約に入る意思があるかないかだけは知らせるようにすることも多い。

> "Within 60 days from the date of this Agreement, X shall notify Y whether it is interested in entering into a Joint Development Agreement."
> 「本契約締結の日から60日以内に，XはYに対し，共同開発契約を結ぶことに関心があるか否かを知らせなくてはならない。」

> "If we are interested in entering into a license agreement, you agree to enter into a good faith negotiation with us for such agreement."
> 「もし当社がライセンス契約に入ることに関心のあるときは，貴社はその契約のために当社と誠意ある交渉に入ることに同意する。」

として，交渉までを義務づけることがある。"Such agreement shall provide as follows：〜,"「そうした契約は以下のような規定をしていなくてはならない」として将来の契約の内容まで規定しておく例もある。交渉も含めてどの程度の拘束力を認めるのがよいかは，ケースによって異なる。しかし，どの程度の拘束力が規定されているかは正確に理解しておく必要がある。

(4) 人的範囲の限定

秘密保持契約においては，どの範囲の人間に秘密を守らせるべきかが問題となる。会社が契約当事者である場合には，何も規定がないかぎり，その会

「管理」が行われたことになる。

　②の有用性は，たとえば人事のうわさや社長のスキャンダルのように，その企業がいかに秘密に保ちたい情報であっても，営業上有用な情報ではないものがある。これを排除するための要件である。

　IT（information technologies）社会では，結局のところ，情報を分析し漏えい防止など適切にコントロールできるかどうかに企業の浮沈がかかっているのである。

社の役員や従業員は原則として秘密情報を開示される対象者になるものと考えられる。ただ，以下のように従業員の中でも特定の者だけに開示をさせるようにすることがある。

"X may disclose the Information only to the employees as X deems necessary to complete its evaluation of the Product."
「Xは，本件情報を，本件製品の評価を完了するのに必要とXが考える従業員に対してのみ，開示することができる。」

これだけでなく，これらの従業員が「雇用契約その他で守秘義務を順守することを約したときのみ」という限定をつけ，"〜only when the employees have undertaken by employment agreement or otherwise to comply with the obligation hereunder."のようにすることもある。これをさらに「秘密契約を結んだ従業員」"employees from whom secrecy agreements have been obtained"のように限定することもある。

製品の評価（evaluation）をすることが予定されるような場合，契約当事者たる会社以外の研究所や専門家など第三者に情報を開示しなくてはならないことがよくある。役員や従業員だけならば，何も規定しなくてもその会社が秘密保持について責任を負わなくてはならなくなるであろうが，第三者が対象に入ってくるときは，必ずその範囲を明確にし，かつ同様の守秘義務を負わせることを確認しておかなくてはいけない。

"It is understood that X may disclose Proprietary Information to Affiliates subject to the condition that each such Affiliate that receives Proprietary Information shall agree to be bound by all of the terms of this Agreement."
「本件財産的情報を受領する関連会社が本契約のすべての条項により拘束

■ソフトの不正コピーに賠償命令

2001年5月16日，東京地方裁判所は大手司法試験予備校に，パソコン用ソフトの不正コピーを理由に約8千5百万円の支払いを命じる判決を下した。

コンピュータプログラムは，1985年の改正著作権法の下で保護されるようになった。すなわち，ソフトの不正コピーは著作権侵害行為として摘発され刑事責任を問われうる。最近は，海賊版ソフトを販売する業者を摘発し刑事責任を厳しく追及する動きが定着している。だが，企業内で大量で行われているとされる不正コピーについては，事実上"野放し"状態である。被害者の側で損害額を立証しようとしても企業内でど

されることに同意することを条件として，Xは，本件財産的情報を関連会社に開示することができることが了解されている。」

この例では，Affiliates「関連会社」に開示できることになっているが，その範囲がひろくなりすぎないように定義条項をおくなどして対象を明確にしておくのがよい。子会社（subsidiaries）ということばを使用したときにも同じようなことがいえる。

(5) 契約の期間と終了

秘密保持契約には，通常の契約と同じように有効期間を設けることが多い。期間は，契約の目的によって適切な長さが決まってくる。何ら期間を設けないこともある。その場合は，無期限で守秘義務を負いつづけることになるが，技術の進歩の早さからすると，無期限の守秘義務が果たして現実的かどうか疑問となることもある。情報がすでに陳腐化して公知（public domain）の状態になってしまったにもかかわらず，守秘義務を負うことは適当ではない。期間の設定のない契約の場合は，守秘義務の対象となる情報の例外をしっかり規定しておくことがとくに重要になる（305頁参照）。

契約の目的が達成された時点で，情報開示のために提供された情報，データ，サンプルなどがあればそれを返却すべきことを規定する例が多い。これらの物の所有権は，提供者に帰属しているからであり，目的が終了しなくとも，"At the request of X, Y shall return all tangible information."「Xに要求があったときは，Yはすべての有体情報を返却しなくてはならない。」とすることすらある。

返却するさいに，"except one copy which may be retained for record pur-

---

れだけの範囲でコピーがなされているのか突き止めるのは極めて困難である。そこで，2001年の著作権法改正では，違法行為の一部を立証すれば，損害額の認定要件を緩和する規定が新設された。

ソフトの不正コピーは，企業，官庁，学校などで広く行われている。問題は，誤った「コスト削減」のためにこれを知りながら黙認しているケースが多いことである。上記判決は，こうした組織的な大量の不正コピーを認定した。原告側（マイクロソフトなど3社）は，証拠の散逸を防ぐため1999年2月，東京地裁に証拠保全を申し立て，同手続によって被告予備校の高田馬場西校のパソコン290台のうち136台に計545件の

pose by X's Legal Department"「Xの法務部によって記録のために保持される一部を除き」のような条件をつけることもある。一部だけの保存を認めるのは，全部返却してしまうならば将来紛争が起こったときに守秘義務の対象を示す証拠がなくなってしまうからである。

4　顧客情報流出を防ぐための委託契約上のポイント

　個人情報を含む顧客情報の大量流出事故は，国内で頻繁に起こっている。デジタル時代の新たなリスクとして，企業に対応を迫る。アナログ時代であれば，何十万件，何百万件もの情報を一度にもち出すことは至難のわざであった。

　いまは，だれでも簡単に大量の情報を操れるデジタル時代である。最近の顧客情報大量流出事故には，委託先から情報が漏れたケースが多いが，2004年の2月，およそ450万人分とされる個人情報が漏れた事故は，海外で流出したのではないかとみられている。顧客情報の処理を外部に委託するに際しては，委託先が外国の企業である場合を含め，委託契約の内容に十分な注意が必要だ。

　ポイントは，委託元，委託先間の責任分担規定にある。個人情報が委託先から大量に漏れたとする。委託元は，被害者の個人から直接損害賠償請求を受ける可能性がある。漏らした"犯人"が委託先の従業員であったとしても，委託元の監督責任が問われるからである。この理は，2005年4月1日から本格施行になったわが国の個人情報保護法22条が，委託元による委託先の「必要かつ適切な監督」と義務づけているところからも根拠づけられる（同法22条）。

不正コピーが確認されたことを踏まえて訴訟に踏み切ったという。
　判決とちょうど同じ頃，遺伝子技術の分野で日本人研究者が米国の産業スパイ法違反で起訴された。分野，事件は異なるが，知的財産権や企業秘密の侵害行為に対して一般に米国法はより厳しい制裁（刑事および民事両面において）をもって対応しようとする。企業はコンプライアンス体制をしっかりと構築し，いやしくも組織的に他者の知的財産権を侵害するといったことのないようにしなくてはならない。著作権はその国の文化のバロメーターであるというが，こうした不正は経営者の遵法意識にかかわる恥ずべき行為である。

要するに、委託元は委託先、再委託先から情報が漏れた場合に、直接、多数の被害者に対して巨額の損害賠償責任を負わなくてはならないのである。その賠償責任を果たしたのちに、委託先に賠償分を求償できるかどうかは、委託契約の規定次第になる。

委託元（X）にとってもっとも有利な規定は、委託先（Y）から hold harmless の約束をとりつけることである。文例としては、以下がある。

> "Y holds X harmless against any damages or losses caused by performance of Y's duties under this agreement."
> 「本契約の下におけるXの義務履行によって生じる一切の損害・損失から、YはXを免責、補償する。」

hold harmless は、indemnify と同義で、ひらたくいえば一切ご迷惑をおかけしませんというようなものである。もう少し理論的にいうと、補償するのは、一切の求償に応じますというのと変わらない。hold harmless は、逆にX（委託元）がY（委託先）に対して行っても、おかしくない。その場合、XはYに求償をしませんと約束することになる。

どちらか一方の当事者が全面的に責任を負うとしても、上記文例の "any damages or losses" の範囲をめぐって争いが生じることはありえる。というのは、委託元が被害者に対して行う損害賠償、補償は、委託元が被る損害の一部にすぎないからである。最近の事例でも、流出があった会社の株価が急落するなど、いわゆるレピュテーショナル・リスク（reputational risk）が生じた。

そこで、damages のあとに "including consequential or indirect damages"「派生的または間接的損害を含む」との文言を付加したりする。これによっ

て，求償に応じる側のリスクは，格段に増大する。情報流出リスクは，どこまでといった明確な境界線がなく，尾ヒレがついて広がる。個人情報の部分も，プライバシー侵害に基づく精神的損害となると，noneconomic なため，損害額をいくらにするかの尺度はないようなものである。

　こうした算定上の困難さを考慮して，"liquidated damages" と題する条項を入れることがある。民法でいう「損害賠償額の予定」条項である。実際問題，情報流出の場合，損害額の目安をつけ，合理的な「予定額」を入れるのはかなり困難である。現実の損害額からかけ離れすぎた金額を入れると，英米法の下では，"penalty" と解されて無効になることもある。

10　海外建設工事契約

1　海外建設工事契約の特質

　わが国の建設業の海外進出は，戦後，東南アジア諸国への賠償工事に始まった。東京オリンピック（1964年）以降は，産業界全般が国際化する中で，通常のビジネスベースの契約も多く行われるようになった。

　海外建設工事契約といっても，プラント建設工事契約と建築工事請負契約とに分けることができる。ここでは限られたスペースの中で海外建設工事契約のポイントを解説するという趣旨から，プラント建設工事契約の場合を中心に検討する。

　海外建設工事契約は，国際契約としてつくられるのがほとんどである。国際契約としての海外建設工事契約には，内容的に英米法に基づいたものが多い。それは，この分野では，国際コンサルティングエンジニアリング連合（FIDIC）の約款など，英国の法体系に基づいてつくられた標準約款が広く世界で使われていることが一因をなしている。

　海外プラント建設工事契約は，請負業者（contractor）が一定の性能を有する設備・装置（plant）を，海外のある地域において据付，建設，完成し，これに対して注文者（owner）が代金を支払うことを内容とする。

　この種の契約は，契約としては，基本的に請負契約の性格をもつものであるが，プラント建設のための機材・機器類供給のための売買契約の要素を含

■わが国における規制緩和と競争政策

　米国の電気通信産業，航空産業にみた規制緩和の動きは，わが国においても同様に起こった。前者では，通信ニーズの高度化・多様化，技術の急速な発展，ニューメディアの登場は，わが国の電電公社による一元的独占体制の維持をむずかしくした。そのため，電気通信分野を自由化し，競争原理を導入することとし，1985年，いわゆる電電改革が行われた。かつての電電公社は日本電信電話株式会社と名称を変え，「自由競争の時代」が幕を開けた。しかし，その後NTTの市場独占状態を改善しようと1990年3月に電気通信審議会がNTT市外電話会社（長距離電信部門）と市内電

10 海外建設工事契約

んでいる。また，機器類の運転指導のノウハウを移転するという点では，ライセンス契約の内容も含まれる。その他，リースやファイナンスに関する契約が関係してくることもある。結局のところ国際プラント契約は，これらが複合的に組み合わされた契約であるということができる。

　海外プラント建設工事契約には，請負者の義務の内容により，売買に主眼を置いた「売り切り型」と請負に主眼を置いた「請負型」とがある。前者を「FOB 型」，後者を「ターンキー型」ということがある。

2　Bid「入札」

　海外建設工事契約は，一般の契約と同じように申込（offer）と承諾（acceptance）によって成立する。ただ，owner と contractor との agreement「合意」の形成は，多くの場合，入札という手続を経てなされるところに特色がある。

　bid は offer の一種と考えられ，売買契約の買主や売主，労務提供者などがひろく一定の価格で契約の締結を申し込むことをいう。入札のことを bid あるいは tendering というが，入札は競争契約による場合において競争に加わる者が文書によって契約の内容を表示する。bid 自体が契約の offer であるから，落札（successful bid）になれば，owner 側からの acceptance があったことになる。

　競争入札が行われるときは，invitation to bid「入札公告・案内」がなされることが多い。これは，民法でいう申込の誘引にあたる。

　競争入札には，入札をなす者をあらかじめ指名する指名競争入札（selective bid, selective tendering）とひろく新聞広告などにより入札者を公募す

話会社に分割すべきであるとの内容の答申を出したが，政府は当面，分割を"凍結"する方針を打ち出したが 1999 年に分割が実地された。
　政府の経済財政諮問会議が，経済運営の基本方針を示す「経済財政運営と構造改革に関する基本方針 2003」を決定したのは，2003 年 6 月 26 日のことであった。これは，日本経済の課題として，経済の体質強化とデフレの克服を挙げ，構造改革の目標として①経済活性化，②国民の安心の確保，③将来世代に責任が持てる財政の確立の 3 つを示した。構造改革の具体的な取り組みとして①規制改革・構造改革特区，②資金の流れと金融・産業再生，③税制改革，④雇用・人間力の強化，⑤社会保障制度改革，

る一般競争入札（open bid, open tendering）がある。

入札に際し，ボンドを差し入れることを要求することがある。これが入札（保証）ボンドである。入札時に入札文書の一部として owner 側に，入札金額の5～15パーセントの範囲内の bid bond を入れるのが普通である。bid bond は，請負者が誠実に入札を行ったことを保証するだけではなく，落札したときは正式契約の締結に応じることも保証する。

落札がなされると当事者間でレター・オブ・インテント（letter of intent）を取り交わす。レター・オブ・インテントについては，149頁でもふれたが，この場合であれば工事内容，工期，代金など工事契約における主要な条件につき当事者の意思を確認するためにつくられる。ただ，レター・オブ・インテント自体が一つの合意書であるため，契約内容・条件につき具体的になっていれば，正式な契約書と同じような効力をもつことがありうる。

その後，正式契約の締結という順になるが，正式契約は，一般契約条件（general terms and conditions），仕様書（specifications），添付書類（exhibits）などと一体となってかなり分厚いものとなることが多い。

3　海外建設工事契約のポイント

(1) 業務範囲（scope of work）

海外建設工事契約は，請負者に大きなリスクをもたらす可能性がある。入札から最終的に試運転・引渡しまでに至る長い期間の契約となるし請負代金も巨額になることに加え，請負者の行うべき契約上の義務が広範かつ複雑になるからである。また，海外では自然環境や労働力，原料，資材の確保が，国内におけるのとは異なり予測がむずかしい。契約で当初請負者の業務範囲

---

⑥国と地方の改革，⑦予算編制プロセス改革の7つを掲げた。

とりわけ規制改革の重点項目とされたのは，以下の12項目であった。すなわち，①株式会社等による医療機関経営の解禁，②保険診療と保険外診療の併用の拡大，③医薬品販売体制の拡大，④新しい児童育成のための体制整備，⑤公立学校の管理・運営の民間委託等，⑥株式会社等による農地取得の拡大，⑦労働者派遣の医療分野への適用拡充，⑧大学・学部・学科の設置等の弾力化，⑨高層住宅に関する容積率の緩和，⑩職業紹介事業における地方公共団体・民間事業者の役割の大幅拡大，⑪株式会社による特別養護老人ホーム経営の全国展開，および⑫株式会社による農業経営の全国展

が決まっていたとしても，その後のオーナー（注文者）からの業務範囲の変更指示があれば，それによってさらに業務範囲は広がり不確定なものになっていく可能性がある。

　契約において請負者の業務範囲を確定するために設けられる条項が，通常 Scope of Work と題する条項である。注文者側では，上述の業務範囲の変更権に加え，できるだけ業務範囲の内容を抽象的なものにしておきたいと考える。これに対し，請負者の側では，将来予想外の業務遂行義務を負わないようにするには，なるべく具体的に規定しておきたいところである。

　たとえば，次の文章のような抽象的な規定であったために，工事のやり直しを命じられる例もある。

> "The Contractor shall perform and complete all the works to the satisfaction of the Owner."
> 「請負者は，注文者の満足いくように業務を履行，完成させるものとする。」

　請負者の義務の中心的なものは，約定の工期内に工事を完了することである。ただ，これに付随して，設計，機械・設備供給，運転指導などが義務の内容になることがあり，これらすべてについて細かく規定することはあまり現実的ではないので，次のように規定することも多い。

> "The Contractor shall carry out the work in accordance with the Contract including Specifications, Drawings and Schedules."
> 「請負者は，仕様書，図面，および別表を含む本契約に従って義務を遂行しなくてはならない。」

　この場合，添付書類は，あくまで契約書本体と一体をなすことを明記しておくことが重要である。

開である。

　2005年の通常国会では郵政民営化法案をめぐって激しい議論がなされたが，わが国で本格的に規制緩和が議論されるようになったのは，いわゆる「中曽根行革」，「土光臨調」の開始以降である。1982年に第二臨調が許認可等の整理合理化を打ち出し，1988年には新行革審が公的規制の緩和を答申した。

　法治国家において，規制は法令に基づいて行われるので，規制緩和は，結局のところ法規制の緩和，自由化を意味する。ただ，規制緩和によって逆に法規制が強化されることがある。独占禁止法（私的独占の禁止及び公正取引の確保に関する法律）の分

工事の完成が請負者の主たる義務内容であるが，工事の完成には，実質的完成（substantial completion, practical completion）と，請負者の瑕疵担保保証期間の満了によるメンテナンス証明書交付による完成とがある。前者は，substantial performance の考え方からくる。契約によっては，100パーセント完全な履行がなされなくても，substantial な performance がなされれば請負者は債務不履行責任を負わなくてもよい。建築請負契約などはその例であり，当初合意された設計図などと寸分も違わないものができ上がることはまず考えられない。

建設工事契約においては，これら2つの「完成」をはっきり区別しておくのがよい。上述の FIDIC 約款では，これらを別々に規定している。

(2) 工事完成時期

コントラクター（請負人）は，契約で定められた期限までに工事を完成させてオーナー（注文者）に引き渡さなくてはならない。これに遅れれば，履行遅滞によって損害賠償の責任を負うことになる。ところが，建設工事は，さまざまな要因によって遅延することがあり，なかにはオーナーによる提供義務の遅れ，他のコントラクターによる関連工事の遅れなどで，コントラクターの責任によらずに工事完成が遅れることがよくある。こうした場合にはコントラクターは損害賠償責任を負わなくてよいとする免責規定を入れておかなくてはならない。完成期日を定める規定は以下のようになる。

"The whole of the works shall be completed within the time stated in the Contract."

「工事全体は契約中に規定された時間内に完成されなければならない。」

コントラクターの免責については，その責めによるものか否かによって規定を分けることが多い。責任を負わないための免責規定は，次のようになる。

"The Contractor will not be liable for any delay arising out of such reasons as are not attributable to the Contractor."

「コントラクターは，その責めによらない事由から生じた遅延につき責任を負わないものとする。」

ただ，コントラクターの責めによる遅延かどうかの判定はむずかしく見解が分かれることがある。

遅延の結果，工期を延長することを「当事者間の協議との合意」（consultation and agreement between the parties）によって決めることがある。

また，遅延による損害賠償のことも考えておく必要がある。賠償額の予定（liquidated damages）をしておいて賠償額の上限を画したり，いわゆる派生損害，間接損害（consequential damages, indirect damages）についての賠償責任を否定することは，いずれもコントラクターのリスクが拡大することを防止するために重要な意味をもつ。

コントラクターが工事を遅延したことによってオーナー側で被るかもしれない損害をあらかじめ担保するため，コントラクターが履行保証（performance bond）を入れることを求められることがある。その場合の条項は以下のようになる。

"The Contractor shall, within ten (10) days after the Effective Date, provide a bond for the due performance of the Contract in an amount equal to ten percent (10%) of the Contract Price."

「コントラクターは，発効日より10日以内に本件契約の適切なる履行のた

の自己責任をバックアップするためにも厳しく運用されなくてはならない。2005年3月20日，課徴金の加重を認める独占禁止法改正案が国会で成立した。

独占禁止法のほかにも，規制緩和の進展とともに逆に強化される法規制は，保護規制とまとめてよぶことができる。

めに契約金額の10パーセントにあたる金額の履行保証を入れなくてはならない。」

履行保証の金額は，国際プロジェクトでは，契約金額の10～20パーセントであることが多い。これに関連して，いわゆる On Demand タイプのボンドの差し入れを，とりわけ中東や東南アジアでのプロジェクトで要求されることがある。これは，通常のボンドと異なり，オーナーからの支払請求があったら，コントラクターの債務不履行の有無や発注者の実損害額の多寡にかかわらず，保証金額をただちに支払うものである。いうまでもなく，オーナー側の不当な請求に対してコントラクター側はまったく無防備であり，リスクの大きいものである。

したがって，On Demand タイプのボンドを要求されたときはコントラクターとしては，なるべく，ボンドの実行に仲裁裁定を条件づける，あるいは実行までに一定の猶予期間を設けるなどして，これを conditional な内容にするようにすべきである。

(3) 代金支払いの確保

海外建設工事契約は，工事代金の定め方の違いから総額固定契約（lump sum contract）および実費精算契約（cost plus fee contract）という2つの契約類型がある。

前者の総額固定方式にいくつかの類型があるが，狭義のものの場合，履行中に追加・変更工事が命令されないかぎり，工事代金額は確定（firm）で金額の変更はなされない。これに対し，インフレリスクにそなえ材料費と労務費の上昇に応じて価額を調整する escalation clause を設ける方式による場合

■ **異質なものが競い合う自由な市場にこそ活力**

米国で一流とされるロースクールには自校出身の教授が少ないと聞いたことがある。なかには，自校出身者は原則として採用しないところもあるらしい。日本の大学は逆で，良いとされる大学ほど自校出身者で固めていたりする。2004年4月に開校した法科大学院も，一部，従来通りになったようだ。

「移民国家」米国は，多様なものを内に取り込む懐の深い社会である。異質な諸要素が生む摩擦をエネルギー源として発達を遂げてきたといってもよい。とくに経済社会では，「競争は善，独占は悪」との価値観が強く働く。同国で市場における自由競

や，単価（unit price）を決めておき，量の増減によって代金額を調整する方式を組み合わせることもある。

実費精算契約は，工事の範囲や原価の予想がしにくく工期も比較的長期に及ぶ場合に用いられる方式である。これはサービス，機材の原価に一定額の報酬をプラスするものだが，報酬算出方式にいくつかのバラエティがある。

契約金額を固定した場合にも，実際にはさまざまな理由からこれを調整しなくてはならなくなる。そのさい，価格調整条項をどうするかであるが，オーナーの指示，承認により仕事の内容あるいは設計仕様が変更になったとき，これに応じて契約金額を増額させることを，以下のように"Change in the Works"という表題の条項でもって行うことがある。

また，当事者の予見しえない状況（unforseen condition）によって価格変更を余儀なくされる場合にも，価格調整をするような内容にしておくことがある。いずれの場合にも価格増減の根拠と計算の仕方を明確にしておかなくてはならない。工事変更の場合の例を以下に掲げる。

"The amount to be added to or deducted from the Contract Price in respect of any Change shall be as far as practicable calculated in accordance with the unit rates for changes shown in Annex hereto."
「工事変更に関し契約価額に加えられ，またはこれから減じられる金額は，本契約の添付書類に示された工事変更のためのユニット・レートに従って，可能なかぎり計算されるものとする。」

(4) **中途解約**

契約が工事完成前に何らかの理由によって解約され終了することがある。

争の守り神とされるのが，反トラスト法である。

反トラスト法の歴史は，市場で独占的パワーを誇る「巨大企業つぶし」の歴史とまでいわれる。そうした巨大企業は歴史の舞台に主役として登場しては，米司法省のしかける分割訴訟の標的となった。スタンダードオイル，アメリカン・タバコ，ＡＴ＆Ｔ，そして今はマイクロソフトが分割されようとしている。

日本では戦後，反トラスト法をモデルに独占禁止法が制定されたが，法務・検察当局が企業の分割を求めて提訴したことはない。企業社会が不況で停滞するなかで，異質なものが公正なルールの下で自由に競い合う市場を実現する原点に立ち戻ることが

こうしたケースでは当事者間で紛争が起こりやすい。したがって契約条項として，解約権の発生事由，効果などについてあらかじめ十分な規定をしておくのがよい。

契約が解約される事由としては，当事者による合意解約以外では，一方当事者の債務不履行を理由とする場合，その倒産などに対し相手方当事者の救済のために解約権が与えられる場合，および不可抗力などの事由により契約の目的達成が不能になる場合などが考えられる。

実務上問題となるのは，発注者側の都合による解約を認めるべきかどうか，いかなる事由による解約の場合にコントラクターはどの範囲まで支払いを受けられ，また逸失利益の支払いを受けられるかなどである。

コントラクターとしては，とくにオーナー側の事由による解約の場合，

"Owner shall pay to the Contractor the amount of any loss or damage to Contractor arising out of such termination."
「オーナーは，コントラクターに対し，上記解約から生ずるあらゆる損失または損害を支払わなければならない。」

あるいは，

"Owner shall pay to Contractor for all work executed prior to the date of termination at the rate and price provided 〜."
「オーナーは，解約の日以前に履行されたすべての工事につきコントラクターに対し，…に規定されたレートと価格において支払いをしなくてはならない。」

といった規定を入れるようにする。

必要ではないだろうか。同質的社会のぬるま湯につかっていては活力は生まれない。

一昔前，ある会社で役員の予定板に「〇〇時から業界の談合に出席」と書いてあったという信じられないような話を聞いたが，最近の一連の不祥事をみてもまだわが国の企業は「談合体質」から完全に抜け切れていないような気がする。

11 国際ファイナンスと契約

1 国際ファイナンス契約とグローバル化

　国際ファイナンスの分野には，グローバル化の大きな波が押し寄せてきている。通信手段の発達により世界の主な市場が結ばれ，「24時間取引」体制のためのネットワークがかたちづくられた。国境を越えた取引がますます多くなっていく。

　グローバル化の進展は，一方で法規制のハーモナイゼーションを求め，他方では契約書の標準化を求める動きになってあらわれる。前者については，ガット・ウルグアイ・ラウンドにおけるサービス貿易分野の交渉がよい例であり，また「92年統合」をめざしたEC（現EU）においても金融関連法規制のハーモナイゼーションに向けて活発な動きがみられた。

　後者の契約書の標準化はそれほど進展しているわけではないが，たとえば比較的新しい取引形態であるスワップ取引においてはISDA（International Swaps and Derivatives Association, Inc.）制定の標準書式が幅広く用いられている。こうした動きをみて気づくのは，国際ファイナンスの分野における「英米プラクティスの優位性」である。

　もともと国際ファイナンスのセンターには，ニューヨーク，ロンドン，シンガポール，香港，シドニーなど英語圏のところが多い。法制度をみても，これらの場所においては，いわゆる英米法が支配している。こうしたことか

■ **リスク管理（RM）の手法としての国際金融法務**
　クロス・ボーダーの各種金融取引がふえ，国際化が進むと，これに関与する金融機関その他の当事者には新たなより多くのビジネス・チャンスがもたらされる。半面，リスクも増大する。
　金融取引には，貸借関係を基本とすることから，信用リスクや金利リスクがつきものである。こうした従来からのリスクに加え，国際金融取引には為替リスク，オフバランス取引（外国為替の先物予約，金利スワップ，オプション取引などの簿外取引をいう）に特有のリスク，さらには複雑なコンピュータやネットワークを駆使すること

ら，この分野ではとくに英米法に基づいたところのプラクティスが，主流を占めているといってよいであろう。

2 国際英文ローン契約の特徴

ファイナンスの基本は貸借関係である。これをあらわすもっとも一般的な英語は，loan である。国際ファイナンスと契約を論ずるにあたっては，loan agreement から始めるべきである。最近は，国際金融マーケットにおいていわゆるオフバランス取引が多く行われるようになり，FRN（Floating Rate Note），NIF（Note Issuance Facility），RUF（Revolving Underwriting Facility）などの取引が多く行われるようになったが，いずれも loan agreement に基礎を置いている。また，セキュリタイゼーションの進行により，債券発行による直接金融の資金調達がよくなされる。これも証券を介してのローン関係であるという本質は変わらない。

国際ファイナンスにおける loan agreement の特徴は，その"国際性"にあらわれる。一般に取引関係が国際的であるかどうかは，当事者の国籍，契約締結地などのファクターから判断されるが，国際ローンは，こうした国際的ファクターを数多くもっている。資金が多い国際金融マーケットにはさまざまな国から貸手（lenders）となる金融機関と借手（borrowers）が集まっている。大型の協調融資となると，日米欧の10カ国を超える国の金融機関が協調融資団に加わることも珍しくはない。その場合の貸出地はというと，貸手，借手と直接関係のないロンドンやニューヨークであり，貸出通貨もさらに貸出地のそれと異なっていたりする（ユーロダラーの場合など）。

こうした"多国籍的"要素によって支配されることの多い国際ローン契約

から生ずる，決済システムのトラブルによるリスクなどを考えておかなくてはならない。

1987年秋，ニューヨークウォール街を襲った株式急落のニュースはアッという間に世界の主要資本市場を駆け抜け"ブラック・マンデー"とよばれるパニックを生み出した。ニューヨーク市場における急落の原因の一つに，「売りが売りを呼ぶ」プログラム売買というコンピュータ・システムによる取引があったことはよく知られている。

ブラック・マンデー以後，急拡大する証券取引の国際的リスクに対処するため日米欧の証券監督当局は統一的な基準・ルールづくりにのり出した。グローバル取引で相

は，準拠法（governing law, applicable law）をどのように決めたらよいであろうか。ローン関係は，わが国でいえば消費貸借契約のような債権的契約であるため，当事者が自由に準拠法を定めてよいとされる（法例7条1項参照）。これらを当事者自治の原則（主観主義）という。しかし，世界中の国々の国際私法がこぞってこの原則によっているわけではない。なかには，契約の締結地法，履行地法あるいは債務者の本国法によるべきとする客観主義の国もある。また，主観主義によりながらも，当該取引と合理的な関係を有する国や法域（jurisdiction）に限って当事者が準拠法を指定できるとする制限的当事者自治原則を採用する国もある。ただ，世界の主要な国際マーケットを支配しているのは，制限的当事者自治原則があるにしても，主観主義である。

　国際ローン関係にあって考えられる準拠法といえば貸手と借手のいずれかの国の法律によることである。通常であれば，貸手側がイニシアティブをとって準拠法をその母国法に定め，これに基づいて契約書をドラフトすることが多いであろう。しかしながら，上記のような"多国籍的"取引にあっては，貸手だけでもいくつもの国にわたるため一つに決めることがむずかしい。そこで，貸出地を支配する法律に準拠する法律によるということが，実務上はよく行われることになる。

　国際ファイナンスの分野は，伝統的な商慣習やプラクティスによって支配される面が多い。たとえば，ロンドンのシティには，独自の自由の気風とともに長い間培ってきた伝統がある。それを無視して，ユーロ市場におけるファイナンス取引をスムーズに行おうとしてもむずかしいことが多い。また，こうした代表的な国際金融マーケットにおいては，為替管理，税制などの点で規制が緩和されており，それを前提とした国際ファイナンス取引が多く組

互依存関係が強まってくると，一国だけの規制ではとても対応しきれなくなったのである。

　これらのリスクは，国際金融取引がいくつもの異なる法規制や法秩序にまたがって行われるという事実によって増幅される。国際金融取引に不可避なこれらのリスクをいかに管理し克服していくかは，国際金融にかかわるビジネスの成否を左右する重大テーマである。リスク・マネジメント（RM）は，対象となるリスクの内容・性格によって異なってくる。国際金融取引におけるRMには，以下のような特別の観点が必要とされるであろう。

まれることも見逃せない点である。貸出地＝マーケットにおける法律を準拠法とすることには，これらの点との結びつきがあるものといわなくてはならない。

3 英米法と国際ローン契約

国際的に締結される loan agreement は，上記のようなマーケットとの結びつきの強さもあって，そのほとんどが英語で作成される。単に英語で作成されるだけではなく，準拠法としてもいわゆる英米法が選択されることが多いことも重要である。

英米法のもとでの loan agreement は，たとえばわが国の民法に基づいた消費貸借契約とは，いくつかの点で異なる。

第一に，わが国の消費貸借契約（民法587条）は，要物契約である。そのため，契約の内容としては，消費貸借が成立するために借主が「金銭其他ノ物ヲ受取ル」ことが必要とされ，貸主の貸す債務は，契約時に完了してしまう。あとは，借主の返済義務が残るだけといってもよいくらいである。そのため，消費貸借契約書としては，わが国の金融取引で幅広く用いられている銀行取引約定書でわかるように，ほとんど借主側の義務だけを書いたものを，借主から貸手に差し入れるかたちのものが多い。

消費貸借契約の成立に要物性を要求することは，ローマ法の沿革からきている。現代においては，厳格な要物性をここに要求することは必ずしも適当ではないということで，要件を緩和している。ただ，わが国のように民法が明文でこれを要件としていることもあり，わが国での実務は，要物契約であることを前提に積み重ねられてきた。

第1に，リスクの背景には，国ごとに異なる法規制・法秩序があるという認識から，各国の法規制の内容，特にそれらの間のちがいをよく知ること。

第2に，各国の法規制の内容を変えてゆく上記のような金融規制の統一の動きと方向を知ること。

第3に，これらとの関連で生み出されてくる新しい取引形態の仕組みをよく理解すること。

以上の諸点に注意することは，国際金融取引にともなうリスクを予見し，その適切なマネジメントをしていくうえで役に立つ。

これに対して，英米法に立脚することの多い国際ローン契約は，ほとんどが諾成契約として締結される。諾成契約であることは，契約時点で実際に金銭の授受が行われるわけではない。借主側の返済義務などだけでなく，貸手側の貸す債務つまり貸付約定（commitment）も契約の内容に含ませることを意味する。また，実際の貸付のなされる時期が後にずれ込むために，要物型の消費貸借契約にはない条項も必要になってくる。

同じような金銭の貸借関係とはいっても，国際ローンは，国内における消費貸借とは構造的に大きく異なるものといわなくてはならない。それだけではなく，マーケットにおける慣行面でいえば，わが国では，いわゆる有担保原則が支配しており，とりわけ不動産担保を重視する傾向があるが，国際ローンにおいては，そうした傾向はあまりみられない。

4　国際ローン契約の基本構造

国際ローン契約は，英米法に準拠することが多く，諾成契約として締結される。そのため，わが国のように要物契約として締結される消費貸借契約とは基本構造が大きく異なる。

まず，典型的な諾成契約として締結されたローン契約をみると，以下の六つのパートから成ることがわかる。

① 貸付そのものの基本事項（金額，利息，担保など）
② 貸付実行のための先行条件（Conditions Precedent）
③ 債務者による事項表明，保証（Representations and Warranties）
④ 債務者による誓約（Covenants）
⑤ 債務不履行事由（Events of Default）

■ わが国の有担保原則と国際ファイナンス

貸出地における取引慣行が取引や契約の構造の影響を与えることがある。わが国の場合，金融機関からの借入金には物的担保をつけるという有担保原則が行われてきた。

わが国の債券市場においては，昭和初期の不況のさい，償還できなくなる社債が続出した。そこで，いわゆる社債浄化運動が起こり社債には必ず担保をつけるという原則ができ上がった。

ところが，国際金融の世界ではそれほど物的担保を重視しない。これは，欧米のビジネス社会では，わが国におけるほど，とりわけ不動産を担保にとることにこだわら

⑥　その他

　要物契約であればローン契約締結の時が実際に貸付のなされる時である。諸成契約では契約時において貸すという約定（commitment）だけがなされ，貸付実行は時間をおいてあとになされる。このように契約と貸付の時期とがずれるために，上記②の「先行条件」条項が必要になってくる。いいかえれば，実際の貸付を時間をずらして行うのは，一種のリスク軽減のためということができる。契約時には，債務者（借主）自身によって，契約時点における一定事実の表明をさせ，その正しいことをみずから保証させる。これが③の「事実表明・保証」である。そして，間をおいて，表明された事実の正しいことを確かめるとともに，先行条件として，表明事実を正しいことを客観的に裏づけるための法律意見書（legal opinion）などの提出を貸付のための先行条件に加えるのである。

　④の「誓約」条項も，わが国における消費貸借契約にはみられないものである。これは諸成契約であるからというよりも，いわば金融界の慣行からくるものと考えてよい。

　慣行のひとつは，わが国におけるいわゆる有担保原則である。わが国の金融界にあっては，貸付に際して物的担保，とりわけ不動産担保を重視する傾向がある。わが国の場合，金融機関からの借入金には物的担保をつける有担保が原則となっているといってよい。昭和初期の不況の際，償還できなくなる社債が続出したことからいわゆる社債浄化運動が起こり社債には必ず担保をつけるようになった。

　ところが，国際金融の世界ではそれほど物的担保，不動産担保を重視しない。国際ローンでは，たとえば遠隔地にある不動産を担保にとってみたとこ

ないことも関連している。

　むかしから，農耕民族として土地を生産手段として重視し，個人や企業の資産としても不動産を中心に考えてきたのが日本人である。これに対し遊牧民族あるいは狩猟民族のルーツをもち，特定の場所に定着するというよりは，これを二次的な生活の手段ととらえ，各地を移り住むことを常に念頭に置いてきたのが欧米人である。土地や建物に対する感覚が日本人と欧米人との間で異なったとしても，無理からぬところである。

　まして，国際ローンの場合，たとえば遠隔地（ヨーロッパからみれば日本は遠い極

ろで，日常的にこれを管理することはむずかしい。また，いざ競売などの執行が必要になった場合にも，ほとんどの場合不動産所在地の法律にしたがって手続が行われる。こうした事情もあって，国際金融取引においては，無担保貸付がむしろ原則的に行われている。

無担保貸付にはリスクが伴う。このリスクをカバーするためにいくつかの方策を講ずる必要が出てくる。

一つは，格付の重視である。海外でもとくにアメリカにおいては，大手格付機関による企業の信用度の評価がきわめて広範に行われており，社債やCP（コマーシャル・ペーパー）などの発行においては，格付の良し悪しがすべてを左右するといっても過言ではない。

他の一つが，契約書の内容によるきめ細かいリスク対応である。わが国の金融界においては，似たような内容の銀行取引約定書が，対企業，対個人を問わず，また信用力の差にかかわらず幅広く用いられる。これは，借手の信用力というものが，上述の有担保原則の結果，物的担保により計られる仕組みになっているからであり，これ自体慣行といってもよいであろう。国際ローンにおいては，物的担保に代わるものとして，借主の信用力に応じた契約書の内容を考えるのがふつうである。信用力による契約内容の「差」がもっともよくあらわれるのが，上記基本構造中④の誓約条項である。

5 Covenants条項の内容

Covenantsは，将来に向けての債務者の約束を内容とするが，これには積極的に何かをするという約束（affirmative covenants）と逆に消極的に何かをしないという約束（negative covenants）の二種類がある。affirmativeな

束の果てである）にあるような日本企業所有の不動産を担保にとってみたところで，日常的にこれを管理することはむずかしい。

こうした諸要素があって，国際金融取引では，無担保貸付がむしろ原則として行われているものといってよい。無担保貸付には，それに伴うリスクをカバーするためのいくつかの「方策」が考えられている。

ひとつは，**格付の重視**である。海外市場とくにアメリカでは，大手格付機関による貸出先企業の評価がきわめて広範に行われており，社債やCP（コマーシャル・ペーパー）などの発行についても，格付の良し悪しですべてが左右されるといっても過言

ものの例としては，債務者が財務上，稼働資本（working capital）率を一定に保つ，一定の有形純資産（tangible net worth）を保持する，財務情報を定期的に債権者に報告する，税金をきちんと支払う，一定の保険を付する，社会資産を確保する，などがある。いうまでもなく，債務者の信用力が低いほどこの種の covenants がきめ細かくまたきびしい内容のものになることはいうまでもない。

他方，negative covenants は，「物的担保にかわるもの」という意味ではより重要なものである。negative covenants には，債務者の財務内容や財務行動を制約する内容が含まれるのがふつうである。典型的なものに，negative pledge と称されるものがある。pledge は質権や担保権をひろくあらわすため，「担保権設定禁止」を内容とすると考えられる。

無担保貸付を行う債権者の立場からもっとも気になるのは，貸付後に登場する他の債権者に債務者が担保を提供しないかどうかである。これをされると，無担保債権者は，とくに債務者が倒産したような場合に，担保付債権者に対してきわめて不利な，劣後する立場に甘んじなくてはならない。

このような事態の発生を避けるため，無担保債権者は貸付のための loan agreement などに negative pledge「非担保化」条項を入れるのである。この covenant はこのように重要なものであるため，これに違反することは債務不履行事由（events of default）に該当し，債務者が期限の利益を失うことになるのがふつうである。covenants 条項の内容は，債権者にとってきわめて重要なだけでなく，その内容いかんで財務行動が著しく制約されることになりかねないため，債務者にとってもきわめて大きな意味をもつ。negative pledge の例としては，次のようなものがある。

ではない。

　もうひとつが，**契約書の内容によるリスク対応**である。つまり，国際的貸付のための契約においては，貸主による非担保の約定（これを negative pledge covenants という）などの誓約条項が重視される。担保をとらないかわりに，他の債権者に対して担保を提供することのないように約束してもらい，これに違反することが即ディフォルト（default）になるようなしくみにするのである。

11 国際ファイナンスと契約

"Borrower will not create or permit to subsist any security interests over the whole or any part of its revenues or other assets, present or future ～."
「借主は，その現在または将来の収入あるいは他の資産の全部または一部に担保権を発生，存続させてはならず，……。」

これをはっきり担保権設定を拒否するのではなく，*pari passu* という表現を使って，以下のように規定することがある。

"All the obligations and liabilities of the Borrower under this Agreement will rank either *pari passu* with or in priority to all other obligations and liabilities of the Borrower."
「借主の本契約のもとでのあらゆる債務および責任は，借主の他のあらゆる債務に劣後せず，あるいはそれらに優先するものとする。」

rank *pari passu* は，rank equally と同じで，「劣後することなく同等である」ことを意味する。結局，いずれの債務にも劣後しなければ，上記の無担保債権者の目的は達せられることになるので *pari passu* 条項は，negative pledge 条項の一種と考えられ，また両者を並べて記載することもある。

将来いかなる債務負担にも担保設定を許さないということになると不都合も大きすぎるので，無担保債権者に *pari passu* で同じような担保を保障する場合を除外したり，一定の種類の債務負担についてのみ制約を課すことがよく行われる。

6 Default 条項

default は，債務不履行をあらわし，ローン契約以外においても，よく登場する。とくに，国際ファイナンスの関係では，「デフォルト宣言」という

■ **Covenant（誓約）とその効用**

「約束する」は，英語でいろいろな言回しがあるが，法律的な表現としては，undertake や covenant，engage，pledge などがよく使われる。法的な用法としては，covenant には「契約，捺印証書」という意味がある。もともと covenant は，「神がイスラエル人に与えた約束，契約」，「聖書に啓示された神の人間に対する約束，契約」であり，聖書そのものも Covenant とよばれる。covenant の訳として，よく誓約，盟約があてられるが，ことばの色合いがよくできている。covenant はキリスト教的契約社会のキーワードである。

新聞にもよく登場する見出しとともに，なじみの語である。

先に説明した Covenants 条項や Representations and Warranties 条項と異なり，Default 条項は要物契約としてのローン契約にも，欠かすことのできない条項である。ただ，一般にわが国の消費貸借契約においては，「期限の利益喪失条項」とよばれる。これは，default が発生した場合を効果の面からとらえたにすぎない。

Default 条項は，Events of Default のタイトルでよばれることが多い。債務不履行になるような事由（events）を列挙するためであるが，正確にいうと，ここに列挙される事由は，2つに大別される。契約条項やその内容となる契約義務自体の違反（breach），および，潜在的にそうした違反につながるような事由である。第一のグループは，英文ローン契約の場合は，さらに，payment default とそれ以外の契約違反に分かれる。payment default は，借主（borrower）のもっとも基本的な債務である元本の返済，利息の支払いを怠ることである。

それ以外の義務違反で最初にあげられるのが，covenants 違反，とくに negative covenants としての非担保化条項違反である。ほかに，representations and warranties「事実表明・保証」のなかで述べたことに虚偽があった，あるいは重大な事実を隠していた場合なども event of default とされることが多い。

第二のグループには，破産宣告を受けることや倒産状態をひろく掲げることが多い。その延長上にある営業活動を止めること，解散して存続しなくなることも events になりうる。このグループの events には，default に将来導くであろう潜在的事由が掲げられるのであるが，そのなかには，cross

---

法律概念としての covenant には，そのまえに対比・対立する修飾語がついていくつかの分類ができる。

    absolute covenant ↔ conditional covenant
    affirmative covenant ↔ negative covenant
    declaratory covenant ↔ obligatory covenant
    dependent covenant ↔ independent covenant
    express covenant ↔ implied covenant
    general covenant ↔ specific covenant

default とよばれるものも入るのがふつうである。

cross default は、そのローン契約自体の義務違反ではないが、他の契約における default が当該契約における default になるとするものである。つまり当該ローン契約と他の契約との間で events of default がクロスするところから、この名称でよばれている。

cross default によれば、その対象に入る他の契約債務について default が発生したとすると、その事実が当該ローン契約のもとでも同時に events of default になる。その結果、債務者は、たとえばある契約のもとで利息の支払いを怠ったとすると、これが他の契約にもただちに波及して default の連鎖となりいっきに倒産となることになりかねない。

債権者からみると、cross default 条項が入っていることによって、同一債務者について起こったことにつき、他の債権者に遅れることなく、いちはやく対応することが可能になる。その意味で、債務者をとりまく債権者たちを一定の範囲で平等に扱う意味をもつ。

ただ、どのような債務についてもクロスさせることは、あまり適当ではないので、同種の債務に限定したり（国際ローンがどうかなど）、金額で「何万ドル以上の借入れ」のように限定することがある。

default があった場合の効果には、2つのものがある。まず、すでに貸付けがなされた部分については、acceleration が生ずる。acceleration は、わが国でいう「期限の利益の喪失」のことである。債務者のために設けられた期限が失われてただちに支払われるべき状態になる。たとえば、英文では、以下のようにいう。

"The Loan and all amounts payable under this Agreement shall become

---

ここでいう negative covenant のなかで典型的なものが、negative pledge といわれるものである。わが国の国内金融では、「有担保原則」が支配的であるが、欧米では、無担保の貸付が多い。その場合、無担保貸付けをする債権者（X）として注意しなければならないのは、債務者が後に登場する別の債権者（Y）に物的担保を提供しないかということである。そうした不都合（債権者のリスク）を避けるために入れられるが、この negative pledge 条項である。

immediately due and payable together with interests thereon to the date of actual payment."

「本件ローン契約およびこの契約のもとで支払われるべき金額は、現実に支払われる日までの利息とともにただちに支払わなければならないものとする。」

acceleration は，何らの手続きを要せず当然に（automatic）起こる場合と，通知（notice）などを要する場合とがある。通知を要する場合，シンジケート・ローンなどでは債務額の2分の1を超える債権者の同意があったときに，notice を債務者にして，default を宣言（declare）するというものが多い。

default のもうひとつの効果は，まだ履行されていない貸主（lender）の貸付義務があるときに，それが効力を失うことである。以下のような表現になる。

"If the Loan shall be declared immediately due and payable as aforesaid, the Commitments shall be cancelled automatically."

「もし本件ローンが上記のとおりただちに支払うべきことと宣言されたときは，貸付約定は自動的に取り消されたものとする。」

7 Currency Judgment Clause

国際ファイナンスの契約によく用いられる条項に Currency Judgment Clause がある。国ごとに通貨が異なり，これが為替リスクを生み出すのであるが，裁判との関係でも一定のリスクを生むことになる。

たとえば，いま米ドル建てのローンがあったとする。債務者に default があり，裁判所に訴えを提起したとしても，必ずしも米ドルの給付判決が出る

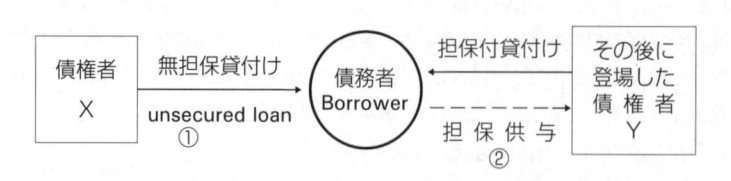

11 国際ファイナンスと契約

とはかぎらない。つまり，アメリカ合衆国以外の国において裁判を起こしたとすると，その国では自国の通貨以外の通貨による給付判決を認めないかもしれないからである。

その場合には，裁判手続のなかの一定時点（たとえば，口頭弁論終結時，裁判時など）において自国通貨に米ドルから換算することがなされなくてはならない。判決に従って債務者が実際に支払いをなす，あるいは強制執行をして，現実に債権者が満足を得るまでには時間的ずれがあるので，債権者には為替差損（益）が生じることになる。そこで，債務者が以下のように契約上規定して，とくに差損分を補償することとするのである。

"The Borrower shall indemnify and hold the Lender harmless against any deficiency arising or resulting from any variation between (i) the rate of exchange applied in converting any amount expressed in the Contractual Currency into the Judgment Currency for the purposes of such judgment or order and (ii) the rate of exchange as the date of actual payment."
「借主は，(i) 本件契約通貨をその判決または命令の目的のために判決通貨に換算するに際して適用した交換比率，および(ii) 現実の支払日における交換率との差から生じ導かれるところの不足につき，貸主を免責し補償する。」

なぜこのような条項が必要になるかは，上述したとおりであるが，たとえば，イギリスにおいては，1974年に裁判例が出るまでは，自国通貨（ポンド）以外の給付判決を認めなかった。また，国によっては，外国との相互保証を認めるところがある。

アメリカでは，この問題が各州法レベルの問題とされてきたが，1962年に

■default［債務不履行，不履行］という語の使い方あれこれ
◇to cure all defaults　懈怠を矯正（治癒）する
◇the purchaser makes default in his (the) payments　買主がその支払いについて，懈怠（不履行）する
◇the borrower's loan is in default and the mortgage is not　借主の借入金について不履行があり，抵当権については不履行がない
◇a conditional tender is necessary to put either party in default　一方当事者が不履行をしていることになるためには，条件付提供が必要である

Uniform Foreign Country Money Judgment Recognition Act が発表され，それを採択する州がふえている。

◇in default of delivery of a defence　答弁書の交付がないので
◇relating to default in time　期限についての不履行に関し
◇Unless otherwise agreed, a secured party has on default the right to take possession of the collateral.　別段の合意がある場合を除き，担保権を有する当事者は，不履行があったときに，当該担保物の占有を取得する権利を有する。

第Ⅴ部
―― *contract forms, etc.* ――
契約文例ほか

DISTRIBUTORSHIP AGREEMENT

THIS AGREEMENT, made and entered into this ____ day of ____, 20__, between X S. P. A., a corporation duly organized and existing under the laws of Italy, having its principal place of business at _____, Italy (hereinafter called "X") and Y Co., LTD., a corporation duly organized and existing under the laws of Japan, having its principal place of business at _____, Japan (hereinafter called "Y").

WITNESSETH:

WHEREAS, X is engaged in the business, among other things, of manufacturing and of exporting from Italy and selling products as defined hereinafter; and

WHEREAS, Y desires to import from X and to sell the said products in Japan.

Now, THEREFORE, the parties hereto hereby agree as follows:

ARTICLE 1. DEFINITIONS

As used in this Agreement, the following terms shall be defined as set forth hereinbelow.

1.01 "Products" shall mean products currently appearing or in future to be appearing in the Catalogues as defined in 1.03 hereof, which are and will be sold by X under the Trademarks as defined in 1.02 hereof and those otherwise agreed upon in writing between the parties hereto.

1.02 "Trademark(s)" shall mean trademarks which are used or embodied in Products.

1.03 "Catalogue(s)" shall mean the Spring & Summer and Autumn & Winter Catalogues, and other catalogues which are and will be printed and published by X for the sale of Products.

1.04 "Territory" shall mean the territory of Japan.

販売店契約

本契約は、20__年____月____日に、イタリア国法に基づき適式に設立され存続し、イタリア国_____に主たる営業の場所を有するX株式会社（以下「X」という）と、日本国法に基づき適式に設立され存続し、日本国_____に主たる営業の場所を有するY株式会社（以下「Y」という）との間に締結された。

以下を証する

　Xは、なかんずく、以下本契約中に定義される製品の製造ならびにイタリアからの輸出および販売事業に従事しており、また、
　Yは、本件製品をXより輸入し日本において販売する旨を望んでおり、
　そこで、本契約の両当事者は、以下のとおり合意する旨ここに証する。

第1条　定義
　以下の用語は、本契約中において使用されるときは、下記に規定されるように定義される。
1.01　「製品」とは、本契約1.03条に定義されるカタログ中に現在掲載されているかまたは将来掲載される製品で、本契約1.02条に定義される商標を付して現在および将来においてXにより販売される製品、および本契約の当事者間で書面により別途合意される製品を意味する。
1.02　「商標」とは、本件製品に使用されているかまたは組み込まれている商標を意味する。
1.03　「カタログ」とは、Xが本件製品の販売のために現在および将来において印刷し公表する春夏用カタログ、秋冬用カタログおよびその他のカタログを意味する。
1.04　「地域」とは、日本国の領土を意味する。

ARTICLE 2. APPOINTMENT

2.01 Subject to the terms and conditions hereinafter set forth, X hereby appoints Y as the exclusive distributor to import, sell and distribute Products within the Territory and Y accepts such appointment.

2.02 X shall not, directly or indirectly, sell or export Products to any third party within the Territory.

ARTICLE 3. MINIMUM PURCHASE

During the original term of this Agreement, Y warrants to purchase from X Products in the minimum sum of Fifty Million Japanese Yen （¥50,000,000.-） in total. The minimum purchase amount for extended terms of this Agreement shall be separately agreed upon in writing between the parties hereto not later than three （3） months prior to the expiration of the original term or then-extended term hereof, as the case may be.

ARTICLE 4. ORDER AND ACCEPTANCE

Y shall submit a written firm purchase order stating the order numbers, the model numbers, the unit prices, the total amount and the required date of shipment, to X for Products and X shall confirm each of such purchase order by telex. Each individual sales contract shall be a separate and independent transaction.

ARTICLE 5. SHIPMENT AND INSPECTION

5.01 Unless otherwise agreed upon between the parties hereto, Products shall be shipped by airplane.

5.02 Y shall inspect the appearance, model number and quantity of the Products purchased from X within ____ (____) days after the delivery to Y and if Y discovers any patent defects, wrong model number or any deficiency in quantity it shall immediately give notice thereof to X; otherwise Y shall have no right to demand the supplement of any deficiency, the replacement of defective Products, the refund of the pur-

第2条　指名
2.01　本契約中以下に規定する条件および条項に従い、Xは本契約に基づきYを本地域内において本件製品を輸入し、販売しおよび流通させる独占的販売店に指名し、Yはかかる指名を受諾する。
2.02　Xは、本地域内において本件製品を、いかなる第三者に対しても直接間接を問わず販売または輸出しないものとする。

第3条　最低購入
　本契約の当初の期間、Yは、最低総額5千万円分の本件製品をXから購入する旨保証する。本契約の更新された期間に関する最低購入額は、当初の契約期間またはその後更新された期間が満了する3ヵ月より前に、本契約の当事者間で、その時々に応じて別途書面により合意されるものとする。

第4条　発注および受注
　Yは、本件製品について、注文数、モデル番号、ユニット価格、総価額、および出荷希望日を記載した購入注文確約書をXに提出するものとし、Xはテレックスによりかかる購入注文の各々について確認を行う。個々の売買契約は、個別かつ独立の取引とする。

第5条　輸送および検査
5.01　本契約の両当事者による別段の合意がないかぎり、本件製品は航空機により輸送される。
5.02　Yは、XからYに製品が引き渡された後＿＿日以内に本件製品の形状、モデル番号および数量を検査し、Yが明白なる瑕疵、モデル番号の誤りまたは量目の不足を発見した場合は、かかる旨を速やかにXに対して通知するものとする。かかる通知がなされない場合、Yは製品の数量の不足分の補充、欠陥製品の交換、代金の返還、または価額の減額について請求する権利を有しないものとする。Xは、同社の承認を以って、無償

chase money or a reduction in the price. X shall free of charge supplement the deficiency if so admitted by X and shall replace such defective Products, refund the purchase money or reduce the purchase price of such Products, as the case may be.

ARTICLE 6. PRICE AND PAYMENT

6.01　Unless otherwise indicated by X, all the prices of Products shall be quoted by X on an F. O. B. Italian airport basis（F. O. B. airport shall be interpreted in accordance with Incoterms as amended in 2000）.

6.02　X shall use its best endeavor to offer Y its best prices for Products. For this purpose X will endeavor to discount the prices to Y approximately at a discount rate between twenty percent (20%) and thirty percent (30%) upon the prices for Products described in the then-current catalogue issued by X; provided that such discount shall be quoted by X item by item on each occasion because all items of Products may not be discounted at a fixed rate.

6.03　Payment for Products purchased under this Agreement shall be made in ＿＿＿＿ at sight of shipping documents on an irrevocable letter of credit basis, or on any other credit terms as agreed upon in writing between the parties hereto. Y shall establish the letter of credit hereunder in favor of X at a bank indicated by X.

ARTICLE 7. SALES PROMOTION

7.01　Y shall exert its best efforts to promote the sale of Products and the reputation thereof and customers' confidence in them within the Territory.

7.02　Y shall establish, equip and maintain facilities, and hire, train, and maintain sales staff for the sale of Products in the Territory. Such facilities and staff shall be sufficient to enable Y to perform its sales obligations hereunder including sales promotion.

で量目不足分を補充し，状況に応じて当該欠陥製品を取り替え，代金を返還し，または製品価額の減額を行うものとする。

第6条　価格および支払い

6.01　Xによる別段の指示のないかぎり，本件製品のすべての価格は，イタリア国内の空港における積込み渡し（F.O.B.空港渡しは，2000年版（改訂含）インコタームズに従って解釈される）ベースで行われ，Xにより見積もられるものとする。

6.02　Xは，Yに対し，本件製品の最良の価格を提示するよう最善努力を尽くすものとする。この目的のために，Xは，Xの発行するその時点で有効なカタログに記載されている製品の価格からおよそ20～30％の間で値引きを行うように努める。ただし，かかる値引きは本件製品のすべてについて一定の率で行うことができないため，個々の場合について項目ごとにXにより値引率が提示されるものとする。

6.03　本契約に従い購入される本件製品に対する支払いは，＿＿＿＿＿＿＿（通貨）建で取消不能信用状による船積書類の一覧払いでなされるか，または本契約の両当事者間で書面により合意されるその他の信用条件に基づいてなされるものとする。Yは，本契約に基づき，Xの指定する銀行により発行される受取人がXである信用状を設定する。

第7条　販売促進

7.01　Yは，本件地域内における製品の販売および評判ならびに製品に対する顧客の信頼を増進させるために最善の努力を尽くす。

7.02　Yは，本件地域内における製品の販売のために施設を設置し，装備し，保守し，かつ販売要員を雇用し，訓練し，維持する。かかる施設および販売要員は，本契約に基づく販売促進などの販売に関する責務をYが履行するに十分なものとする。

7.03　X shall make available with or without charge Catalogues, brochures, leaflets, literatures, manuals, etc. to the extent and in quantities as agreed upon between the parties hereto. With respect to the Catalogues of Products to be published by X, X shall send each of Catalogues (together with the negative films of the pictures of the relevant Products appearing in the relevant Catalogues) to Y in the quantities as requested by Y not less than ____ (____) days prior to the official publication of such Catalogues for Y's review necessary for effective marketing of Products in the Territory.

ARTICLE 8.　GOVERNMENT APPROVAL, REPORTS

8.01　In the event that a Japanese Government approval is necessary for the sale of Products in the Territory under the relevant laws requiring Products to meet a safety standard or any other conditions, Y shall notify X and shall at its own expense obtain such government approval. Any amendment to Products to obtain such approval, if necessary, shall be subject to X's prior written consent.

8.02　Y shall from time to time notify X of significant events in the Territory pertaining to the market situation, the sales results, the competition in the Territory, governmental controls, the general economy or any other major issues with regard to the market in the Territory.

ARTICLE 9.　WARRANTY

9.01　X hereby warrants to Y that Products sold by X hereunder shall be free from defects in design, material and workmanship for a one (1) year period from the date Y has resold the Products to its customers in the Territory and in any case at least ____ (____) months from the date of the shipment of Products.

9.02　Y shall during the warranty period specified in Article 9.01 hereof replace Products free of charge or reduce the prices of the Products which are defective in design, material or workmanship, provided that a

7.03　Xは，有償または無償で，カタログ，パンフレット，リーフレット，文献，マニュアルその他を本契約の当事者間で合意された範囲と量で提供する。Xが出版公表する本件製品のカタログについて，Xは，各カタログを(当該カタログに掲載される製品の写真のネガフィルムとともに)Yに送付するものとし，Yが本地域内において効率的に製品を販売するために必要な検討を行うために，Xはかかるカタログが出版公表される少なくとも＿＿日前までに，Yの要求する分量の各々のカタログを，Yに対して送付する。

第8条　政府による承認，報告

8.01　製品が安全基準またはその他の条件に合致している旨を規定する関連法律に従い，地域内での製品の販売について日本政府の承認が必要とされる場合は，YはXに通知を行い，Yの費用負担によりかかる政府承認を得るものとする。かかる承認を得るために製品に対して修正を行うことが必要なときは，Xの書面による事前の承諾を条件とする。

8.02　Yは，地域内の市場動向にかかわる重要事項，販売実績，地域内の競争，政府による規制，経済の概況または地域内の市場に関わるその他の重要な問題について随時Xに通知するものとする。

第9条　保証

9.01　XはYに対し，本契約の下でXにより販売される製品が，設計，素材およびできばえについていかなる瑕疵もない旨を，Yが地域内において製品をYの顧客に対して再販売した日から1年間，ならびに，製品が積出しされた日から少なくとも＿＿ヵ月の間，保証する。

9.02　本契約9.01条に規定される保証期間中，Xは，設計，素材またはできばえについて瑕疵のある製品については，当該製品を無償で交換するかまたは価格の減額を行う。ただし，かかる瑕疵に関する申立てはXに対

written notice of the alleged defect is given to X and that the defect is confirmed by X. X's obligations under this warranty shall be limited to replacing of or reduction in the prices of the defective Products.

9.03 X shall have the option to require that any defective Product be returned to X or be destroyed at its expense.

ARTICLE 10. INTELLECTUAL PROPERTY RIGHTS, ETC.

10.01 Y hereby confirms that any and all the patents, designs and copyrights (hereinafter called "intellectual property rights") used or embodied in Products shall remain the exclusive property of X and Y shall not in any way dispute X's rights in connection with them.

10.02 Y is authorized to use the Trademarks and the trade names of X in connection with the sale of Products.

10.03 To the best of X's knowledge, Products do not infringe upon any trademark or any intellectual property rights of any third party in the Territory.

Both parties hereto will cooperate in defending against any third party for any claim or dispute which may arise from or in connection with an infringement within the Territory of any trademark or any intellectual property right of a third party relating to the distribution of Products hereunder.

10.04 Y agrees to advise X as soon as Y receives any knowledge of any intellectual property right or trademark belonging to or used by X, being attacked or infringed upon within the Territory. In such event Y shall give X support in resisting such attack or infringement.

10.05 Y shall not alter Products furnished hereunder, or do anything else that would in any way infringe, impeach, or lessen the validity of Trademarks.

ARTICLE 11. CONFIDENTIALITY

During the effective period of this Agreement and thereafter the parties

する書面による通知によって行われるものとし，かつ当該瑕疵がXにより確認されることを条件とする。当該保証によるXの責務は，瑕疵のある製品の交換または価格の減額にのみ限定される。

9.03　Xは，瑕疵のある製品が同社に返還されるか，または，同社の費用負担により破棄されることを要求するオプションを有する。

第10条　知的財産権その他

10.01　Yは，本件製品に使用されているかまたは合体されているすべての特許権，意匠権および著作権（以下，「知的財産権」という）がXの専属的財産であり，YはかかるXの専属的財産に関するXの権利について争わない旨を確認する。

10.02　Yは，本件製品の販売に関連して本件商標およびXの商号を使用する権限を有するものとする。

10.03　Xの知る限りにおいて，本件製品は，本件地域内におけるいかなる第三者の知的財産権も侵害していない。

　　　本契約の両当事者は，本件地域内における第三者の商標または知的財産権の，本契約に従い行われる製品の販売に関連する侵害またはこれらに関連して生ずるかもしれない請求または紛争について，相互に協力して防御にあたるものとする。

10.04　Yは，Xに帰属しているかもしくは使用されている知的財産権または商標権が本件地域内で差し押さえられているかまたは侵害されていると知った場合には，ただちにXに通知する旨同意する。かかる場合，Yは，当該差押または侵害に抵抗することについてXを援助する。

10.05　Yは，本契約に従い供与される製品については，本件商標の有効性を侵害したり，異議を申し立てるかもしくは軽減するような変更を加えたりまたはその他の行為を行わない。

第11条　秘密保持

　　本契約の有効期間中および本契約の有効期間後も，本契約の両当事者は，

hereto shall keep secret any confidential information, whether technical or market data, received by the other party and shall exercise the same degree of care in protecting such secrets as they would use in maintaining the confidentiality of their own secret information.

ARTICLE 12. TERM

This Agreement shall be effective for a term of one (1) year from the date hereof, which shall be extended automatically for successive periods of one (1) year each unless either party hereto gives the other written notice of its intention to the contrary not later than three (3) months prior to the expiration of the original term or any extended term.

ARTICLE 13. TERMINATION

13.01　If either party fails to fulfill any of its obligations within sixty (60) days after receiving a written notice from the other party requesting it to do so, the other party may terminate this Agreement forthwith by giving a written notice to such effect.

13.02　Either party shall have the right to terminate this Agreement forthwith if the other party becomes insolvent, or is subject to a voluntary or involuntary petition in bankruptcy, or suffers appointment of a temporary or permanent receiver, trustee, or custodian for all or a substantial part of its assets who shall not be discharged within thirty (30) days, or if either party makes any assignment for the benefit of creditors.

13.03　In the event of termination of this Agreement, Y shall cease to sell Products forthwith.

13.04　1)　Should the termination of this Agreement be caused by X it shall be obliged to repurchase at the request of Y ex its warehouse at Y's invoiced price any Products bought from X and in the hands of Y at the time of the termination. When this Agreement is otherwise terminated X shall have the option to such repurchase but not be obliged thereto.

相手方当事者から受領した秘密情報を，技術情報であるか市場に関する情報であるかを問わず，秘密として保持するものとし，かかる秘密を，自らの秘密情報を機密として維持するのと同程度の注意をもって保守するものとする。

第12条　期間
　本契約は，本契約の日付より１年の間効力を有し，当初の契約期間または更新された期間の満了する日より３ヵ月以上前に，本契約の一方の当事者が他方の当事者に対し，契約の更新を行わない旨の意思を書面により通知しないかぎり，引き続き１年ごとの期間で自動的に延長されるものとする。

第13条　終了
13.01　本契約のいずれか一方の当事者が，他方当事者から債務の履行を求める書面による通知を受けて後60日以内に，当該債務を履行しなかったときは，かかる他方の当事者は書面による解約通知を行うことによりただちに本契約を終了させることができる。
13.02　いずれの当事者も，もし他方当事者が支払不能に陥るかまたは任意もしくは強制的に破産申立てを受けたとき，一時的もしくは恒久的であるかを問わず管財人，受託者，管理人の指名を，資産の全部または重要な部分について受け，かかる措置が30日以内に解除されなかったとき，またはいずれかの当事者が債権者の利益のために債権譲渡を行ったときは，ただちに本契約を終了させる権利を有するものとする。

13.03　本契約が終了する場合，Ｙはただちに製品の販売を停止する。

13.04　１）　本契約の終了がＸの事由により発生する場合，Ｙの要求によりＸは同社の倉庫渡しの同社の請求する価格で同社から購入された製品で契約終了時にＹの手もとにあるすべての製品を買い戻す義務を負う。その他の事由により本契約が終了した場合，Ｘはかかる買戻しをする選択権を有するが，かかる買戻しはＸの義務ではない。

2) If X dose not repurchase the stock of Products in the hands of Y within a reasonable time after the termination hereof, Y shall have the right to sell such Products in stock in accrodance with the provision of this Agreement.

13.05 X shall have the right to complete or to cancel, at its sole discretion, any orders of Y pending at the time of termination of this Agreement.

13.06 Upon termination of this Agreement as provided hereinabove or by operation of law or otherwise, all rights and obligations provided herein shall forthwith terminate except those under Articles 9, 10, 11 and 12.

ARTICLE 14. ENTIRE AGREEMENT

14.01 This Agreement supersedes all prior agreements and understandings between the parties relative to the matters described herein.

14.02 This Agreement contains the entire agreement between the parties hereto. Any amendment hereto must be in writing and signed by the duly authorized representatives of both parties hereto.

ARTICLE 15. ASSIGNMENT

Neither party shall assign, transfer or otherwise dispose of this Agreement in whole or in part to any third party without the prior consent of the other party in writing.

ARTICLE 16. FORCE MAJEURE

Neither party hereto shall be liable in any manner for failure or delay in fulfilment of all or part of this Agreement directly or indirectly owing to any causes or circumstances beyond its control, including, but not limited to, acts of God, governmental orders or restrictions, war, war-like conditions, hostilities, sanctions, revolution, riot, looting, strike, lockout, plague or other epidemics, fire and flood.

2）本契約の終了後，Xが適切な期間内にYの手もとにある製品の在庫を買い戻さなかったときは，Yは，その在庫製品を本契約の規定に従って売却する権利を有するものとする。

13.05　Xは，その単独の裁量により，本契約の終了時において未了となっているYの注文を完了させるかまたは取消す権利を有する。

13.06　本契約が前記事由により，または法律の適用その他により終了すると同時に，本契約に規定されるすべての権利および義務は，本契約第9条，第10条，第11条，および第12条を除いてただちに終了する。

第14条　完全条項

14.01　本契約は，本契約中に規定される事項に関連して本契約締結以前に両当事者間で定められた，あらゆる合意および了解事項にとってかわる。

14.02　本契約は，本契約の両当事者間の完全な合意を含んでいる。本契約に関するいかなる修正も書面により行われるものとし，本契約の両当事者により適式に授権された代理人によって署名されるものとする。

第15条　譲渡

本契約のいずれの当事者も，相手方当事者の書面による事前の合意なくして，本契約の全部または一部をいかなる第三者に対しても，譲渡，移転もしくはその他処分してはならない。

第16条　不可抗力

本契約のいずれの当事者も，直接または間接にその支配の及ばない事由または事情により本契約の全部または一部の履行が不履行または遅延となった場合は，かかる不履行または遅延についていかなる責務を負うことはない。かかる事由または事情には，天災，政府の命令もしくは制限措置，戦争，戦争に類した状況，交戦状態，制裁，革命，暴動，略奪，ストライキ，ロックアウト，疫病またはその他の伝染病，火事および洪水が含まれるが，これらに限定されない。

ARTICLE 17. WAIVER

17.01 Failure by either party, at any time, to require performance by the other party or to claim a breach of any provision of this Agreement will not be construed as a waiver of any right accruing under this Agreement, nor will it affect any subsequent breach or the effectiveness of this Agreement or any party hereof, or prejudice either party with respect to any subsequent action.

17.02 A waiver of any right accruing to either party pursuant to this Agreement shall not be effective unless given in writing.

ARTICLE 18. NOTICE

Any notice required or permitted under the terms of this Agreement, or any statute or law requiring the giving of notice, may be delivered in person, or by registered air mail or registered courier service, if properly posted or sent to the relevant party at the address set forth below or to such changed address as may be given by either party to the other by such written notice. Any such notice shall be deemed to have been given upon receipt or upon the tenth (10th) day after having been dispatched in the manner hereinbefore provided, whichever is earlier.

  Address of X : _____
                  Italy

  Address of Y : _____
                  Japan

ARTICLE 19. GOVERNING LAW

This Agreement shall be governed by and construed in accordance with the laws of Japan.

ARTICLE 20. ARBITRATION

Any dispute, controversy or difference arising out of or in relation to or in connection with this Agreement or for the breach thereof shall be amicably

第17条　権利放棄

17.01　いずれか一方の当事者が，他方当事者に対し本契約に基づく責務の履行を要求せず，本契約に対する違反について申立てを行わなかったとしても，本契約により生ずるかかる権利の放棄と解釈されることはなく，またその後に起こった違反または本契約もしくはその一部の有効性に影響を与えたり，または，その後の措置についてかかる一方の当事者の権利を損なうものではない。

17.02　本契約の下で生ずる，本契約のいずれか一方の当事者による権利の放棄は，書面によってなされるのでなければその効力はないものとする。

第18条　通知

　本契約の条項の下で要求もしくは許諾され通知の送達を規定している法令もしくは法律に基づき要求されるかまたは許可されるすべての通知は，直接の手渡しか，下記の住所または一方当事者から他方当事者に宛てて書面による変更通知がなされた住所宛に適切に郵送されるか送付されるときは，書留航空郵便もしくは書留宅配サービスによってなすことができる。かかるすべての通知は，当該通知が受領された時点または上述の方法により送付されてから10日後のうちいずれか早い方の時点に送達されたものとみなされる。

　　　　Xの住所：＿＿＿＿＿＿＿＿＿＿
　　　　　　　　　イタリア国

　　　　Yの住所：＿＿＿＿＿＿＿＿＿＿
　　　　　　　　　日本国

第19条　準拠法

　本契約は，日本国の法律により規律され同法に従って解釈される。

第20条　仲裁

　本契約または本契約に対する違反から生じているか，またはこれらに関連するあらゆる紛争，論争または意見の相違は，友好的かつ迅速に，本契約の

and promptly solved by the parties hereto through mutual consultation. Should such amicable solution not have been reached within an reasonable time, such dispute, controversy or difference or breach shall be settled by arbitration in Tokyo, Japan pursuant to the rules of the Japan Commercial Arbitration Association, by three (3) arbitrators. The award of such arbitration shall be final and binding upon the parties hereto.

ARTICLE 21. MANUFACTURING LICENSE AGREEMENT

If desired by Y in the future, the parties hereto shall in good faith negotiate a separate agreement between the parties whereby X will grant to Y an exclusive license to manufacture and sell some of Products in the Territory.

IN WITNESS WHEREOF, the parties hereto have duly executed this Agreement as of the days of year below written.

X S.P.A.   Y CO., LTD.
By _____   By _____
Date : _____   Date : _____
At : _____   At : _____

当事者間で相互の協議によって解決されるものとする。適当な期間内に友好的な解決ができなかったときは、かかる紛争、論争または意見の相違は、社団法人国際商事仲裁協会の規則に従い3人の仲裁人により、東京において仲裁に付され解決されるものとする。かかる仲裁裁定は、最終的なものであり、本契約の両当事者を拘束する。

第21条 製造ライセンス契約

　本契約の両当事者は、将来Yが希望するならば、XがYに対し本件製品の一定の製品を地域内で製造および販売する独占的ライセンスを付与する旨の契約を別途誠意をもって交渉する。

　上記の証として、本契約の両当事者は下記の年月日に本契約を適法に締結した。

X社　　　　　　　　　　　　Y株式会社

―――――――――――――　　―――――――――――――

日付＿＿＿＿＿＿＿＿＿＿　　日付＿＿＿＿＿＿＿＿＿＿

場所＿＿＿＿＿＿＿＿＿＿　　場所＿＿＿＿＿＿＿＿＿＿

Joint Venture Agreement

This Agreement is made on the _____ day of ____, 20____ Between

(1) ABC, Limited a company incorporated under the laws of Japan and having its Head Office at, _____, _____, _____, Tokyo, Japan （hereinafter referred to as "ABC"）and

(2) XYZ & CO. LIMITED, a company incorporated under the laws of England and having its Head Office at _____, London _____, England （hereinafter referred to as "XYZ"）.

Whereas

(A) ABC and XYZ wish to establish jointly a company in England whose primary objects will be to carry on the business of underwriting in securities, dealing in securities and the management of investment funds and other businesses normally carried on by merchant bankers.

(B) With a view to ensuring that such company will be able to commence business in January 20____, ABC and XYZ have each acquired the beneficial ownership of one of the two sole ordinary shares in _____ ____ Limited （hereinafter referred to as "the Company"） a company incorporated in England on 31st March 20____, under registration number 1234567 having an authorised share capital of €100 divided into 100 ordinary shares of €1 each.

(C) ABC and XYZ have agreed to co-operate in promoting the proposed business of the Company by entering into this agreement which also governs their relationship as shareholders of the Company.

Now It Is Hereby Agreed as follows:

1. Name Of The Company

The parties hereto agree to take all necessary action to ensure that as soon as possible the name of the Company will be changed, with the consent of the Department of Trade, to ABC （Underwriters） Limited.

合弁契約書

本契約は20　年　月　日，次の両者の間で作成されるものである。
(1) ABC 株式会社
　　日本法に基づき設立され，日本国東京都＿＿＿＿に本店を置く（以下「ABC」と略称す）
(2) XYZ・アンド・カンパニー・リミテッド
　　英国法に基づき設立され，英国ロンドン市＿＿＿＿に本店を置く（以下「XYZ」と略称する）
　しかるに，
(A)　ABCとXYZは共同して英国に会社を設立することを欲する。その新会社の主たる目的は証券の引受，売買，投資資金の運用ならびにマーチャント・バンクによる通常行われるその他の業務を執行することである。

(B)　この新会社が20＿年1月に営業を開始できるよう，ABCとXYZは＿＿＿＿＿ LIMITED（以下「会社」という），すなわち20＿年3月31日に英国で，登録番号1234567をもって設立され，1株当たり1ユーロの普通株式100株よりなる授権資本100ユーロの会社の普通株式を1株ずつ取得した。

(C)　ABCとXYZは，会社の株主としての関係をも同時に定める本契約を取り交わすことにより，相互協力して業務を推進することを合意した。

そこで，本契約により以下の事項が合意される。

1. 社名
　両当事者は，商務省の承認を得て会社の名称をできるだけ速やかにABC（アンダーライターズ）リミテッドに変更するために必要なあらゆる措置を講ずることに合意する。

2. CONSTITUTION OF THE COMPANY

The parties hereto agree to take all necessary action to ensure that as soon as possible special resolutions of the Company will be passed

(a) deleting clause 3 (A) of its Memorandum of Association and substituting a new clause 3 (A) in the form set out in Part A of the Schedule hereto; and

(b) adopting new Articles of Association in the form of the Articles set out in Part B of the Schedule hereto in place of and to the exclusion of the Company's existing Articles of Association.

3. SHARES

(A) The parties hereto agree to take all necessary action to ensure that on or before 31st December 20____,

(a) the authorised share capital of the Company will be increased to € 100,000 by the creation of 99,900 ordinary shares of € 1 each; and

(b) ABC will submit to the Company a written application for 59,999 ordinary shares of €1 each in the Company accompanied by payment of the sum of €59,999; and

(c) will submit to the Company a written application for 39,999 ordinary shares of €1 each in the Company accompanied by payment of the sum of € 39,999; and

(d) the application for shares in sub-clauses (b) and (c) hereof are accepted in full, 59,999 shares of €1 each are allotted to ABC and 39,999 shares of €1 each are allotted to XYZ; and

(e) share certificates are issued to ABC and XYZ respectively representing such shares.

(B) ABC hereby undertakes with XYZ that immediately following the allotment to ABC of 59,999 shares referred to in clause 3 (A) hereof it will be the sole beneficial owner and registered holder of 60,000 shares and that it will not at any time sell mortgage charge or encumber any of such shares in any way whatsoever nor assign or otherwise part with nor grant

2．会社の定款

両当事者はできるだけ速やかに，会社が，下記特別決議を採択するために必要なあらゆる措置を講ずることに合意する。

(a) 会社の基本定款第3条A項を削除し，本契約の付表 Part A に記載した新第3条A項に差し換えること，および

(b) 現行の付属定款を廃しまたそれに代えて本契約別表 Part B に記載した新しい付随定款を採択すること。

3．株式

(A) 両当事者は，20__年12月31日以前に下記事項を実施するために必要なあらゆる措置を講ずることに合意する。

　(a) 会社の授権資本金を，1株当たり1ユーロの普通株式99,900株を増加することにより，10万ユーロに増資すること，および

　(b) ABCは額面1ユーロの普通株式59,999株についての応募申込を59,999ユーロの支払いとともに文書により会社に提出すること，および

　(c) XYZは額面1ユーロの普通株式39,999株についての応募申込を39,999ユーロの支払いとともに文書により会社に提出すること，および

　(d) 前記(b)(c)項の株式に対する申込がすべて会社により受理され，額面1ユーロの59,999株はABCに，そして39,999株はXYZに割り当てられること。および，

　(e) これら株式を表象する株券をABCとXYZに，それぞれ発行すること。

(B) ABCは前記3(A)記載の59,999株の割当後，直ちに6万株の唯一の実質上かつ名義上の株主となること，および会社の付属定款，本契約書もしくはXYZの文書による事前承諾に基づく場合以外は，いかなる場合もその所有するいかなる株式に対しても，抵当権や担保権を設定しないと，またかかる株式の一切の権利もしくは持ち分をもいかなる第三者へも譲渡，分

any third party any rights or interest therein save in accordance with the provisions of the Articles of Association or the Company or the provisions of this Agreement or with the prior written consent of XYZ.

(C) XYZ hereby undertakes with ABC that immediately following the allotment to XYZ of 39,999 shares pursuant to clause 3 (A) hereof it will be the sole beneficial owner and registered holder of 40,000 shares and it will not at any time sell mortgage charge or encumber any of such shares in any way whatsoever nor assign or otherwise part with nor grant any third party any rights or interest therein save in accordance with the provisions of the Articles of Association of the Company or the provisions of this Agreement or with the prior written consent of ABC.

4. PROMOTION

The parties hereto shall promote and use their best endeavours to promote the Company as a merchant bank and to ensure that the business and affairs of the Company shall be carried on and conducted in a sound, prudent and constructive manner and on a profit making basis with the object of establishing the Company as a successful financial institution in the United Kingdom and abroad.

Provided however, that nothing in this clause shall prevent ABC or XYZ from promoting their own respective businesses. In the event that the Company shall reasonably request either of the parties hereto to provide services of a nature which such party is competent to provide, the party so requested shall use its best endeavours to provide the same as expeditiously as possible. The parties hereto shall provide to the Company expertise and advice when called upon so to do. ABC and XYZ shall provide overall merchant banking expertise and guidance to the Company.

5. DIRECTORS

(A) ABC and XYZ hereby agree that they will procure that during the continuance of this Agreement any three persons from time to time nominated

(C)　XYZ は前記3(A)記載の39,999株の割当後，直ちに4万株の唯一の実質上かつ名義上の株主となること，また会社の付属定款，本契約書，または ABC の文書による事前承諾に基づく場合以外は，いかなる場合も，株式に対して抵当権設定，または担保権設定をせず，譲渡，分割または第三者への権利付与を行わないことをここに ABC に確約する。

4．業務推進

　両当事者は会社をマーチャント・バンクとして発展させ，かつ，連合王国および海外で隆盛なる金融機関たらしめるべく設立した目的に従って，健全，慎重，建設的な方法でかつ営利を追及するための運営・経営がなされるように，最善の努力を尽くすものとする。

　ただし，本条項は ABC と XYZ 各々の業務の遂行を妨げない。会社が ABC または XYZ に対し，その当事者が十分に提供できる役務の提供をするように要請した場合，その当事者はできるだけ速やかに，その役務を提供すべく最善の努力をつくすものとする。

　両当事者は，要請されれば会社に専門知識・助言を提供する。

　ABC と XYZ は，会社に対しあらゆるマーチャント・バンク業務の専門知識と指導を与えるものとする。

5．取締役

(A)　本契約書の有効期間中，ABC と XYZ は，ABC が随時指名する3名および XYZ が随時指名する2名が会社の取締役に任命されることならびに

by ABC and any two persons from time to time nominated by XYZ will be appointed as directors of the Company and if ABC or XYZ (as the case may be) request that any of their respective nominees be removed from his directorship of the Company, that such nominees be so removed.

(B) The parties hereto shall procure that at all meetings of directors at least two directors nominated by ABC or their alternates or proxies and at least one director nominated by XYZ or his alternate or proxy are present.

6. ADVISORY COMMITTEE

An Advisory Committee will be established comprising all the Directors of the Company, a representative of the London branch of ABC nominated from time to time by ABC and two persons, one from LMN Investment Management and the other from the International Department of XYZ, each being nominated from time to time by XYZ. The function of the Advisory Committee will be to advise the management and staff of the Company on the investment and underwriting policy of the Company. The Advisory Committee shall meet monthly or at such other intervals as it may decide and shall be governed by such rules as it may from time to time adopt.

7. MANAGEMENT AND STAFF

(A) Appointment of senior staff shall rest with the Board of Directors with the exception of the General Manager who shall be appointed in accordance with sub-clause (B) hereof.

(B) One of the directors nominated by ABC shall be appointed Chairman. The prime function of the Chairman will be to preside over Board Meetings of the Directors and to appoint the General Manager from the directors nominated by ABC. One of the directors nominated by XYZ shall be appointed Deputy Chairman. The prime function of the Deputy Chairman will be to develop the relationships of the Company with international financial institutions so as to promote its underwriting, bond trading and fund management activities.

もしABC，もしくはXYZが（状況に応じ）その指名された者を会社の取締役から解任することを求めた場合，その被指名者は解任に同意する。

(B) すべての取締役会においては，少なくとも，ABCが指名した2名の取締役またはその代理人とXYZが指名した1名の取締役またはそれぞれの代理人が出席することに両当事者は合意する。

6．諮問委員会

諮問委員会は会社の取締役全員，ABCが随時指名するABCのロンドン支店の代表者1名，およびLMNインベストメント・マネジメントの投資運用部の1名とXYZの国際部の1名あわせて2名より構成される。

諮問委員会の職務は会社の経営陣および職員に会社の投資・証券引受の方針に関し助言をすることである。諮問委員会は毎月または任意の期間を置いて開催され，委員会が別途その都度定めるルールにより運営される。

7．経営陣および職員

(A) 下記(B)項に基づき任命されるゼネラル・マネージャーを除き，幹部職員は取締役会が任命する。

(B) ABCが指名した取締役のうち1名は会長に任命される。会長の主要な職務は取締役会の議長をつとめ，ABCが指名した取締役からゼネラル・マネージャーを任命することである。

XYZが指名した取締役のうち1名は副会長に任命される。副会長の主要な職務は，会社の証券引受，債券売買，資産運用業務の活動を促進するために，会社と国際金融機関との関係を深めることである。

(C) Subject to overall responsibility of the Board of Directors, the business and affairs of the Company shall be managed and administered by the General Manager who shall be assisted initially by two officers one each being nominated by ABC and XYZ respectively, who shall perform their duties on full-time basis.

(D) The parties hereto recognise that it is vital to the success of the Company to retain highly proficient management and staff and accordingly they hereby agree to co-operate to the fullest extent possible in the selection, procurement and training of such management and staff.

(E) The parties hereto shall use their best endeavours to obtain all necessary work permits and other licences for seconded staff from outside the United Kingdom to enter and work in the United Kingdom for the Company.

8. EXPENSES

Insofar as any party hereto shall have incurred expenses for the account of the Company such expenses shall be borne by the Company by showing to the satisfaction of the Directors of the Company that such expenses were necessarily incurred for the benefit of the Company and ought equitably to be borne by the Company.

9. DURATION OF THE AGREEMENT

This Agreement shall remain in full force and effect until either ABC or XYZ cease to be the registered holder of any shares in the Company.

10. GOVERNMENTAL APPROVALS

Wherever and whenever applicable, all parties hereto shall diligently apply for and pursue the obtaining of, from the necessary governmental or regulatory agencies all such approvals, permits or consents as are necessary and incidental in enabling them to establish themselves or participate in the Company.

㋒　取締役会の全面的な監督の下に、ゼネラル・マネージャーは会社の管理・運営をするものとし、ABCとXYZがそれぞれ1名ずつ指名する計2名の役員がゼネラル・マネージャーを補佐し、フルタイムで職務を遂行するものとする。

㋓　両当事者は極めて有能な経営者と職員が勤務することが会社の繁栄に不可欠なことを認識し、かかる経営者と職員の選定、雇用、教育に最大限の協力をすることに同意する。

㋔　両当事者は連合王国国外より会社のために連合王国に入国して勤務する出向職員のために必要な就労許可、その他の許可を取得するよう最善の努力を尽くすものとする。

8．経費
本契約書の両当事者のいずれかが会社のために支出した費用は、それが会社の利益のために必要であったこと、および、会社が負担するべきことが正当であることを取締役会の納得のいくように示したときは会社が負担すべきものとする。

9．本契約の有効期間
本契約はABC，XYZのいずれかが会社のいかなる株式の登録株主でなくなるまで有効とする。

10．政府による認可
いかなる場合でも両当事者は会社を設立し、または出資参加するために必要な、すべての許認可・承認を所管の政府または監督機関より取得するため、遅滞なくその申請の手続きをとるものとする。

11. Law

This Agreement and the rights and obligations of the parties hereunder shall be governed by the laws of England. The parties hereto agree to submit to the non-exclusive jurisdiction of the courts of England.

IN WITNESS WHEREOF, the parties hereto have respectively set their hands the day and year first above written.

SIGNED by   )
for and on behalf of   )
ABC, LIMITED in   )
the presence of:)

SIGNED by   )
for and on behalf of   )
XYZ & CO., LIMITED in)
the presence of:)

11. 準拠法

　本契約および両当事者の権利・義務は英国法に準拠する。両当事者は英国裁判所の非専属管轄権に服することに同意する。

上記を証して両当事者は，冒頭に記載の年月日に各々署名した。

………によりABC社を代理して　　）
………の面前において，署名　　　）
された。　　　　　　　　　　　　）

………によりXYZ株式会社を代理して）
………の面前において，署名　　　）
された。　　　　　　　　　　　　）

LICENSE AGREEMENT

THIS AGREEMENT is made on this _____ th day of _____, 20__ between ABC CO., LTD., a company incorporated under the laws of Japan and whose registered office is situated at _____ Tokyo, Japan (hereinafter "ABC") of the one part and XYZ S. A. a company incorporated under the laws of Spain and whose registered office is situated at ____ _____ (hereinafter "XYZ") of the other part.

WHEREAS, ABC possesses certain technology relating to ～ fabrication and XYZ wishes to be supplied technical services in connection with such ABC's technology,

WHEREAS, ABC is willing to grant such license upon the terms and conditions hereinafter set forth,

NOW IT IS AGREED that for and in consideration of the mutual covenants and obligations, the parties hereto have agreed and do hereby agree as follows:—

1. TECHNICAL SERVICES

1.1　The technical services which shall be rendered by ABC to XYZ will comprise production know-how and technical information currently held by ABC based on its experience relating to the following products (hereinafter "Products") :

(a)　Can body stock of alloys _____,
(b)　Can lid stock and tab stock of alloys ____, ____ and ____, and
(c)　Lithographic sheet stock of alloy _____.

　　The purpose of the technical services is to introduce or apply ABC's experience and know-how for produciton of aluminum sheet and plate to XYZ's plant to improve the quality of the products to meet the quality requirement of the market in Spain.

1.2　ABC shall recommend measures to XYZ for solving problems at XYZ's plant or claims from customers which may arise relating to qual-

ライセンス契約

　本協定は，20__年__月__日，ABC株式会社（以下「ABC」という）とXYZ S.A.（以下「XYZ」という）との間に締結された。ABCは日本国の法律の下で設立され，本店を日本国東京都＿＿＿＿＿＿＿に有する法人であり，XYZは，スペイン国の法律の下で設立され，本店を＿＿＿＿＿＿＿に有する法人である。

　しかるに，ABCは＿＿＿＿＿の製作に関する技術を有しており，XYZは，ABCのかかる技術につき技術援助を受けることを希望しており，また，しかるに，ABCは，以下に記載する条件に従って当該ライセンスを許諾することを希望するので，
　そこで，相互の約束と義務を約因として，本契約の両当事者は次のとおり合意する。

第1条　技術援助

1.1　ABCがXYZに提供する技術援助は，ABCが経験に基づき現在保有している下記の製品（以下「本製品」という）の製造上のノウハウおよび技術情報とする。

(a)　＿＿＿＿＿合金による缶胴材
(b)　＿＿＿＿，＿＿＿＿＿および＿＿＿＿合金による缶蓋ならびにタブ材
(c)　＿＿＿＿＿合金によるリソシート用材
　　技術援助の目的は，スペイン市場における品質上の要求を充足するために製品の品質を向上させるようアルミシートおよびアルミ板につきABCがもっている経験とノウハウをXYZの施設に導入または採用することにある。

1.2　ABCは，本製品をXYZの工場で製造する上で発生する問題点，または顧客からの本製品に対する品質上のクレームを解決するための必要な

ity of the Products.

1.3 ABC shall render advices and recommendations to XYZ for improving XYZ currently existing machineries and equipments and those which will be installed at XYZ's plant in future in order to obtain and maintain such quality as reffered to in Section 1.1 above.

1.4 The technical services to be rendered hereunder shall not include technical know-how and information which require new or additional research and development and/or trial production.

1.5 To perform and implement the above technical services ABC will from time to time make available ABC's personnel to XYZ's plant to render necessary guidances and advices as well as receive XYZ's engineers at ABC's plant.

2. MANNER OF TECHNICAL SERVICES

2.1 The technical services to be rendered by ABC to XYZ hereunder will commence without delay after the acquisition of the approval to this Agreement by the Government of Spain.

2.2 The technical services will be rendered from time to time upon written request by XYZ and ABC will offer written recommendation in response to such XYZ's request.

2.3 Dispatch and acceptance of engineers under Section 1.5 above will be made upon request by XYZ and upon mutual agreement, provided that, the technical service of dispatch and acceptance of engineers shall not exceed in total one hunderd twenty (120) man-days (based on day actually worked) per three (3) year period and shall not exceed in total sixty (60) man-days per year.

2.4 The technical services will be rendered in the English language.

3. GRANT OF NON-EXCLUSIVE RIGHT

In consideration of the payment of royalty provided in Section 5 below,

措置を，XYZに勧告する。

1.3　ABCは，将来上記第1条第1項の本製品の品質を得かつ確保するために，XYZの工場に現在設置されている機械，設備および将来取りつけられる機械，設備に関する改良にあたってのアドバイスおよび勧告をXYZに与える。

1.4　本契約に基づきABCが提供する技術援助には，新たに研究開発および設計もしくは試作を必要とする技術上のノウハウおよび技術情報は含まれないものとする。

1.5　ABCは，上記の技術援助をするためにその技術者をXYZの工場へ派遣し，前各項に必要な指導と助言を行うとともに，XYZの技術者をABCの工場に受け入れ研修を行う。

第2条　技術援助の方法

2.1　ABCがXYZに提供する技術援助は，本契約に対するスペイン政府当局の認可取得後遅滞なく開始するものとする。

2.2　技術援助は，XYZの書面による要請によってなされ，ABCは，XYZから要請があるごとに，書面による勧告をXYZに提供する。

2.3　前条第5項の技術者の派遣または受け入れについては，XYZの要請により両者合意の上で行うものとする。ただし，技術者の派遣および受け入れは，合計で3カ年で120人日（延べ実働日ベース）と限度とし，かつ1カ年で60人日を超えてはならない。

2.4　本技術援助は英語で行われるものとする。

第3条　非独占的実施権の許諾

下記第5条のロイヤリティーの支払いを対価として，ABCはXYZに対し

ABC grants to XYZ following non-exclusive and non-sublicensable licenses:
 (a) to manufacture the Products in Spain, and
 (b) to sell or distribute the Products any where in the world.

4. LIMITATION OF LIABILITY

ABC shall endeavor to render the technical services hereunder to XYZ in the best manner and accurately as is reasonably possible but ABC and its officers, agents or employees shall have no responsibility for and they make no warranty or representations, implied or express, in law or in fact, concerning the efficiency of the operation, the quality or quantity of product that can be or is produced from the fabricating facility whose equipment or machinery will be modified or newly installed pursuant to ABC's recommendation and XYZ's decision to implement ABC's technical recommendation; all final responsibility in respect thereto shall be in XYZ.

5. FEES AND PAYMENT

For the rights, licenses and other benefits herein granted by ABC to XYZ, XYZ agrres to pay ABC fees and reimbursement costs as follows:

 (a) the fee of U. S. $ 100,000 per year for license of know-how and other benefits shall be paid for three (3) years; for the first year payment shall be made within thirty (30) days after the acquisition of approval of the Government of Spain and payments for the second and third years payments shall be made respectively within one (1) year period after its preceding payment.
 (b) with respect to dispatch and acceptance of engineers under Section 1.5 above, XYZ shall bear and pay the travel expenses, including middle class air fare, and the expenses of meals, lodging and others for the engineers.
 (c) payments hereunder shall be made in United States dollars to the

て，非独占的かつ第三者への再実施権のないライセンスを許諾する。

(a) 本製品のスペインにおける製造，および
(b) 本製品の全世界における販売

第4条 責任の制限

ABCは，XYZに対して，合理的に可能な最善かつ最適な技術援助を提供する。ただし，ABCおよびその役員，代理人もしくは従業員は，ABCの勧告，およびXYZによるABCの技術的勧告を実施する決定に基づく設備や機械の改造もしくは新設にかかわる製造施設から生産される製品の数量もしくは品質に対して，明示的にせよ黙示的にせよ，法律上もしくは事実上のものであるかを問わずに操業の結果に関しては，何ら責任を負わず，かつ，何の保証もしくは表示をしないものとする。すなわち，上記に関するすべての最終的な責任は，XYZにあるものとする。

第5条 料金および支払い

本契約によってABCからXYZへ許諾される権利，ライセンスおよびその他の便益に対して，XYZは，ABCに対し，下記の通り料金および実費費用を支払うことに同意する。

(a) ノウハウの実施権およびその他の便益に対する料金は，年間100,000米国ドルとする。この料金は，3カ年間支払われるべきものとし，1年目は，本契約のスペイン政府認可後30日以内に支払うものとし，2年目および3年目の支払いは，それぞれ直前の支払いの後1年以内に支払われるものとする。

(b) 上記1.5条の下での技術者の派遣または受け入れについての旅費，ミドルクラスの航空券，食費，宿泊費等の費用は，その実費をXZYが負担する。

(c) 本契約に基づく支払いは，すべて米ドル建によるものとし，XYZは，

bank account of ABC with a Japanese foreign exchange bank and shall be made without deducting any withholding taxes or other governmental charges.

6. TERM OF AGREEMENT

6.1 This Agreement shall remain in force for three (3) years from the date when the approval of the Government of Spain shall have been acquired and this effective period may be extended by mutual agreement by the parties.

6.2 The provisions of Sections 4 and 7 hereof shall survive any termination of this Agreement.

7. CONFIDENTIALITY

XYZ shall take sufficient measures to keep in strict confidence all of the technical informations rendered hereunder and shall not disclose any of them to any third party without written consent of ABC ; Provided however that, this obligation of confidentiality shall not apply to:

(a) the technical informations which have been obtained by XYZ prior to this Agreement;

(b) the technical informations which XYZ obtains from a third party; and

(c) the technical informations which are originally developed by XYZ without using ABC's technical informations.

8. FORCE MAJEURE

Neither party shall be liable for delay or nonperformance of its obligations hereunder if it is due to an event of force majeure or any other cause beyond the control of the party affected. The party affected by the force majeure shall give notice thereof in details to the other party and take all reasonable steps to resume compliance with its obligations as promptly as possible.

すべての源泉徴収税その他の公課を控除することなく，日本の外国為替公認銀行の ABC の口座に送金するものとする。

第6条　有効期間

6.1　本契約の有効期間は，本契約のスペイン政府の認可後3年間とする。本契約の期間延長については，両当事者の協議によるものとする。

6.2　第4条の責任の制限および第7条の秘密の保持に関する本契約の規定は，本契約終了後も効力を有するものとする。

第7条　秘密保持

XYZ は，本契約に基づいて ABC から提供されたすべての技術情報について，秘密保持のため十分な措置を講ずるものとし，ABC が書面により同意した場合を除き，第三者に開示しないものとする。ただし，次の場合を除く。

(a)　本契約締結前に，XYZ が取得していた技術情報，

(b)　第三者から XYZ が取得する技術情報，および

(c)　XYZ が ABC の技術を使用することなく独自に開発した技術情報。

第8条　不可抗力

いずれの当事者も，不可抗力または当事者が支配できないその他一切の原因による債務の遅滞または不履行に対し責を負わないものとする。かかる不可抗力の影響を受けた当事者は，相手方の当事者にその詳細を通知し，出来る限り速やかに債務の履行を再開するための一切の適切な処置をとるものとする。

9. DEFAULT

Either party may forthwith terminate this Agreement without payment of any compensation by giving a written notice of termination to the other party,

(i) if the other party shall be dissolved, liquidated or declared insolvent or bankrupt; or

(ii) if the other party shall breach any term or condition of this Agreement and shall fail to remedy such breach within two (2) months after a written noitice is given requesting to remedy the breach.

10. NOTICE

Any and all notices and other communications in this Agreement to be given or sent to either party shall be in written in the English language and shall be deemend to have been duly given if sent by airmail letter, or by cable or telex addressed to the following addresses:

If to ABC:

ABC CO., LTD.

_____, Tokyo, Japan.

Attention: General Manager for Technical Planning Department

Telex number:_____

If to XYZ:

XYZ S.A.

_____, Spain

Attention: General Manager, Engineering Department

Telex number:_____

11. ASSIGNMENT

11.1 Neither party may assign or transfer any of its rights and obligations under this Agreement to any third party without prior written consent of the other party.

11.2 This Agreement shall be binding upon the successors and assigns of either party.

第9条　債務不履行

いずれの当事者も，以下の場合には，相手方当事者に対する書面による通知をすることによって何らの補償金を支払うことなく，ただちに本契約を解約することができる。

(i) もし相手方当事者が解散，清算されるか，または支払能力もしくは破産の宣告を受けた場合，または

(ii) もし相手方当事者が，本契約の条項もしくは条件のうちのいずれかに違反し，その違反の是正を要求する書面による通知を受け取ってから2カ月以内に是正しなかった場合

第10条　通　知

本契約に基づきいずれか一方の当事者に対して送達するか与えるすべての通知および通信は，英語で記載されるものとし，下記のそれぞれの住所宛に航空便，またはケーブルもしくはテレックスにより発送された場合には，通知が正当に行われたものとみなされる。

ABC 宛の場合
日本国東京都＿＿＿＿＿＿＿＿
　ABC 株式会社
　技術企画部長気付
　テレックス番号：＿＿＿＿＿＿＿

XZY 宛の場合
スペイン国
　XYZ 株式会社
　技術部部長気付
　テレックス番号：＿＿＿＿＿＿＿

第11条　譲　渡

11.1　いずれの当事者も，相手方が文書によって事前に承諾した場合のほかは本契約の定める権利義務の全部または一部をいかなる第三者にも譲渡し得ないものとする。

11.2　本契約は，両当事者の承継人および譲受人を拘束するものとする。

12. Language And Applicable Laws

12.1　This Agreement shall be executed in duplicate in the English language and no translation of this Agreement into Japanese or Spanish shall have any effect on the interpretaiton of the terms hereof.

12.2　This Agreement shall be governed by and construed in accordance with the laws of Japan.

13. Arbitration

All disputes or controversies arising in connection with this Agreement shall be finally settled under the Rules of Conciliation and Arbitration of the International Chamber of Commerce by one or more arbitrators appointed in accordance with the said Rules in Tokyo if ABC will be the defendants or in Madrid if XYZ will be the defendants.

14. Entire agreement

This Agreement contains the entire and only agrrement between the parties relating to the subject matter hereof and supersedes and replaces any and all prior or contemporaneous agreements or understandings, written or oral, express or implied, between the parties relating to the subject matter hereof. Future amendments and additions to this Agreement shall be in writing and signed by the parties hereto in order to be binding.

In Witness, the parties have executed this Agreement on the day and year first above written in duplicate keeping one each copy.

ABC CO., LTD.　　　　　　　　　XYZ S.A.

Name:　　　　　　　　　　　　　Name:
Title:　　　　　　　　　　　　　Title:

第12条　言語および準拠法

12.1　本契約書は，英語により2通調印され，本契約の日本語訳またはスペイン語訳は，本契約の条項を解釈するにあたっては効力を有しないものとする。

12.2　本契約は，日本国法に従って解釈されるものとする。

第13条　仲　裁

本契約に関連して生ずるすべての紛争または論争は，国際商業会議所の調停および仲裁の規則に従って，その規則に基づき任命された1人あるいはそれ以上の仲裁人によって最終的に解決されるものとする。仲裁地は，ABCが被告となる場合は東京とし，XYZが被告となる場合はマドリードとする。

第14条　完全合意

本契約は，本契約の主題に関する両当事者間の完全かつ唯一の合意を包含しており，本契約の主題に関して両当事者が明示的・黙示的を問わず，文書・口頭によるを問わずに行った，本契約締結前もしくは現在における合意もしくは了解に優先し，かつ取って代わるものである。本契約は，拘束力をもつためには両当事者が署名した文書によってのみ将来の修正，変更または追加ができるものとする。

本契約成立の証として，頭書の年月日に本契約2通に両当事者が署名し，それぞれ各1通を保有するものとする。

ABC 株式会社　　　　　　　　　　　XYZ 株式会社

氏名：　　　　　　　　　　　　　　氏名：
役職名：　　　　　　　　　　　　　役職名：

SECRECY AGREEMENT

THIS AGREEMENT made this _____ day of _____, 20____, by and between ABC COMPANY LTD., a corporation of Japan, having a principal place of business at _____ Japan (hereinafter called "ABC"), and XYZ, INC., a corporation of _____ having a principal place of business at _____ (hereinafter called "XYZ"),

WITNESSETH:

WHEREAS, ABC has developed and is the owner of a manufacturing machinery _____ (hereinafter called "Machinery"), and has developed certain valuable proprietary technical data and information related thereto; and

WHEREAS, XYZ desires to receive data and information in order to evaluate its interest in the Machinery_____; and.

WHEREAS, ABC is willing to disclose to XYZ such of proprietary data and information as may be necessary to permit XYZ to evaluate its interest in the Machinery_____;

NOW, THEREFORE, ABC and XYZ, in consideration of the covenants and conditions set forth below, do hereby agree as follows:

1. ABC will provide XYZ with such of its technical data and information related to the Machinery as it considers necessary for to evaluate its interest in negotiating a license or other commercial arrangement with respect to said Machinery. Samples of Machinery for evaluation by XYZ will be provided if the parties so agree. All such data, information and samples shall remain the property of ABC and shall be returned to ABC or destroyed if the parties do not enter into a further agreement.

秘密保持契約

　本契約は，日本法人で日本国＿＿＿＿に本店を有する株式会社ABC（以下，「ABC」という）と，＿＿＿＿に本店を有する＿＿＿＿国法人XYZ社（以下，「XYZ」という）との間において，本日20　年　月日付で締結された。

以下を証する

　ABCは，＿＿＿＿用製造機器（以下，「本機器」という）を開発かつ所有しており，これに関する一定の財産上の技術データおよび技術情報を開発したものであり，また，

　XYZは本機器＿＿＿＿における自己の利益を評価する目的で，データおよび情報を受けたいと望んでおり，また

　ABCは，XYZに本機器＿＿＿＿における利益を評価させるのに必要な財産上のデータおよび情報を，XYZに対して開示したいと望んでおり，

　そこで，ABCおよびXYZは，以下に記載する約束および条件を約因として以下のとおり合意する。

第1条　ABCは，本機器に関するライセンス契約その他の商業的取決めを行ううえでの権益を評価するのに必要であるとABCが判断した本機器に関する技術データおよび情報を，XYZに対して提供する。XYZによる評価に供されるサンプルが必要であると両当事者が合意した場合には，XYZに対して提供されるものとする。すべてのデータ，情報およびサンプルは，ABCの所有に帰属しているものであり，もし，今後，取決めが締結されない場合においては，かかる情報およびサンプルは，いずれもABCに返却されるか，または，破棄される。

2. XYZ shall hold in confidence any and technical data, information and samples of Machinery provided and disclosed to it by ABC hereunder. However, this obligation shall not apply to any data or information disclosed to hereunder;

(a) which at the time of disclosure is in the public domain ;

(b) which, after disclosure, becomes part of the public domain, by publication or otherwise other than through unauthorized disclosures by XYZ ;

(c) which at the time of disclosure is already in XYZ's possession as shown by its written records ;

(d) which is made available to XYZ by an independent third party; provided however, that such information was not obtained by said third party, directly or indirectly, from ABC; or

(e) which is expressly authorized by ABC in writing to release.

3. XYZ shall not use the technical data, samples of the Machinery, and information which it is required to hold in confidence hereunder for any purpose other than the aforesaid evaluation and determination of interest without first entering into an agreement with ABC covering the use thereof.

4. XYZ agrees to limit disclosure or technical data and information received from ABC hereunder to only those of its officers and employees as XYZ considers necessary to complete its evaluation of the Machinery and then only after such officers and employees have undertaken by employment agreement or otherwise to comply with the obligation undertaken by XYZ under this agreement.

5. Within one hundred twenty (120) days from the date hereof, XYZ shall

第2条　XYZは，本契約に従ってABCから提供され，開示された本機器に関する技術データ，情報およびサンプルを秘匿するものとする。しかしながら，この義務は，本契約に従ってXYZに対して開示される本件データまたは情報のうち，次の各号に該当するものについては適用しない。
(a)　開示の時点で，既に公知である情報，
(b)　開示後に，公表その他XYZによる許可なしの開示以外の方法により公知となった情報，

(c)　開示の時点で，すでにXYZの所有に属する情報で，かつ，そのことを文書記録によって証明することができる情報，
(d)　本契約当事者からいかなる意味における拘束を受けていない第三者によってXYZに開示されている情報。ただし，かかる情報が，当該第三者によって，直接的あるいは間接的であるとを問わず，ABCから得られたものである場合を除く，または
(e)　ABCがXYZに対して、開示する権限を，書面によって明示的に与えている情報。

第3条　XYZは，本機器に関する技術データ，サンプルおよび本契約において秘匿することが要求されている本件情報を，第1条第1項記載の評価・検討以外の目的には使用しない。ただし，ABC，XYZ間において，別段の定めがなされた場合においては，この限りでない。

第4条　XYZは，本契約に従ってABCから提供を受けた技術データおよび情報を，本機器の評価を完遂するのに必要であるとXYZが判断し，かつ，雇用契約その他によって本契約の下においてXYZが引き受ける義務を引き受けたXYZの役員または従業員に対してのみ，開示することができる。

第5条　本契約締結後120日以内に，XYZはABCに対し，本機器に関する

notify ABC in writing whether it is interested in entering into a License Agreement (and thereby acquiring rights to the ABC's data and information related to the Products).

　If at any time thereafter, either XYZ or ABC advises the other that it is no longer interested in entering into a License Agreement, or if ABC and XYZ shall fail to execute such agreement within one hundred eighty (180) days from the date hereof, whichever shall first occur, then without limiting the generality of any of foregoing provisions, XYZ shall forthwith return to all documents, notes, drawings, and other data, and all copies, there of, containing any ABC's data and information related to the Machinery.

6. (a) XYZ acknowleges that any breach of this Agreement may cause irreparable harm to ABC and agrees that ABC's remedies for any breach may include, in addition to damages and other available remedies, injunctive relief against such breach.
　(b) XYZ agrees that ABC shall be entitled to an award of its reasonable attorney's fee if it prevails in any action to enforce this Agreement.

7. XYZ represents that it has no obligations or commitments inconsistent with this Agreement.

8. The obligation of XYZ under the terms of this Agreement shall remain in effect for a period of ten (10) years from the date hereof.

9. (a) This Agreement shall be governed by, construed and enforced in accordance with the laws of Japan.
　(b) The parties hereby submit for all purpose of or in connection with this Agreement to the non-exclusive jurisdiction of the Osaka District Court.

ライセンス契約の締結(および,ライセンス契約によりABCの本件製品に関するデータおよび情報に対する権利を取得すること)について,XYZが興味を有しているか否かを書面によって通知する。

前記の通知の後,ABCもしくはXYZの少なくともいずれか一方が他方に対して,もはや本機器に関するライセンス契約その他の契約を締結する意欲のない旨を通知した場合,または,ABCおよびXYZが,本契約締結後180日以内に,本機器に関するライセンス契約その他の契約を締結することができなかった場合のいずれかが発生した場合は,XYZはABCに対し,ただちに,本件情報に関するABCのデータおよび情報を含むあらゆる文書,記録,図面その他のデータならびにそれらの写しを返却する。

第6条 (a) XYZは,本契約の違反はいかなるものであっても,ABCに対して償うことのできない損害を生じさせ得ることを了解し,いかなる違反の場合においても,ABCに対する損害賠償とともに,かかる違反に対する差止措置がなされることに同意する。

(b) XYZは,前項記載の損害賠償には,ABCが本契約を実効あらしめるために行うあらゆる訴訟行為について勝訴したときに生じた弁護士費用が含まれることに同意する。

第7条 XYZは,本契約と相反するようないかなる義務も負わないことを表明する。

第8条 本契約に基づいてXYZの負担するすべての義務は,本契約締結後10年間存続する。

第9条 (a) 本契約は日本法に支配されこれに従って解釈,執行されるものとする。

(b) ABCおよびXYZは,本契約のすべての目的または本契約に関して,大阪地方裁判所の追加的裁判管轄に服する。

IN WITNESS WHEREOF, the parties hereto have caused this Agreement to be executed by their duly authorized representatives as of the date first above written.

ABC COMPANY LTD.   XYZ, INC.

By:_____   By:_____

Title:_____   Title:_____

SECRECY AGREEMENT

　上記の証として，本契約の両当事者は，それぞれの正当なる権限を有する代表者によって頭書の年月日に本契約書に署名した。

ABC 社　　　　　　　　　　　　　　XYZ 社

_____　　　_____
役職名：　　　　　　　　　　　　　　役職名：

◆英文契約作成のためのチェック・リスト

総論事項
① 作成しようとしている契約は，いかなる種類の契約か（売買，販売代理店，合弁，保証……）。
② 法的拘束力の内容は，予備的合意（L/I）か，予約か，通常の契約か（法律上強行することができるか）。
③ 契約書の形式は……捺印契約か，単純契約か，レター形式か。
④ 当事者の意図が曖昧でなく，十分に反映されているか。

前文関係
① 当事者についての吟味
　a) 当事者の能力（capacity）について問題がないか。
　b) 当事者の特定は十分か。住所，（法人であれば）本店所在地・設立準拠法がきちんと書かれているか。
　c) 当事者の数と相互の関係。例えば，債務を負担する者が複数の場合，債務は共同（joint）か，分割可能（several）か，また連帯（joint and several）か。
　　保証人は当該契約の当事者になっているか否か，第三者のためにする契約か否かなど。
　d) 当事者のおきかえ（Licensor, Licensee など）が正確で，かつ統一されているか。
　e) 当事者の変更，契約上の地位の譲渡は許されるか，許されるとすればどの範囲でか。
② 契約締結地はどこか，締結地で印紙税を払う必要はないか。
③ 調印の日は正しく表示されているか。当事者が異なる日に調印するときはどうするか。
④ 説明条項（whereas clauses）はあるか，余分なことが書かれていないか。
⑤ （英米系の法を準拠法とするときは）約因（consideration）は何か。

本体部分（一般条項）
① 契約期間……期間の定め（期間の制限）のある契約か否か。
　a) 始期……調印日か，別に発効日の定めがあるか。
　b) 終期……一定の期間の満了時か，一定の日時か，永続か。
　c) 契約期間の更新の定めはあるか，自動更新か否か。
② 契約の終了
　a) 合意解約はできるか。

b) 解約事由の列挙は適当か……列挙事由の対象がひろすぎたり，曖昧ではないか。
　　c) 解約後の原状回復，補償金の支払い，などはどうなっているか。
　　d) 約定損害賠償額（liquidated damages）の定めをすべきか。また，その実際的得失はどうか。
③ 不可抗力による免責
　　a) そもそも準拠法との関係でこれに関する条項は必要か。
　　b) 不可抗力事由の列挙は適当か。
　　c) 不可抗力事由発生の通知義務はあるか。
　　d) 事由発生によって無条件免責か，条件付免責か。
④ 支払いおよび税金
　　a) 支払い……方法は。L/Cによる場合，取消不能L/Cか，開設銀行は一流銀行に限定されているか。
　　b) 為替レートは決める必要があるか，レートの決定方法は。
　　c) 税金はどのようなものがかかると予想されるか，どちらが負担することになっているか。源泉徴収税の扱いは，関係国間の租税条約はどうなっているか。
⑤ 秘密保持義務
　　a) これに関する条項を設ける必要があるか。
　　b) 秘密保持義務を負う人間の範囲をどこまでとするか…退職従業員に対する拘束はあるか。
　　c) 秘密保持義務の有効期間……契約終了後何年間とするか。または永久とするか。
　　d) 秘密保持の管理体制……資料保管場所の指定，秘密資料であることの表示の義務づけ，複製禁止，立入検査権，書類閲覧権など。
⑥ 準拠法の指定
　　a) いずれの法廷地において紛争が解決されることになるか，これとの関連で適切な準拠法の指定がなされているか。
　　b) 指定した準拠法の契約の成立だけでなく，履行にまで適用されるような条項内容になっているか。
　　c) 予想される法廷地の抵触法原則（国際私法）は当事者自治を認めているか。
　　d) 使用言語と準拠法との関係はどうなっているか。
⑦ 紛争解決方法
　　a) 紛争が起こったら，いかなる手段によって解決するか……大き

　　　　　く分けて，裁判によるか仲裁によるか（執行の点まで考える）。
　　　b) 裁判による場合……国際的合意管轄の有効性について指定法廷地の法律はどう考えるか，管轄合意は専属的（exclusive）か非専属的・追加的（non-exclusive）か。
　　　c) 仲裁による場合……関係国におけるニューヨーク条約などの諸条約の批准の有無，仲裁機関をどこにするか，仲裁規則として何を使うか，仲裁地をどこに指定するか，仲裁人の数・選任方法，モデル仲裁条項を使うか否か。
　⑧ 通知・送達代理人
　　　a) 準拠法は発信主義とするか到達主義をとるか。
　　　b) 通知方法をどうするか……テレックス，ファックスなどの扱い。
　　　c) 到達みなし規定はあるか。
　　　d) 送達代理人を置く必要はあるか。その利益はいずれの当事者にあるか，送達代理人の選任は相手方にのみ都合よくなされてはいないか。

署名欄
その他

① 署名の形式をどうするか……立会人はいるか，捺印契約か否か。
② 署名する人間は，いかなる資格の者で，とくに法人の場合有効な代理（表）権限を与えられているか。
③ 領事または公証人による認証は必要か，その方法は。
④ 正本は何通作るか，副本は。
⑤ 二か国語以上の契約書に署名するときは，それぞれの効力の優劣関係は定めてあるか。

用 語 集 (英―和)

A

ab initio	当初からの	21
acceleration	期限利益の喪失	165, 333
acceptance	承諾	225, 315
accounts receivable	受取勘定	262
action	訴訟	27
adhesion contract	附合契約	167, 297
advance royalty	前払ロイヤリティー	267
affirmative covenants	積極的に何かをするという約束	329
agency agreement	代理店契約	220, 221
agent	代理店	220
agent for service of process	送達代理人	116
agreement	合意,合致	10, 11, 151, 201, 225
affiliate	関連会社	310
alien	譲渡する	27
amendment	改訂・修正	73
amicable arbitrator	友宜的仲裁人	112
amicus curie	アミカス・キューリエ	20
annex	添付書類,付属書類	18, 203
anti-unfair competition law	不正競争防止法	286
applicable law	準拠法	92, 325
approval	承認	26
arbitration	仲裁	106
archive	アーカイブ	96
article	条項	206
assign	譲渡・移転する	84
assignment	譲渡	83
attorney	代理人	142
Attorney General	法務長官,司法長官	142
attorney-at-law	弁護士	142
attorney-in-fact	(弁護士でない)代理人	142, 145

英語	日本語	ページ
attorney's fee	弁護士費用	280
authority	権限	176
avoid	無効にする	27
award	仲裁判断	108

B

英語	日本語	ページ
bar examination	司法試験	36
barrister	バリスター（法廷弁護士）	142, 170
battle of forms	書式合戦	32
bear hug	ベアハッグ	259
best efforts	最善努力	281
bid	入札	315
bid bond	入札（保証）ボンド	316
bill	請求書，手形，法案	155
bill of exchange	為替手形	155, 184
bill of lading	船荷証券，貨物引換所	4, 155, 161
Bill of Rights	権利章典	155
bill of sale	売買証書	155, 156
board of directors	取締役会	126
bona fide	善意の，真実の	21
bond with warrants attached	ワラント付社債	178
bonus and profit-sharing plans	賞与および利益分配計画	262
borrower	借手	324, 332
breach	違反	332
by-laws	（附属)定款	127, 236

C

英語	日本語	ページ
CAFC (Court of Appeals for the Federal Circuit)	連邦巡回区控訴裁判所	104
call	要求	138
case law	判例法	15
certificate of deposit	銀行預金証書	184
certificate of signature	サイン証明	171
charter back	チャーター・バック	159

charter party	傭船契約書	4, 59, 161
check	小切手	184
clause	条項	206
click-on license agreement	クリック・オン・ラインセンス契約	297, 300
closing	清算決了, 最終決算	252, 254, 295
commercial paper (CP)	商業証券, コマーシャル・ペーパー	184, 329
commitment	貸付約定	327, 328
common law	コモン・ロー	13, 15
Commonwealth	英連邦	16
complaint	訴状	116
competitive products	競合製品	224
conciliation	調停	106
condition	条件	53, 192
conditions precedent	先行条件（条項）	19, 28, 259, 327
confidentiality agreement	秘密保持契約	252, 304
conflict of laws	私法の国際的な抵触, 抵触法	90, 137
consent	承諾	26
consequential damages	派生損害	319
consideration	約因, 対価	11, 27, 70, 205, 267, 271, 282
continental law	大陸法	15, 57
contract	契約	10, 11, 205, 262
contract by deed	捺印契約	12
contract to make contract	契約を締結する予約	152
contract under seal	捺印契約	12
contractor	請負業者	314, 318
conversion rate	交換比率	77
copyright law	著作権法	286
cost plus fee contract	実費精算契約	320
counter offer	対案の申込	30
counterpart	副本, 正副2通中の1通	27
Court of King's Bench	王座裁判所	155
covenant	捺印契約〔証書〕, 誓約	27, 158, 327, 329, 332

cross default	クロスデフォルト	333

D

damnum	損害	22
date	契約日	45
date of validation	発効日	51
deed	捺印証書	12, 44, 47, 71
default	債務不履行	217, 281, 332, 335
default clause	債務不履行条項	217, 332
defect	欠陥	272
demise	不動産の譲渡	27
depositor	寄託者	296
derivatives	金融派生商品	6
disclosure philosophy	開示主義	183
distributor	販売店，ディストリビューター	210, 220
distributorship agreement	ディストリビューター契約，販売（代理）店契約	51, 221, 224, 237, 303
doctrine of frustration	フラストレーションの理論	57
doctrine of implied term	黙示の条項の原則	58
doctrine of vagueness	合意の明確性の原則	13, 151
documentary letter of credit	荷為替信用状	76
double taxation convention	租税条約	78
down payment	頭金、手付金	267
draft	為替手形	184
duration	契約の期間	51

E

ejusdem generis	同種類の	22
employee	従業員	66, 309
employment agreement	雇用契約	257
encumbrance	担保権	158
enforceability	（法的）強制力	43
enforceable by law	裁判（法律）上執行可能	12, 151
entire agreement clause	完全合意条項	69

用語集（英—和） *395*

equity	衡平法	16, 83
equity court	衡平法裁判所	155
escrow	エスクロー，条件付捺印証書	295
escrow agent	第三者	295
estoppel	禁反言	46
et al.	その他	22
evaluation	評価	260, 303, 309
events of default	不履行条項，債務不履行事由	29, 327, 330, 332
ex parte	一方的な	22
exclusion clause	免責条項	192
exclusive	専属的，独占，排他的	101, 223, 284
exclusive negotiation clause	排他的交渉条項	152
execute	契約書〔証書〕を作成する	27
exemption clause	免責条項	192
exhibit	添付書類，付属書類	18, 203, 259, 316
expiration	(契約期間) 満了	50
extraneous evidence	外的証拠	72
extrinsic evidence	外的証拠	72

■ F

fiduciary relationship	信認関係	36
final and formal contract	本契約	258
financial statements	財務諸表	261
Force Majeure	不可抗力	57
formal agreement	正式契約	252
formal contract	方式契約	12, 44
forum non convenience rule	不便宜法廷地ルール	100
forum shopping	裁判地漁り	98, 233
freedom of contract	契約自由	13
friendly M&A	友好的M&A	249
FRN (Floating Rate Note)	変動利付債券	324

■ G

| general partner (GP) | ゼネラル・パートナー | 246 |
| governing law | 準拠法 | 90, 91, 325 |

用語集（英―和）

grace period	猶予期間	217
guarantee	保証状	131, 133, 136
guaranty	保証	132

H

hand	署名	27, 124
headings	見出し	119
hold harmless	保障する，ホールド・ハームレス（条項）	272, 278, 312
hold-over clause	（退職従業員に）雇用契約終了後も秘密保持義務を負わせる規定	66
hostile M&A	敵対的M&A	249

I

ICC (International Chamber of Commerce)	国際商業会議所	92, 211
implied warranty	黙示的担保（保証）	177, 229, 271
improvements	改良技術，応用技術	268, 275
in consideration of	……を約因として	47
in invitum	承諾なくして	22
in re	……に関する	22
IN WITNESS WHEREOF	これを証するため	124
inconvenient forum	不便な法廷地	100
INCOTERMS (International Commercial Terms)	インコタームズ	211
indemnity	保障，補償	133, 273
indenture	歯型捺印証書	44
indirect damages	間接損害	280, 319
informal contract	非方式契約	12
initial payment	頭金、契約金	267
installment payment	分割払い	268
instrument	証書，文書，流通証券	27, 184
insurance	保険	262
insurance policy	保険証書	161

intangible asset	無形財産	284
integration clause	完全合意条項	69
intellectual property	知的財産権	280, 290, 305
inter alia	とりわけ	22
interest	利権	24
investment contract	投資契約	186
investment tax credit	投資税額控除	245
invitation to bid	入札公告	315

J

joint research and development agreement	共同研究開発契約	303
joint venture (J.V.)	合弁	234
joint venture agreement	合弁契約	48, 235, 303
joint venture corporation	合弁会社	235
jointly and severally	連帯して	132
juris vinculum	法鎖	84
jurisdiction	法域	10, 16, 325

K

keyman agreement	キーマン・アグリーメント	257
know-how	ノウハウ	281

L

law firm	法律事務所	36
law of agency	代理に関する法原則	143
lease	賃貸借契約	262
legal effect	法的効力	200
legal opinion letter	（法律事務所の）法律意見書	259, 328
lender	貸手	324, 334
letter agreement	手紙形式の契約	17, 25
letter of comfort	コンフォートレター	136
Letter of Credit (L/C)	信用状	76
letter of intent (L/I)	予備的合意，予備的契約書，レター・オブ・インテント	149, 258, 303, 316

lex fori	法廷地の法	22
lex loci contractus	契約締結地法	22
license	（実施）許諾	266, 275, 287
license agreement	ライセンス契約	221, 266
licensee	被許諾者	275, 284
icensor	許諾者	276, 284
liens	担保権	262
liquidated damages	損害賠償額の予定	313, 319
litigation	訴訟	262
loan agreement	ローン契約	324, 326, 330
long arm statute	ロングアーム法	100
loss	損失	247
lump sum contract	総額固定契約	320

M

M&A (merger and acquisitions)	企業買収・合併	86, 249, 303
major shareholders agreement	主要株主間契約	235
managing committee	経営委員会	242
manufacturer	製造者	210
maritime lien	船舶先取特権	158
material breach	重大なる契約違反	53
memorandum	覚書	201
merchantability	商品性	192
merger	吸収合併	249
merits	当事者による主張の実体	84
minimum purchase guarantee	最低購入保証	29, 224, 226
minutes	議事録，メモ	201
mortgage	譲渡抵当	156
most favoured provision	最恵待遇条項	29
motion	申立て，申請	27
mutatis mutandis	準用する	22

N

negative covenants	消極的に何かをしないという約束	330, 332

negative pledge	非担保化, 担保権設定禁止	330
negotiable instrument	流通証券	184
NIF (Note Issuance Facility)	長期資金調達枠	324
non-disclosure agreement	秘密保持契約	252, 304
non-exclusive	非専属的, 追加的, 非独占	101, 284, 288
non-transferable	譲渡不可	288
notary public	公証人	169
note	約束手形	184
notes payable	支払手形	262
notes receivable	受取手形	262

O

of course	権利の問題として	27
offer	申込	225, 315
officer	執行役員, 役員	126, 241
open bid (tendering)	一般競争入札	316
operating agreement	業務委託契約	86
owner	注文者	314, 318
ownership	所有権	193

P

pari passu	同等の	22, 331
parol evidence rule	口頭証拠の法則	71
partnership	パートナーシップ	243
party	当事者	27, 45
patent	特許	281
patent law	特許法	284, 286
payment default	支払不能	332
performance bond	履行保証	319
period of term	契約の期間	51
personal property	動産	262
place of execution	契約締結地	44
plant	設備・装置	314
pledge	質権, 担保権	330
point and click contract	ポイント・アンド・クリック契約	298

poison pill	ポイズンピル（毒薬条項）	123, 176
policy	（保険）証書	192
policy holder	保険契約者	192
port of registry	船籍港	157
power of attorney	委任状	21, 142
practical completion	実質的完成	318
premises	頭書	18, 44, 203
presents	（複数形で）本書類，本証書	27
prima facie	一応の	22
principal	本人	221
principal place of business	主たる営業場所	45
pro rata	案分に、比例して	22
product liability	製造物責任，製造者責任	16, 177, 214, 230, 272
profit	収益	247
proprietary	知的財産を構成する	290, 305
proprietary information	財産的情報	305
provided	……の条件で，もし……ならば	27
proviso	規定	22
provity	契約関係	222
public domain	公知情報	305, 310
purchase	（相続以外の方法で）不動産を取得する	27
purchase of stock	株式買取	249

Q

quality control	品質管理	214
Queen's Council	勅撰弁護士	172

R

real property	不動産	262
reasonable period	相当の期間	53
reasonable relation	合理的な関係	93
reliable	信頼できる	138
representation	表現，表明，陳述	258

用語集（英—和）

representations and warranties	表明, 保証条項	29, 256, 258, 327
restitution	原状回復	54
right	権利	24
royalty	ロイヤリティー, 対価	267, 279, 282, 292
rule of ejusdem generis	同種文言の原則	60
rule of strict construction	厳格解釈の原則	144

S

sale of assets	営業譲渡	249
schedule	添付書類, 別表	18, 203
scope of work	業務範囲	316
seal	捺印する	124
SEC（Securities and Exchange Commission）	米国連邦証券取引委員会	6, 182
secrecy clause	秘密保持条項	63, 273, 303, 304
secrecy agreement	秘密保持契約	252
secrecy provision	秘密保持条項	65
section	条項	206
securities	証券	185
Securities Act of 1933	米国証券法	186
Securities Exchange Act of 1934	米国証券取引法	186
security	担保	138
selective bid（tendering）	指名競争入札	315
severability	分離・独立性	122
shrink-wrap license agreement	シュリンクラップ・ライセンス契約, 開封契約	286, 299
signature	署名	18, 203
signing	調印	252
simple contract	単純契約	12
solicitor	ソリシター（事務弁護士）	142, 170
solvent	支払能力がある	138
sovereign immunity	国家主権免責特権	29
special damages	特別損害	280

specialty	捺印証書	27
specifications	仕様書	316
standard form contract	標準取引約款	161
state immunity	国家主権免責特権	29
statute	制定法	15
Statute of Frauds	詐欺（防止）法	13, 70, 201
statutory assignment	制定法による譲渡	84
statutory auditor	監査役	242
stock purchase agreement	株式買取契約	253
stock purchase rights	新株予約権	179
sublicense	再実施許諾	289, 292
subsidiary	子会社	310
substantial completion	実質的完成	318
successful bid	落札	315
summons	召喚状	116
surety	保証、保証人	133

T

take care	処理する	138
takeover bid（TOB）	株式公開買付	250
tangible net worth	有形純資産	330
tax evasion	逋脱	76
tax haven	タックス・ヘイブン	75, 158, 283
technical assistance (collaboration) agreement	技術援助契約	266
technology transter	技術移転	287
tender offer	株式公開買付	250
tendering	入札	315
termination	（契約期間）終了	50, 248
terms and conditions	（契約）条件	26
title	権原	24, 193
title covenants	物権証書上の約定	178, 194
title insurance	権原保険	178, 194
trade secret	営業秘密（トレード・シークレット）	274, 302

trade secret law	トレード・シークレット法	286
trade terms	貿易条件	211
trademarks	商標	262
transfer	（財産の）譲渡	83
transfer price	移転価格	282
trust deed	信託証書	43
trustworthy	信頼できる	138

U

U.C.C.（Uniform Commercial Code）	米国統一商事法典	10, 13, 72, 133, 178, 184
UNCITRAL	国連国際商取引委員会	115, 213, 218
unconditional guaranty	無条件保証，全額保証	132
unforeseen condition	予見しえない状況	321
unit price	単価	321

W

warrant	権限・権限を授与し証する書面，令状，ワラント	176, 178
warranty	付随的な条件，保証，売主の保証，ワランティ	53, 133, 176, 192, 229, 279, 280, 290
whereas clauses	前文，説明条項	18, 46, 203
withholding tax	源泉徴収税	79
without prejudice	権利や利益を損なうことなく	27
working capital	稼動資本	330

Y

yellow dog contract	黄犬契約	120

Z

zero bracket amount	最低控除額	121

事項索引

■■■■ あ 行 ■■■■

アーカイブ……………………………96
アーキビスト…………………………96
頭書………………………18, 44, 203
アミカス・キューリエ………………20
イコールパートナー型………80, 240
意思表示……………………………150
逸失利益……………………………322
一般条項………………27, 119, 206
移転価格……………………………282
――税制………………………80, 282
委任状……………………………21, 142
印鑑証明書…………………………169
インコタームズ（INCOTERMS）………211
ウィーン条約…………………213, 218
請負型（ターンキー型）…………315
請負業者………………………314, 318
受取勘定……………………………262
受取手形……………………………262
売り切り型（FOB型）………………315
営業譲渡………………………54, 249
営業場所………………………………45
営業秘密………………………274, 302
エスクロー…………………………295
応用技術………………………268, 275
覚書…………………………………201

■■■■ か 行 ■■■■

海外建設工事契約…………………314
海外販売……………………………220
開示主義……………………………183
会社法…………………………127, 188
解除事由………………………………53
解除の効果……………………………54
外的証拠………………………………72
ガイドライン………………………118
解約…………………………………321
改良技術………………………268, 275
貸付約定……………………………327
貸手……………………………324, 334
合算課税方式…………………………76
稼動資本……………………………330
株式買取……………………………249
――契約……………………………253
株式公開買付………………………250
株主総会……………………………241
借手……………………………324, 332
為替手形………………………155, 184
監査役………………………………242
間接損害………………………280, 319
完全合意条項…………………………69
管理体制………………………………65
期間……………………………50, 51
――終了………………………………50
――満了………………………………50
期限利益の喪失………………165, 333
技術移転機関………………………145
技術援助契約……………47, 237, 266
技術情報………………………………65
議事録………………………………201
規制緩和……………………………314
吸収合併………………………54, 249
共同研究開発契約…………………303
業務委託契約…………………86, 311
業務範囲……………………………316
禁反言…………………………………46
金融派生商品…………………………6
クリック・オン・ラインセンス契約…297, 300
クロージング設立…………………240
グローバル・ルール………………219
経営委員会…………………………242
契約………………………10, 11, 205, 262
――違反…………………………53, 54
――関係……………………………222
――義務の絶対性……………………57

事 項 索 引

──自由 …………………………13, 177
──準拠法国 ……………………………94
──締結地 ………………………………44
──日 ……………………………………45
欠陥……………………………………272
欠席判決………………………………116
厳格解釈の原則………………………144
権原……………………………………24, 193
──保険………………………………178, 194
検索の抗弁権…………………………132
原産地課税……………………………80
原状回復………………………………54
──義務………………………………54
源泉徴収税……………………………79
合意……………………………10, 11, 151, 201
合意の明確性の原則…………………13, 151
交換比率………………………………77
黄犬契約………………………………120
公証制度………………………………169
公証人…………………………………169
──規制………………………………170
公知情報………………………………305, 310
口頭証拠の法則………………………71
コンプライアンス（法令遵守）……82
衡平法…………………………………16, 83
──裁判所……………………………155
合弁……………………………………234
──契約………………………………48, 235, 303
──会社………………………………235
国際技術移転…………………………266
国際仲裁………………………………106
国際調達………………………………209
──契約………………………………214
国際的裁判管轄権……………………98
国際売買契約…………………………210
個人情報保護法………………………118, 311
個人データ……………………………118
国家主権免責特権……………………29
コマーシャル・ペーパー……………329
コモン・ロー…………………………13, 15
雇用形態の流動化……………………304
雇用契約………………………………257
コンプライアンス……………………81, 188, 264

■■■■ さ 行 ■■■■

サーベインス・オクスレー・アクト…185
最恵待遇条項…………………………29
催告の抗弁権…………………………132
財産的情報……………………………305
施権……………………………………47
再実施許諾……………………………289, 292
債務不履行……………………………327, 330, 332
最善努力………………………………281
最低控除額……………………………121
最低購入保証…………………………29, 224, 226
裁判管轄………………………………44, 98
──条項………………………………98
裁判執行可能…………………………12, 151
裁判地漁り……………………………98, 233
財務諸表………………………………261
債務不履行……………………………53, 281, 335
──条項………………………………217, 332
サイン証明……………………………171
詐欺（防止）法………………………13, 70, 201
資金の移動……………………………75
実施権…………………………………47
実質的完成……………………………318
実費精算契約…………………………320
自動更新条項…………………………52
支払手形………………………………262
支払能力がある………………………138
支払場所………………………………77
支払不能………………………………54
収益……………………………………247
従業員…………………………………66, 309
就業規則………………………………66
出資比率………………………………241
主要株主間契約………………………235
賞与および利益分配計画……………262
シュリンクラップ・ライセンス契約…286, 299
準拠法…………………………………44, 92, 325
──の決定……………………………44

召喚状	116	訴訟	27, 262
商業証券	184	訴状	116
証券	185	租税条約	78
条件	26, 53, 192	ソフトウェア	63, 287
仕様書	316	──使用許諾（ライセンス契約）	63, 287
承諾	225, 315	ソリシター（事務弁護士）	142, 170
譲渡（条項）	83	損害	22
消費者約款	161, 167	──賠償額の予定	313
消費貸借契約	326	損失	247
商標	262		
──ライセンス契約	237		

■■■■■■ た 行 ■■■■■■

商品性	192	対案の申込	30
使用目的	306	対価	11, 27, 71, 267, 279, 282, 292
署名	27, 124	大陸法	15, 57
──代用記号	119	代理権授与	148
書面主義	132	代理店	220
新株引受権	241	──契約	220, 221
新株予約権	179	──（保護）法	222, 232
信託業法	142	代理人	142, 145
信託証書	43	諾成契約	327
信認関係	36	タックス・プランニング	78
信用状	76	タックス・ヘイブン	75, 158, 283
信用状態の悪化	54	単純契約	12
ストックオプション	156	単純設立	240
スワップ取引	323	担保	138
制限的当事者自治原則	94	──権	158, 262
正式契約	252	──責任	178
製造者	210	知的財産権	280, 290, 305
製造物責任	16, 177, 214, 230, 272	──高等裁判所	103
ゼネラル・パートナー	246	チャーター・バック	159
先行条件	19, 28, 259, 327	仲裁	106
船籍港	157	──条項	106, 110
専属的	101	──判断	108
──裁判管轄合意	101	中途解約	321
船舶先取特権	158	注文者	314, 318
前文	18, 46, 203	調印	252
総額固定契約	320	調停	106
総代理店契約	52	賃金等根保証契約	132
送達代理人	116	賃貸借契約	262
相当の期間	53, 27	通貨	77, 335
組織変更	54	通知条項	114

事項索引　　407

定款……………………………127, 236
抵触法……………………………90, 137
ディスカバリー（証拠開示）…………97
ディストリビューター契約…51, 221, 224, 237, 303
敵対的M&A………………………249
電子商取引………………………85, 297
動産…………………………………262
当事者自治の原則………………91, 325
投資税額控除………………………245
同種文言の原則……………………60
同時履行……………………………75
到達主義……………………………113
独占禁止法…………………………220
特別損害……………………………280
特許…………………………………281
取締役会………………………126, 241
トレード・シークレット………274, 302

■■■■■■■■■ な 行 ■■■■■■■■■

内国土地管轄規定…………………99
内国民（法人）保護………………232
捺印契約…………………………12, 27
捺印証書…………………………47, 71
荷為替信用状………………………76
二重課税……………………………78
日米租税条約………………………80
日中合弁……………………………240
入札…………………………………315
入札（保証）ボンド………………316
ニューヨーク条約……………106, 108
根保証………………………………131
ノウハウ………………………64, 266, 281
　——使用禁止義務…………………54

■■■■■■■■■ は 行 ■■■■■■■■■

ハーグ統一法………………………213
ハードシップ（履行困難）条項……207
パートナーシップ…………………243
買収・合併…………………86, 249, 303
排他的交渉条項……………………152

売買契約……………………………209
売買証書………………………155, 156
白紙委任状…………………………147
派生損害……………………………319
発効日………………………………51
発信主義……………………………113
バリスター（法廷弁護士）……142, 170
販売（代理）店契約……51, 221, 224, 237, 303
販売店…………………………210, 220
判例法………………………………15
被告地主義…………………………111
非担保化……………………………330
非方式契約…………………………12
秘密保持……………………………64
　——義務……………………………54
　——契約…………………………252, 302
　——条項………………63, 65, 273, 303, 304
評価………………………260, 303, 309, 330
表見代理……………………………148
標準取引約款………………………161
表題部…………………………18, 43, 203
表明…………………………………258
品質管理……………………………214
不可抗力……………………………57
　——条項…………………………60, 207
副本…………………………………27
附合契約………………………167, 297
不動産………………………………262
　——の譲渡…………………………27
不当条項……………………………163
船荷証券………………………4, 155, 161
部品供給契約………………………237
不便宜法廷地ルール………………100
フラストレーションの理論………57
不履行条項…………………………29
フリップイン・ライツプラン……176
プログラム……………………63, 287
分割払い……………………………268
紛争解決条項………………………122
ベアハッグ…………………………259
米国連邦証券取引委員会………6, 182

米国統一商事法典 ……………………
　　　　　　10, 13, 72, 133, 178, 184, 244
米国統一パートナーシップ法 …………244
便宜置籍船 …………………………………158
弁護士 ………………………………………142
　――費用 ………………………………280
ポイズンピル（毒薬条項）………123, 176
ポイント・アンド・クリック契約 ……298
法域 ………………………………10, 16, 325
貿易条件 ……………………………………211
方式契約 ………………………………12, 44
法的強制力 …………………………………43
法的拘束力 …………………………………150
法的効力 ……………………………………200
法的リスク …………………………………201
法律意見書 ……………………………259, 328
法例 …………………………………………91
ホールド・ハームレス（条項）…272, 278, 312
保険 …………………………………………262
　――契約者 ……………………………192
　――証書 …………………………161, 192
保証 …………53, 132, 176, 229, 290, 327
　――状 ………………………131, 133, 136
　――条項 …………………………29, 258
補償 …………………………………………279
ホワイトナイト ……………………………122
本契約 ………………………………………258
本人 …………………………………………221

■■■ ま　行 ■■■

末尾文言 ……………………………………124
見出し ………………………………………119
身元保証 ……………………………………139
　――人 …………………………………141
無形財産 ……………………………………284
無担保貸付 …………………………………329
明確性の原則 ………………………………143
免責条項 ……………………………………192
申込 …………………………………225, 315
黙示的担保（保証）………177, 229, 271
黙示の条項の原則 …………………………58

■■■ や　行 ■■■

役員 ……………………………………126, 241
約因 ……………………………11, 27, 71, 205
　――理論 ………………………………47
約款規制 ……………………………………162
有形純資産 …………………………………330
有限責任パートナーシップ ……………246
友好的 M&A ………………………………249
有担保原則 …………………………………328
猶予期間 ……………………………………217
備船契約（書）………………………4, 59, 161
予見しえない状況 …………………………321
予備的合意 ………………149, 258, 303, 316
予約 …………………………………………149

■■■ ら　行 ■■■

ライセンサー（許諾者）………64, 267, 275, 284
ライセンシー（被許諾者）……………………
　　　　　　　　　　64, 66, 267, 275, 284
ライセンス契約 ……………………221, 266
落札 …………………………………………315
履行保証 ……………………………………319
リスクマネジメント（管理）…3, 95, 197, 323
リミテッド・パートナーシップ ……244, 246
流通証券 ……………………………………184
レピューテーショナル・リスク ………312
連帯保証 ……………………………………132
連邦巡回区控訴裁判所 …………………104
ロイヤリティー ……267, 279, 282, 292
ローン契約 …………………………324, 326

■■■ わ　行 ■■■

ワッセナー条約 ……………………………275
ワランティ …………………………………229
ワラント ……………………………………178

《著者略歴》

長谷川　俊明（はせがわ　としあき）
　1973年早稲田大学法学部卒業。1977年弁護士登録。1978年米国ワシントン大学法学修士課程修了（比較法学）。津田国際研究センター講師、国土交通省航空局入札監視委員会委員、司法試験考査委員（商法）。現在、渉外弁護士として、企業法務とともに国際金融取引や国際訴訟を扱う。長谷川俊明法律事務所代表。

主な著書：『英国銀行法の焦点』『ワラント付社債』『法律英語のカギ』『ＰＬ法逐条マニュアル』『独占禁止法と規制緩和』『ローダス法律英語辞典』『危機管理30章法的リスクマニュアル』（以上、東京布井出版）、『訴訟社会アメリカ』『競争社会アメリカ』『日米法務摩擦』（以上、中央公論新社）、『日米パテントウオー』（引文堂）、『海外進出の法律実務』『国際ビジネス判例の見方と活用』『中国投資の法的リスクマネジメント』（共著）（以上、中央経済社）、『ビジネス法律英語入門』『リスクマネジメントの法律知識』（以上、日経文庫）、『紛争処理法務』『国際法務』（以上、税務経理協会）、『電子商取引の法的ルールと紛争予防完全対応策』『はじめての英文契約書起案・作成完全マニュアル』（以上、日本法令）、『個人情報保護法と企業の安全管理態勢』（金融財政事情研究会）、『実践 個人情報保護対策Ｑ＆Ａ』『敵対的企業買収への対応Ｑ＆Ａ』（以上、経済法令研究会）他。

新・法律英語のカギ―契約・文書―

平成17年8月4日　第1版第1刷発行
平成18年6月8日　第1版第2刷発行

著　者　　長谷川　俊明
発行所　　レクシスネクシス・ジャパン株式会社
　　　　　Tel：03-5787-3511／Fax：03-5787-3512
　　　　　URL：http://www.lexisnexis.jp

発売元　　株式会社　雄松堂出版
　　　　　〒112-0012　東京都文京区大塚3-42-3
　　　　　Tel：03-3943-5791
　　　　　Fax：03-3943-6024

印刷・製本　亜細亜印刷

©T.Hasegawa, 2005
Printed in Japan, 2005
落丁本・乱丁本はお取り替えいたします。
ISBN 4-8419-0387-9

日本法総合データベース

LexisNexis JP

これで判例検索が変わる！
最新判例から新旧法令まで、全てが1つに！

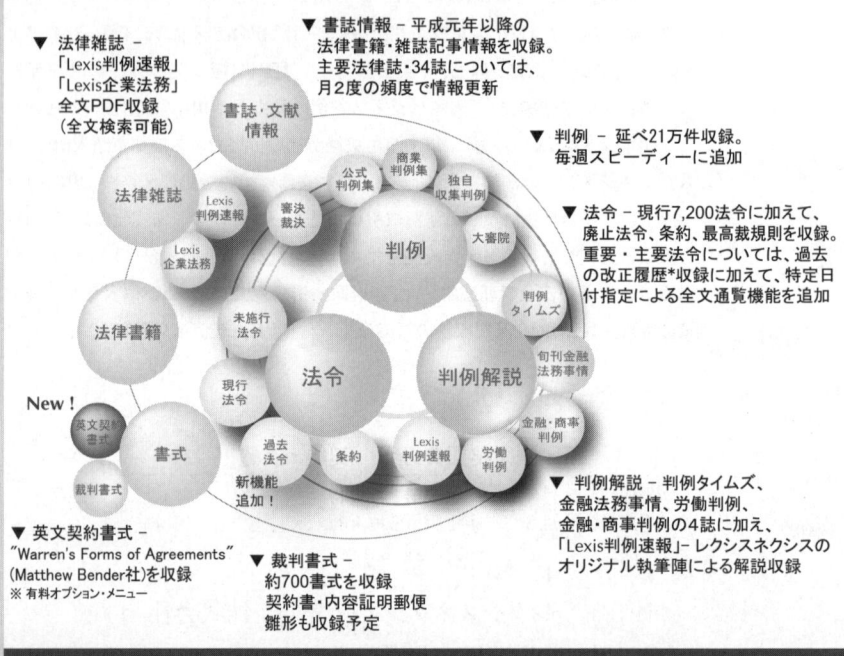

▼ **法律雑誌** –
「Lexis判例速報」
「Lexis企業法務」
全文PDF収録
（全文検索可能）

▼ **書誌情報** – 平成元年以降の
法律書籍・雑誌記事情報を収録。
主要法律誌・34誌については、
月2度の頻度で情報更新

▼ **判例** – 延べ21万件収録。
毎週スピーディーに追加

▼ **法令** – 現行7,200法令に加えて、
廃止法令、条約、最高裁規則を収録。
重要・主要法令については、過去
の改正履歴*収録に加えて、特定日
付指定による全文通覧機能を追加

New !

▼ **英文契約書式** –
"Warren's Forms of Agreements"
(Matthew Bender社)を収録
※ 有料オプション・メニュー

▼ **裁判書式** –
約700書式を収録
契約書・内容証明郵便
雛形も収録予定

▼ **判例解説** – 判例タイムズ、
金融法務事情、労働判例、
金融・商事判例の4誌に加え、
「Lexis判例速報」– レクシスネクシスの
オリジナル執筆陣による解説収録

月額12,600円よりご提供！現在無料トライアル実施中。是非お試しください。

http://www.lexisnexis.jp/legal

LexisNexisはアメリカ、イギリスをはじめとして世界各国で法律・判例情報を提供する
世界最大級の出版及びデータベース・サービス企業です。

LexisNexis

＜お問合せ先＞ レクシスネクシス・ジャパン株式会社
〒154-0004　東京都世田谷区太子堂4-1-1
Tel: (03)5787-3511　Fax: (03)5787-3512

* 特に重要とされる36法令については昭和23年以降の履歴情報を収録、その他主要148法令に関しては平成元年以降の情報を順次収録。
○ 判例及び解説のデータは、株式会社ICから提供を受けております。解説の掲載に関しては、各出版元から使用許諾を得ております。
　各商業法律雑誌名は、各出版元の商標もしくは登録商標です。

Copyright 2006 LexisNexis, a division of Reed Elsevier Inc. All rights reserved.